LE SIÈCLE DES STARS

DU MÊME AUTEUR

Hollywood ne répond plus. Le crépuscule de l'âge d'or, Baker Street, 2017 ; réédition Perrin, coll. « Tempus », 2022.

Delon-Belmondo. L'étoffe des héros, Timée éditions, 2010.

Olivier Rajchman

LE SIÈCLE DES STARS

40 portraits d'icônes hollywoodiennes

PERRIN

92, avenue de France
75013 Paris
Tél. : 01 44 16 08 00

ISBN : 978-2-262-09937-4
Dépôt légal : mai 2023

Mise en pages : PCA

Des dieux, des femmes et des hommes

Le star-system n'est pas né à Hollywood, avec le cinéma. Il a vu le jour en France à travers la première artiste ayant bénéficié d'une médiatisation planétaire.

C'est en l'honneur de Sarah Bernhardt que Jean Cocteau créa l'expression de « monstre sacré ». C'est en évoquant la mythique tragédienne qu'Anton Tchekhov exalta « celle qui a visité les deux pôles, qui de sa traîne a balayé de long en large les cinq continents, qui a traversé les océans, qui plus d'une fois s'est élevée jusqu'aux cieux ».

Star internationale dès les années 1880, la muse d'Edmond Rostand n'a pu cependant, par-delà son immense talent et son image de diva, envoûter plus de spectateurs que ne pouvaient en contenir les scènes sur lesquelles elle se produisait. La mondialisation, en 1900, avait ses limites. Elle n'en aurait plus quinze ans plus tard.

Transplantées de New York à Los Angeles au début des années 1910, les compagnies cinématographiques américaines, déjà dominantes, allaient réussir l'alliance de l'industrie et de l'art.

Si les frères Lumière avaient inventé le reportage et Georges Méliès, la magie ; si les grands genres, du policier au western, du mélodrame à la comédie, commençaient à captiver les foules, il manquait un lieu et un visage pour cristalliser ce moment où le XXe siècle engendrerait son invention la plus universelle et la plus populaire.

Ce lieu fut Hollywood ; ce visage, celui de Charlie Chaplin.

*

Avant lui, des interprètes avaient bien séduit un public de plus en plus nombreux, majoritairement féminin. Mais ces acteurs se contentaient d'illustrer des situations là où les comédiens de théâtre jouaient avec flamboyance, et surtout ils ne suscitaient pas un élan qui aurait pu conduire les nouveaux adeptes de la religion cinématographique à les déifier. Les ancêtres des studios, du reste, ne faisaient rien pour encourager ce mouvement. La star était le film ; le nom que l'on retenait, celui de la compagnie qui le produisait. L'archaïsme des premières bandes, l'aspect limité des rôles offerts, la dimension non spectaculaire des nickelodéons, ces salles de cinéma originelles bon marché, n'incitaient guère à capitaliser sur le potentiel commercial d'artistes au jeu outrancier et primaire. Jusqu'à l'apparition remarquée et répétée, courant 1908, d'une actrice aussi à l'aise à cheval que dans des drames romantiques.

Les spectateurs, qui ignoraient son identité, demandent au studio qui l'emploie le nom de cette mystérieuse *Biograph Girl*. Florence Lawrence devient ainsi la première vedette connue du public. Elle ne devait le rester qu'une poignée de saisons avant de disparaître, deux décennies plus tard, de manière tragique. La jeune femme dépendait trop d'un système encore balbutiant, peu propice à l'épanouissement de ceux qui l'incarnaient.

C'est alors que Chaplin, par son indépendance et son génie, rebat les cartes au mitan de la décennie.

*

Tandis qu'une guerre mondiale remet en cause l'idée même de progrès, semant la mort de Verdun à Gallipoli, et que les grandes puissances s'entre-déchirent, les soldats en permission et les populations à l'arrière des fronts trouvent refuge dans les salles obscures, où un clochard céleste à la drôle de moustache leur redonne, par la seule grâce de ses cabrioles et de sa poésie, goût à la vie.

Charlot parvient, avec sa pantomime aussi muette qu'expressive, à faire rire, réfléchir et pleurer d'un même élan souverains, bourgeois, paysans et ouvriers, de Rio à Tokyo, de Chicago à Sydney.

La massification de la projection de ses courts puis de ses longs-métrages permet de vivre en communion les élans du cœur et les malheurs du vagabond.

Dans son sillage émergent d'autres stars, comme autant d'archétypes.

Mary Pickford incarne la petite fiancée ingénue ; Louise Brooks, la *flapper* émancipée ; Rudolph Valentino, le *Latin lover* ; Douglas

Fairbanks, le héros athlétique des premiers films d'aventures et de cape et d'épée.

Alors que le cinéma muet, atteignant son apogée, ne sait pas encore qu'il va opérer sa révolution vers le parlant, tout reste à inventer ; les rôles sont à distribuer. La vedette de cinéma devient une *persona*, avec un visage magnifié par des gros plans, un corps en mouvement, et une capacité à occuper pleinement l'écran. Ce que l'on observe pourtant, décennie après décennie, est une adéquation entre les artistes et leur temps. La façon dont ils reflètent ou conjurent une époque.

*

Les années 1930, baptisées sous les auspices de la grande crise de 1929 et de la généralisation d'un cinéma donnant la parole à ses interprètes, demeurent la décade prodigieuse du septième art. Jamais plus les grands studios hollywoodiens – MGM, Warner, Universal, Paramount, RKO, 20th Century Fox, Columbia –, parvenus à maturité, ne produiront autant de films, mêlant regard acéré sur l'actualité et désir affiché d'évasion.

Si quelques stars, Greta Garbo et Charlie Chaplin en tête, survivent à la décennie qui les a vus naître, l'une en imposant son timbre grave, quasi hypnotique, l'autre en faisant le pari, *a priori* suicidaire, de perpétuer l'art du muet, cette nouvelle ère impose ses icônes, absolues et inédites.

À la fois immédiatement identifiables et éminemment subtiles, elles définissent un classicisme dont le canon perdurera jusqu'aux années 1960. Fred Astaire, qui fait de la danse une matière filmique et gracieuse tutoyant le sublime ; Gary Cooper, aussi à l'aise en cow-boy laconique qu'en séducteur de salon ; Clark Gable, l'aventurier alternativement héroïque et mauvais garçon ; Spencer Tracy, dont l'intensité n'a d'égale que la retenue en homme ordinaire confronté à l'adversité, sont quelques-unes des figures totémiques de majors qui désormais les mettent en valeur et les protègent selon un mode paternaliste et aliénant, au fil de contrats de sept ans. Leurs homologues féminines apparaissent tout aussi fortes, voire plus résistantes aux diktats des compagnies. Si la misogynie n'est pas absente, loin de là, des comportements ordinaires des *moguls* tenant d'une main de fer leurs studios, les actrices n'hésitent pas à donner de la voix, face et hors caméras.

Ainsi, Katharine Hepburn refuse les intrusions dans sa vie privée et rejette tout formatage visant à la rendre conforme aux représentations que se font les producteurs de la féminité. De son côté, Bette Davis est la première à défier son employeur. La Warner lui fait en retour un procès au terme duquel le studio commence à respecter l'actrice. Sur les plateaux, dans les scénarios, Claudette Colbert, Joan Crawford, Carole Lombard ou Jean Arthur tiennent la dragée haute à leurs partenaires masculins. Les années 1930 s'achèvent en beauté par un cru ignorant les menaces de guerre et rassemblant, comme un bouquet final, *Le Magicien d'Oz*, *Autant en emporte le vent*, *M. Smith au Sénat*, *Seuls les anges ont des ailes* et *La Chevauchée fantastique*. Hommes et femmes y ont des rôles comparables. Ils illustrent, chacun à leur façon, une forme d'innocence.

*

Le conflit mondial, dans lequel les États-Unis entrent en décembre 1941, a des répercussions sur l'industrie cinématographique et balaie tout reste de naïveté. Mises à contribution dans le cadre de l'effort de guerre, les majors hollywoodiennes préservent, dans la mesure du possible, leurs stars, préférant les voir divertir ou servir des militaires à la cantine du studio plutôt que d'assister, impuissantes, à leur enrôlement sous la bannière étoilée. La MGM désire-t-elle vraiment, malgré la publicité occasionnée, que Clark Gable et James Stewart risquent leur vie en combattant en Europe à bord de bombardiers ?

L'inquiétude qui en découle, la paranoïa née des rumeurs d'une cinquième colonne sévissant sur le sol américain ne peuvent se dissoudre simplement dans la production de films de propagande antinazis. L'atmosphère même change, encourageant cinéastes et interprètes à privilégier certains genres, au premier rang desquels le film noir, qui reflète les peurs du moment.

Célébré pour sa maîtrise de la comédie dans les années 1930, Cary Grant livre ainsi une autre facette de sa personnalité, plus sombre, qu'elle convoque l'intime ou l'artifice d'une composition guerrière, de *Destination Tokyo* à *Rien qu'un cœur solitaire*, avant d'être percé à jour par Alfred Hitchcock, lequel révèle une dimension ambivalente, sinon glaçante, de l'acteur dans *Soupçons* et *Les Enchaînés*. Longtemps mésestimé par la Warner, au profit des explosifs Edward G. Robinson, George Raft et James Cagney, Humphrey Bogart, dont le regard désabusé et le stoïcisme s'accordent davantage à l'époque, devient, avec *Le Faucon maltais* et plus encore *Casablanca*, l'incarnation d'un pessimisme non dénué d'ironie, d'un comportement conjuguant attirance et défiance envers les femmes.

Car aux jeux de l'amour et de la guerre, les actrices sortent perdantes. Non en tant que sex-symbols ; la pin-up girl des GI, Betty Grable, n'atteint-elle pas en 1943 des sommets de popularité ? Mais en faisant éclore de pures beautés – Rita Hayworth, Lana Turner, Gene Tierney et Ava Gardner –, à l'ombre de films leur réservant des emplois de femmes fatales, l'industrie crée une tension inédite entre le mythe de la star à son zénith et l'appauvrissement de rôles féminins souvent réduits au stéréotype de la séductrice vénéneuse propre à épouser une forme de désir masculin masochiste.

Ces personnages de vamps ne sont cependant ni univoques, ni systématiques. Barbara Stanwyck, dans *Assurance sur la mort*, n'est pas une banale mante religieuse. Gene Tierney parvient à s'échapper du cadre de *Laura* pour apparaître tiraillée entre vie rêvée et émancipation féministe dans *L'Aventure de Mme Muir*. Katharine Hepburn remet les pendules à l'heure des années 1930, de manière certes adoucie, avec le bien nommé *Madame porte la culotte*. Quant au rôle tenu par Joan Crawford dans *Le Roman de Mildred Pierce*, il n'est en rien manichéen. Pour autant, les studios hollywoodiens se font l'écho, plus que jamais, d'un état d'esprit alliant scepticisme et méfiance qui semble leur porter chance.

En 1946, alors que sort sur les écrans *Les Plus Belles Années de notre vie*, bilan amer d'une nation de soldats de retour au pays, les majors génèrent les plus fortes recettes de l'histoire de l'industrie cinématographique. Comme si le besoin d'ailleurs des spectateurs s'accordait aux règles de films noirs et de guerre, claustrophobes et mortifères. Il est vrai que l'éclat du noir et blanc illuminant la plupart de ces œuvres en renforce singulièrement le pouvoir d'attraction. Les stars des années 1940 traversent des temps difficiles, qui leur permettent d'exprimer, à parts égales, névroses et séduction.

*

La décennie suivante s'inscrit dans un climat identique avant de changer radicalement la donne. La fièvre maccarthyste qui s'empare du pays, dès 1947, menace le monde du cinéma. Largement composée d'auteurs libéraux et progressistes, pour partie immigrés d'Europe centrale et proches, pour certains, des mouvements socialistes, la communauté hollywoodienne représente une menace aux yeux d'un Congrès ultraconservateur et d'un FBI de culture xénophobe, rongé par l'antisémitisme. Un climat de suspicion gagne les membres de l'industrie, dont quelques-uns sont soupçonnés de sympathies communistes. De fait, un risque réel de déstabilisation provient en ce début de guerre froide du camp soviétique. Au point de fournir un argument à ceux qui, siégeant à la Commission sur les activités antiaméricaines, encouragent la délation.

Appelés à témoigner, Gary Cooper et Robert Taylor, pourtant réputés réactionnaires et coopératifs, y font la démonstration de leur embarras. Le démocrate Henry Fonda ne parle plus, quant à lui, à son vieil ami républicain James Stewart depuis que ce dernier lui a confié s'être mis au service de J. Edgar Hoover. Dans le paquebot qui l'emmène en Europe pour promouvoir *Les Feux de la rampe*, Charlie Chaplin apprend avec stupeur qu'il est privé d'un visa de retour pour les États-Unis. D'autres réalisateurs doivent comme lui s'exiler, tandis que des scénaristes sont contraints de travailler dans la clandestinité. Plus rares sont les acteurs pointés du doigt, à l'image d'un John Garfield, qui y laisse sa peau, ou d'un Edward G. Robinson, qui s'en relève. La chute du sénateur McCarthy, en 1954, rend l'atmosphère plus respirable, sans mettre un terme à la Liste noire. Laquelle est brisée en 1959, lorsque Kirk Douglas et Otto Preminger engagent et créditent sous son nom, au générique de *Spartacus*, puis d'*Autopsie d'un meurtre*, le scénariste blacklisté Dalton Trumbo.

Décennie schizophrène, les années 1950 le sont plus que toute autre. Devant faire face à la loi antitrust et à la concurrence de la télévision, les majors, déficitaires, voient leurs modes de fonctionnement remis en cause. Résiliation de contrats, suppression de départements trop coûteux, vente de terrains, jusqu'à une baisse significative de la production de films ; le tableau serait apocalyptique s'il n'était compensé par la volonté des studios d'offrir plus et mieux aux spectateurs. Afin de contrer l'emprise grandissante du petit écran en noir et blanc, Hollywood étend l'utilisation de la couleur, initialement réservée aux comédies musicales et aux films d'aventures, avant de généraliser l'emploi de l'écran large, inauguré en 1953 par la 20th Century Fox avec le Cinémascope. Les genres les plus divers sont représentés, offrant, du western au mélodrame, du thriller au *musical*, de l'étude de mœurs à la science-fiction, leurs plus beaux fleurons.

Comparable au millésime 1939 par sa richesse thématique et ses chefs-d'œuvre emblématiques, l'année 1959 voit s'inscrire aux frontons des cinémas la matrice du film d'action moderne avec *La Mort aux trousses* ; le classique des péplums, *Ben Hur* ; la plus trépidante et osée des comédies, *Certains l'aiment chaud* ; un drame psychanalytique puissant, *Soudain l'été dernier* ; le western hawksien par excellence, *Rio Bravo* ; un huis clos judiciaire mémorable, *Autopsie d'un meurtre* ; ainsi qu'un mélodrame racial déchirant, *Le Mirage de la vie*. Le classicisme hollywoodien atteint sa plénitude tandis que, de l'autre côté de l'Atlantique, une nouvelle vague impertinente et libertaire en conteste les règles, la grammaire et les incarnations. Souvent prescripteur, le cinéma américain se trouve pour une fois à la traîne, même s'il ne manque pas de modèles annonçant un renversement des valeurs.

Précédant de quelques années Brigitte Bardot et Jeanne Moreau en Europe, Marlon Brando, Montgomery Clift et James Dean, plus ou moins en phase avec l'enseignement de l'Actors Studio, affichent une sensibilité exacerbée, très personnelle, doublée d'une sensualité fort peu associée à leur genre, promesse d'une sexualité moins conventionnelle. En avance sur leur temps, ils ne peuvent toutefois représenter la norme dans l'Amérique d'Eisenhower. Les patrons des majors, dont la morale conservatrice épouse celle du grand public, opposent délibérément à ces stars sulfureuses des « garants de moralité » parmi lesquels les très aseptisés Rock Hudson et Doris Day, qui cartonnent au box-office. Qu'importent l'homosexualité cachée du héros du *Secret magnifique* et l'apparition d'une presse à scandale menaçant de le démasquer. L'essentiel est dans la représentation. Du reste, une majorité de stars se positionne, tel le continuum sur l'échelle de Kinsey, entre ces deux pôles.

Prolongeant en apparence le modèle viril et stoïque d'un John Wayne, Burt Lancaster et Kirk Douglas n'en présentent pas moins des variantes névrotiques, malmenant à dessein l'archétype du héros traditionnel. Blonde princesse philadelphienne, Grace Kelly se voit pervertie à plaisir par son mentor hitchcockien, tandis que la brune et glamour Elizabeth Taylor gagne ses lettres de noblesse dans le double emploi de la victime et de la battante du moite univers de Tennessee Williams.

Schizophrénie, enfin, à travers les deux faces de l'idéal féminin hollywoodien. L'un porté par la sophistiquée et pulpeuse Marilyn Monroe. L'autre par la gracieuse et menue Audrey Hepburn. La première refusant de se soumettre aux lois du milieu, lequel finit par la briser. La seconde feignant de s'y plier pour, le moment venu, s'en échapper. Comme si la décennie renfermant la plus belle constellation d'étoiles n'avait été qu'une prison dorée...

La cage s'entrouvre, cependant. Marilyn Monroe n'est pas la seule à avoir quitté Los Angeles pour New York, en 1954, afin de créer sa propre société de production. Avant elle, Burt Lancaster et Kirk Douglas s'affranchissent de la tutelle des studios pour défendre d'ambitieux projets, sur des sujets moins consensuels que ceux produits par les majors. Symbole de cette émancipation, la compagnie United Artists, créée en 1919 par Chaplin, Pickford, Fairbanks et Griffith, renaît de ses cendres pour financer les productions indépendantes de ces stars ayant recouvré leur liberté. Du *Grand Chantage* aux *Sentiers de la gloire*, produits respectivement par Lancaster et Douglas, les années 1950 sont celles où des vedettes ne se contentent plus d'être des interprètes mais acquièrent une autre dimension, par la maîtrise du choix du metteur en scène, l'implication dans l'écriture du scénario, un pourcentage sur les recettes du film et la participation active à la production.

*

Ce contre-pouvoir se déploie avec plus de force encore au cœur d'années 1960 zébrées d'orages. La décennie qui s'ouvre, porteuse de jeunesse et d'espoir avec l'élection de John F. Kennedy, s'assombrit très vite au fil d'assassinats, d'une nouvelle guerre en Asie et de conflits raciaux propices à des remises en cause n'épargnant pas plus l'industrie du cinéma et ses stars qu'une population de plus en plus « conscientisée ».

Mais tandis qu'Humphrey Bogart, Lauren Bacall, Gene Kelly ou Danny Kaye mettaient en péril leur statut de vedettes sous contrat en manifestant, en 1947, à Washington afin de défendre les victimes hollywoodiennes du maccarthysme, Marlon Brando, Charlton Heston, Paul Newman, Sidney Poitier et Harry Belafonte peuvent, libérés de l'étreinte de studios vacillants, défiler avec moins de crainte, en août 1963, dans cette même capitale, au côté d'un Martin Luther King faisant le rêve d'une nation sans couleurs sinon celle de la fraternité.

Autrefois redouté, l'engagement politique devient un marqueur.

Le positionnement à gauche et le pacifisme revendiqués par Jane Fonda, qui vont la conduire au rôle de *pasionaria* juchée, en 1972 à Saigon, sur un canon vietminh, lui valent la détestation d'une large moitié de l'Amérique, sans lui causer toutefois de préjudice professionnel à moyen et long terme.

L'investissement, à l'autre bord de l'échiquier, de John Wayne dans *Les Bérets verts*, film de guerre justifiant, en 1968, l'intervention des États-Unis au Vietnam, ainsi que ses déclarations jugées provocatrices sur les campus, n'empêchent pas le « Duke » de décrocher, deux ans plus tard, l'Oscar du meilleur acteur.

Chocs culturels et générationnels se multiplient durant cette ère, refermant progressivement la page de l'âge d'or hollywoodien et de ses plus célèbres incarnations. Après les décès de Humphrey Bogart en 1957, de Tyrone Power en 1958 et d'Errol Flynn en 1959, les disparitions tout aussi prématurées de Clark Gable en 1960 puis de Gary Cooper en 1961 sonnent le glas d'un temps d'innocence personnifié par ces stars archétypales jouant depuis trente ans leurs propres rôles au gré de subtiles variations. Leur contemporain Cary Grant quitte, quant à lui, la partie volontairement, en 1966, au sommet de sa popularité.

A-t-il senti que le vent tournerait bientôt, emportant ce qui restait de l'industrie ayant façonné son univers ?

À la crise sans précédent que connaissent les studios se conjugue en effet une remise en cause du star-system. Un film, en particulier, cristallise les rancœurs et les haines. Production hors norme, étalée sur quatre ans, *Cléopâtre* endosse tous les péchés de la nouvelle Babylone. Peu importe que Joseph L. Mankiewicz ait conduit à bon port, sur les rives du drame shakespearien, la galère égyptienne. Les gabegies d'une 20th Century Fox aux abonnés absents ;

l'adultère d'un couple vedette exposé aux flashs de centaines de paparazzi transformant les stars en *people* ainsi que le salaire record d'un million de dollars réclamé par Elizabeth Taylor condamnent, pour un temps, le gigantisme comme réponse à la concurrence croissante du petit écran. En conséquence, Hollywood, orpheline avec la mort tragique, en 1962, de Marilyn Monroe, se cherche un nouveau modèle économique et des stars moins capricieuses. Si, question box-office, Elvis Presley, passé de la chanson au cinéma et du rock à la ballade, rafle la mise, des incarnations plus convaincantes séduisent cinéphiles et grand public.

Visage frémissant de la décennie, de *La Fièvre dans le sang* à *Bob et Carole et Ted et Alice*, Natalie Wood en reflète les aspirations et les contradictions. Figure noble de l'afro-américanisme et seule star de sa communauté, accepté par les Blancs et vénéré par les classes moyennes noires, Sidney Poitier décroche l'Oscar. Représentant d'une masculinité rebelle et indomptable, Steve McQueen annonce, avec quelques années d'avance, l'adhésion de son milieu à une contre-culture qui triomphera la décennie suivante. Synthèse d'un classicisme subtil et d'une modernité engagée, Paul Newman symbolise, quant à lui, mieux que quiconque le *cool* de l'époque. Lequel sombre dans l'horreur et le sang lorsque, à l'été 1969, Charles Manson et son gang font payer tout autant à Hollywood qu'à Sharon Tate et à ses amis le prix de leur insouciance.

Quelques mois plus tard, la cérémonie des Oscars voit s'affronter dans la catégorie « meilleur acteur » John Wayne et Dustin Hoffman.

Le cinéma américain se trouve sans conteste à la croisée des chemins.

*

En réalité, les années 1970 ont débuté en 1967. Et c'est précisément Dustin Hoffman qui en personnifie le visage. Il est rare qu'une œuvre synthétise les éléments constitutifs d'un système revivifié. Si la contre-culture s'épanouit pleinement en 1969 avec *Easy Rider*, film choc sans réelle postérité, le Nouvel Hollywood voit véritablement le jour grâce au *Lauréat* de Mike Nichols.

Plus encore que le *Bonnie and Clyde* d'Arthur Penn, ce film, par sa singularité et son succès planétaire, joue un rôle déterminant dans l'acceptation et le désir d'un nouveau genre d'acteur, et influence plus largement la culture américaine. Qu'il s'agisse de la forme, à travers un récit initiatique à l'esthétique soignée, porté par les chansons de Simon and Garfunkel, ou des thématiques abordées fustigeant le matérialisme bourgeois et exposant sans jugement la relation sexuelle entre un jeune homme et une femme plus âgée, *Le Lauréat* tranche en 1967 avec la production *mainstream*. Mais le coup de génie de Mike Nichols est de confier le rôle de l'étudiant incertain de son avenir professionnel et sentimental à Dustin Hoffman. De la même manière que son personnage, Ben Braddock, refuse de céder aux injonctions parentales et sociétales, Nichols ne plie pas devant les producteurs qui rêvent, pour ce rôle, au blond et charismatique Robert Redford.

En choisissant pour héros un comédien petit et sans séduction apparente, le cinéaste ne renvoie pas seulement aux spectateurs l'image d'un homme auquel ils peuvent plus facilement s'identifier. Il ouvre également la voie aux acteurs « ethniques », typés et jusque-là majoritairement limités aux emplois de faire-valoir de stars auxquelles ils n'auraient jamais songé à disputer la prééminence.

Ce glissement correspond à une aspiration profonde de la société. Trop de mensonges, du Vietnam au Watergate ; trop de violence, des assassinats des frères Kennedy et du pasteur King aux émeutes de Watts et de Detroit, en ont brisé les idéaux. Après l'ère du rêve doit venir celle du réalisme. Gene Hackman, Jack Nicholson, Al Pacino et Robert De Niro ne suscitent pas les fantasmes des stars d'antan, mais ils se révèlent, par leur capacité à savoir tout jouer, aussi inspirants.

Cette « démocratisation » ne va pas jusqu'à banaliser l'accession d'interprètes afro-américains au statut de stars. Tandis que du *black power* découle au cinéma la *blaxploitation*, mouvement de fierté noire ethnocentré, Sidney Poitier, injustement oublié par le Nouvel Hollywood, ne trouve pas de réel successeur dans les années 1970. Populaire, extrêmement bien payé, Richard Pryor n'a pas son envergure. Il faut attendre la décennie suivante pour qu'Eddie Murphy, puis Whoopi Goldberg, Morgan Freeman et Will Smith, fassent jeu égal avec les plus célèbres vedettes blanches. En attendant l'arrivée de Denzel Washington, véritable héritier de Poitier, dont il accomplit pleinement les promesses.

D'autres n'éprouvent pas les mêmes difficultés. En plein *flower power*, les *tough guys* n'ont rien perdu de leur attractivité. Le grand public ressent un plaisir aussi coupable qu'assumé devant les rodomontades machistes de Charles Bronson ou de Burt Reynolds. S'illustrant, un cran au-dessus, dans des films où l'ambiguïté de ses personnages paraît clairement établie, Clint Eastwood n'en est pas moins assimilé au « cryptofasciste » *Inspecteur Harry*. Ses dérapages de fiction et son refus de faire pénitence en interview fascinent les spectateurs mais révulsent la critique cinéphile, qui attend de reconnaître son grand talent de cinéaste pour faire son *mea culpa*, préférant célébrer l'investissement d'interprètes plus fins et plus « lisibles » à ses yeux.

De fait, comment ne pas admirer un comédien comme Dustin Hoffman, capable de passer avec la même force de conviction de l'étudiant privilégié et emprunté du *Lauréat* au SDF infirme et drogué de *Macadam Cowboy* ; du showman survolté de *Lenny* au père sensible de *Kramer contre Kramer* ? Sans compter l'alliance qu'il noue avec Robert Redford, face solaire de la décennie, pour porter un regard moral sur les turpitudes de l'héritage nixonien dans *Les Hommes du président*. Ainsi que le reconnaîtrait John Huston, interrogé par le critique Michel Ciment : « On demandait à quelqu'un s'il y avait des comédiens d'aujourd'hui qui puissent se comparer à ceux de la "grande époque", les Gary Cooper ou les Clark Gable, et il répondait à juste titre que c'est le contraire : ces anciens acteurs ne peuvent se comparer à ceux de maintenant, les De Niro, les Dustin Hoffman. Ce sont des acteurs merveilleux*. »

Dénier toute filiation entre le star-system des studios et ces *stars next door* est cependant injuste. Un double mouvement, *a priori* contradictoire mais au fond cohérent, de rupture et de continuité, existe entre les deux modèles, plus perceptible encore parmi les actrices.

Avant même Dustin Hoffman, Barbra Streisand apparaît, sur la scène musicale et théâtrale, éloignée des canons en vigueur. Qu'elle ait eu, comme sa prédécesseur Judy Garland, davantage de charme que de beauté, ayant refusé de faire opérer son nez, et qu'elle ait affiché une judéité traditionnellement mise de côté ne change rien à l'affaire. Cette *outsider* devient, dès 1963, une icône. Laquelle, comme au bon vieux temps, mêle rigueur professionnelle et comportement de diva. Artiste modèle, oscarisée, il semble normal

---

* Michel Ciment, *Passeport pour Hollywood*, Paris, Ramsay, 1987.

que Barbra Streisand tienne Robert Redford entre ses bras dans « le » film romantique de la décennie, *Nos plus belles années.*

A priori plus conventionnelle, mais suprêmement douée et à fleur de peau, Faye Dunaway mise sur les deux tableaux, actrice reconnue pour sa versatilité, de la *cover girl* perdue du *Portrait d'une enfant déchue* à la *working girl* de *Network*, tout en perpétuant la légende des étoiles carnassières et capricieuses à la Joan Crawford dont elle allait, ironiquement, tenir le rôle à l'écran.

La fin des années 1970 voit éclore la plus belle promesse de cette génération d'actrices. Surdouée, à la fois disciplinée et adepte du frégolisme, Meryl Streep s'apprête à marquer de son empreinte les quatre décennies à venir.

Que ces comédiens, régulièrement vus dans des shows télé et descendus de leurs piédestaux, ne soient plus perçus comme des demi-dieux et épousent les caractéristiques et les préoccupations de leurs contemporains leur confère une aura différente mais bien réelle. Père inavoué de ces incarnations modernes, Marlon Brando, qui cassait déjà ce qu'il y avait d'amidonné dans le star-system du début des années 1950, transmet, deux décennies plus tard avec *Le Parrain*, le flambeau à ses héritiers, Al Pacino et Robert De Niro.

Un autre passage de témoin, symbolique, a lieu lors du triomphe – en son absence – de Woody Allen à la cérémonie des Oscars 1978. La victoire d'*Annie Hall* n'est pas seulement celle d'un cinéma indépendant plein d'esprit d'autant plus universel qu'il est éminemment personnel. Elle récompense, à travers son interprète-auteur-réalisateur, le créateur d'un personnage d'antihéros dans l'air du temps mais renouant avec la mystique d'un autre homme-orchestre. Décédé le 25 décembre 1977, Charlie Chaplin n'a reçu qu'un seul Oscar, honorifique, décerné par ses pairs cinq ans plus tôt.

Le sacre du *schlemiel* Woody Allen représente d'une certaine manière la revanche de Charlot.

*

Le désastre financier de *La Porte du paradis*, imputé, à travers son maître d'œuvre Michael Cimino, au Nouvel Hollywood, est le prétexte invoqué par les patrons des studios pour la reprise en main tant commerciale qu'idéologique qui caractérise les années 1980.

Fini le temps des auteurs rois à l'européenne. Bannis, les anti-héros. Woody Allen peut continuer à enchanter la décennie ; il le fait avec peu de moyens, depuis New York et pour un public réduit, comme avant lui John Cassavetes. Dopé, depuis le triomphe des *Dents de la mer*, par l'économie de *blockbusters* drainant des spectateurs de tous âges, mais avant tout rajeunis, Hollywood abandonne le caractère adulte de ses productions pour de purs divertissements.

De ce point de vue, l'élection de Ronald Reagan montre la voie en mettant un terme à la mauvaise conscience des vingt dernières années et en substituant aux luttes collectives la promotion d'un individualisme forcené. Les *underdogs* cèdent la place aux *winners.*

La façon dont évolue l'image de Sylvester Stallone est à cet égard révélatrice. Au *Rocky* des années 1970, attaché à ses racines prolétariennes et victorieux bien que battu sur le fil, succède, dans les années 1980, une machine à affronter les Russes ne s'accomplissant qu'à travers les K.-O. et l'exaltation d'un corps bodybuildé. Son autre incarnation emblématique, *Rambo*, mute en ange exterminateur après s'être montré, dans le premier opus, profondément humain. Excroissance de Stallone en symbole du « rêve américain », Arnold Schwarzenegger va encore plus loin.

L'époque veut des héros sans états d'âme et musclés. Elle en aura, suscitant, de Chuck Norris à Dolph Lundgren, plus de vocations que de talents.

Même l'égérie oscarisée des libéraux, Jane Fonda, opère sa révolution, en grande prêtresse matérialiste d'une gym réclamant davantage de *fighting spirit* que de cerveau.

Les nouvelles stars délaissent les thématiques politiques et sociales, à l'instar de Harrison Ford, dont les spectateurs acceptent difficilement qu'il s'évade des films d'aventures et de science-fiction ainsi que des thrillers ayant fait sa gloire, ou d'un Tom Cruise, icônisé grâce au militaire et clipesque *Top Gun*, et qui aura toutes les peines du monde à séduire dans ses rôles de composition. L'un et l'autre doivent du reste à leur image d'*action men* liés à des franchises de connaître une longévité remarquable.

Inscrit, quant à lui, dans la lignée des *good guys* à la James Stewart, moins star qu'acteur bien-aimé, Tom Hanks est l'un des rares à bénéficier de la double faveur des critiques et du public.

De Mickey Rourke à Kevin Costner, de Kim Basinger à Sharon Stone, combien n'auront pas eu cette chance, vivant une décennie ou seulement quelques saisons d'exposition maximale avant de subir une chute aussi injuste que brutale ?

La fin du XXe siècle, marquée par la victoire des remakes sur les sujets originaux, des effets spéciaux sur l'humain, en attendant la déferlante des super-héros, voit s'effacer – du moins en apparence – le règne des étoiles.

« Le plus grand problème d'aujourd'hui – confirme, nonagénaire, Billy Wilder à l'auteur-réalisateur Cameron Crowe –, c'est qu'il y a trop peu de stars masculines. Plus de Gable, plus de Spencer Tracy, plus de Gary Cooper. Autrefois, il y avait une liste assez fournie de vedettes. Maintenant, il n'y en a plus que trois ou quatre. Pour qui voulez-vous écrire, à moins que ça ne soit Tom Cruise* ? »

Si les actrices eurent à combattre longtemps une double discrimination liée au salaire et à l'âge, la carrière des interprètes des deux sexes semble désormais se bâtir de manière plus égalitaire, selon d'autres critères.

L'intelligence et l'instinct avec lesquels les vedettes choisissent leurs rôles et leurs metteurs en scène, leur aptitude à s'impliquer à tous les stades de la production ; la vision enfin qu'ils ont de leur parcours, géré comme une course de fond, s'avèrent déterminants à l'heure du bilan. À ce jeu, Nicole Kidman, Cate Blanchett, Denzel Washington, Joaquin Phoenix, Brad Pitt et Leonardo DiCaprio sortent gagnants.

Mais qui peut dire ce qu'il adviendra des stars apparues depuis dix ans ? Ainsi du talentueux et polyvalent Timothée Chalamet qui, deux décennies après le héros de *Titanic*, a fait en 2021 la couverture de *Time* et semble répondre aux attentes de médias prescripteurs de tendances qui apprécient particulièrement son profil androgyne ou, pour être dans l'esprit du temps, *gender fluid* ? Et qu'en sera-t-il de la très précoce Jennifer Lawrence, actrice la mieux payée de sa génération, passée de Marvel aux films d'auteur, oscarisée à 22 ans ? Ne sont-ils pas les idoles de segments d'une société plus éclatée que jamais dans ses modes de consommation là où, auparavant, les stars étaient censées fédérer la plupart des classes sociales et toutes les générations, ainsi que le prouve l'immarcescible

* Cameron Crowe, *Conversations avec Billy Wilder*, Arles, Actes Sud/Lyon, Institut Lumière, 2004.

Meryl Streep dont l'étoile, du *Choix de Sophie* au *Diable s'habille en Prada*, n'a jamais pâli ?

*

Ce tour d'horizon accompli, une question se pose, par-delà les fausses évidences : qu'est-ce qu'une star ? S'en tenir à la définition de dictionnaires qui, de façon tautologique, qualifient de star « un acteur ou une actrice très célèbre » s'avère frustrant. Le champ lexical est-il à ce point limité qu'il empêche de circonscrire, rationnellement et objectivement, cette qualité ?

Il convient de revenir à Edgar Morin, qui devait théoriser dès 1957 dans son essai simplement intitulé *Les Stars*, la double nature, commerciale et iconique, de ces artistes auxquels un culte profane est rendu.

La star est d'abord une vedette d'essence supérieure, un acteur ou une actrice dont l'aura et le magnétisme saisissent le public le plus large. Avec une nuance : on peut être un très grand comédien sans posséder ce pouvoir charismatique cher à l'économiste et sociologue Max Weber. Alors qu'il est extrêmement rare d'être une star sans talent. Cinématographiquement parlant, la star offre, indépendamment de sa technique, une présence à la fois magique et familière qui s'empare du cadre et capte le regard des spectateurs au détriment des autres acteurs. Non qu'elle joue mieux que ses partenaires. Mais elle s'impose, sans appel.

La star est ensuite un artiste doté d'une volonté et bénéficiant d'opportunités l'aidant à bâtir sa carrière sur la durée et dont l'influence, ou la valeur marchande, s'étend bien au-delà du cadre strict de sa filmographie. James Dean entrevit tout juste les effets de la célébrité après la sortie d'*À l'est d'Éden*, son premier film en tête d'affiche. Mais il venait de mourir tragiquement lorsque *La Fureur de vivre* envahit les écrans, et le phénomène culturel et social que représenta pour une génération le film de Nicholas Ray, dû tout autant aux circonstances de la disparition de Dean qu'à la force de son personnage, perdurerait durant des décennies. Jimmy Dean avait cessé d'être l'acteur d'une poignée de films pour devenir une icône de la pop culture ; son nom synonyme de post-adolescence rebelle, son image reproduite à l'infini sur des mugs et des T-shirts comme, plus tard, celles de Marilyn Monroe et d'Audrey Hepburn. Dean demeure le contre-exemple, quasi unique, d'une star posthume. Ses pairs devraient quant à eux persévérer bien plus qu'il n'en eut l'opportunité et exporter leur renommée à travers le monde pour acquérir ce statut iconique.

*

Ce livre ne prétend pas à l'exhaustivité. Le choix même de quarante stars américaines ou ayant effectué l'essentiel de leur carrière aux États-Unis pourrait susciter controverses et critiques. Personnelle, cette sélection n'est toutefois pas arbitraire. Plusieurs critères nous ont guidé, l'étendue de la renommée des artistes durant l'exercice de leur métier n'étant que le premier. La richesse de leur filmographie est un autre paramètre. Le fait qu'ils aient été archétypaux dans leur genre, singuliers par la modernité qu'ils ont apportée, ou polyvalents dans leurs activités a également été pris en compte. Enfin, la pérennité de leur gloire, bien après leur disparition ; la diffusion régulière de leurs films dans les salles d'art et d'essai ou sur les écrans ; l'écho même qu'ils suscitent toujours sur les réseaux sociaux sont autant d'éléments déterminants lorsqu'il s'agit de mettre de côté un nom pour en garder un autre. Raconter les parcours de Burt Lancaster et de Kirk Douglas plutôt que ceux de leurs contemporains Gregory Peck et Robert Mitchum peut, selon les goûts, engendrer l'incompréhension, sauf à s'attacher à ce qui fit la force et la singularité des premiers, acteurs-producteurs audacieux, ce qui fut plus rarement le cas des seconds.

Dans le même esprit, nous avons retenu, parmi les comédiennes révélées dans les années 1990, Nicole Kidman et non Kate Winslet. Le talent exceptionnel de cette dernière, dans la lignée d'une Meryl Streep, n'est pas plus en cause que ses choix de carrière remarquables. Mais il nous a semblé que l'actrice australo-américaine révélée dans le thriller *Calme blanc* faisait preuve d'une réinvention constante dans ses rôles et d'un esprit d'indépendance en tant que productrice quasi unique parmi les interprètes de ces trente dernières années.

Préférer, parmi les acteurs les plus populaires de l'âge d'or, James Stewart à Gary Cooper, qui en fut pourtant le quasi-dieu, risque d'être perçu comme une provocation. Sauf à prendre en considération la longue durée. Et, à ce jeu, Stewart sort gagnant. Ce dernier fut, comme Cooper, l'un des interprètes de prédilection de Frank Capra. Mais les films que le cinéaste italo-américain fit avec Stewart, de *M. Smith au Sénat* à *La vie est belle*, sont devenus des références culturelles, là où les interprétations de Cooper dans *L'Extravagant Mr. Deeds* et *L'Homme de la rue* tendent à s'effacer peu à peu de l'imaginaire collectif. Et l'incarnation héroïque par Gary Cooper du shérif du *Train sifflera trois fois* paraît aujourd'hui, malgré l'Oscar qui lui fut décerné, plus conventionnelle que les compositions fiévreuses de James Stewart chez Alfred Hitchcock dans *Fenêtre sur cour* et *Sueurs froides*. Si l'on retrouve le jeu minimaliste de Cooper, acteur-né, et sa grande séduction chez d'autres vedettes de sa génération, de Humphrey Bogart à Cary Grant, le phrasé hésitant, l'allure gauche et le physique moins charmant qu'attendrissant de Stewart forment un modèle inédit de star dont le naturel, certes travaillé, tranche avec les stéréotypes imposés par ses pairs.

De la même manière, le jeu, les combats et l'attitude même d'une Bette Davis continuant d'honorer de sa présence insolente diverses cérémonies lui rendant hommage dans les années 1980 nous semblent avoir mieux passé l'épreuve du temps que les choix de carrière et de vie de sa « meilleure rivale » Joan Crawford, dont la popularité fut pourtant plus grande que la sienne dans les années 1930.

La loi du nombre impose des sacrifices. Il est normal que ces derniers, même réfléchis, paraissent injustes.

Tout aussi pensé qu'inévitablement subjectif, le classement des stars au sein de ce volume s'est opéré en tenant compte du moment où chacune d'elles a atteint une forme de maturité artistique et de reconnaissance publique.

*

Regroupant en partie des portraits écrits pour les magazines *Ciné Live* et *Studio Ciné Live* entre 1999 et 2018, lesquels ont été fortement remaniés, enrichis et complétés par d'autres récits de vie, cet ouvrage n'a pas pour vocation d'offrir une vision strictement anthropologique, corporelle ou sociologique des étoiles ayant bercé nos soirées de cinéphile. D'autres livres auxquels nous nous référons s'en sont chargés avec talent, depuis *Acteurs : le jeu de l'acteur au cinéma*, de James Naremore, jusqu'à *Le Magique et le Vrai*, de Christian Viviani.

Tout en prenant en compte cette dimension *actorale*, il a pour objectif de revisiter, le plus agréablement et le plus complètement possible, dans un cadre relativement bref, l'existence d'artistes d'exception.

Le portrait est un exercice qui implique peu de règles et laisse beaucoup de libertés. Mais il oblige. À ne rien omettre qui permette de lever le voile sur les motivations de ces femmes et de ces hommes à s'exposer au plus grand nombre de façon fantasmatique. À équilibrer ce qui relève de l'intime, de la sphère publique et de l'analyse, l'un se nourrissant de l'autre et, bien souvent, l'éclairant.

La multiplicité des sources biographiques et des témoignages ne doit pas faire illusion. Entre « parler vrai » et règlements de comptes, la vérité reste souvent une zone grise, sujette à caution. Un portrait est, par essence, subjectif. Il demeure une perception. Mais qui peut prétendre, et même souhaiter, connaître la totalité d'un être ? Conscient de cela, nous n'avons, au fond, pour seule ambition que d'être honnête.

Cette même sincérité nous pousse à nous interroger, un siècle après leur apparition, sur le devenir des stars.

Dès 1950 dans *Boulevard du crépuscule*, l'étoile oubliée Norma Desmond/Gloria Swanson anticipait le déclin des mythes modernes qu'elle symbolisait en clamant : « Je suis grande ! C'est le cinéma qui est devenu petit. » Soixante-dix ans plus tard, dans un article en forme de faire-part de décès*, Samuel Blumenfeld et Clément Ghys affirment, sans ambages mais non sans arguments, qu'aux États-Unis les stars ont fait leur temps ; vaincues par des franchises déclinables à l'infini avec des acteurs interchangeables ; victimes, à l'heure des pandémies, de plateformes vouées à remplacer des salles restées trop longtemps obscures ; terrassées par des avatars de jeux vidéo défiant l'imagination.

Le triomphe mondial, en 2022, du film *Top Gun : Maverick*, trente-sept ans après le phénomène *Top Gun*, témoigne pourtant d'une nostalgie et d'une demande. Quoi que l'on pense de l'acteur et de l'homme Tom Cruise, ce dernier y perpétue, en même temps que sa *persona* à l'héroïsme assumé, l'héritage des stars

* Samuel Blumenfeld et Clément Ghys, « Le crépuscule de la star hollywoodienne », *Inbefore*, 18 décembre 2020.

traditionnelles. Sa prestation offre un hommage à peine déguisé à ceux qui, de John Wayne à Paul Newman, ont porté ses rêves d'enfant.

Pour être plus rares et moins fédératrices, les icônes du cinéma font encore la une de la presse populaire et sont toujours les sujets de biographies et de documentaires. Un Leonardo DiCaprio ou une Jodie Foster éveillent la curiosité et l'enthousiasme des foules à la moindre de leurs apparitions et n'ont cessé d'aborder leur art en termes de qualité, de longévité, de carrière et de postérité.

C'est donc tout autant à une mise en perspective qu'à une interrogation sur leur avenir que se livre en creux cet ouvrage. Se plonger dans les vies qu'il raconte revient à emprunter des chemins qui conduisent moins à une idéalisation qu'à une identification.

Car ces étoiles qui nous invitent à lever la tête pour les voir briller ne sont en définitive que des miroirs dans lesquels nous prenons plaisir et avantage à nous retrouver.

Charlie Chaplin (1889-1977)

Il fut la première star planétaire. Le premier homme-cinéma : créateur de son personnage, auteur-réalisateur-producteur de ses films. Celui qui, grâce à son vagabond, fit rire et pleurer aux larmes le monde entier. Sa gloire, vieille d'un siècle, a enseveli sa modernité et son mystère. Celui d'un enfant pauvre, au bord de la damnation, qui eut la volonté, le don et les opportunités de faire tomber une à une les barrières de la prédestination. Plus grand muet que parlant, Chaplin incarne, aujourd'hui encore, le septième art.

À quoi songe-t-il, le petit homme d'1,65 mètre lorsque son train pénètre en gare de Waterloo, à Londres, en septembre 1921 ? Il sait qu'on l'attend comme le fils prodigue, de retour après un long séjour chez les cousins d'Amérique. Mais il ne se doute pas de l'ampleur de la foule qui a envahi les quais, et jusqu'aux rues environnantes. Des milliers de femmes, d'hommes, de vieillards et d'enfants venus fêter celui qui n'a pas mis les pieds en Angleterre depuis une décennie. Il n'était alors rien, sinon un artiste contraint, comme tant d'autres, de trimer pour gagner sa vie. Charlie Chaplin observe la masse compacte rugissant à sa descente du wagon et n'en revient pas d'être devenu prophète en son pays. « Je passe en revue ce que j'ai fait, écrira-t-il, et ce n'est pas grand-chose. Bien sûr, *Charlot soldat* n'était pas mauvais. Mais tout ce chahut pour un simple acteur de cinéma… Si seulement, pour le remercier, je pouvais accomplir un exploit : résoudre la question du chômage, par exemple. » À l'heure des premiers bilans, Charles Spencer Chaplin arbore des cheveux blancs. Il n'a que 32 ans, mais les derniers mois ont été éprouvants. L'artiste a fait venir sa mère, malade, en Californie. Marié brièvement à Mildred Harris, une jeune actrice de 16 ans, il divorce d'elle dans des conditions difficiles après le décès de leur fils de 3 mois. Lié à la First National qui se plaint de ses délais de tournage, il vient de fonder, avec D. W. Griffith, son ami Douglas Fairbanks et Mary Pickford, la United Artists, afin qu'auteurs et producteurs puissent distribuer eux-mêmes leurs films. Sur tous les fronts, Chaplin s'octroie, comme une pause, cette tournée européenne afin de présenter sa dernière œuvre qui lui tient à cœur. « Je veux faire un film sérieux qui, à travers certains épisodes comiques ou burlesques, cache son ironie, sa pitié, sa satire », avait-il annoncé un an plus tôt. Inspiré de ses souvenirs d'enfance, porté par sa rencontre avec le petit Jackie Coogan, qui incarne son fils adoptif à l'écran, *Le Kid* est le plus grand succès de Charlot. Celui qui le rapproche de l'univers à la Dickens qui le vit naître à Lambeth, dans les faubourgs de Londres, le 16 avril 1889.

Dès sa venue au monde, Charles Spencer Chaplin suscite quelques interrogations. Il ne reste en effet de celle-ci ni acte de naissance, ni extrait de baptême. Fils de Charles Chaplin Sr, artiste de music-hall descendant lointainement de huguenots français, et de Hannah Hill, actrice manquée issue de familles espagnoles et irlandaises, Chaplin se plut longtemps à semer le doute sur son ascendance. Lorsque, plus tard, différentes rumeurs – à commencer par la propagande nazie – lui attribueront des origines juives, l'acteur ne les démentira pas, affirmant même que, si tel était le cas, « ce serait un honneur ». Il est vrai que le personnage de Charlot, paria par excellence, semble inspiré du folklore ashkénaze. Chaplin, dont le demi-frère adoré, Sydney, aurait eu un père juif et qui fera de son barbier du *Dictateur* un israélite, se choisira, dans ses Mémoires, une autre figure de réprouvé, s'inventant une grand-mère gitane. Mais lorsque Charlie et Sydney grandissent, dans la pauvreté, ces questions n'ont guère d'importance. Ayant échoué dans sa vocation de comédienne, Hannah Hill assiste à l'envol relatif de la carrière de son époux, se bornant à tenter de deviner le tempérament des passants en les regardant par la fenêtre.

Un sens de l'observation dont Charlie devait s'inspirer : « Ma mère était la mime la plus prodigieuse que j'aie jamais vue. Grâce à elle, j'ai appris non seulement à traduire les émotions avec mes mains et mon visage, mais aussi à étudier l'Homme. » Trompant sa rancœur et les absences répétées de son mari avec un artiste de music-hall, Hannah se retrouve enceinte. L'apprenant, son époux quitte femme et enfant, noyant ses aigreurs dans l'alcool avant de mourir à 37 ans. Livrée à elle-même, Hannah devient ouvrière à domicile. « Elle piquait à la machine jour et nuit, confiera Charlie, et ses gains suffisaient à peine à nous nourrir, alors comment aurait-elle pu payer son loyer ? » Un soir qu'il rentre dans un de leurs logis provisoires, l'enfant ne trouve pas sa mère. Manifestant depuis quelque temps des symptômes de déséquilibre mental, Hannah vient d'être internée. À 6 ans, Charlie se retrouve seul avec son frère. « Quand notre mère était à l'hôpital, il nous est souvent arrivé de dormir dans la rue, racontera Sydney. Nous nous nourrissions alors de fruits et de légumes ramassés dans les ruisseaux des marchés, nous dormions sur les bancs et dans les squares. Charlie s'était fait une spécialité : avec des bouts de bois, il fabriquait des petits bateaux qu'il vendait à d'autres enfants pour un penny. » Surenchère misérabiliste ? Probablement pas. Mais il semble que Charlie, recueilli à l'orphelinat de Hanwell, ait vite trouvé sa voie. Entre deux réapparitions d'Hannah, l'enfant découvre, fasciné, le spectacle de la rue et celui des lanternes magiques que n'a pas encore supplanté le cinéma. Encouragé par sa mère qui, dans son trouble, n'a pas oublié ses rêves, et recommandé peu avant sa mort par son père, Charlie est engagé à 10 ans dans la troupe des « Huit Gars du Lancashire ». Il y apprend à danser et à chanter en sabots, se livre à des pantomimes et se produit à l'hippodrome de Londres avant de partir en tournée avec ses camarades. L'expérience dure près de trois ans et le marque à jamais, même si, à court de ressources, il est contraint d'exercer divers petits métiers : « J'ai été vendeur de journaux, ouvrier d'imprimerie, fabricant de jouets, souffleur de verre, mais au milieu de toutes ces aventures professionnelles, je n'ai jamais perdu de vue mon but final qui était de devenir comédien. » Décidé, lui aussi, à embrasser la carrière d'acteur, Sydney l'encourage à contacter un célèbre producteur du Strand. Lequel, conquis par son allure d'adolescent des faubourgs, lui confie un rôle de groom dans l'adaptation théâtrale des aventures de Sherlock Holmes. Sa prestation lui vaut d'être remarqué par la presse et de se produire sur une scène du West End.

À 17 ans, Charlie, lancé dans le métier, peaufine avec son frère un numéro de plombiers maladroits et crée, pour un autre gag, sa célèbre démarche, une jambe levée d'un côté, l'autre servant de point d'appui pour tourner à angle droit. Distingué puis embauché par Fred Karno, roi des impresarios, Sydney n'a de cesse qu'il engage aussi Charlie. « En le voyant, avouera Karno, il me parut beaucoup trop timide pour pouvoir faire quelque chose de bon sur une scène, surtout dans les spectacles comiques qui étaient ma spécialité. Il avait quelque chose d'étriqué. » Insignifiant, Chaplin ? Plutôt renfermé et fier. Au point que ce futur collectionneur de femmes ne connaît sa première amourette qu'à 20 ans. Mais son orgueil le pousse aussi à ne pas donner à Karno, qui s'est laissé fléchir, l'occasion de se dédire. Brillant dès ses premières représentations, Charlie signe un contrat de deux ans. Le temps de perfectionner son art auprès d'une troupe chevronnée. « Les spectacles de Karno respectaient toutes les traditions de la pantomime, se souviendra-t-il. Acrobaties et clowneries, rire tragique et secourable, mélancolie et sketches, danses et jongleries sobrement mêlées. Tout cela traduisait le comique anglais sans rival. » Mime et danseur-né, l'apprenti comédien gravit les échelons de l'usine à rire de son patron. Jusqu'à se voir proposer le rôle-titre de *Jimmy l'intrépide*. Parce qu'il se permet d'en discuter la conception, Karno retire son offre, qu'il soumet à un camarade de Charlie, Stanley Jefferson, bientôt rebaptisé Stan Laurel. Échaudé, Chaplin reprend le rôle en tournée, suscitant l'admiration de ses collègues. L'un d'eux, Bert Williams, se souviendra de la fête donnée pour Charlie le jour de ses 21 ans : « Il faisait des entrées et des sorties si burlesques que nous nous tenions les côtes de rire. Même sa démarche, que nous voyions pourtant tous les jours sur scène, nous précipitait dans une inextinguible hilarité. Nous criions "Encore, encore !" quand, par une de ses soudaines transformations, il redevint grave. Saisissant son violon, il se mit à jouer. De ses doigts naissait une émouvante mélodie, très simple, qui parlait à chacun de son foyer, de ses amis, d'une femme ou du mystère de l'amour. » Devenu l'élément clé de la compagnie Karno, Chaplin est choisi pour accompagner celui-ci dans ses tournées en France puis aux États-Unis, de New York à la Californie. Revenu à Londres, il communique son enthousiasme à Sydney avant de repartir, en 1912. L'objectif est clair : conquérir l'Amérique. Il y parvient en se faisant remarquer dans un petit théâtre new-yorkais par Mack Sennett, directeur de la compagnie cinématographique Keystone. « Il nous a tant fait rire, racontera ce dernier, qu'à l'entracte, nous sommes allés lui proposer un contrat.

Il a refusé. » Gagnant convenablement sa vie, doutant de l'avenir du cinéma, Chaplin hésite avant de rallier Hollywood. Contrastant avec la méticulosité du travail fourni chez Karno, la rapidité des tournages en extérieur de la Keystone le désarçonne. À raison d'un film par semaine, Charlie, moqué par le reste de l'équipe pour sa réserve et sa hauteur de vues, voit passer à la trappe la plupart de ses gags et peine à trouver ses marques. Débutant dans le court-métrage de Sennett *Pour gagner sa vie* en gandin antipathique, il songe rapidement à changer d'emploi.

S'inspirant de Max Linder, Chaplin entrevoit la solution et la clé de son art en entrant, un jour d'hiver 1914, dans la remise à costumes du studio. Il en ressort vêtu d'un pantalon-sac, d'un chapeau melon cabossé, d'immenses croquenots, d'une moustache en brosse, un bambou à la main. « Cette canne constitue toute ma philosophie, expliquera-t-il en 1931. Avec elle, je défie le destin et l'adversité. Ce pauvre petit être que je représente à l'écran n'est, en effet, jamais la proie de ceux qui le tourmentent. Il s'élève au-dessus de ses souffrances. Victime de circonstances malheureuses, il se refuse à accepter la défaite. » Avant de devenir un personnage, Charlot est une silhouette qui détermine un style au fil des trente-cinq courts-métrages tournés pour la Keystone. Même si, mécontent du travail fourni sur des comédies qu'il estime bâclées, Chaplin le fait savoir. « Il se plaignait, dira Mack Sennett, des réalisateurs, de ses partenaires, du fait qu'il avait besoin sur scène de plus d'espace pour faire ce qu'il voulait. Lors des projections, il était toujours présent contrairement aux autres acteurs. Si quelque chose lui déplaisait, il faisait claquer ses doigts, il remuait, s'agitait. » Conscient de son potentiel, Sennett le laisse diriger ses films. Désormais, Chaplin est son propre maître. Pratiquant montage, raccords et gros plans, il se distingue immédiatement par sa maîtrise d'un récit cinématographique fluide, riche en gags et en trouvailles visuelles. Bientôt lâché par la Keystone qui ne veut pas l'augmenter, Chaplin signe un contrat en or avec la société de production Essanay. Payé 1 250 dollars par semaine, il devient en un an le comique le plus recherché du marché.

Formant sa propre troupe d'acteurs, il engage Edna Purviance, une secrétaire dont il fait sa compagne et partenaire attitrée, mais aussi l'impressionnant Eric Campbell. Les pièces du mythe s'assemblent, début 1915, avec une série de courts-métrages dans lesquels Charlot lutte contre les hommes et les coups du sort, notamment dans *Le Vagabond*, qui mêle pour la première fois rire, romantisme et pathos. S'estimant toutefois mal traité par la Essanay après cette première période faste, Chaplin passe à la Mutual, qui lui garantit une indépendance totale. Possédant désormais son studio, la Lone Star, Charlie livre ses premiers chefs-d'œuvre satiriques dont le retentissement, dans un monde en guerre, ne fait qu'accroître sa popularité. Si le burlesque chorégraphié triomphe dans *Charlot patine*, avant d'atteindre des sommets avec *Charlot fait une cure*, il s'enrichit d'une dimension sentimentale et sociale dans *Charlot violoniste*, et surtout avec *L'Émigrant*, qui assied sa réputation auprès de l'intelligentsia. Fort de cette reconnaissance, Chaplin devient en 1917 son propre producteur, limitant la First National à un rôle de distributeur.

Libéré des contingences extérieures, l'auteur-acteur, acclamé pour sa charge tragi-comique de *Charlot soldat*, pousse son savoir-faire jusqu'à des degrés jamais atteints. Le visitant en 1919, son idole Max Linder le constate : « Charlie tourne avec une minutie extraordinaire. Son studio est muni des perfectionnements les plus modernes. Mais le principal n'est pas dans les machines. Il est dans la méthode. Chaplin a étudié le rire et arrive à le provoquer avec une précision rare. Rien n'est laissé chez lui à l'improvisation. Il répète toutes ses scènes jusqu'à ce qu'il en soit content. » La décennie qui s'ouvre est celle des remises en cause incessantes mais aussi des accomplissements. Après *Le Kid*, sur lequel il a investi presque toute sa fortune, Charlie connaît en 1923 un gouffre financier avec *L'Opinion publique*, un drame sentimental dans lequel il ne joue pas. Contraint de se refaire avec un budget plus modeste de 500 000 dollars, il triomphe en 1925 grâce à *La Ruée vers l'or*. Auteur, réalisateur, acteur, il y est au sommet de son art. Décryptant la scène fameuse où Charlot, affamé, mange la semelle et ses lacets de chaussure comme s'il s'agissait d'un poisson fin et de spaghettis, l'essayiste James Naremore explique comment il mêle comédie sophistiquée et émotion pure avec génie : « Cela tient essentiellement à la manière dont il caricature un homme aux manières extravagantes à table. Il "joue" le repas et invente une infinité de possibilités culinaires à partir de quelque chose d'immangeable et, en même temps, il se transforme en de nombreux stéréotypes : chef, garçon, gourmet. La situation est poussée jusqu'à l'horreur et la caméra observe Chaplin d'assez près, le cadre épousant la place du personnage à table et nous amenant tout près de sa souffrance. Son maquillage est un fond de teint crayeux, très visible, avec de lourds cernes dessinés, mais le regard vitreux, halluciné, est authentique. Il ne nous cache jamais les détails crus de la privation et crée un pathos glaçant au-delà du rire. »

Quel chemin parcouru depuis l'article signé dans le *Harper's Weekly* en 1916 qualifiant Chaplin d'« artiste de premier ordre mais vulgaire » ! Sa célébrité inouïe, sa fortune même suscitent-elles des jalousies propres à le déstabiliser ? Ainsi qu'il l'avouera à Jean Cocteau : « Je porte en moi la tristesse d'un homme qui, pour avoir trop joué sur les écrans des personnages de pauvres, est un jour devenu riche. » Sans doute pense-t-il utiliser cet argent à bon escient ; parcimonieux avec les siens, payant sans prodigalité ses employés, il continue de verser des pensions à certains collaborateurs ayant quitté son service, fidèle à un petit cercle, comme pour conjurer la rapacité de ceux qui veulent plumer la poule aux œufs d'or, du fisc américain aux femmes malintentionnées. Mildred Harris, qui plaide la « cruauté mentale » de Charlie, ne menace-t-elle pas de saisir le négatif du *Kid* lors du règlement de leur divorce ?

Chaplin récidive avec une autre jeune fille, épousée à 16 ans. Après lui avoir donné deux fils, Lita Grey quitte le domicile conjugal en réclamant d'emporter la copie du *Cirque*. Elle obtient finalement la pension la plus importante versée par un artiste de cinéma. Dans quelle mesure ces histoires alimentées par les médias écornent-elles son aura ? Pour avoir vu étaler ses turpitudes domestiques et s'être montré solidaire des mouvements socialistes, Charlie est épinglé par une partie de ses collègues ainsi que par la presse conservatrice de Hearst. Le personnage de Charlot lui-même n'est-il pas subversif ? Dénonçant les faiseurs de guerre dans *Charlot soldat*, fustigeant la bondieuserie américaine avec *Le Pèlerin*, Chaplin ne rate aucune cible. Mais il fait passer la pilule en l'enrobant d'humour. Dans *La Ruée vers l'or*, la scène de la « danse des petits pains » provoque une telle hilarité des spectateurs qu'il faut, dans certaines salles, stopper le film pour le repasser une seconde fois. Le bonheur est toujours éphémère… Entre un incendie ravageant ses décors, une erreur du laboratoire rendant la pellicule inexploitable et le harcèlement fiscal du gouvernement, le tournage du *Cirque* vire au cauchemar. Charlie en sort épuisé. Mais à l'étranger, le cinéaste reste inconditionnellement admiré. René Clair affirme, enflammé et subtil : « Son talent d'acteur, de mime génial, de clown sublime, a fait du tort à son génie d'auteur. Acteur, il est l'un des meilleurs. Mais d'autres peuvent parfois l'égaler. Auteur, il est unique et aucun auteur de films ne peut lui être comparé. » Un séisme vient pourtant l'ébranler.

L'arrivée du parlant le surprend alors qu'il écrit le scénario des *Lumières de la ville*. Inquiet, au point de procéder à des essais de sonorisation, Chaplin choisit, après mûre réflexion, de persévérer dans le muet, « parce que, explique-t-il, il s'agit d'un moyen d'expression universel. Les parlants qui veulent marier les conventions du théâtre au réalisme du cinéma produisent des monstres ». Il ajoute toutefois une corde à son arc en écrivant une partition musicale collant aux images. Mais son perfectionnisme extrême fait de la production des *Lumières de la ville* une expérience dantesque. Afin de conter l'histoire d'une jeune fleuriste aveugle dont s'éprend un vagabond décidé à lui rendre la vue, Chaplin n'hésite pas à passer plusieurs mois sur une seule scène, à renvoyer son héroïne, Virginia Cherrill, avant de la rappeler, insatisfait de la comédienne qui a, selon lui, « oublié l'art de la pantomime, comme tous les acteurs dont le rythme est passé dans la parole et non plus dans l'action ». Après vingt et un mois de tournage et une minutieuse postproduction, l'accueil enthousiaste du public lui donne raison. Comment peut-il rester insensible à ce mélo sentimental doublé de satire sociale dont le dernier gros plan sur un Charlot bouleversé demeure l'un des plus beaux que le cinéma nous ait donnés ? Une deuxième tournée mondiale, en 1931, durant laquelle il est reçu comme un dieu vivant par Churchill, Gandhi, le roi des Belges, Einstein et George Bernard Shaw, le renforce dans ses convictions artistiques et politiques.

Plus que jamais, son message sera de gauche et universel. Mais si Charlie conçoit son œuvre suivante, *Les Temps modernes*, comme une dénonciation de l'exploitation de l'homme par le grand capital et le machinisme fordien, il n'en fait pas moins une ode à l'individualisme, rétif à toute récupération partisane. Ce que perçoit Roland Barthes : « Chaplin a toujours vu le prolétaire sous les traits du pauvre : d'où la force humaine de ses représentations, mais aussi leur ambiguïté politique. Dans *Les Temps modernes*, Charlot frôle sans cesse le thème prolétarien, mais ne l'assume jamais politiquement. » Le film, présenté en 1936, doit aux entrées européennes d'éponger les pertes enregistrées sur le marché américain où Chaplin, dernier à s'accrocher au muet, apparaît désormais démodé. En couple, et heureux, avec sa partenaire Paulette Goddard, prenant acte des bouleversements jusque-là rejetés, il décide que son prochain opus sera parlant et ouvertement politique.

Sur le point de tourner une vie de Napoléon, qui le fascine, Charlie est rattrapé par l'actualité. Le fascisme le révulse. Quel meilleur sujet que Hitler, né en même temps que lui et à la moustache étonnement ressemblante, pour alerter et tourner en dérision la folie d'un dictateur ? Il n'en doit pas moins affronter la lâcheté des studios, acharnés à vendre jusqu'au bout leurs films au régime nazi, braver la vindicte des milieux isolationnistes et antisémites, jusqu'à la crainte d'amis juifs de voir des représailles s'abattre sur leurs proches restés en Allemagne. Chaplin s'obstine, peaufine son scénario et évacue la pression en se comportant, selon sa cousine Betty Tetrick, de manière « très suffisante et arrogante pendant tout le tournage du *Dictateur* ». La sortie du film, fin 1940, met au jour l'ambivalence du métier à son égard. Mis à mal par la critique, Charlie est nommé pour trois Oscars mais n'en remporte aucun. L'alliage de culot et de poésie portant ce pamphlet humaniste est à peine relevé. Si Chaplin s'est enfin décidé à parler, c'est qu'il a quelque chose à dire. Mais a-t-on envie de l'entendre ? Réclamant, pendant la guerre, l'ouverture d'un second front à l'Est, soutenant l'alliance avec l'URSS, il a franchi la ligne jaune pour les milieux ultraconservateurs et la police fédérale. Qui est, au fond, cet homme qui n'a pas combattu en 1914 et se reconnaît des amitiés communistes ; cet amateur de nymphettes qui n'a jamais réclamé la nationalité américaine ?

Manipulant une jeune paumée, Joan Barry, qui accuse Charlie de l'avoir abandonnée enceinte, le FBI tente de le faire tomber. Condamné par un jury populaire, en dépit d'analyses sanguines qui l'innocentent, Chaplin émerge du scandale désabusé mais fortifié. Sa rencontre avec Oona, fille du dramaturge Eugene O'Neill, lui apporte la stabilité conjugale longtemps recherchée. Fusionnels, ils vont avoir huit enfants qui feront son bonheur. Décidé à rendre la monnaie de leur pièce à ses inquisiteurs, le cinéaste le fait avec finesse en tournant, sur une idée d'Orson Welles, *Monsieur*

Verdoux. Inspiré de l'affaire Landru, ce film amer et civilisé fustige une société ayant érigé l'hypocrisie en règle de vie. « Un seul meurtre fait un criminel, des millions un héros », lance Verdoux, dénonçant les marchands de canons, avant d'être exécuté. Face à cet outrage, la sentence tombe : anticipant les enquêtes de la commission des activités antiaméricaines, la presse fait le procès de Charlie, doutant de sa loyauté envers son pays d'adoption. Le public le boude, à l'unisson.

Au bord de la faillite, Chaplin doit à une ressortie lucrative des *Lumières de la ville* de pouvoir mettre en chantier son prochain opus. Retour à la scène des origines, *Les Feux de la rampe* lui permet de renvoyer la balle à Buster Keaton, son ancien rival, tombé dans l'oubli depuis les débuts du parlant. « Charlie, racontera Keaton, est, dans le privé, le plus gai des compagnons et le plus délicat. C'est dans le travail qu'il est le moins drôle. Calme, froid, lucide, attentif, il pousse son amour de la perfection à la minutie d'un collectionneur maniant des ailes de papillon. » Désireux de montrer ce chant du cygne à ses compatriotes, Chaplin se trouve avec sa famille sur le paquebot qui le conduit en Angleterre lorsqu'un câble l'avertit que le procureur général des États-Unis annule son visa de retour. Décision inique d'une Amérique maccarthyste qui a fini par avoir sa peau. Charlot pourrait ruser, contester. Charlie, fatigué et ému par l'accueil des Britanniques, renvoie son permis à Washington et s'installe à Londres, avant de rallier la Suisse et le manoir de Ban, à Corsier-sur-Vevey. Une lutte à distance, menée avec élégance, n'est pas pour déplaire à ce jeune père sexagénaire qui, après avoir vendu son studio hollywoodien, réalise en 1957 avec des moyens de fortune *Un roi à New York*. Mais la charge contre le pays qui l'a consacré et qu'il ne reconnaît plus est figée, sans éclat. Charlie se console en y faisant jouer ses propres enfants. Ces derniers n'ont-ils pas l'habitude de voir leur père les mettre en scène dans de petits films en couleurs qu'il tourne chez eux, au Ban ? Là où le maître écrit ses Mémoires avant de préparer, au milieu des années 1960, son ultime création. *La Comtesse de Hong Kong* est le fantasme anachronique d'un Chaplin qui s'entend mal avec Marlon Brando, lequel le traite de « vieux tyran », mais se console auprès de Sophia Loren, qui reconnaîtra avoir vécu « sous l'emprise d'une fascination indicible. Chaplin a l'autorité douce et souveraine ». Au fond, Charles Spencer Chaplin n'aura été toute sa vie qu'un petit surdoué sentimental et obstiné qui finira par pardonner à une Amérique lors de la remise, en 1972, d'un Oscar de la repentance, mettant un terme à leur désamour ; un artiste hors du commun fourmillant de projets qui ne verront jamais le jour. Il meurt, ultime pirouette, le soir de Noël 1977, au pied des montagnes qui lui ont apporté la sérénité. Si loin de sa jeunesse misérable. Si proche des rêves d'enfant qu'il aura, jusqu'au bout, trimballé sous ses hardes de clochard céleste.

Filmographie sélective

Le Vagabond (court, 1915)
Charlot patine (court, 1916)
Charlot fait une cure (court, 1917)
L'Émigrant (court, 1917)
Charlot soldat (court, 1918)
Le Kid (1921)
L'Opinion publique (1923)
La Ruée vers l'or (1925)
Le Cirque (1928)
Les Lumières de la ville (1931)
Les Temps modernes (1936)
Le Dictateur (1940)
Monsieur Verdoux (1947)
Les Feux de la rampe (1952)

Greta Garbo (1905-1990)

Elle est le symbole de la star absolue, inaccessible, fantasmatique, au point d'avoir été surnommée « la Divine ». Suédoise d'origine modeste partie à la conquête de Hollywood, Greta Gustafsson connut la gloire pendant quinze ans, avant de s'éclipser. Sa banalisation, dans une ère désillusionnée et en quête de renouvellement, lui était interdite. S'ensuivit un demi-siècle de dérive mystérieuse où, devenue une figure singulière de la jet-set, Greta Garbo allait parfaire malgré elle son mythe en le fortifiant par son absence.

Il existe autant d'anecdotes concernant Greta Garbo que de clichés volés de sa beauté flétrie. Autant d'histoires de fans transis ayant par hasard croisé son chemin que de rumeurs salissant l'image de « la Divine ». Mais ce qui ne détruit pas un mythe ne contribue-t-il pas à le renforcer ? Qualifiée d'actrice figée et de femme frigide, Greta Garbo laisse avant tout le souvenir d'une star prisonnière d'une gloire qu'elle ne cessa de fuir. À moins qu'elle n'ait cherché, face caméra ou loin des plateaux, le sens d'une vie qui semblait constamment lui échapper…

Elle naît Greta Gustafsson, dans une famille de cultivateurs, à Stockholm, le 18 septembre 1905. Son père, Karl, avait quitté la campagne et sa misère pour s'établir avec sa femme, Anna, dans la capitale. Deux premiers enfants, Sven et Alva, s'étaient accommodés de son maigre pécule de jardinier municipal et de balayeur de rues. Lorsqu'elle vient au monde, dans le quartier populaire de Södermalm, Greta assiste à la lente désagrégation du foyer et de ses espérances. Alors qu'Anna, femme replète et despotique, fait des ménages afin d'aider son mari, ce dernier encourage son penchant pour l'ivrognerie en noyant ses désillusions dans les bars de la ville.

Greta, qu'on appelle « Keta », à la façon dont elle-même, bébé, prononçait son prénom, grandit dans le rejet de ces modèles parentaux déchus. Petite blonde fraîche et boulotte, rétive aux tâches ménagères, besogneuse à l'école mais douée en sport, elle préfère s'évader dans l'imaginaire que semble invoquer son regard lointain. Une première expérience naît de ses rêves. À 13 ans, la fillette crée avec quatre amies une troupe : l'Attic Theater. Le jeu prend fin peu après, avec la mort de Karl.

Contrainte de subvenir à son tour aux besoins de la maisonnée, Greta se fait embaucher chez un coiffeur du quartier. La femme du patron se souviendra d'elle comme de « l'une des plus belles créatures qui soit. Elle était plus forte à cette époque, presque rondelette, et irradiait de bonheur. Tout le monde l'adorait. Elle était un rayon de soleil ». Une image qui contraste avec celle de l'adolescente gardant enfouies ses pensées les plus secrètes. Sa nature, alors active, la pousse toutefois à progresser. Quittant son emploi de coiffeuse, Greta décroche un poste de vendeuse chez une modiste réputée. Affectée au rayon chapeaux, elle devient rapidement modèle publicitaire. Mais l'occupation, gratifiante, est temporaire. Reléguée au département des robes, la jeune femme y végète jusqu'au jour où le cinéaste Erik Petschler, accompagné de deux actrices, vient s'y fournir. Greta le harcèle et découvre que Petschler s'apprête à tourner un film inspiré des *bathing beauties*, ces actrices passablement dénudées des comédies burlesques de Mack Sennett. Charmé, le metteur en scène l'embauche dans le rôle d'une gymnaste. Sommée de choisir entre son métier et le cinéma, Greta abandonne sans hésitation son emploi.

Évoquant ses premiers pas, en 1922, dans la romance *Luffar Peter*, Petschler se rappellera une jeune femme « très déterminée et soucieuse de plaire. Un peu timide et malhabile au départ, elle s'est vite révélée face à la caméra. Elle n'avait pas suivi de cours mais montrait un don pour la comédie. Elle en avait tout du moins le désir, ce qui est essentiel ». Consciente de ses manques et encouragée par le cinéaste, Greta postule à l'Académie royale d'art dramatique, dirigée par Gustav Molander. Coachée par l'actrice Signe Enwall, l'adolescente apprend vite et bien les extraits des pièces de Lagerlöf, Sardou et Ibsen qu'elle doit présenter. « Le fait qu'elle ne sût pas grand-chose du théâtre était sans importance », expliquera sa professeure : « Ce qui compte réellement chez une actrice, c'est le contact avec la vie quotidienne, la capacité de la sentir et de la comprendre. Cette capacité, Greta la possédait au plus haut point. Elle avait beaucoup de maturité pour son âge. »

Sa prestation, de fait, est une réussite. Son acclimatation au sein de l'Académie, beaucoup moins. Réservée, Greta paraît hautaine à ses camarades. Complexée par son manque d'instruction, étrangère à leurs débats, elle leur semble bêcheuse, uniquement préoccupée de gravir plus vite que d'autres l'échelle du succès. Une rencontre va l'y aider. Pionnier, avec Victor Sjöström, du cinéma suédois, auteur en 1919 du *Trésor d'Arne*, Mauritz Stiller est à la recherche d'une égérie. Rencontrant Gustafsson à l'Académie, perçoit-il chez elle une dimension échappant aux autres jeunes comédiennes ? « Vous n'êtes pas une actrice, mademoiselle, vous êtes raide, inanimée », aurait-il craché, lui conseillant au passage de perdre 10 kilos avant de confier à son assistant : « Avez-vous bien observé son visage ? Il n'aura pas d'égal en ce siècle ! » Il la rebaptise Garbo, qui signifie en espagnol le panache et la grâce, puis la choisit pour incarner la comtesse Dohna dans son ambitieuse adaptation de *La Légende de Gösta Berling*. D'abord tétanisée, modelée au prix d'éprouvantes séances, Greta joue le jeu, consciente de ce qui la lie désormais à Stiller. Homosexuel notoire, le cinéaste s'est en effet pris d'une folle passion pour sa « création ». « On a parlé d'une liaison entre nous. Ce fut beaucoup plus que cela. J'avais remis mon destin entre ses mains », devait admettre un jour l'idole.

Elle sera ainsi à jamais ce personnage hiératique et charnel fantasmé par le metteur en scène. Révélée au public et au métier, l'actrice suit son mentor à Constantinople pour un projet avorté, puis à Berlin, où Stiller consent à la « prêter » à Georg Pabst. Au prix fort. Le cinéaste autrichien doit dédommager Stiller, embaucher son équipe technique, supporter sa présence jalouse sur le plateau de *La Rue sans joie*. Ce mélo social, dans lequel Marlene Dietrich fait une courte apparition, pare Garbo, dont c'est le dernier film européen, d'un éclat mortuaire. En vacances au même moment sur le vieux continent, Louis B. Mayer assiste à une projection de *Gösta Berling*. Impressionné par la technique de Stiller, le mogul demande au metteur en scène suédois de venir travailler pour lui à Hollywood. Stiller y met comme condition qu'il engage également Greta. Bien que réticent, Mayer donne son aval.

Début juillet 1925, le couple débarque à New York. Une attachée de presse est chargée de les faire patienter trois mois avant leur départ pour Los Angeles. En compagnie d'un Stiller ulcéré, Garbo ronge son frein : « Dans ce pays, les gens semblent si heureux. Pourquoi ce bonheur inaltérable, constant ? Moi, je ne suis pas tout le temps heureuse. » Elle en profite néanmoins pour goûter aux spectacles de Broadway et se faire photographier par Arnold Genthe, qui découvre un visage d'une « mobilité d'expression très rare ». Les clichés contribuent à susciter l'attente du public américain. Envoyés au producteur Irving Thalberg, ils encouragent le *wonderboy* de la MGM à métamorphoser le glaçon suédois en vamp venue du froid. C'est ainsi qu'arrivée à L.A., elle devient une señorita pour *Le Torrent*, sa première expérience hollywoodienne. Le film, un immonde mélodrame, reprend les éléments constitutifs du mythe Garbo, celui d'une femme fatale distante mais au fort potentiel érotique, souvent vouée à un destin tragique. Dans la réalité se joue un autre drame. Écarté de la réalisation du *Torrent*, Stiller revient à la charge pour mettre en scène le deuxième opus américain de sa protégée. Frappé du « syndrome von Stroheim » de la folie des grandeurs, Mauritz veut faire de *La Tentatrice* autre chose que le drame boulevardier souhaité par la Metro : une fresque baroque à la gloire de Garbo. Ses exigences, sa folie créatrice finissent par lasser Thalberg, qui le débarque en cours de tournage. Remplacé par Fred Niblo, Stiller, désormais en froid avec Mayer, tourne pour la Paramount *Hôtel impérial*. C'est un four, qui le grille dans la capitale du cinéma. Désemparé, le pygmalion de Garbo quitte Los Angeles et, prématurément usé, retourne au pays, où il meurt peu après d'une pleurésie. Devenue entre-temps une star, Greta n'oubliera jamais celui qu'elle appelait « Mojé ». Sa disparition ne fera qu'accentuer son sentiment d'isolement.

En même temps, les films s'enchaînent qui créent la légende et fondent sa réputation. Personnage exotique, souvent double, happé par la fatalité, d'*Anna Karénine* à *La Belle Ténébreuse*, elle fait tourner la tête des hommes sans espoir de félicité. Sur le plateau de *La Chair et le Diable*, drame mondain réalisé en 1926, la réalité rejoint la fiction. Garbo laisse entendre qu'elle s'est éprise de son partenaire, John Gilbert, un don juan patenté. Leur romance fait la une des revues spécialisées avant de retomber comme un soufflé. Gilbert : « Garbo ? Une montagne inaccessible. Une pierre.

Un abîme de contradictions, de mystères. » Garbo : « Qu'ai-je pu trouver à Gilbert ? Il était beau. Rien d'autre. » L'échec de leur relation, en 1929, rend la comédienne définitivement muette sur sa vie privée. Ce trouble, compatible avec celui de son personnage cinématographique, ainsi que la distance volontairement mise avec la communauté hollywoodienne attisent dès lors les rumeurs. Le fait que, de Stiller à Cecil Beaton, des homosexuels se soient épris d'elle ; ses amitiés féminines ostensiblement affichées ; les témoignages d'amants refroidis par son absence d'ardeur plaident en faveur d'une bisexualité glissant progressivement vers une indifférence aux choses de l'amour.

Symbole romantique mais androgyne, le « sphinx suédois » n'a pas vocation à livrer en pâture ses états d'âme. Seules comptent ses incarnations sur grand écran. Le passage au parlant, après avoir inquiété Mayer, s'avère payant. La voix rauque, alternativement implorante et monocorde, de Greta confirme la densité que son physique offrait déjà à la caméra. Longtemps, la star avait été un visage envoûtant que les chefs opérateurs prenaient plaisir à filmer en gros plan. « Je plongeais dans ses yeux, pour voir ce qui y était, déclarera William H. Daniels qui fut son directeur de la photographie attitré. Garbo avait des cils très longs, qui étaient les siens, et en faisant plonger ma caméra je créais des ombres sur ses joues. Cela devint une sorte de marque de fabrique. La chose la plus triste de ma carrière est que je n'ai pu photographier les yeux de Garbo en couleur. Je sentais que je devais filmer ces incroyables yeux bleus. Mais, malgré mes supplications, le studio m'a dit non. » Ces gros plans en noir et blanc exercent un singulier pouvoir de fascination. Ils sont la signature de Greta. Sa *persona*. Celui qui clôt *La Reine Christine*, en 1933, est le plus célèbre. À la proue du navire qui la conduit, solitaire, vers son destin, la reine de Suède, qu'on a tôt fait d'identifier à son interprète, est d'abord filmée dans l'entièreté de son corps, vêtu d'un costume masculin, avant que la caméra se resserre peu à peu sur son visage battu par le vent. Pour ce dernier plan, le metteur en scène Rouben Mamoulian a exigé de Garbo une inexpressivité absolue. La souveraine, déchargée de son trône et désormais loin des siens, est-elle sereine, inquiète ou en proie aux regrets ? Sur les yeux grands ouverts de Greta, véritable invitation au voyage, les spectateurs sont libres de plaquer toutes sortes d'interprétations.

L'icône n'en devient que plus puissamment fantasmatique. D'autant qu'elle n'est pas qu'une mécanique. Tout au long des années 1930, Garbo s'impose dans une série de rôles où, de vamp, elle opère une métamorphose en victime des hommes, avant de se rebeller. Poussée au suicide dans *Anna Karénine*, contrainte de se prostituer avec *La Courtisane*, amoureuse tuberculeuse du *Roman de Marguerite Gautier*, elle atteint des sommets là où elle s'affranchit quelque peu du carcan imposé par son image, qu'il s'agisse de son incarnation virile de la reine scandinave du XVIIe siècle ou, de façon plus ambiguë, lorsqu'elle accepte de s'autoparodier en *Ninotchka* ouverte aux plaisirs de la vie. À la fin de la décennie, la compétition symbolique avec Marlene Dietrich, sa rivale de la Paramount, semble avoir tourné à son avantage. Si elle a évacué toute passion, l'actrice demeure une professionnelle appliquée, dénuée de narcissisme : « Garbo mettait tant de fougue et de sérieux dans ce qu'elle faisait, remarquera son partenaire Conrad Nagel, qu'au terme de la journée, elle était – comme toute l'équipe – pompée, exsangue. Elle n'aurait pas traîné cinq minutes de plus sur le plateau. »

Étoile d'une galaxie livrée en offrande à ses contemporains, elle passe pour une sauvage ou, à tout le moins, pour une originale, habitant une villa se distinguant par son dénuement, détestant se maquiller et s'habillant simplement, ne fréquentant qu'un cercle réduit d'amis, vérifiant méticuleusement dépenses et factures, aimant se promener à cheval les jours de tempête. Qu'importe, dès lors, qu'elle révèle à qui veut la connaître d'autres facettes de sa personnalité. « C'était une grande fille indépendante ayant comme tout le monde ses heures de tristesse, mais je l'ai vue souvent gaie et bavarde », observera le comédien français André Luguet, qui fut un temps son partenaire de tennis. « Garbo est d'une timidité maladive, notera, de son côté, la provocante Tallulah Bankhead, mais lorsqu'elle se sent dans son élément et que l'on cesse de la contempler comme une mutante, elle se débarrasse de son aspect "déesse inaccessible" et devient aussi marrante que n'importe qui. » Il n'empêche, comme l'écrit son amie actrice Marie Dressler, « Greta est une solitaire. Elle le sera jusqu'à la fin de sa vie. Son royaume est un océan de solitude dans lequel elle se débat sans espoir. C'est une grande artiste, mais sa gloire est à double tranchant : elle ne possède que son art, rien que cela ».

Qu'adviendra-t-il lorsque celui-ci n'aura plus à s'exercer ? Si *Ninotchka* est un succès commercial et critique qui vaut à Garbo, en 1940, une nomination à l'Oscar, l'actrice sent intuitivement qu'elle tient avec cette comédie politico-sentimentale une victoire à la Pyrrhus. Le slogan même du film – « Garbo rit ! » – signifie que le temps est venu pour les dieux du grand écran de descendre de leur Olympe. Que reste-t-il de « la Divine » lorsqu'un éclat de rire l'humanise moins qu'il ne la fait accéder aux expressions les plus banales de la trivialité ? Vouée à souffrir, voire à mourir, ou à faire souffrir ; à susciter, mystérieuse et altière, les rêves les plus fous ; à captiver, enfin, par son immarcescible beauté, elle n'est pas destinée à rire à gorge déployée. Le marivaudage suivant va plus loin encore. En séductrice de *La Femme aux deux visages*, Greta Garbo, débarrassée de ses oripeaux de star, est accusée d'immoralité. Les critiques vont jusqu'à moquer la rumba qu'elle danse, d'abord empruntée puis déchaînée. « C'est une expérience comparable à celle de voir sa mère ivre », ose *Time*. L'insuccès du film, sorti alors que les États-Unis entrent en guerre, sert de prétexte à Garbo. Tandis qu'elle aurait collaboré, par l'entremise du flamboyant producteur Alexander Korda, avec les services secrets britanniques, espionnant un industriel soupçonné de sympathies nazies et contribuant à exfiltrer vers la Suède le physicien danois Niels Bohr, Greta songe-t-elle, lassée par la vacuité de son métier, à se retirer définitivement ? Rien n'est moins sûr. Insensiblement, elle se désengage pourtant de l'industrie qui fit sa gloire.

Elle n'aide guère Max Ophüls à monter sur son nom *La Duchesse de Langeais*, écoute d'une oreille distraite Georg Pabst qui la fantasme en Circé d'*Ulysse* et laisse Luchino Visconti la rêver en reine de Naples dans son impossible adaptation, en 1971, d'*À la recherche du temps perdu* qui aurait idéalement réuni à ses côtés Alain Delon et Marlon Brando. Le conflit mondial ayant précipité le cinéma dans l'ère du réalisme, il était logique que Garbo soit depuis longtemps ailleurs. On l'entrevoit en compagnie du diététicien Gayelord Hauser, qui en fait l'une des premières adeptes de la nourriture bio, ou sur le yacht d'Aristote Onassis, en Méditerranée, ainsi qu'au bras de Cécile de Rothschild, sous les arcades de la rue de Rivoli, véritable chaînon manquant entre la *café society* et une jet-set pas encore dénaturée. « Comme en signe de deuil, comme aussi pour se garder de la corruption du monde et du temps, écrira

Edgar Morin, elle dissimule ses traits sous un chapeau sans grâce et d'épaisses lunettes noires. Et c'est son immortel visage que notre souvenir voit rayonner sous son voile. »

A-t-elle dû s'amuser, mi-amère, mi-moqueuse, durant toutes ces années où elle ne cessa de se dérober. À l'Oscar d'honneur attribué en 1954 par la profession, qu'elle ne vint pas chercher. À Sidney Lumet, qui en fit l'héroïne invisible d'*À la recherche de Garbo*. À Billy Wilder, qui en fit le modèle trop visible de *Fedora*. Aux photographes, enfin, qui la harcelèrent sans relâche jusqu'à sa mort, new-yorkaise et presque trop tardive, le 15 avril 1990. Avec, au bout du compte, présence et absence mêlées, ce mot de Federico Fellini tel un constat : « Je la définirais comme la fondatrice d'un ordre religieux qui s'appelait Cinéma. »

Filmographie sélective

La Légende de Gösta Berling (Mauritz Stiller, 1924)
La Rue sans joie (G. W. Pabst, 1925)
La Tentatrice (Fred Niblo, 1926)
La Chair et le Diable (Clarence Brown, 1927)
Anna Christie (Clarence Brown, 1930)
La Courtisane (Robert Z. Leonard, 1931)
Grand Hôtel (Edmund Goulding, 1932)
La Reine Christine (Rouben Mamoulian, 1933)
Anna Karénine (Clarence Brown, 1935)
Le Roman de Marguerite Gautier (George Cukor, 1938)
Ninotchka (Ernst Lubitsch, 1939)
La Femme aux deux visages (George Cukor, 1941)

Fred Astaire (1899-1987)

Il fit de la danse une matière filmique et céleste. Rendit l'irréalisable possible. Dynamique et gracieux, Fred Astaire ne fut pas qu'un interprète. Travailleur acharné, auteur de ses numéros, il ouvrit la voie à Gene Kelly. Avec cela, un homme charmant et un acteur consciencieux, pétri de doutes. Célébré pour son partenariat avec Ginger Rogers, mais ouvert à tous les courants musicaux, cet artiste majeur vénéré par les plus grands danseurs est davantage qu'une bulle de champagne dans le grand bain hollywoodien.

À quoi tient le sort d'une famille et de son enfant le plus célèbre ? À la fin du XIXe siècle, Frederick Austerlitz, simple soldat dans l'armée impériale austro-hongroise, oublie, lors d'une revue, de saluer son frère, qui est officier. Tatillon, Ernest Austerlitz le fait aussitôt arrêter et incarcérer. Derrière les murs de sa prison militaire, le jeune homme, amateur de musique et féru de théâtre, rumine son humiliation. « Il n'y a que deux sortes d'Autrichiens, affirmera-t-il. Les fripouilles et les musiciens. » En vertu de quoi, il choisit, à peine libéré, de s'exiler. L'Amérique, terre de liberté, n'est-elle pas faite pour les artistes ? De la même manière que ses parents avaient tiré un trait sur leur passé et le judaïsme de leurs ancêtres, Frederick Austerlitz ne reverra jamais l'Autriche. Installé à Omaha, dans le Nebraska, il commence par trouver un emploi dans une fabrique de cuir avant de reprendre une brasserie. Lors d'une soirée, l'ancien sujet de François-Joseph rencontre une jeune protestante d'origines prussienne et alsacienne, Ann Gelius. Ils se marient et de leur union naît, en 1897, une fille, Adele, surnommée Delly, avant que voie le jour, le 10 mai 1899, un garçon appelé Frederick, comme son père. De ses premiers pas à Omaha, le petit Fred garde peu de souvenirs.

Si le bruit des locomotives qu'il entend le soir, depuis sa chambre, le fait rêver à une carrière de cheminot, l'académie de danse où Ann inscrit Delly, avant de l'y emmener à 4 ans, l'amuse modérément. « Je n'aimais pas trop ces leçons, avouera-t-il, et faire des pointes n'était rien d'autre pour moi qu'un jeu. » Il aurait pu ajouter « un jeu d'enfant ». Fred imite en effet à la perfection sa sœur qui s'avère elle-même extrêmement douée. À tel point que leurs parents, persuadés de leur vocation, choisissent de se sacrifier.

Ann part ainsi avec ses deux petits pour New York, où ils trouvent de meilleurs cours, tandis que Frederick reste à Omaha afin d'assurer leur subsistance. Une décision dont Fred, trop jeune, ne perçoit pas les enjeux : « Lorsque nous sommes partis pour la côte Est, je ne voyais que l'attrait du voyage. J'ignorais que nous avions un but précis. Je n'aurais sûrement pas pu me dire : "Nous allons monter sur scène !" Je ne savais même pas ce qu'était une scène. J'avais 4 ans et demi… » Inscrits au cours de danse de Claude Alvienne, professeur décidé à les faire progresser, les enfants étudient les autres matières sous la férule de leur mère, qui a reçu une formation d'institutrice. Ann se souviendra que Fred « s'asseyait près d'Adele lorsqu'elle récitait ses leçons, ne disait jamais rien, écoutait », pour mieux retenir et assimiler. Il en va de même à l'école Alvienne, où cours de danse, de chant et de piano s'enchaînent à un rythme d'enfer. Ébloui par leur aptitude à reproduire les mouvements ainsi que par leur aisance naturelle, le directeur de l'établissement crée pour Adele et Fred un numéro. À 7 et 5 ans, ils font leurs débuts dans un théâtre au bout d'une jetée, à Keyport, dans le New Jersey. Adele, en jeune mariée, y danse avec son frère sur un gâteau de noce éclairé de l'intérieur par des boules rouges incandescentes. Pour l'occasion, le petit Fred a revêtu une queue-de-pie. Un habit qui devait lui coller à la peau : « J'ai eu beau essayer toute ma vie d'expliquer que je n'étais pas venu au monde avec ce costume sur les épaules, personne ne m'a jamais cru. »

En attendant, le garçonnet et sa sœur sont lancés. Les relations que leur père s'est forgées à Omaha leur permettent d'intégrer la tournée de l'Orpheum, circuit de spectacles populaires. Pendant cinq ans, Fred et Adele se produisent sur toutes sortes de scènes à travers le pays : « Les théâtres étaient la plupart du temps petits, se souviendra Astaire, mais je ne me rendais pas compte à quel point parfois ça pouvait être minable. Je me doutais que ce n'était pas un signe de gloire, mais nous étions heureux. Nous faisions ce que nous avions choisi. » Ils font une pause à l'orée de l'adolescence alors que Delly, dépassant son frère d'une tête, ne peut plus décemment danser avec lui. Fred en profite pour entrer en sixième et partager la compagnie des garçons de son âge. « Il n'a jamais parlé de danse avec nous, se rappellera un de ses camarades. C'était une activité à part, et il voulait qu'on oublie tout ça quand on jouait ensemble. » L'intermède prend fin lorsque Fred, à 12 ans, rattrape en croissance sa sœur et s'inscrit avec elle aux cours du chorégraphe Ned Wayburn. Mais leur première création à Broadway, *A Rainy Saturday*, s'avère un échec qui les contraint à repartir de zéro. Les tournées de seconde zone s'enchaînent alors, de Saint Louis à Philadelphie, sans entamer l'enthousiasme et la persévérance de Fred, ce qui épate et épuise Delly : « Il dansait, faisait des claquettes, inventait des pas. Moi, j'étais plutôt le clown, reconnaîtra-t-elle. Et je trouvais trop compliqué d'apprendre tous les pas que mon frère faisait. Bien des fois, il m'obligeait à revenir sur certaines figures que j'avais mal exécutées le soir précédent. »

Celui qu'Adele surnomme « Minnie le râleur » se cherche en réalité un style et une identité. Rebaptisé Astaire en même temps que sa sœur, d'après le surnom d'un oncle jugé plus neutre que leur patronyme évoquant une victoire napoléonienne, Fred, sans renier sa formation classique mais ne souhaitant plus faire les pointes qu'il trouve « trop efféminées », se tourne résolument vers la modernité. Fasciné par le couple Castle qui révolutionne la manière de danser des Américains dans les années 1910, Astaire reçoit l'influence combinée du jazz et du ragtime ainsi que celle des danseurs de claquettes noirs, dont il s'évertue à reproduire les mouvements. L'initiative vaut à Fred et à Adele de progresser à pas de géant. Leur père leur fait alors prendre des leçons auprès d'Aurelia Coccia, qui les initie à la valse, au tango, repense leurs numéros et leur donne le goût de nouvelles compositions. Insatiablement curieux, Fred se rend à Tin Pan Alley, quartier des éditeurs de musique new-yorkais. Il y fait la connaissance d'un jeune compositeur, George Gershwin, qui désire d'emblée écrire pour lui et sélectionne les chansons qui accompagneront sa nouvelle tournée. Celle-ci rencontre un immense succès. Repérés par les frères Shubert, qui dominent l'univers de la scène à Manhattan, Adele et Fred abandonnent définitivement le vaudeville pour les revues de Broadway. Ils ont 20 ans et deviennent le nouveau couple de danseurs à la mode.

Créant, sur des musiques devenues instantanément des standards, des chorégraphies mêlant envolées classiques et rythmes syncopés, frère et sœur font fureur en mettant au point une figure qui va clore toutes leurs représentations : le *runaround*. Tournant en larges cercles, les mains tendues comme s'ils tenaient le guidon d'une bicyclette, Fred et Adele quittent la scène dans une sorte de trot bondissant qui enthousiasme le public. Cette marque de fabrique les accompagne jusqu'à Londres, où les Anglais tombent sous leur charme. Fred y cultive ses deux nouvelles passions : le golf et les courses hippiques, tandis qu'Adele, décidée à quitter la scène et un frère trop exigeant, fait la conquête de l'aristocratie britannique. Après une décennie fantastique, qui les voit créer *Lady, Be Good*, *Funny Face* et *The Bandwagon*, le duo s'autodissout en pleine gloire durant l'été 1932. Fred laisse à regret sa sœur l'abandonner pour épouser lord Charles Cavendish, fils du 9e duc de Devonshire. Lui-même est à un tournant : célibataire endurci, il séduit une divorcée de la bourgeoisie new-yorkaise, Phyllis Potter. À peu près au même moment, il reçoit des propositions de Hollywood. Son premier bout d'essai lui vaut cette réflexion d'un responsable du studio : « Ne sait pas jouer. Légèrement chauve. Danse à l'occasion. » Impression nuancée par le patron de la RKO, David O. Selznick : « Il dégage un charme puissant en dépit de ses énormes oreilles et de la vilaine forme de son menton. » Conscient de ne pas correspondre aux critères de séduction habituels, Fred n'est guère plus épris de son image. Persuadé, par ailleurs, que ses numéros dansés n'ont aucune raison de séduire le grand public, il tente en vain d'en réduire le nombre. À tort.

Carioca, premier film avec Fred Astaire, réalisé en 1933, est un immense succès qui renfloue les caisses de la RKO. Décidé à exploiter le filon, le studio réalise dans la foulée, en quelques années, une dizaine de comédies musicales dont la moitié sont des classiques qui consacrent star hollywoodienne le danseur de Broadway. *La Joyeuse Divorcée*, *Top Hat*, *En suivant la flotte*, *Sur les ailes de la danse*, *L'Entreprenant M. Petrov* reposent sur une formule identique : des intrigues simplistes, empruntant au marivaudage ; une direction artistique luxueuse en dépit de moyens limités ; des interprètes peu nombreux incarnant des personnages stéréotypés ; la collaboration d'Hermes Pan, danseur et alter ego d'Astaire qui l'aide à chorégraphier des numéros de plus en plus sophistiqués ; des airs et des chansons signés Cole Porter, Jerome Kern, Irving Berlin et George Gershwin, qui passent à la postérité, de *Cheek to Cheek* à *Smoke Gets in Your Eyes*. Et la présence, aux côtés de Fred Astaire, d'une ex-chorus girl pleine de vitalité et un brin vulgaire : Ginger Rogers. Contrairement à ce qu'en dit la légende, ils ne se détestent pas. Mais leur collaboration ne coule pas de source. Fred, après le départ d'Adele, ne souhaite pas reconstituer un duo. Ginger, quant à elle, aspire à quitter ses premiers rôles dansés pour des compositions dramatiques.

Leur partenariat est pourtant magique. Astaire apporte à Ginger Rogers la classe qui lui manque, tandis que, selon le mot de l'actrice Irene Dunne, « Ginger donne à Fred du sex-appeal ». Des deux, c'est cependant lui l'élément créatif qui imprime son rythme. Perfectionniste hanté par le spectre de l'échec, il consacre aux répétitions cinq à six heures par jour, sept jours sur sept. Jusqu'au soir où ses pieds, cherchant le bon rythme et le pas juste, continuent de s'agiter sous les draps de son lit. L'enjeu est de taille. Fred Astaire ne s'inscrit pas au cœur d'un genre reconnu, dans la lignée d'un acteur-danseur ayant montré le chemin. Comme le fait remarquer l'essayiste Ty Burr : « Il n'y avait pas de demande d'un Fred Astaire, avant que Fred Astaire fasse son apparition. » Il y a certes, au moment où la star s'impose à la RKO, une explosion du genre *musical* à la Warner, à travers les films chorégraphiés par Busby Berkeley. Mais ses numéros géométriques, époustouflants de virtuosité, privilégient le collectif et flattent le goût des spectateurs pour les *girls* en tenues légères composant l'essentiel des ballets. Rien de tel chez Fred Astaire, soliste qui personnalise et renouvelle constamment ses figures, auteur autant qu'acteur et danseur. « Entre 1934 et 1939, analyse Christian Viviani, Astaire a instauré une manière de “canon” du filmage de l'intermède dansé : caméra sur une petite grue légère, à même de suivre en souplesse les évolutions du danseur, prédominance, autant que possible, du plan-séquence, qui respecte la continuité de la danse, cadrage du danseur “en pied” afin de donner à voir l'intégralité de son travail. »

Il est aidé à six reprises par le cinéaste Mark Sandrich, que son anonymat pourrait voir réduit au rang de *yes men* mais dont la formation d'ingénieur et de technicien est déterminante dans son aptitude à suivre sans faillir l'interprète-chorégraphe et ses demandes les plus extravagantes, qu'Astaire danse au rythme de la chambre des machines d'un paquebot, avec sa propre ombre ou sur des patins à roulettes, ou qu'il alterne accélérations et ralentis. S'il paraît s'envoler, même avec des claquettes aux pieds, le danseur n'oublie jamais l'acteur. Fred est le premier à lier les deux fonctions, les deux corps de l'artiste, dans une même continuité dramatique. « Chez Astaire, note encore Viviani, le solo chanté-dansé a la valeur méditative du soliloque. Ce sont les dérapages chorégraphiés qui signifient l'incertitude psychologique, et en même temps la manière dont il les maîtrise en dit long sur sa capacité à reprendre son maintien d'homme du monde. Il est souvent dans une situation qui le déstabilise un instant, mais la danse nous dit, avant même le scénario et le dialogue, qu'il en reprendra le contrôle. La diagonale est sa posture privilégiée, mais la chute n'aura pas lieu et Astaire impose sa victoire sur la gravité. »

D'où une sensation d'extrême fluidité, quasi aérienne, qui fait dire à l'écrivain Graham Greene : « Astaire appartient à un univers imaginaire, aussi libéré que celui de Mickey des lois de la pesanteur. » Accessoirement, il élève la pratique des claquettes au rang d'un des beaux-arts. « Ce n'était vraiment qu'un à-côté, corrigera-t-il. Je pratiquais tellement de sortes de danses. Alors, lorsqu'on m'appelle "danseur de claquettes", ça me fait rire ! » Fred s'impose aussi vocalement, se révélant, selon Irving Berlin, « aussi bon chanteur que danseur, pas spécialement à cause de sa voix mais plutôt par la manière dont il conçoit l'interprétation d'une chanson ». Sa sensibilité, un léger tremblé ne contredisant jamais sa justesse et son swing en sont les principaux traits. La guerre le fait pourtant déchanter. Après s'être distingué dans d'innombrables théâtres aux armées, Astaire sent que le genre dans lequel il s'est illustré est en passe de se démoder. Il songe à se retirer, rompt avec la RKO, crée à Manhattan, en 1947, la première école de danse qui porte son nom et, pour le plaisir, commence à se constituer une écurie de chevaux de course. Guère mondain, Fred aime également se consacrer aux siens. « Je ne me suis jamais senti seul ou négligé, soulignera son fils, Fred Junior. Mon père m'emmenait pêcher et chasser au Mexique et nous passions beaucoup de temps en famille, dans notre ranch californien d'Escondido. »

Mais, en dépit de ses réserves, Astaire ne résiste pas à l'appel des studios. À l'aube de la cinquantaine, il se découvre un nouveau producteur, avec Arthur Freed à la MGM, et de nouvelles partenaires, de Rita Hayworth à Eleanor Powell, dont il tient à s'assurer par coquetterie qu'elles ne sont pas plus grandes que lui. Il cherche aussi de nouvelles figures, repoussant les limites qui lui sont désormais imposées par l'âge et un disciple-rival plus jeune et plus athlétique : Gene Kelly. Qu'y aurait-il de pire que d'être dépassé, pour celui au sujet duquel le grand chorégraphe Georges Balanchine a dit : « C'est le plus intéressant, le plus inventif, le plus élégant des danseurs de notre temps. On peut voir un peu d'Astaire dans la danse de chacun – une pause ici, un mouvement là. Tout était chez Astaire au départ. » Il ne cesse de se réinventer sur le tard. Et se retrouve en 1951, dans *Mariage royal*, de Stanley Donen, avec un portemanteau en guise de partenaire, avant de grimper sur les murs et de danser au plafond. Séquence d'anthologie, difficile à réaliser, qui nécessita, en même temps que Fred se déplaçait, de faire tourner et pivoter le plateau selon le principe d'une cage à écureuil. Deux ans plus tard, dans *Tous en scène*, de Vincente Minnelli, le maître danse de façon plus moderne dans la scène du cireur de chaussures, sans renoncer à son image romantique le temps d'un sublime pas de deux partagé, sur l'air de *Dancing in the Dark*, avec la sculpturale Cyd Charisse. Alors jeune danseur et chorégraphe, Bob Fosse l'observe en coulisses. Il confessera : « Chaque fois que j'ai sué sang et eau pour mettre au point un numéro, je me suis souvenu de la persévérance de Fred Astaire. » Bientôt, pourtant, le plaisir s'estompe.

La mort de sa femme, Phyllis, foudroyée en 1954 par un cancer, n'est pas sans conséquence sur sa carrière. Après *La Belle de Moscou*, de Rouben Mamoulian, et l'exquis *Drôle de frimousse*, de Stanley Donen, Fred, âgé de 60 ans, songe à se reconvertir. Dans des shows télé dansés, où il apporte la preuve qu'il tient toujours la distance. Au cinéma, dans un registre purement dramatique où, sans avoir à déployer son art, il fait preuve, du *Dernier Rivage* à *La Tour infernale*, d'infiniment d'élégance et de poignance. Le faisant tourner en 1977 dans *Un taxi mauve*, Yves Boisset se souviendra d'« un homme profondément gentil mais ne supportant ni la bêtise, ni la médiocrité, et d'une grande humilité en tant que comédien. Les très rares fois où il lui arrivait de se tromper légèrement, il s'emportait contre lui-même avec violence, n'ayant pas assez de mots pour s'excuser de sa "maladresse". Toujours soigné et ponctuel, il ne se plaignait jamais ». Sa rencontre, puis son remariage, avec Robyn Smith, femme jockey de quarante-cinq ans sa cadette, l'aide, il est vrai, à affronter la vieillesse. Vivant discrètement, se tenant au fait de l'actualité, il apprécie *Chorus Line* et *Flashdance* ; téléphone, après avoir vu le clip *Thriller*, à Michael Jackson pour le féliciter ; reçoit les hommages qui lui viennent du monde entier avec malice et fierté. L'homme qui, d'après la gloire des ballerines, Margot Fonteyn, « fit paraître la danse plus facile que la marche, plus naturelle que l'acte de respirer, indiscutablement masculine », finit pourtant, ultime pirouette, par s'éclipser définitivement, le 22 juin 1987.

Sur la pointe des pieds.

Filmographie sélective

La Joyeuse Divorcée (Mark Sandrich, 1934)
Top Hat (Mark Sandrich, 1935)
En suivant la flotte (Mark Sandrich, 1936)
Sur les ailes de la danse (George Stevens, 1936)
Ziegfeld Follies (Vincente Minnelli, 1946)
Parade de printemps (Charles Walters, 1948)
Mariage royal (Stanley Donen, 1951)
Tous en scène (Vincente Minnelli, 1953)
La Belle de Moscou (Rouben Mamoulian, 1957)
Drôle de frimousse (Stanley Donen, 1957)
Le Dernier Rivage (Stanley Kramer, 1959)
La Tour infernale (John Guillermin, 1974)

Bette Davis (1908-1989)

Des yeux envahissants. Une très forte personnalité. Moins monstre que sacrée, Bette Davis incarne, subtile et excessive, les paradoxes de son métier. En cinquante ans, la plus indépendante des stars de la Warner a construit une carrière singulière, entre triomphes et descente aux enfers, pauses forcées et renaissances spectaculaires. Son caractère, réputé difficile, n'empoisonna que ceux qui en manquaient. Professionnelle accomplie, elle prit soin d'entretenir sa légende jusqu'au bout, soignant sa sortie avec courage et esprit.

« Je suis enfin devenue une vedette aux yeux de mon petit-fils ! » Détachant les mots, Bette Davis savoure son effet avant de sabler le champagne avec Kim Carnes. « Vous avez une voix très bizarre », ne peut toutefois s'empêcher d'ajouter l'actrice, civilisée et sincère, à l'attention de la chanteuse au timbre rauque. Printemps 1981. *Bette Davis' Eyes*, hommage inattendu d'une enfant du rock à la star rebelle, marque le come-back que Baby Jane, sale gosse aux rêves de princesse, n'attendait plus. La vie avait pourtant réservé bien des surprises à la plus flamboyante des comédiennes. Du moins en avait-elle été l'artisane. Sa naissance même, le 5 avril 1908, semble porter sa marque, retentissante. « Je suis arrivée entre un coup de tonnerre et un éclair qui a presque embrasé la maison et a foudroyé un arbre. Je me suis imaginé que le doigt de Dieu m'avait ainsi désignée à l'attention du monde. »

La vérité, moins théâtrale, est tout aussi dramatique. Fille désirée de Ruthie Favor, jeune femme vouée aux arts, Ruth Elizabeth est rejetée par son père, Harlow Davis, ambitieux étudiant en droit à Harvard, qui, prétextant un manque de moyens, pense la faire adopter. Une nouvelle grossesse de Ruthie l'en dissuade. L'animosité qui en découle achève de briser l'harmonie du foyer. « Je ne peux me rappeler un seul moment d'affection entre mes parents », évoquera, amère, Ruth, rebaptisée Betty. Victime, avec sa sœur « Bobby », d'une éducation schizophrénique, la fillette choyée par Ruthie supporte sans ciller la froideur de Harlow. « Papa croyait que les enfants ne devaient s'asseoir en compagnie d'adultes que lorsqu'ils étaient en âge de soutenir une conversation avec eux. Élevée par lui seul, je serais probablement devenue une actrice… du muet. »

L'obtention de son diplôme par Davis, qui rejoint le département juridique d'une grande entreprise de Boston, met un terme au dilemme. Le père « malgré lui » quitte femme et enfants pour mener sa propre vie. Betty a 7 ans. Employée pour subvenir à leurs besoins comme gouvernante d'une riche famille new-yorkaise, Ruthie place ses filles en pension dans une *farm school* du Massachusetts. Bobby et Betty y mènent une existence rude mais saine. Elles rejoignent bientôt leur mère, devenue photographe à New York. Inspirée par une amie, lectrice de *La Cousine Bette*, l'adolescente francise son prénom mais demeure, loin de la noirceur de l'héroïne balzacienne, une jeune fille modèle. Douée pour l'histoire et les langues, la pratique du football et les tâches ménagères, Bette découvre la danse classique, base de sa discipline future, à la Mariarden Dance School du New Hampshire. Débutant dans *Le Songe d'une nuit d'été*, elle éclot, un soir d'été, en Phalène : « Je me rappelle la fièvre de cette représentation, l'excitation qui me saisit aux applaudissements du public. Je me souviens aussi qu'après ce jour, ma mère et ma sœur me regardèrent comme elles ne l'avaient jamais fait auparavant. » Spectatrice, l'année suivante, du *Canard sauvage* d'Ibsen, la jeune femme est transportée : « Un nouveau monde s'ouvrait à moi. »

Elle en fait part à sa mère, qui l'encourage dans cette voie. Ensemble, elles se rendent, en septembre 1928, à la Civic Repertory Company, une troupe dirigée par l'intraitable Eva Le Gallienne. L'audition, ponctuée d'éclats de rire nerveux de Bette, est un échec. L'enseignante trouve la postulante « insincère et frivole ». Nullement découragée, Ruthie sollicite un entretien auprès de John Murray Anderson, directeur d'une école réputée de Manhattan : « Ma fille veut être actrice. Je n'ai pas d'argent pour payer ses études, mais je vous assure que je vous rembourserai plus tard, implore-t-elle. L'acceptez-vous pour élève ? » Décontenancé, Anderson n'ose refuser. « Ce fut le miracle de la 58e Rue », conclurait Bette avec humour des années plus tard. Durant trois saisons, l'apprentie comédienne suit des cours de diction auprès du tragédien George Arliss et étudie l'expression corporelle avec la plus grande danseuse et chorégraphe de son temps, Martha Graham, qui, l'observant, impressionnée, dira d'elle : « Elle possédait une autorité, une discipline et une étincelle. Je savais qu'elle ferait quelque chose de sa vie. » Débauchée par George Cukor, alors jeune metteur en scène de Broadway, Davis fait ses débuts sur les planches en 1929. C'est l'époque où des agents dépêchés par Hollywood traquent à New York les talents susceptibles de s'adapter au parlant. Repérée lors d'une représentation de la comédie *Broken Dishes*, Bette, mal fagotée, passe un test aussitôt envoyé en Californie. Lorsqu'il le visionne, le producteur Sam Goldwyn, croyant à une mauvaise blague, s'exclame, effaré : « Qui m'a fait cela ? »

Quelques mois plus tard, alors qu'elle vient de renouer avec Harm Nelson, un ancien flirt de lycée devenu musicien, l'actrice est à nouveau auditionnée. Cette fois, Universal lui fait signer un contrat. Engagée en 1931 pour 300 dollars par semaine, Bette arrive à Los Angeles toujours flanquée de Ruthie. Elle imagine que l'expérience devant les caméras sera de courte durée, ignorant qu'elle quitte Broadway pour deux décennies. Lancée par un mauvais mélo, *Bad Sister*, Bette apprend au bout de quelques mois que son contrat n'est pas renouvelé. N'ayant jamais placé tous ses espoirs dans le cinéma, la débutante se console en perdant sa virginité avec Harm, qu'elle vient d'épouser, puis en décidant de rejoindre sans regrets la côte Est. Son destin la retient de justesse. Recommandée à George Arliss, elle est choisie par son ancien professeur, devenu star à la Warner, pour incarner sa partenaire dans un nouveau mélodrame. Loin de ses premiers échecs, *L'homme qui jouait à être Dieu* lui réserve, en 1932, un rôle d'ingénue déchirée entre amour et loyauté qui lui permet de crever l'écran. « Il y a des moments où, au lieu de regarder Arliss, vous ne voyiez qu'elle », remarquera le producteur Hal Wallis. Ses employeurs pensent la même chose et le studio de Burbank signe immédiatement à Bette un contrat de cinq ans.

S'ouvre alors une période d'apprentissage dont elle dira avec objectivité : « Cela devint une prison en ce sens où je n'avais pas voix au chapitre quant aux rôles que je devais interpréter. Mais cet aspect déplaisant du système était contrebalancé par le fait de travailler sans relâche et d'être prise en charge par le studio, censé vous faire progresser. » Modelée par le département artistique de la Warner qui souhaite en faire une nouvelle Constance Bennett, comédienne tout-terrain des plus expressives, Bette devient plus blonde, plus mince, plus élégante. En coulisses, elle charme les employés du studio par sa disponibilité. Réalisateur maison d'une efficacité aussi proverbiale que sa dureté, Michael Curtiz lui offre d'incarner les deux faces d'une personnalité qu'elle ne cessera d'explorer avec force et conviction. Ainsi passe-t-elle sans coup férir de la séductrice froide et vipérine d'*Ombres vers le sud* à la victime émouvante et sincère de *Vingt mille ans sous les verrous*. Cantonnée le reste du temps à des inepties aux titres aussi évocateurs que *La Parachutiste* et *Le Roi de la chaussure* ; sous-employée par la Warner, qui lui impute l'échec de la comédie *Ex-Lady*, Bette Davis demeure constamment sur la brèche, essayant en vain d'être prêtée à la Columbia où Frank Capra s'apprête à réaliser, avec *New York-Miami*, une œuvre drôle et pleine d'esprit. Échaudée par ce refus, l'actrice redouble d'initiative, faisant le siège de son patron, Jack Warner, afin qu'il lui permette de tourner *L'Emprise* pour un autre studio. « J'arrivais chaque jour dans son bureau, en même temps que le cireur de chaussures », racontera-t-elle.

Son employeur desserre finalement son étau et l'actrice est plébiscitée en serveuse indigne dans le film de la RKO. Rentrée au bercail, Bette renoue avec d'improbables scénarios, à l'exception de celui de *L'Intruse*, où elle incarne en 1935 une comédienne *has been* persuadée de porter malheur, qui lui vaut son premier Oscar. Comme si la plus haute récompense décernée par ses pairs ne signifiait rien de plus qu'un colifichet destiné à calmer ses ardeurs, elle continue à être humiliée par les frères Warner. Ainsi lui préfère-t-on son amie et rivale Olivia de Havilland pour le rôle de la cantatrice et courtisane d'*Anthony Adverse*, qu'elle convoitait publiquement, et lui refuse-t-on d'être prêtée à nouveau à la RKO afin d'interpréter le rôle-titre de *Mary Stuart*, qui échoit à Katharine Hepburn. Tant d'humiliations l'aident à franchir le Rubicon. En 1936, Bette claque la porte du plateau de *Golden Arrow* et accepte de tourner deux films indépendants en Angleterre. Sachant pertinemment qu'elle rompt son contrat avec le studio, elle n'ignore pas qu'elle bafoue la loi. « Mais, plaidera-t-elle, je ne pouvais plus supporter les scripts qu'on me soumettait. Je suis ainsi devenue une lionne protégeant son petit : mon avenir dans la profession. » De son côté, Jack Warner ne peut tolérer l'affront : « Que Bette remporte son combat – et choisisse les films dans lesquels elle acceptait de jouer – et les patrons des studios ainsi que leurs producteurs perdaient la face. »

Le procès qui s'ensuit en Grande-Bretagne, où la Warner a dépêché son avocat, est une première. La presse britannique, prise à témoin, ne se montre guère compréhensive à l'égard de la star, jugée capricieuse et ingrate. Lorsqu'en 1943 Olivia de Havilland intentera une action similaire contre le même studio, l'actrice aura raison de la major et provoquera une révolution. En attendant, la pionnière perd son procès et doit retourner à Hollywood. Mais si Bette a manqué de soutiens, son combat personnel n'a pas été vain. Elle s'en sort même avec les honneurs. La Warner a en effet pris à sa charge les frais de procédure et, bluffée par sa persévérance, se met à la respecter davantage. Longtemps réservés à d'autres, les grands rôles commencent désormais à lui être proposés. La fin de la décennie et les années de guerre marquent de fait son apogée. Bette, qui manque parmi d'autres l'adaptation d'*Autant en emporte le vent*, remporte un second Oscar en jumelle de Scarlett O'Hara dans *L'Insoumise*. Mais elle sait aussi émouvoir avec ce puissant mélodrame qu'est *Victoire sur la nuit* et impressionner en reine vierge de *La Vie privée d'Élisabeth d'Angleterre*. Quand elle ne terrifie pas par sa détermination meurtrière dans *La Lettre* et *La Vipère*. « La magie transformant cette fille ordinaire en artiste exceptionnelle ne s'est jamais mieux manifestée que dans ses rôles de garce », observera, non sans mauvaise foi, Jack Warner. L'excès sied-il pour autant à Bette Davis ?

« Sa tendance à souligner les moments d'émotion est à la fois sa plus grande force et sa plus grande faiblesse », notera le critique Howard Mandelbaum. La perception de ce surjeu ; voix nerveuse et yeux lourds mais expressifs dévorant son visage, éclate lors du tournage, en 1941, de *La Vipère*. Bette y affronte son metteur en scène préféré, William Wyler, qui désire la voir faire preuve de davantage de sobriété. Pourtant, comme l'analyse Christian Viviani, les compositions exacerbées de Davis sont toujours pensées, extrêmement sophistiquées et moins théâtrales que cinématographiques. Prenant l'exemple d'une séquence de *La Lettre*, où l'héroïne, tout juste acquittée du crime qu'elle a commis, peine, rentrée chez elle, à surmonter l'émotion qui la submerge face à son époux, l'historien écrit : « Davis, qui admirait beaucoup l'ampleur du geste et de la démarche large chez la danseuse Martha Graham, compose toute la scène comme une chorégraphie qui alterne mouvement et halte. Ce rythme *staccato*, assez proche du *kabuki*, est une caractéristique de l'actrice. » Du reste, Bette n'hésite pas à camper sur ses positions dès qu'elle l'estime nécessaire et met plus d'une fois sa démission en jeu, intervenant à tous les niveaux de la production et consolidant une réputation d'invivable, faisant corps avec sa légende. « On m'a reproché de discuter des scènes, de réécrire certains dialogues, se justifiera-t-elle. Mais vous devez cela à un metteur en scène. Vous devez lui faire part de vos propres idées. Ce que je faisais, c'était revenir à la source. Pour *Une femme cherche son destin*, j'ai repris chaque scène que j'ai réécrite à ma façon. Je pense qu'ainsi le film est devenu meilleur. »

Perfectionniste en son métier, créatrice et responsable de la cantine hollywoodienne accueillant les militaires de retour d'une mission sur le front de la guerre, Bette Davis entend, à l'unisson, contrôler sa vie privée. La mort accidentelle, en 1943, de son deuxième mari, Arthur Farnsworth ; la violence du troisième, William Grant Sherry, avec lequel elle a en 1947 une fille prénommée Barbara, sont autant d'épreuves qu'elle s'emploie à maîtriser. Sa grossesse douloureuse l'empêchant de procréer à nouveau, l'actrice adopte deux autres enfants. Ses combats trouvent un relais sur grand écran avec sa création impressionnante de *La Garce*. Opposée aux conceptions de King Vidor, Davis harcèle le cinéaste. « Elle est allée voir les responsables du studio, se souviendra-t-il, et leur a dit que tant que je ne serais pas remplacé, elle ne remettrait pas les pieds sur le plateau. » La star accepte pourtant de terminer le film mais obtient en contrepartie la résiliation de son contrat après seize années de lutte. Libérée en 1949 du joug de la Warner, Bette est au creux de la vague lorsqu'elle reçoit un appel de Joseph L. Mankiewicz. Second choix de l'auteur de *Chaînes conjugales*, qui lui préférait Claudette Colbert, Bette s'enthousiasme pour la Margo Channing d'*Eve*. Peu avant le début du tournage, Mankiewicz reçoit une mise en garde d'Edmund Goulding : « Cher garçon, êtes-vous devenu fou ? Cette fille va vous détruire. Elle va venir sur le plateau avec un bloc-notes et un stylo, et va réécrire le film. Et vous ne le dirigerez pas ! » L'expérience s'avère cependant un rare bonheur. « Le premier jour de tournage, racontera Mankiewicz, Miss Davis est arrivée sur le plateau, totalement habillée et maquillée, au moins un quart d'heure avant le moment où on devait l'appeler. Elle n'a même pas jeté un coup d'œil au décor. Elle a allumé une cigarette et ouvert le scénario. Bette connaissait son rôle par cœur. Chaque syllabe était parfaite. Il n'y avait pas une hésitation. Les mots de Margo Channing étaient devenus les siens. Le rêve d'un metteur en scène. Une actrice totalement prête. » Impressionnée par le savoir-faire de son metteur en scène, auteur du script et de dialogues étincelants, Bette Davis se plie à ses exigences et offre, assassine et vulnérable, pitoyable et flamboyante, une composition inoubliable. En actrice entre deux âges, passionnée mais déchirée entre métier et vie privée, la comédienne livre l'essence de son art et la clé de la souffrance des femmes dont le vieillissement est plus vite programmé et qui sont sommées, contrairement aux hommes, de sacrifier une dimension de leur existence. Ressuscitée aux yeux de la profession, concurrencée par Gloria Swanson en monstre sacré dans *Boulevard du crépuscule*, Bette remporte le prix d'interprétation à Cannes, perd l'Oscar, mais gagne avec Gary Merrill, son partenaire dans le film de Mankiewicz, un nouveau mari. Pourtant, si *Eve* marque l'apothéose de sa carrière, il annonce, paradoxalement, son déclin.

Déçue par la médiocrité des propositions qui lui sont faites, Bette retourne à Broadway, s'occupe de sa famille et prête son concours, toujours remarquable, à quelques navets. Repêchée, en 1961, par un Frank Capra vieillissant qui lui offre le rôle de la clocharde de *Milliardaire d'un jour*, elle plonge corps et âme avec Robert Aldrich dans un scénario grand-guignolesque qui doit l'associer à Joan Crawford et dont aucun studio ne veut. « Mais qui voudrait de deux sacs à patates ? », interroge Davis avec sa causticité coutumière. Avant d'inspirer quelques livres et la série *Feud*, le tournage fauché de *Qu'est-il arrivé à Baby Jane ?* dure trois semaines. Le temps pour Joan et Bette de confectionner pour la postérité un répertoire inépuisable de vacheries. Bette sur Joan : « Tout Hollywood, à l'exception de Rin Tin Tin, a usé la cuvette de ses W.C. » Joan au sujet de Bette : « Elle m'a traitée de "star", dans une interview, tandis qu'elle se considérait comme une "actrice". Je me demande ce qu'elle est, sinon une star ? Ses poses avec sa cigarette, sa diction affectée, ses grands yeux… À ce compte, je suis aussi bonne actrice qu'elle ! » Leur numéro devant la caméra d'Aldrich n'en est pas moins hallucinant. Au-delà du mauvais goût, il incarne surtout la revanche ultime de deux superbes natures sur une industrie formatée. Au même moment, Bette Davis fait paraître une annonce d'anthologie à la rubrique « Emploi » du *Hollywood Reporter* : « Mère de trois enfants, divorcée, américaine. Trente ans d'expérience dans le domaine cinématographique. Encore alerte et plus aimable que ne le prétend la rumeur publique. Cherche emploi stable à Hollywood. Connaît Broadway. Références à l'appui. » Le défi en forme de plaisanterie fait soulever le combiné à son vieil ennemi Jack Warner. Mais si l'heure est venue pour une paix des braves, Bette ne connaît pas de troisième souffle. À l'exception de *L'Argent de la vieille*, magnifique exercice de rouerie orchestré en 1972, en Italie, par Luigi Comencini et démontrant l'aptitude de Davis à plonger avec ravissement dans la comédie, puis une anecdotique bien que piquante adaptation de *Mort sur le Nil*, l'actrice finit par sombrer, de *Trauma* aux *Yeux de la forêt*, dans une série de films d'horreur indignes de son talent. Préférant à ces inutiles codicilles les honneurs qu'une fin de vie incertaine devait précipiter, Davis, dont la seule rivale sur la durée aura été Katharine Hepburn, s'installe partiellement en France et ne cesse d'honorer de sa présence et de son humour remises de trophées et *talk-shows* télévisés. Concoctant d'ultimes bons mots, dont le célèbre « La vieillesse n'est pas faite pour les mauviettes », la star trouve le moyen de claquer une dernière fois la porte d'un plateau, celui de *Ma belle-mère est une sorcière*, pour aller mourir, en 1989, à l'hôpital américain de Neuilly d'une récidive de son cancer. Parmi ses voisins en détresse, elle croise Serge Gainsbourg, autre forte tête au corps en lambeaux, avant de passer l'arme à gauche et de gagner le cimetière de Forest Lawn, à Los Angeles. Sur sa tombe, surmontée d'une statue, une épitaphe suggérée par Mankiewicz résume sa traversée d'une vie : « Elle l'a faite à la dure. » Mais aussi, et quoi qu'il ait pu lui en coûter, en première classe.

Filmographie sélective

L'Emprise (John Cromwell, 1934)
L'Intruse (Alfred E. Green, 1935)

L'Insoumise (William Wyler, 1938)
Victoire sur la nuit (Edmund Goulding, 1939)
La Vie privée d'Élisabeth d'Angleterre (Michael Curtiz, 1939)
La Vieille Fille (Edmund Goulding, 1939)
La Lettre (William Wyler, 1940)
La Vipère (William Wyler, 1941)
Une femme cherche son destin (Irving Rapper, 1942)
La Garce (King Vidor, 1949)
Eve (Joseph L. Mankiewicz, 1950)
Qu'est-il arrivé à Baby Jane ? (Robert Aldrich, 1962)
L'Argent de la vieille (Luigi Comencini, 1972)

Clark Gable (1901-1960)

*Héros viril et ombrageux, pleinement sexualisé à une époque où les jeunes premiers étaient davantage aseptisés, le « roi de Hollywood » fut une forte personnalité mais un acteur limité. Partiellement complexé, il garda aussi pour lui quelques dérapages ; sa part d'ombre, inconnue du public. La mort tragique de son amour, Carole Lombard, puis la guerre allaient le métamorphoser et altérer sa carrière. Le héros d'*Autant en emporte le vent *conserverait toutefois une incontestable aura, jusqu'à sa disparition prématurée.*

Hollywood Presbytarian Hospital, 20 mars 1961. Kay Gable prend dans ses bras un bébé. Son fils. Lequel est aussi celui de Clark Gable, disparu cent vingt-quatre jours plus tôt. Interrogée au sujet de son mari, la jeune femme essuie une larme : « Il voulait tant que ce soit un garçon… » La vie, la mort. Et le même hôpital. Ce 6 novembre 1960, le « roi de Hollywood » vient d'y être conduit d'urgence. Un infarctus l'a terrassé. Kay, enceinte, est à ses côtés. Les soutiens ne cessent d'affluer. Jusqu'au président Eisenhower, victime également d'une crise cardiaque, qui lui écrit : « Tenez bon, on s'en sort… Mais, surtout, pas d'inquiétude, ni d'énervement ! » De fait, les médecins se montrent encourageants. D'autant que l'acteur s'engage à ne pas commettre d'excès : « Plus de film jusqu'à la naissance de mon fils », assure-t-il ainsi au docteur qui l'ausculte le soir du 16 novembre. Avant de justifier cette marque de prudence, inhabituelle chez lui : « J'ai l'intention d'être là quand il viendra au monde, et je veux le voir grandir. » Peu après, tandis qu'elle lui arrange ses oreillers, l'infirmière de nuit entend Gable pousser un soupir. Le dernier. En l'absence de défibrillateur, les tentatives de réanimation sont vaines, tout comme les prières de Kay. La star, âgée de 59 ans, vient de succomber à une thrombose coronarienne. Le lendemain, la presse internationale s'en fait tristement l'écho, comme si la mort du « King » refermait une page au moment même où l'élection, une semaine plus tôt, de John F. Kennedy en ouvrait une nouvelle. Gable, qui croyait moins aux signes qu'au destin, s'en serait probablement moqué. Les pages, d'habitude, c'est lui qui les tournait.

Ainsi, Clark ne revenait guère dans l'Ohio, qui l'avait pourtant vu naître et grandir. Pas plus qu'il ne goûtait la nostalgie facile des gens arrivés pour la vache enragée de leurs vertes années. « Quel qu'ait été son succès ou sa notoriété, il garda la tête froide », affirmait le comédien Paul Fix qui, l'ayant connu à ses débuts, ajoutait sans hypocrisie : « Il n'était pas non plus du genre à faire preuve d'une tendresse excessive à l'égard des vieux amis. » À quoi bon invoquer les fantômes d'un passé qui n'aurait pas misé un dollar sur lui ? « Ce fameux pouvoir que, paraît-il, j'ai eu sur les femmes, personne ne l'a jamais remarqué quand je jouais à Broadway, confiera-t-il. J'ignore quand il m'est venu, et je suis bien incapable de l'expliquer. » Forte nature ripolinée par l'industrie cinématographique, William Clark Gable voit le jour à Cadiz, dans le vieil Est industriel, le 1er février 1901. Son ascendance est l'objet d'une première légende. Alors que ses parents, William H. Gable et Adeline Hershelman, sont en grande partie d'origine allemande, l'arrivée au pouvoir des nazis, au début des années 1930, va contraindre les services publicitaires de la MGM à substituer des racines irlandaises et hollandaises à ces ancêtres dont le patronyme s'orthographiait Goebel. Précaution utile. Si le commandant de bord Gable participe courageusement, à partir de 1943, au bombardement de la Ruhr, il demeure l'acteur préféré de Hitler. L'homme n'est d'ailleurs pas dénué d'ambiguïtés, qui fustige en privé et en termes insultants le pouvoir supposé des « pédés » et des « youpins » dans l'industrie, mais protège son amie Hattie McDaniel, victime de discriminations liées à sa couleur de peau.

Persiste surtout, à ses yeux, le regret tenace de n'avoir pas reçu l'affection qui apporte équilibre et confiance en soi. Clark n'a que 7 mois lorsque sa mère, dont la santé a été altérée par son accouchement, meurt d'une tumeur cancéreuse. Élevé en partie par son oncle maternel, le garçon, surnommé « Billy », rejoint son père lorsque ce fermier, reconverti dans la prospection de pétrole, met fin à son veuvage en s'unissant à Jennie. Gâté par sa belle-mère, « une femme merveilleuse qui, reconnaîtra-t-il, s'ingéniait à satisfaire le moindre caprice », l'habille avec soin et l'initie au piano, Billy aime réciter du Shakespeare mais tend à se disperser. Collégien mesurant 1,80 mètre à 14 ans et cherchant dans la compagnie d'adolescents plus âgés les velléités de rébellion que son absence de vocation rend sans objet, il obtient, grâce au soutien de Jennie, de suivre l'un de ces amis pour travailler à ses côtés dans une fabrique de pneus. Assistant un soir de sortie d'usine à la représentation d'une pièce, *L'Oiseau de paradis*, il est fasciné par ce spectacle au point de se faire embaucher comme machiniste bénévole de la compagnie. Revenu chez lui aux obsèques de sa belle-mère, il est une fois encore sermonné par William Gable qui, persuadé que la comédie n'est pas un métier d'homme, entraîne le fils déviant vers les champs pétrolifères d'Oklahoma. Des années plus tard, la gloire de Gable n'empêchera pas son géniteur indigne de montrer une indifférence hostile à ses choix.

En attendant, le jeune homme se contient, exerce un métier qu'il juge éprouvant, voire répugnant, et se fait le serment de prendre la tangente à sa majorité. Rompant à 21 ans avec son père, il gagne le Kansas, où il devient l'homme à tout faire de troupes itinérantes… Avant de bouger à nouveau, la nécessité de gagner son pain le contraignant à exercer un job de représentant de commerce. S'étant finalement fixé à Portland, dans l'Oregon, Gable y rencontre son premier amour, une jeune comédienne nommée Franz Dorfler, qui tombe sous le charme du colosse mal dégrossi. « Billy, se souviendra-t-elle, était lourdaud, avait une diction épouvantable et semblait fort peu doué pour le théâtre. Mais il était aussi la gentillesse même, plein de charme, toujours tiré à quatre épingles à défaut d'être un champion des bonnes manières. » Ambitieux, bien que complexé, l'apprenti comédien suit les conseils de Franz et profite d'une tournée de sa compagne pour s'inscrire dans une nouvelle troupe, dirigée par Josephine Dillon. Expérimentée, séduite par Gable, la maîtresse femme a dix-sept ans de plus que lui. Voyant le parti qu'il peut en tirer, Billy rompt avec Franz et suit Josephine, qui monte une école à Los Angeles. Il l'épouse en 1924, formant avec elle une union moins sentimentale que professionnelle. Durant six ans elle le façonne, enseignante d'un élève consciencieux à qui elle inculque les rudiments de l'art dramatique et dont elle adoucit quelque peu le physique ; domestiquant sa coiffure, faisant aligner sa dentition. Jusqu'à son timbre de voix qu'elle lui fait travailler dans des tonalités plus graves et chaudes.

Mais l'époque préfère les *Latin lovers* délicats à la Rudolph Valentino aux grands gars machos du Midwest. Quelques incursions, en tant que figurant, à Hollywood alternent alors avec de plus substantielles tournées théâtrales. L'une d'elles le conduit à Houston où Gable, qui estime faire du surplace, conquiert Maria Langham. Cette riche Texane est encore plus âgée que Josephine mais qu'importe : elle apprend au Rastignac *yankee* à se conduire en gentleman et lui ouvre les portes de la haute société. Gable espère qu'elle sera l'instrument du destin lui permettant de percer. Divorcé sans état d'âme et remarié à Maria, il change son nom d'artiste de W. C. Gable en Clark Gable et se fait remarquer sur scène dans *The Last Mile*, son prestigieux partenaire et ami Lionel Barrymore assurant même sa promotion au-delà des planches. À sa demande, Gable passe plusieurs bouts d'essai dont l'un, à la Warner, lui vaut une réflexion peu charitable du directeur de production Darryl F. Zanuck, qui note en l'auditionnant : « Ses oreilles sont trop grandes, on dirait un singe ! » Prêt à tout, Clark aurait alors usé de ses attraits auprès de femmes et d'hommes, dont l'acteur William Haines, afin d'obtenir de l'avancement. Il est récupéré au vol par la MGM, qui cherche à renouveler son écurie masculine. Engagé à 650 dollars la semaine par Irving Thalberg, il se distingue en 1931 dans un rôle secondaire de *Quand on est belle*. Suave et brutal, l'acteur interprète le personnage qu'il sera durant trois décennies à l'écran.

Appâtée, la Metro lui change les dents, plaque ses oreilles et l'engage pour deux ans. Ayant pour agent l'influente Mina Wallis, Gable bénéficie surtout de l'appui du principal attaché de presse du studio, Howard Strickling. « Clark, dira ce dernier, était l'homme le plus impressionnant que j'aie vu. Ses mains, ses pieds, ses oreilles, sa tête étaient énormes. Et il était puissant. Il n'y avait rien d'efféminé en lui, rien de fabriqué non plus. Pour autant, il acceptait d'être modelé. » Unique et malléable, Gable offre en cette aube du cinéma parlant un cocktail détonant. Singulier, l'acteur l'est par l'attraction sexuelle qu'il engendre dès ses débuts à la Warner dans *L'Ange blanc*, de William Wellman, où son chauffeur voyou, vêtu de cuir noir et ne rechignant pas à frapper Barbara Stanwyck, nourrit, vingt ans avant

Brando, les fantasmes inavouables de millions de spectatrices. Même domestiqué par la plus sage MGM, qui le fait poser dans des tenues de flanelle, Gable produit un effet comparable. Les responsables de la major s'en rendent compte en observant les réactions de son personnel féminin. Lorsqu'elles croisent Clark, toutes les femmes, ou presque, se mettent à rougir ou à rire nerveusement. Scénariste de *La Belle de Saïgon*, qui offre à l'acteur son premier grand rôle d'aventurier, John Lee Mahin écrit à son sujet au producteur Hunt Stromberg : « Ce type, nom de Dieu, a des yeux de femme et une carrure de taureau ! Cela va faire des étincelles avec Jean Harlow. »

Sorti en 1932, le film de Victor Fleming propulse Gable au rang de star. Comme l'avait pressenti Mahin, le public plébiscite son duo avec Harlow. S'ils sont réunis à cinq reprises avant le décès de Jean, Clark est accouplé à d'autres forts caractères avec lesquels il fait admirablement la paire. Tournant une dizaine de films en un an, il passe ainsi des bras de Joan Crawford, qui devient sa maîtresse, à ceux de Greta Garbo. La MGM, heureuse d'avoir trouvé un successeur à l'incontrôlable star du muet John Gilbert, dont elle a décidé de se débarrasser, le distribue indifféremment en avocat, en pilote de la Navy, en architecte, en gangster ou en officier de l'Armée du Salut. Peu importe le flacon, les spectateurs ont l'ivresse. Sans être un technicien du jeu, Gable, acteur instinctif, a compris l'enjeu : susciter à parts égales frissons et sympathie. Aussi essaie-t-il d'ajuster sa personnalité au personnage qu'il a créé, dissimulant son opportunisme derrière une forme d'assurance maladroite à laquelle bien peu résistent. « Lorsque l'on travaillait avec Clark Gable, témoignera la spirituelle Rosalind Russell, son sens de l'humour était un ravissement. Je ne crois pas qu'il se voyait lui-même avant tout comme un "acteur". Je pense plutôt qu'il se considérait simplement comme un homme exerçant le métier de comédien. Il faisait son travail consciencieusement, avec tout son cœur et sans jamais tricher. »

Irrésistible, mais connaissant ses limites, Gable, désormais embauché pour sept ans par Louis B. Mayer, voit sa cote atteindre des sommets. Ce qui lui permet de mettre un veto, après trois ans de labeur incessant. En l'occurrence, il ne veut pas, comme un rappel à son passé, des rôles de gigolo que lui soumet la Metro. Prêté par mesure de rétorsion à la Columbia, Clark doit accepter à contrecœur une improbable comédie. Peu coutumier du genre, l'acteur, porté par son association avec Claudette Colbert et leur metteur en scène Frank Capra, réussit à rendre explosif ce *road-movie* sentimental qu'est *New York-Miami*. Il y gagne une fine moustache accroissant son pouvoir de séduction ainsi qu'un Oscar validant, en 1935, l'amour que lui porte le public. Le triomphe, dans les mois qui suivent, des *Révoltés du Bounty*, où il compose un inoubliable Fletcher Christian, marque un nouveau sommet. Un sondage populaire le sacre en 1937 « roi de Hollywood ». Une serveuse de Palm Springs racontera l'effet produit sur elle par sa rencontre avec Gable : « Il était magnifique. En le regardant, j'imaginais du chocolat fondant dans ma bouche. » Clark incarne en réalité le héros viril et plébéien d'une Amérique mise à mal par la grande crise de 1929. Celui qui rend leur fierté aux millions d'hommes déclassés s'identifiant à lui. De quoi taire les aspects plus troubles de sa personnalité.

À commencer par l'histoire sordide qui le vit forcer le consentement de sa partenaire Loretta Young, de retour du tournage de *L'Appel de la forêt*, en 1935. Leur flirt devait déraper et entraîner la grossesse de l'actrice, exfiltrée de Hollywood pour pouvoir accoucher, dans le plus grand secret, de la petite Judy Lewis. Informé, Gable ne culpabilisera guère, passé à d'autres amours et tout à sa carrière. De ce point de vue, la star savoure discrètement sa revanche sur les incrédules, même s'il reconnaît, sincère, envier les talents d'acteur de son ami Spencer Tracy. Aussi se montre-t-il sceptique lorsque David O. Selznick le contacte afin d'interpréter le premier rôle masculin d'*Autant en emporte le vent*. « Ma réaction au personnage de Rhett Butler a été immédiate et enthousiaste, racontera-t-il, ironique. Je me suis dit : “Voilà un rôle en or pour Ronald Colman !” » Mais Selznick, après avoir envisagé le plus aristocratique et réservé Gary Cooper puis s'être rangé à l'opinion commune, n'en démord pas : « Je ne connais pas un seul acteur qui aurait pu incarner Butler aussi bien que lui. Dans n'importe quel rôle, Clark s'est toujours révélé convaincant. Il possédait ce don divin : un tempérament de théâtre, l'art de communiquer avec le public. Ce sont des choses qui ne peuvent pas s'apprendre. L'expérience ne fait que les mettre un peu plus en valeur. » Secrètement flatté, Gable finit par s'embarquer dans l'aventure. Quelques semaines après le début du tournage, et alors que les rumeurs liées à sa supposée relation homosexuelle avec Haines refont surface, il obtient le renvoi de George Cukor. Un proche du metteur en scène se serait répandu en ville sur le sujet.

Officieusement, Clark reproche à Cukor de le délaisser au profit des actrices du film. Officiellement, la production trouve le cinéaste trop lent. Au final, c'est un vieux copain de Gable, Victor Fleming, qui reprend en main le tournage, et tout semble rentrer dans l'ordre. Mais si la sortie d'*Autant en emporte le vent* en décembre 1939 est un phénomène qui accroît son aura, l'acteur n'en retire guère de fruits. Son incarnation parfaite, dénuée de sentimentalisme, de Rhett Butler ne lui vaut pas d'Oscar, contrairement à l'interprète de Scarlett, Vivien Leigh. Son rival, Gary Cooper, continue d'être la star la mieux payée du pays. Cary Grant enchaîne, quant à lui, de meilleurs films. Clark prend sa revanche dans sa vie privée. Fraîchement divorcé de « Ria » Langham, il vient d'épouser Carole Lombard, avec laquelle il entretient une liaison depuis trois ans. La pétillante héroïne de comédies sophistiquées partage son goût pour les grands espaces, la pêche et la chasse. Le ranch d'Encino, non loin des studios, abrite leur bonheur. Lui qui a toujours tenu la passion à distance l'aime à se damner. Elle, de son côté, pratique l'amour vache, le surnommant « papy » et déclarant à son sujet : « Avec trois centimètres en moins, on l'aurait appelé la reine de Hollywood. » En réalité, Gable vit avec Lombard ses plus belles années. La mort de Carole dans un accident d'avion, en janvier 1942, le brise.

Désemparé, il ne cesse de relire l'ultime télégramme qu'elle lui a envoyé avant de s'envoler pour toujours : « Papy, ta place est à l'armée, avec les meilleurs ! » Clark portera désormais ce bout de papier sur son cœur. Décidé à relever le défi lancé par sa femme, il s'engage en août de la même année dans l'armée de l'air, prêt à braver dans les cieux la mort qui lui a enlevé la prunelle de ses yeux. Combattant exemplaire à bord d'un bombardier, échappant aux traquenards des soldats de Hitler, qui aurait demandé à le capturer vivant, il est démobilisé en juin 1944. Le retour à Hollywood est compliqué. Si la nageuse et actrice Esther Williams laisse entendre qu'« après la mort de Carole, Clark ne fut plus jamais le même », les temps ont également changé. L'optimisme de l'ère des pionniers n'est plus qu'un souvenir et Gable, acteur naturel dans un univers stéréotypé, n'a pas le profil complexe d'un héros de la guerre froide. Lui-même, un peu trop consumé par la boisson, semble se désintéresser d'un métier qui confine à la routine. Studio rigide, confronté à la concurrence de la télévision, la MGM décline, et Gable avec elle. Son remariage avec Sylvia Ashley, veuve de l'idole du muet Douglas Fairbanks, est un échec. La nouvelle génération d'auteurs-cinéastes s'intéresse peu à ce quinquagénaire réactionnaire, symbole de l'avant-guerre. Malgré tout, Clark reste populaire auprès du public et conserve l'amitié des pionniers de l'industrie cinématographique.

William Wellman l'entraîne en 1951 dans cette épure d'aventures qu'est *Au-delà du Missouri*. John Ford le remet en selle, en 1953, face à Grace Kelly et Ava Gardner dans *Mogambo*, remake de *La Belle de Saïgon* et dernier film pour l'ingrate Metro, qui commence à trouver Gable trop cher après vingt-trois ans de bons et loyaux services. Son protecteur Louis B. Mayer ayant été débarqué, l'acteur préfère prendre les devants en rompant en 1954 son contrat avec la major. Amer et philosophe à la fois, le roi vieillissant se console auprès de sa cinquième épouse, Kay Williams, qui pense le guérir de son alcoolisme et lui offre auprès de ses deux enfants la chaleur d'un véritable foyer. Professionnellement, la situation est plus aléatoire.

N'ayant pas trouvé de second souffle, contrairement à James Stewart, autre acteur de la MGM passé par un service militaire héroïque, Gable n'est toutefois pas inactif. S'essayant à la production et à d'autres genres, il paraît empesé dans la médiocre charge anticommuniste du *Rendez-vous de Hong Kong*, et n'a pas les facilités de Cary Grant face à Doris Day et à Sophia Loren en héros de comédies romantiques, du *Chouchou du professeur* à *C'est arrivé à Naples*. Il n'a en revanche rien perdu de sa crédibilité dans l'action colorée, mâtinée de désabusement, qui le voit s'associer de manière évidente, organique, avec Raoul Walsh à trois reprises. *Les Implacables* et *Le Roi et quatre reines*, westerns psychologiques, ainsi que *L'Esclave libre*, qui évoque en mineur mais non sans superbe *Autant en emporte le vent*, sont de grandes réussites. Réalisés et joués par des vétérans, ils ne captivent malheureusement pas un large public. Plus chanceux avec Burt Lancaster dans *L'Odyssée du sous-marin Nerka*, qui inaugure en 1958 la vogue des films de sous-marin, Gable cherche en réalité à redorer son étoile sans avoir à se renier.

Pense-t-il trouver le bon équilibre en s'embarquant à l'été 1960, avec John Huston, Montgomery Clift et Marilyn Monroe, dans l'aventure des *Désaxés* ? Son personnage de cow-boy déphasé a tout pour plaire. Et Clark vient d'apprendre, fou de joie, qu'il va bientôt être père. Mais le tournage, dans la fournaise de Reno, est proche de l'enfer. Gable n'est pas seulement tributaire des névroses et des retards d'une Marilyn à qui Arthur Miller, son mari scénariste présent sur le plateau, donne un texte faisant écho à leurs déchirures conjugales. Il a également pour partenaire Monty Clift, détruit, comme Monroe, par les médicaments. Confronté à la génération Actors Studio, la star à l'ancienne à qui l'on demande comment il prépare son rôle d'aventurier anachronique répond, magnifiquement : « Je lui apporte tout ce que j'ai été. Tout ce que je suis. Et tout ce que j'espère devenir. » Tout plutôt que de se désintéresser d'une production qui part à vau-l'eau, comme Huston qui passe la moitié de son temps à Las Vegas, dans des casinos. Ponctuel, professionnel, Clark Gable tient à effectuer lui-même les cascades avec des chevaux sauvages sur un lac desséché et sous un soleil de plomb. À tous, le roi fait forte impression, amenant un peu de raison à ces *Désaxés* hallucinés, qui sortent régulièrement du cadre. Jusqu'au dernier jour, où il lance à la cantonade : « Je laisse tomber le métier. Je vais avoir mieux à faire. » Plus tard, Kay livrera son sentiment : « Clark n'est pas mort de fatigue mais à cause de la tension. Et d'une attente qui l'a épuisé. » Étrange prémonition, lorsque son personnage avait dit à celui joué par Marilyn, dans une de leurs plus belles scènes : « C'est aussi naturel de mourir que de vivre, pour autant que je le sache. Alors, la seule chose à faire, c'est de ne pas y penser. »

Filmographie sélective

La Belle de Saïgon (Victor Fleming, 1932)
New York-Miami (Frank Capra, 1934)
L'Appel de la forêt (William Wellman, 1935)
Les Révoltés du Bounty (Frank Llyod, 1935)
San Francisco (W.S. Van Dyke, 1936)
Autant en emporte le vent (Victor Fleming, 1939)
Au-delà du Missouri (William Wellman, 1951)
Mogambo (John Ford, 1953)
Les Implacables (Raoul Walsh, 1955)
L'Esclave libre (Raoul Walsh, 1957)
Les Désaxés (John Huston, 1961)

Katharine Hepburn (1907-2003)

*Longtemps, la comédienne aux quatre Oscars ne fut pas une référence absolue. Trop aristocratique, indépendante et menaçante pour les hommes, Katharine Hepburn dut en rabattre pour devenir une star populaire. Le paradoxe est que ce sont ces mêmes qualités qui en font aujourd'hui une pionnière du féminisme au cinéma. Héroïne d'*Indiscrétions *et d'*African Queen, *« Kate », championne de la longévité, reste, par-delà les épreuves, une artiste singulière et une institution ayant bravé les conventions.*

C'est un comportement qui en dit long. 1973. Katharine Hepburn, 66 ans, est l'invitée du *Dick Cavett Show*. Avant même le début de l'émission et l'arrivée du public sur le plateau, l'actrice, en sandalettes, pantalon beige et gilet, trouve le moyen de marquer son territoire. Critiquant successivement la moquette, puis le modèle de table basse qui ne lui permet pas d'y poser les pieds, elle interrompt l'animateur en décochant alternativement flèches douces-amères et sourires censés détendre l'atmosphère qu'elle a elle-même chargée d'électricité. D'aucuns y verront dureté et caprices d'une star mal embouchée. Il est toutefois permis d'analyser cette attitude d'une autre manière. Ayant placé le *self-control* comme valeur essentielle, Katharine Hepburn n'a cessé, sa vie durant, de vouloir tout contrôler ; ne rien laisser transparaître qui puisse être interprété comme une marque de faiblesse ; être accessoirement, et jusqu'au bout, la digne héritière de parents peu conformes aux canons de la haute société. Riche orpheline, éduquée au prestigieux Bryn Mawr College, « Kit » Houghton avait parcouru la France sans guide Baedeker et la liste de ses prétendants sans chaperon, avant de jeter son dévolu sur Thomas Hepburn. Descendant d'une lignée de la noblesse écossaise dont la fortune n'était qu'un lointain souvenir, le jeune homme croyait aux vertus de l'effort et du progrès. Son mariage avec Kit n'étonna que ceux qui pensaient que l'union de ces tempéraments de feu ne survivrait pas aux premiers embrasements. Lorsque Katharine naît, le 12 mai 1907, dans le Connecticut, deuxième enfant d'une fratrie de six frères et sœurs, Thomas Hepburn est un chirurgien dont les opinions radicales inquiètent la clientèle bourgeoise et Kit, une militante féministe se battant pour le contrôle des naissances.

« Kathy » devait en ressentir les effets, se souvenant, des années plus tard, de promenades avec sa mère et de voisins « regardant droit devant eux, ne répondant pas à notre salut, comme si nous n'existions pas ». Cette rude école éloigne la fillette de la compagnie des gamins du quartier et la rapproche de Tom, son frère aîné, victime de la maladie de Huntington, avec lequel elle partage jeux et secrets. Sous la férule de leur père, la progéniture s'aguerrit physiquement et, à 8 ans, la petite rousse est une athlète accomplie, douée particulièrement pour la natation, le tennis et l'athlétisme. Kit n'est pas en reste, stimulant dans sa maisonnée une réflexion intellectuelle structurée par Thomas. « Il y a les hommes d'action et ceux qui réfléchissent, dira plus tard Hepburn. Si jamais vous rencontrez quelqu'un qui soit les deux à la fois – il n'y a pas mieux –, eh bien, vous avez quelqu'un qui ressemble à mon père. » Elle en cherchera longtemps la copie, préférant la solitude à ce que son exigence abaissera au rang d'ersatz. Également méprisante à l'encontre des filles de son âge, qu'elle juge futiles et névrosées, Kathy traverse à l'adolescence un drame qui devait la marquer profondément. Au printemps 1921, Tom est avec sa sœur en vacances à New York lorsqu'elle le retrouve un matin pendu dans l'embrasure de la salle de bains. Si certains évoquent une déception sentimentale à l'origine du drame, sa cadette ressentait depuis longtemps la nécessité de protéger ce frère fragile et adoré. Plus tard, elle dira avoir emporté avec elle son âme.

En réalité, Kathy n'accepte pas ce départ et en nourrit une réelle culpabilité. Son égocentrisme de plus en plus marqué devient une manière de résilience. Soutenue par ses parents, elle commence par chercher auprès d'eux un dérivatif à son désespoir. « Ils s'intéressaient à tout ce que je faisais, confiera-t-elle, et ils m'apportaient une force considérable. Or j'avais besoin de cette force. » Elle n'y goûte bientôt plus qu'aux grandes vacances, étudiant le reste de l'année à Bryn Mawr, où elle fait parler d'elle en prenant des douches à minuit et en adoptant des airs hautains et affectés. Au milieu d'autres rejetons de l'élite américaine, Kathy manifeste une forme de supériorité qui passe mal et se montre rebelle, presque inadaptée. Sa décision de devenir comédienne, après avoir tenu le rôle principal dans deux pièces à l'université, renforce sa singularité. Courtisée à 19 ans par un étudiant de Yale, Bob McKnight, Kathy lui lance lors d'un bal, en signe de défi : « Je serai la plus grande actrice du monde ! » Bluffé, le prétendant lui donne 10 dollars pour qu'elle se rende à sa première audition. Si, pour Hepburn, le challenge répond à une vocation, les débuts ne s'avèrent guère concluants. À défaut d'un jeu subtil, ses représentations à Bryn Mawr révèlent une forte personnalité qui lui permet de frapper, inconsciente, à la porte du célèbre producteur Edwin Knopf. Celui-ci prépare sa saison à Baltimore et voit débarquer une jeune femme « au front humide et au nez luisant. Sa sincérité était immense mais, en même temps, elle paraissait maladroite, sans expérience, bizarre ».

Kathy harcèle Knopf qui, de guerre lasse, finit par céder et lui réserve un rôle muet dans sa dernière création. Lorsqu'elle apprend la nouvelle à son père, le docteur Hepburn la tance vertement : « Tu veux être actrice seulement parce que c'est la manière la plus facile et la plus évidente de te mettre en avant ! » Sa fille n'a, dès lors, de cesse de lui prouver la justesse de son choix. Soucieuse de corriger une voix stridente, elle prend des cours de diction et tente de compenser ses insuffisances par une arrogance teintée d'excentricité et par un attirail vestimentaire combinant le chic et le débraillé. Sa beauté anguleuse, yeux expressifs et pommettes saillantes, séduit l'un de ses vieux amis, qui se trouve être aussi l'un des bons partis de Pennsylvanie. Âgé de 29 ans, Ludlow Ogden Smith a toujours été une sorte de frère pour Kathy. De là à les imaginer amants, il y a un fossé que le prétendant franchit en l'épousant. Il devient l'allié fidèle de son ambition, tandis qu'elle reconnaît, lucide : « Je sais que si j'étais un homme, je n'aurais pas la bêtise de me marier avec quelqu'un qui ne peut passer devant un miroir sans s'y regarder ! » Plus autocentrée que narcissique, Kathy, devenue Kate, papillon sorti de sa chrysalide, voit son obstination payer.

Enchaînant les tournées, elle gagne le respect des siens. Mais si elle retient l'attention, Hepburn, toujours traqueuse, a un problème : on ne sait comment l'employer. En transit entre Broadway et Hollywood, Rouben Mamoulian, qui l'auditionne à New York, s'en souviendra non sans ambiguïté : « Elle avait effectivement quelque chose, je ne saurais pas dire quoi. On ne définit pas la musique avec des mots. C'était une sorte de luminosité… Certains visages reflètent la lumière. C'était son cas. » Sait-il qu'elle s'enduit, à cet effet, le visage d'alcool pour capter sur scène la lumière des projecteurs ? Incapable de jouer collectif. Désireuse de briller, afin d'atteindre son objectif. « Je crois, dira-t-elle, que la perfection est le seul critère pour celles qui veulent être des stars. » Si ses poses irritent plus d'un partenaire, elles séduisent Laura Harding, une jeune comédienne issue de la grande bourgeoisie, qui va abandonner le métier pour devenir son ombre portée. Dans un étrange ménage à trois, Kate conquiert Broadway, avec Ludlow et Laura à ses côtés, en reine des Amazones de *The Warrior's Husband*, pièce dont l'argument mythologique inverse les stéréotypes, les femmes y incarnant le « sexe fort ». Remarquée par le célèbre agent Leland Hayward, elle fait un bout d'essai pour la RKO. Le hasard veut qu'au même moment le patron du studio, David O. Selznick, cherche une comédienne afin de jouer la fille de John Barrymore dans l'adaptation cinématographique d'*Héritage*, qui raconte les chassés-croisés d'une famille bourgeoise dysfonctionnelle.

Contacté par Hayward, le metteur en scène George Cukor trouve la jeune femme de l'essai « spéciale » avant d'être saisi par un passage où Hepburn révèle son intensité. Convaincu de son potentiel, il l'impose à Selznick. La venue de Kate à Hollywood le fait dans un premier temps déchanter. Accompagnée de Laura, refusant toute publicité et rejetant la garde-robe mise à sa disposition par le studio, Hepburn impose sa volonté à la RKO. En ces débuts du parlant précédant de peu l'instauration d'un code de censure, les profils atypiques comme le sien ont encore droit de cité. Androgyne, dans un registre d'aventurière plaisant malgré tout à un large public d'hommes, rêvant pour elle de rôles de cow-boy à la Tom Mix et semant des indices faisant douter de son hétérosexualité, Katharine Hepburn paraît jouer avec un feu qu'elle ne cherche pas à domestiquer. Elle suit néanmoins certains des conseils de survie en milieu hollywoodien prodigués par Cukor, auquel la lie, dès lors, une précieuse amitié. Le tournage d'*Héritage* à peine achevé, en 1932, le bruit se répand qu'une étoile est née.

Revenant sur ses préjugés, Selznick lui signe un contrat. S'éprenant de sa « découverte », Hayward entame de son côté une liaison avec Kate. L'actrice continue cependant à n'en faire qu'à sa tête. Séparée de Ludlow et s'installant avec Laura dans une villa sans charme, elle joue avec sa complice les monte-en-l'air en s'introduisant clandestinement dans les propriétés des stars. Fuyant journalistes et cocktails, elle prétend ne pas être mariée. Ce comportement n'est visiblement pas rédhibitoire. D'autant que professionnellement, Hepburn s'avère moins fantasque.

Après avoir lancé la mode des pantalons d'homme, son aviatrice émancipée de *La Phalène d'argent* et sa Joe frémissante des *Quatre Filles du docteur March* paraissent imposer l'image, déroutante mais séduisante, d'une femme indépendante. Trop, peut-être. Si sa composition, confondante de naturel, d'une artiste arriviste dans *Morning Glory* sauve ce film médiocre au point de lui valoir, en 1934, son premier Oscar, le soufflé finit par retomber. L'égotisme de ses personnages, d'*Alice Adams* à *Quality Street*, ou le stoïcisme de son incarnation de la reine martyre *Mary Stuart* achèvent de creuser un fossé entre l'actrice et son public. Offrant la représentation d'une patricienne à l'accent *Mid-Atlantic* huppé, uniquement préoccupée d'elle, n'ayant besoin de personne, et surtout pas d'un homme pour s'épancher, la comédienne serait-elle la même à la ville ? Contestée par des critiques qui, tout en reconnaissant son magnétisme, jugent son jeu théâtral et maniéré, Kate perd pied. Dans sa chronique du film *The Lake*, la femme de lettres Dorothy Parker va jusqu'à écrire perfidement à son sujet qu'« elle couvre tout l'éventail des émotions, de A à B ». L'actrice, obsédée par l'idée de réussir, pèche-t-elle par immaturité ? Continuant d'envoyer sa paie à son père qui lui verse une allocation ; multipliant, de John Ford à Van Heflin, les liaisons masculines sans lendemain, elle éprouve toujours le besoin d'avoir une compagne à ses côtés pour la soutenir et l'admirer. Kate s'aime-t-elle trop ? Ayant grandi dans le culte de l'indépendance, cherche-t-elle à préserver avant tout sa liberté ? À moins que, victime de sa nature et du puritanisme ambiant, elle ne s'autorise aucun lâcher-prise qui lui permettrait de vivre ses amours au grand jour ?

Sur le plan artistique, ses échecs publics ne l'empêchent pas de progresser. Gregory La Cava, qui la met en scène dans *Pension d'artistes*, parle de Hepburn comme d'« une actrice intellectuelle. Elle doit comprendre le pourquoi de chaque chose avant de pouvoir l'éprouver ». George Stevens, qui la dirige à trois reprises, précise de son côté qu'« une fois que l'émotion est installée, elle se jette dans une scène et la vit complètement ». Ce naturel travaillé fait merveille aux côtés de Cary Grant dans le singulier *Sylvia Scarlett*, de George Cukor, et dans *L'Impossible M. Bébé*, de Howard Hawks, où sa *vis comica* et son abattage égalent ceux de Carole Lombard. Ces deux films sont pourtant des échecs commerciaux. Dans le premier, qui parle de manière osée de confusion des sexes et des genres, le travestissement de Kate en garçon révèle un trouble identitaire qui n'est pas sans susciter un certain malaise chez les spectateurs. Le second, mètre étalon de la *screwball* comédie, prolonge l'interrogation en faisant du personnage de Hepburn, déterminé et sans peur, l'élément viril du duo. Rebaptisée « le poison du box-office » par le président de l'association des exploitants indépendants, Kate Hepburn n'en poursuit pas moins une quête d'excellence dans ce qui demeure la phase la plus intéressante de sa carrière.

Ayant rompu en 1938 son contrat avec la RKO, l'actrice tourne pour la Columbia une comédie-champagne, *Vacances*, où, plus belle que jamais et dirigée une nouvelle fois par Cukor, elle synthétise les éléments constitutifs de son personnage de fille de la haute société en les rendant plus aimables et en devenant, par là même, plus désirable. Femme du monde en rupture de ban, elle se livre même à quelques acrobaties avec Cary Grant, lequel reprend pour l'occasion son « rôle » de mâle dominant. Les spectateurs ne sont cependant pas au rendez-vous et Hepburn joue son va-tout. Son ami Cukor étant pressenti pour mettre en scène *Autant en emporte le vent*, elle lui demande d'intercéder en sa faveur afin d'incarner Scarlett O'Hara. Tout ça pour s'entendre répondre par le maître d'œuvre du film, David Selznick, qui ne lui trouve aucun sex-appeal : « Je n'imagine pas Gable vous poursuivant pendant dix ans ! » À ces déconvenues s'ajoutent la destruction par un ouragan de la demeure familiale de Fenwick, ainsi que les aléas de sa liaison avec Howard Hughes, excitant mais trop instable à ses yeux. Décidée à faire un break et revenue chez elle, sur la côte Est, Kate reçoit la proposition du dramaturge Philip Barry d'incarner sur les planches la capricieuse héritière de *The Philadelphia Story*. Grâce à l'argent de Hughes, Hepburn rachète les droits de la pièce et fait sensation à Broadway lors de sa création.

Après l'avoir snobée, la presse admet que Hepburn « se comporte comme une femme qui a enfin trouvé sur scène le bonheur qu'elle cherchait depuis longtemps ». Enthousiasmée par ce retour de flamme, l'actrice se bat pour que la pièce soit portée à l'écran. La MGM lui en donne l'occasion, quitte pour Kate à faire des concessions. Cédant le haut de l'affiche à Cary Grant, elle a conscience d'offrir au public une image lissée d'elle-même. « Dans *Indiscrétions*, adaptation de *The Philadelphia Story*, analysera l'historien John Kobal, Hepburn, l'enfant gâtée, fébrile et hyperactive, est ramenée sur terre. C'est un homme du peuple, interprété par James Stewart, qui lui dit qu'elle n'est pas une créature de glace, mais une vraie femme… C'est à ce moment que sa métamorphose s'accomplit. Stewart lui fait la cour à notre place. Hepburn, habillée par Adrian, illuminée et photographiée de manière incandescente par Joseph Ruttenberg, trébuche, tremble, succombe et, par l'intermédiaire de Stewart, nous gagne à sa cause. C'est là que sa carrière a commencé pour de bon. » Si la performance nuancée de la comédienne est digne d'éloges et lui permet de revenir à Hollywood par la grande porte, le triomphe du film, modèle étincelant de comédie sophistiquée, est porteur d'une leçon. Actrices aux tempéraments aussi fort que le sien, Bette Davis et Joan Crawford ont régné sur un large public parce que, d'un film à l'autre, elles acceptaient d'être emportées par la passion amoureuse. Cette « faiblesse », supposée inhérente aux personnages féminins, conditionne toute vraie popularité.

Katharine Hepburn, qui en a conscience, finit par y céder dans le cadre du plus conservateur des studios. *Indiscrétions* lui permet accessoirement d'imposer un nouveau projet à la Metro. *La Femme de l'année* est, en 1942, sa première interprétation de femme mûre. Pour lui tenir tête, elle désire Spencer Tracy, acteur qu'elle admire sans le connaître. Leur rencontre, organisée par le producteur et futur cinéaste Joseph Mankiewicz, ne manque pas d'esprit. À Kate, qui lui aurait dit : « Je crains d'être un peu grande pour vous, Mr Tracy », « Spence » se serait fendu d'un : « Ne vous inquiétez pas, Mrs Hepburn, je vous taillerai à ma pointure ! » En réalité, c'est leur premier film en commun qui va faire rentrer l'actrice dans le rang. Alors que le scénario initial de Ring Lardner Jr réservait à Kate le rôle d'une maîtresse femme éduquant le personnage de Tracy, une avant-première de *La Femme de l'année* se solde par les remontrances d'un public outré de voir, en pleine guerre, un homme se faire dominer par son épouse. « La MGM a senti que le personnage féminin était si fort, écrira Lardner, qu'il devait, au bout du compte, être apprivoisé et châtié. » Une nouvelle fin est tournée dans laquelle Hepburn prépare – et rate – un petit déjeuner pour son mari. « C'est ainsi, écrira l'essayiste David Thomson, qu'elle est devenue bien-aimée, tandis que Tracy venait de se trouver une compagne pour laquelle il n'avait pas besoin d'abandonner sa dignité ou son caractère dépressif. Elle le regardait avec adoration, une attitude qu'elle avait rarement montrée à l'écran. »

Thomson parle-t-il des personnages ou de leurs interprètes ? Le film à peine achevé, la rumeur court en effet que Kate a quitté son amant du moment, George Stevens, pour l'irascible Irlandais. Marié, père d'un enfant atteint de surdité, Spencer Tracy, en bon catholique et en fervent alcoolique, n'entend abandonner ni sa famille, ni la boisson. N'exigeant pas le divorce, Hepburn se bat en revanche pour éloigner les amis de beuverie de celui qui semble devenu son nouveau compagnon, quand bien même certains s'interrogent sur leur degré d'intimité dans la mesure où ni l'un ni l'autre n'évoque ni ne formalise leur relation. En réalité, le couple, discret et sans attaches, se livre à une subtile répartition des tâches. Kate se dévoue au premier homme qui l'impressionne autant que son père et la touche comme son frère ; Spence, en retour, se repose sur une femme qu'il traite de « sac d'os », mais aime à sa manière. Que leur lien soit complexe, émaillé de crises et moins sensuel qu'émotionnel est probable. Ce qui ne laisse en revanche aucun doute est la fortune d'une association qui relance leurs carrières. Interprètes magnifiques, mais inaptes à renouveler leur image par trop solitaire au début des années 1940, Hepburn et Tracy se réinventent l'un et l'autre en tant que couple cinématographique. Devenus monstres sacrés, ils alternent mélos consensuels, de *La Flamme sacrée* au *Maître de la prairie*, et comédies éclatantes, de *Madame porte la culotte* à *Mademoiselle gagne-tout*, où, livrant une nouvelle version de la guerre des sexes, les excès de Hepburn se brisent contre le roc Tracy.

Parvenu à maturité, l'art de l'actrice fait dire à Frank Capra, qui la dirige dans cette fable politique et idéaliste qu'est *L'Enjeu* : « Jouer est à la fois sa vocation, son violon d'Ingres, sa vie et sa passion. Elle a épousé sa vocation à la manière d'une religieuse. Si Katharine

Hepburn décidait de se lancer dans la course à pied, elle serait la première femme à courir le 1 500 mètres en quatre minutes. » Avec le temps, cependant, son registre évolue. Ayant renoncé à son féminisme intrinsèque pour une vision maternante du couple, le personnage de femme indomptable et accompli qu'elle incarnait mue, tout au long des années 1950, en vieille fille rattrapée par l'amour auprès d'autres partenaires que Tracy, de Humphrey Bogart à Rossano Brazzi. Un stéréotype auquel elle fait un sort définitif, qu'elle soit institutrice revêche ou touriste esseulée. Mais si, lors des tournages d'*African Queen*, de Huston, et de *Vacances à Venise*, de Lean, Kate n'hésite pas à plonger au cœur de la jungle zaïroise et dans un canal de la Sérénissime qui endommage gravement sa cornée, l'actrice n'a pas fait le tour de ses possibilités. La folie guette ses personnages, impressionnants, de mère abusive et dérangée dans *Soudain l'été dernier*, de Mankiewicz, ou de morphinomane dans *Long Voyage vers la nuit*, de Lumet. Ce qui pourrait ressembler à un couronnement de carrière a néanmoins un goût amer.

Au tournant des années 1960, celle qui, en bonne démocrate, s'opposa courageusement au maccarthysme et à la ségrégation raciale, lutte contre un autre ennemi, d'autres tourments. Sa relation avec Spencer Tracy, un temps menacée par les coups de cœur de l'acteur pour Joan Fontaine et Gene Tierney, se resserre à mesure que la santé de son compagnon décline. Bien qu'elle vive au quotidien avec sa secrétaire Phyllis Wilbourn, et non au côté de Tracy, Kate se métamorphose en infirmière, délaissant le cinéma pour le bien-être d'un Spence couvé par ses soins. Elle le soutient, mort-vivant, dix années durant et joue une ultime fois avec lui, en 1967, dans *Devine qui vient dîner ?*, avant de le retrouver un matin, le tournage à peine achevé, terrassé par une crise cardiaque. Discrète, s'effaçant derrière la famille de Tracy, Hepburn n'assiste pas à ses obsèques et reprend le collier pour ne pas s'effondrer. Hollywood a-t-il tant à se faire pardonner ? Après lui avoir décerné un deuxième Oscar pour le plaidoyer antiraciste de Stanley Kramer, l'Académie remet l'année suivante un troisième trophée à la star qui affronte son automne en Aliénor d'Aquitaine dans *Le Lion en hiver*. Le retour de la comédienne, en 1969, à Broadway dans le rôle de Coco Chanel vaut à Kate de nouveaux rappels. Mais le désir vient à manquer. « Être actrice, confiera-t-elle, est une expérience tellement humiliante. Vous vendez au public visage et personnalité. En vieillissant, cela devient encore plus humiliant car l'on a moins à vendre. »

Une arthrite, des yeux qui pleurent, un tremblement du visage apparus alors qu'elle est sexagénaire ne la dissuadent pas d'accepter, au rendez-vous de l'amitié, ses derniers Cukor pour la télévision, ainsi que le refuge de *La Maison du lac*, auprès de Henry Fonda, qui lui vaut un quatrième Oscar. Katharine Hepburn n'est plus alors une actrice, ni même une icône, mais un trésor national. Lequel continue, jusqu'à 80 ans passés, à fendre les eaux glacées de l'Atlantique au pied de sa propriété de Nouvelle-Angleterre. Qu'attendre d'autre de la vie lorsque la démence vient assombrir le très grand âge ? Avoir suffisamment de tête pour la tenir haute face à la mort, qui la dompte enfin, le 29 juin 2003. Pour Kate, qui ne croyait pas en Dieu et ne s'embarrassait pas de manières, il fallait que cette ultime visiteuse sache à qui elle avait affaire. N'était-ce pas le but de son autobiographie, écrite en 1991, faisant l'économie de l'hypocrisie, à défaut d'éclaircir tout son mystère, et qu'elle avait simplement, et sans fausse modestie, intitulée *Me* ?

Filmographie sélective

Sylvia Scarlett (George Cukor, 1935)
L'Impossible M. Bébé (Howard Hawks, 1938)
Vacances (George Cukor, 1938)
Indiscrétions (George Cukor, 1940)
La Femme de l'année (George Stevens, 1942)
Madame porte la culotte (George Cukor, 1949)
L'Odyssée de l'African Queen (John Huston, 1951)
Vacances à Venise (David Lean, 1955)
Soudain l'été dernier (Joseph L. Mankiewicz, 1959)
Long Voyage vers la nuit (Sidney Lumet, 1962)
Le Lion en hiver (Anthony Harvey, 1968)
La Maison du lac (Mark Rydell, 1981)

James Stewart (1908-1997)

S'il est une star bien-aimée, c'est celui que les Américains surnommaient « Jimmy ». Exemple rare de grand dadais devenu jeune premier, incarnation pour Capra de l'idéaliste en butte à la corruption du monde, Stewart sut, après une guerre valeureuse, se renouveler. Chez Hitchcock et Mann, le gentil garçon n'a plus l'innocence qu'on lui prêtait. Névrosé, mûr pour des conflits intérieurs, il n'en devient que plus passionnant. Une complexité rejoignant celle, longtemps tenue secrète, de l'homme qu'il était dans le privé.

Jimmy Stewart se relève, un peu voûté, puis, esquissant un sourire, tend la main au jeune acteur auquel le photographe de *Life* vient de l'associer. Comme un passage de témoin à un héritier. « Félicitations, mon garçon, et bonne continuation ! », lance-t-il de sa voix traînante à Tom Hanks. En cette année 1989, l'interprète de *Big* n'a pas encore accompli sa mue en comédien dramatique. Admiratif de cet aîné auquel la presse ne cesse de le comparer, il lui répond timidement. Stewart, à moitié sourd depuis des années, l'écoute poliment avant de s'éclipser. Bientôt, il n'apparaîtra plus. « Je n'aime pas la façon dont je vieillis, je n'aime pas mon aspect », admet-il sans fausse pudeur. Longtemps, pourtant, il aura fait plus jeune que son âge. Jusqu'à la vilaine piqûre de rappel de son complice Alfred Hitchcock. C'était en 1958, après l'échec commercial de *Sueurs froides* que le maître du suspense avait imputé à l'« affadissement » du visage de Jimmy. Lequel s'était refusé à tout commentaire. Question d'éducation.

La sienne venait d'Indiana, en Pennsylvanie, et d'une lignée d'Irlandais qui s'étaient installés là au XVIIIe siècle. Qu'ils soient militaires ou commerçants, tous croyaient en l'Amérique et en l'Église presbytérienne. Né le 20 mai 1908, James Stewart préfère, enfant, la compagnie de son chien à celle de ses sœurs cadettes. Ayant son propre univers, il aime jouer de l'accordéon dans la quincaillerie de ses parents. Plus doué pour les travaux manuels que pour les études, il révère avant tout son père, au point de s'inscrire, comme lui, à l'université de Princeton. Les cours d'architecture qu'il suit ne sont pas une façon de tuer le temps. Passionné, Jimmy compte bien en faire son métier. Mais le destin en décide autrement.

Moqué sur les terrains de football pour sa maigreur et sa grande taille d'1,91 mètre, le jeune homme se replie sur les cercles artistiques de la faculté. Musicien au Triangle Club, il suit la troupe de comédiens amateurs lors de ses tournées. Sa présence est remarquée par l'un de ses membres, Joshua Logan. « Lorsque je lui ai demandé s'il avait pensé devenir comédien, se souviendra-t-il, Stewart a tourné les talons, comme si je l'avais insulté. » Nullement découragé, il écrit une pièce à l'intention de Jimmy. Ce dernier, d'abord récalcitrant, se laisse convaincre. Bientôt, ce sont les autres qu'il séduit. Sur scène, le naturel de Stewart fait un tabac. « Il était si doué, se rappellera Logan, que j'étais convaincu qu'il adorait jouer, même s'il n'osait pas se l'avouer. » Lorsque Joshua crée une nouvelle troupe, Jimmy n'hésite pas et rejoint The University Players. Il s'y lie à Margaret Sullavan, comédienne à la sensibilité exacerbée dont il s'éprend sans réciprocité, ainsi qu'à un jeune comédien, Henry Fonda, qui devient son meilleur ami. Au point que Stewart, ne prenant pas ombrage de la relation entre Fonda et Sullavan, brièvement mariés, s'installe avec Henry lorsque ce dernier, redevenu célibataire, emménage à New York. « Il était impossible de ne pas aimer Jim, témoignera Fonda. Il avait ce merveilleux sens de l'humour, tranquille, qui me plaisait. Il me faisait rire – et je suppose que c'était réciproque. Vous ne savez jamais pourquoi, précisément, le courant passe entre deux personnes. Nous sommes deux types d'hommes différents, mais Jim ne m'a jamais fait la morale et a toujours été présent lorsque j'avais besoin de lui. Qu'attendre d'autre d'un ami ? »

Voisins de palier, dans leur appartement de fortune, de truands et de prostituées, Jim et « Hank » mangent rarement à leur faim. Curieusement, Stewart trouve davantage d'engagements sur scène que Fonda, pourtant plus expérimenté, motivé et séduisant. Mais, après son rôle de médecin militaire dans la pièce dramatique *Yellow Jack*, en 1934, Jimmy, accroché, a trouvé sa voie. Pistonné à Hollywood par un découvreur de talents qui le suit depuis Princeton ainsi que par la redoutable échotière Hedda Hopper, avec laquelle il a joué à Broadway, Stewart passe un bout d'essai pour la MGM. Retenu, il signe en 1935 un contrat et déménage à Los Angeles avec Henry Fonda, embauché de son côté par la Fox. Bientôt rejoints par Logan, les deux compères passent leur temps libre à construire des maquettes d'avions et à séduire de jeunes actrices. Dégingandé et gauche en apparence, Stewart est en réalité un bon danseur et un tombeur qui s'ignore. Il séduit ainsi, de Ginger Rogers à Marlene Dietrich, qui le dessale, quelques actrices de premier plan sensibles à ses faux airs de fils à maman. Ces liaisons, qui ne remettent pas en cause son célibat, laissent à l'ex-comédien de théâtre du temps pour faire ses gammes au cinéma. Les rôles de reporter, de paysan ou de pilote d'essai s'enchaînent alors sans cohérence.

Au moins lui fournissent-ils une expérience. « Jouer n'est pas un art, c'est un métier, affirmera Stewart. Et la seule façon de l'apprendre est de le pratiquer en jouant. Vous n'avez pas besoin, pour cela, de suivre des cours dans une école. Ce qui est nécessaire, c'est le savoir-faire et la technique qui s'acquièrent sur les planches ou face à la caméra. » Une vision qui vaut profession de foi. Jimmy a 30 ans lorsque, prêté à un autre studio, il découvre son alter ego de fiction, sa *persona*. Le film qui le révèle, *Vous ne l'emporterez pas avec vous*, réalisé par le cinéaste roi de la Columbia, Frank Capra, fait de Stewart un maître inné de la comédie. Délicat, sur la réserve, « Jimmy, selon Capra, s'y montre tel qu'il est : un acteur extrêmement fin, pouvant exprimer n'importe laquelle de ses pensées, ce qu'il rêve, ce qu'il a dans son cœur ou dans son âme ». Son personnage se dessine alors, mélange de grâce et de charme. S'y ajoutent bientôt la force de caractère et l'opiniâtre volonté d'un homme bouillonnant de colère. Appliquées à un idéal démocratique, elles illustrent le dessein du drame pour lequel Capra l'emploie, en 1939, dans *M. Smith au Sénat*. En chef scout propulsé au Congrès, réalisant qu'il a été élu pour faciliter l'action de politiciens véreux, Stewart est prodigieux. Le discours final où, la voix brisée, il réaffirme à travers ses propres valeurs celles de l'Amérique éternelle, inscrit l'acteur dans la mythologie hollywoodienne. S'il peut paraître naïf aujourd'hui, le message de *M. Smith* offrait, à la veille de la guerre, une exhortation nécessaire. Mais porte-t-il l'acteur à s'identifier un peu trop à ses rôles ?

Une de ses déclarations de l'époque incite à le croire. « Un film de James Stewart, proclame-t-il à la troisième personne du singulier, doit comprendre deux éléments essentiels : être propre et faire triompher le faible contre le puissant. » Du moins a-t-il conservé assez de lucidité pour mettre son talent au service des plus grands. Ainsi livre-t-il en 1940 une merveilleuse création en vendeur d'un petit commerce d'Europe centrale cherchant à ravir le cœur de Margaret Sullavan dans le sublimement tissé *The Shop around the Corner*, d'Ernst Lubitsch. Aussi subtile, son interprétation d'un journaliste séduisant l'héritière Katharine Hepburn dans *Indiscrétions* de Cukor lui vaut l'Oscar qui lui a échappé l'année précédente pour *M. Smith au Sénat*. Son jeu, alors parvenu à maturité, se caractérise par une diction hésitante, parfois balbutiante et ponctuée de pauses, qui l'humanise et suscite immédiatement l'empathie du public, mais n'en est pas moins singulière à une époque où l'on attend des acteurs une élocution déliée et claire. Analysant le travail de son partenaire et ami, Cary Grant observera fort justement que « d'un point de vue historique, Jimmy Stewart a eu le même effet sur le cinéma que Marlon Brando quelques années plus tard. Jimmy avait le don de parler avec naturel. Il avait noté que, dans la vie de tous les jours, les gens se coupent souvent la parole, et qu'il n'est pas si facile de s'exprimer. Les ingénieurs du son ont mis un certain temps à s'habituer à lui, mais de cette manière il a eu un énorme impact. Quelques années plus tard, Marlon a émergé. Mais ce que les gens oublient, c'est que c'est Jimmy qui a inventé cette façon de jouer ».

La guerre donne un coup d'arrêt à ce parcours météorique. Patriote et déterminé à combattre mais réformé en raison de son extrême minceur, Stewart se remplume et retente, avec succès, son test d'aptitude. Ce passionné d'aéronautique, qui a pris des cours d'aviation dès son engagement à Hollywood, passe plus de quatre années sous les drapeaux. Excellent pilote, il participe au péril de sa vie à une vingtaine de missions de bombardement sur l'Allemagne nazie. De simple appelé, il gravit tous les échelons pour devenir commandant, puis général de réserve. Le retour sur terre, en 1945, est douloureux. De la perte de ses hommes comme de la culpabilité d'avoir causé des morts parmi les populations civiles,

Stewart ne parle jamais, corseté par sa pudeur. Mais l'idéalisme des années 1930 s'est évaporé. Les cheveux désormais grisonnants, Jimmy signe un contrat avec la société de production de Capra. Lorsque ce dernier lui expose la trame de *La vie est belle*, l'acteur ne paraît pas s'y intéresser. « Il avait l'air de s'ennuyer, s'étonnera le cinéaste. Dès que j'ai eu fini de parler, c'est comme si l'histoire s'était dissoute dans l'air. » En réalité, désormais attaché à l'armée et aux missions qu'il continue d'y effectuer, James Stewart doute de l'utilité de sa carrière. D'autant que *La vie est belle*, conte de fées amer, ne rencontre pas, à sa sortie, le succès espéré.

L'acteur va alors se concentrer sur sa vie privée, jetant aux orties sa panoplie usée de célibataire endurci pour épouser en 1949 Gloria Hatrick McLean, déjà mère de deux garçons, avec laquelle il a en 1951 des jumelles. Mais cet épanouissement ne lui suffit pas. Après l'échec commercial du film de Capra, Jimmy tente sa chance en remontant sur scène pour incarner dans *Harvey* un alcoolique dont le meilleur ami est un lapin géant. Un journaliste du *New York Times* titre sans appel : « La montée et la chute de James Stewart ». Lequel dira plus tard : « Je me suis rendu compte qu'il fallait que je fasse quelque chose. Je ne pouvais plus continuer d'interpréter ce genre de rôles ; ça avait assez duré. Il fallait que je devienne un dur. »

L'occasion va lui en être donnée, ou tout du moins l'illusion, lorsque Jimmy est approché en 1947 par le tout-puissant patron du FBI. Issu d'un milieu conservateur et religieux, se situant politiquement à la droite du parti républicain, l'acteur est un fervent admirateur de J. Edgar Hoover, dont il apprécie le combat contre les ennemis déclarés des États-Unis. Particulièrement en ce début de guerre froide. « Le communisme, déclarera-t-il, représentait une menace non seulement pour Hollywood mais pour toute l'Amérique. Je ne m'exprimais toutefois pas sur ce sujet lors de rassemblements, comme le faisait John Wayne. Mes opinions ne concernaient que mon bulletin de vote. » Contacté par le renseignement militaire pour détecter les « éléments subversifs » peuplant les studios de cinéma, la star refuse d'abord de coopérer. « Jim ne voulait pas faire l'espion », affirmera sa femme, Gloria. Mais quand il reçoit une invitation personnelle de Hoover, l'acteur accepte avec enthousiasme de se rendre à Washington. Le patron du FBI commence par lui faire faire le tour du propriétaire, avant de lui raconter des histoires de criminels arrêtés par ses agents. « Jim, racontera encore Gloria Stewart, avait escaladé pieds nus la montagne et vu le buisson ardent – seulement, Dieu avait revêtu l'apparence de J. Edgar Hoover. » Ce dernier ne lui demande pas de prime abord de moucharder ses collègues politiquement suspects. Évoquant les « différentes sortes de démons » sapant les valeurs américaines, il voit son interlocuteur s'emporter contre les rackets orchestrés par Bugsy Siegel et Lucky Luciano à Las Vegas ou Los Angeles. « Quand Hoover a réalisé que Jim était prêt à combattre le crime organisé, il a joué sur cette corde-là, précisera son épouse. Jim aurait tout fait pour expulser ces gangsters de la côte Ouest. » Mais si certains artistes, tel Frank Sinatra, marchent main dans la main avec les chefs mafieux, d'autres se contentent de sympathiser avec eux, fréquentant leurs établissements sans en retirer de bénéfices personnels. À l'image de deux proches de Stewart : Gary Cooper et Cary Grant. « Jim, poursuivra Gloria Stewart, était préoccupé de ce qui pourrait arriver à des copains comme Cary, qui avait noué des relations d'amitié avec Siegel. » À l'aube du maccarthysme, le patron du FBI poursuit néanmoins un autre but.

Laissant les mains libres au crime organisé, qui connaît son homosexualité et pourrait la révéler, Hoover n'a qu'un objectif, auquel James Stewart finit par se rallier : la chasse aux « Rouges ». Exigeant seulement d'agir de manière informelle, sans numéro de code, il se voit confier la tâche de vérifier la probité des relais du FBI à Hollywood, parmi lesquels Ronald Reagan. Puis sa mission s'étend, et son trouble avec. Hoover attend des listes corroborant ses soupçons. Dans un équilibre des plus périlleux, Stewart fait parler ses amis, les mettant en garde sans révéler sa couverture, de Frank Capra, qui, bien que conservateur, prend ses distances avec le métier, à Edward G. Robinson, dont l'honnêteté ne l'empêche pas d'être blacklisté. Perturbé par ces excès, Stewart va jusqu'à plaider la cause de Robinson auprès de Hoover avant de supplier le cinéaste maccarthyste Cecil B. DeMille de l'engager dans l'un de ses films. Tiraillé, surmené, l'acteur se retrouve en 1948 sur le plateau de *La Corde*, son premier film sous la direction d'Alfred Hitchcock, dans un état second. « Jim, témoignera encore Gloria Stewart, devait retenir les répliques d'un tournage lourd et essayait, en même temps, de faire le meilleur job possible, sans trahir son sens de l'intégrité, pour un FBI qui le maintenait sous pression. »

Un autre élément achève de le démoraliser. James Stewart s'est fâché avec Henry Fonda, à qui il n'a pu s'empêcher de dévoiler ses activités. Démocrate fervent, évitant habituellement de discuter politique avec son meilleur ami, Fonda a craqué, traitant Stewart d'« indic » et de « fils de pute », au point que les deux hommes en sont presque venus aux mains. « Jim, se rappellera son épouse, était dévasté d'avoir rompu avec Hank. »

Cette expérience n'en nourrit pas moins ses meilleurs rôles, dans les années 1950. Ses névroses et tourments inavoués s'y dévoilent sans que soient remises en cause ses convictions. Il en résulte une tension qui fait tout l'intérêt de cette seconde partie de carrière. Laquelle débute véritablement quand Anthony Mann lui confie, en 1950, le rôle principal d'un western en forme de tragédie biblique, *Winchester 73*. Si le fait de s'inscrire dans un genre qu'il a peu fréquenté redéfinit l'image d'un Stewart habituellement citadin et contemporain, c'est l'inflexion de son caractère qui rebat véritablement les cartes. Comme le souligne l'historien Jacques Lourcelles : « Quelques éclairs de violence sauvage chez James Stewart annoncent déjà l'ambiguïté et la complexité du personnage dans ses développements futurs. » Incarnant au fil d'un cycle de cinq films un type singulier de cow-boy tour à tour vengeur, secret, apaisé, l'acteur exprime, selon Anthony Mann, « quelque chose d'intense et d'excitant, qu'il ne laisse pas transparaître au premier abord. Sa recherche anxieuse de la perfection donne parfois l'impression qu'il est un peu toqué ». Ou complètement investi. Les témoignages ne manquent pas pour souligner que Stewart, montant Pie, son cheval favori, et jouant dans des conditions souvent extrêmes en décors naturels, serait allé au feu si Mann le lui avait demandé.

Ressent-il la dimension autobiographique, à caractère universel, de ces créations westerniennes ? Abordant, dans *Les Affameurs*, un affrontement quasi fraternel de manière assez sereine ; sauvé de la déchéance morale par l'amour d'une femme dans *L'Appât* ; découvrant, égoïste, le sens de la solidarité au terme d'un cheminement douloureux dans *Je suis un aventurier* ; renonçant à la vengeance après en avoir fait son moteur dans *L'Homme de la plaine*, Stewart interroge, en cinq ans et cinq œuvres reliées les unes aux autres, la conscience humaine et sa complexité. Son partenariat avec Hitchcock procède à une mise à nu différente, plus ouvertement émotionnelle. Si l'Anglais a trouvé avec Cary Grant son alter ego fantasmé, il est plus à son aise au quotidien avec Jimmy, représenté en homme ordinaire placé dans des situations qui ne le sont guère. Scellé avec *La Corde*, le pacte Stewart-Hitchcock se poursuit sur trois autres films qui, selon le biographe Patrick McGilligan, sont « organisés comme des associations : Stewart avait aussi droit à un pourcentage des recettes brutes et des bénéfices, mais l'acteur partageait les risques ». Sur un plan plus personnel, « en réunion ou sur le plateau, [Hitchcock et Stewart] se parlaient peu. Ils avaient une sorte de communication tacite, échangeaient des regards amusés ». Le plus intéressant est le traitement que le cinéaste réserve à la star qui rêvait désormais d'incarner des héros virils et guerriers : il le réduit physiquement à l'impuissance.

Observant, immobilisé avec une jambe dans le plâtre, la préparation d'un meurtre depuis son appartement dans le virtuose *Fenêtre sur cour*, le personnage qu'interprète Jimmy fait appel à sa fiancée pour le seconder. S'étant fait kidnapper son fils dans *L'homme qui en savait trop*, il doit, victime d'une conspiration, résoudre une énigme qui le dépasse. Mais c'est avec *Sueurs froides*, tourné en 1957 à San Francisco, que l'acteur ose un lâcher-prise auquel il s'était jusqu'alors refusé. Incarnant un acrophobe, souffrant de dépression nerveuse, obsédé par une femme qu'il croit morte, Stewart ne s'est jamais montré aussi vulnérable que dans ce poème romantique et désespéré. À l'instar de ce qui s'était passé avec *La vie est belle*, le film ne rencontre pas son public avant de devenir un classique. Jimmy Stewart continue cependant de repousser ses limites. En avocat d'*Autopsie d'un meurtre*, d'Otto Preminger, ce puritain prononce les mots « sperme » et « orgasme » au point de susciter la désapprobation de son père, qui affiche dans sa quincaillerie la recommandation de ne pas voir le film. Change-t-il d'avis quand son fils est nommé pour ce rôle aux Oscars ? Malgré ces derniers sommets, l'acteur quinquagénaire est désabusé. D'avoir dû céder la place à Gary Cooper dans *L'Homme de l'Ouest* d'Anthony Mann et de s'être battu en vain pour obtenir le rôle de Roger Thornhill dans *La Mort aux trousses*, que Hitchcock réservait en secret à Cary Grant, l'affectent sincèrement.

« J'ai tellement appris de Stewart, se souviendra George C. Scott, qui joue à ses côtés dans *Autopsie d'un meurtre*. Dès que j'avais des interrogations d'ordre technique, il me montrait comment y remédier. Mais la plupart du temps, il était perdu dans ses réflexions. Un jour que je lui demandais à quoi il pensait, Jimmy m'a répondu : "Rien. Je me souviens..." » Probablement de celle qui restait son inaccessible amour, Margaret Sullavan. Frappée, encore jeune, par une surdité qui devait la plonger dans la dépression, l'actrice allait en mourir en 1960, malgré la sollicitude de Stewart et de Fonda. Les deux amis s'étaient entre-temps réconciliés. Et c'est comme « remplaçant » de Hank, fâché avec le maître du western, que Jimmy devient dans les années 1960 l'interprète fétiche de John Ford. En juriste, puis sénateur, de *L'homme qui tua Liberty Valance*, Stewart jette ses derniers feux face à John Wayne. Le tournage, assombri par le caractère irascible de Ford, n'est pas très heureux. Mais Jimmy fait contre mauvaise fortune bon cœur. Du reste, qu'espérer de mieux à l'orée d'un Nouvel Hollywood à l'esprit duquel il est résolument étranger ? Sa popularité inaltérable est temporairement écornée lorsque, apprenant la disparition en 1969 de son fils adoptif Ronald sur le front du Vietnam, Stewart continue de soutenir l'engagement américain dans cette guerre. Jusqu'alors, ce conservateur endurci ne passait pas pour un réactionnaire. Mais sa douceur naturelle et l'affection que lui portent les Américains lui évitent le désaveu infligé au début des années 1970 à John Wayne. Et le culte toujours plus grand voué aux films de Capra, de Mann et de Hitchcock, lui vaut même d'être redécouvert par la jeune génération. Les deux décennies qui suivent voient ainsi Jimmy Stewart recevoir avec simplicité, du festival de Berlin à celui de Cannes, d'innombrables hommages et témoignages d'admiration. Après avoir prêté sa voix en 1991 au shérif du dessin animé *Fievel au Far West*, l'artiste s'efface doucement. L'homme, lui, ne se remet pas de la mort de son épouse, Gloria, en 1994. Vivant désormais en reclus, souffrant de troubles cardiaques, il s'éteint dans son sommeil le 2 juillet 1997. Paisiblement. Quelque temps auparavant, il avait confié, avec son humilité coutumière, au biographe Michael Munn qui l'interrogeait sur son rapport à la postérité : « Peu importe que les gens ne se souviennent plus du nom des films, du moment qu'ils les ont rendus heureux l'espace d'une scène, d'un instant. J'aimerais qu'ils disent : "Oui, Jimmy Stewart nous a offert des petits morceaux de temps." »

Filmographie sélective

Vous ne l'emporterez pas avec vous (Frank Capra, 1938)
M. Smith au Sénat (Frank Capra, 1939)
The Shop around the Corner/Rendez-vous (Ernst Lubitsch, 1940)
Indiscrétions (George Cukor, 1940)
La vie est belle (Frank Capra, 1946)
La Corde (Alfred Hitchcock, 1948)
Winchester 73 (Anthony Mann, 1950)
L'Appât (Anthony Mann, 1953)
Fenêtre sur cour (Alfred Hitchcock, 1954)
Je suis un aventurier (Anthony Mann, 1954)
L'homme qui en savait trop (Alfred Hitchcock, 1956)
Sueurs froides (Alfred Hitchcock, 1958)
Autopsie d'un meurtre (Otto Preminger, 1959)
L'homme qui tua Liberty Valance (John Ford, 1962)

Cary Grant (1904-1986)

Le mot « charisme » semble avoir été calqué sur son nom. L'élégance, doublée de charme et d'humour, modelée sur son allure et son aisance en toutes circonstances. Pourtant, Cary Grant est une pure création. Non des studios, comme pour nombre de ses pairs qui se laissèrent transformer par l'usine à rêves, mais d'Archie Leach en personne, ce petit prolétaire anglais qui, à force d'obstination et de reniements, devint l'incarnation du rêve américain. « Tout le monde veut être Cary Grant, moi aussi », reconnaîtra l'icône avec son ironie coutumière.

Il lisait Freud et prenait du LSD « pour voir plus clair » en lui. Votait républicain mais défendit Charlie Chaplin, victime du maccarthysme. Incarnait l'élégance, maniait l'humour avec esprit et affichait une aisance pleine de charme, tout en ayant une nature tourmentée, sujette à d'intenses phases de dépression. Modèle de James Bond et de Philip Marlowe, ce *working class hero* comptait parmi ses admirateurs le président Kennedy et le gangster Lucky Luciano, qui rêvèrent l'un comme l'autre de le voir jouer leur rôle au cinéma. Mais entre deux films, savait-il lui-même qui il était ? « J'ai interprété un certain type d'homme à l'écran, déclara un jour Cary Grant, et je suis devenu cet homme dans la vie. Je suis devenu moi. »

Et si l'acteur qui avait si longtemps porté des masques pour se protéger disait vrai ? Leslie Caron, qui travailla avec Grant en 1963 sur *Grand méchant loup appelle*, devait se souvenir de lui avec des sentiments mêlés : « Il n'était pas l'individu détendu et facile à vivre qu'il personnifiait, mais un être complexe, bourré de contradictions. Aux instants bénis où il se montrait protecteur et se souvenait de sa jeunesse d'acrobate et d'artiste de music-hall, entonnant même des chansons avec son accent cockney, succédaient des moments plus difficiles. Le charmant Cary Grant pouvait alors se révéler colérique, tyrannique, et il valait mieux l'éviter. Une chose est sûre : avec ses changements d'humeur, il vous forçait à rester vigilant. » Audrey Hepburn, qui fut sa partenaire à la même époque, n'émettait pas les mêmes réserves : « Dès qu'il vous voyait, il ouvrait grand les bras, il vous enlaçait, vous souriait et vous montrait ce qu'il ressentait pour vous. Il y avait ce quelque chose de mystique à propos de Cary que je n'ai jamais réussi à déchiffrer mais je pense qu'il avait une perception très approfondie de la vie. Il était fin observateur et avait une connaissance aiguë d'autrui. » Pour lui, cependant, il en allait différemment. À la fois volontaire et velléitaire, avide de relever des défis mais résistant à ce qu'il estimait être des contre-emplois, l'acteur, malgré les apparences, manquait d'assurance. Ce trouble, nourri de crises d'identité, remontait à l'enfance.

Il voit le jour sous le nom d'Archibald Alexander Leach, à Bristol, le 18 janvier 1904. Le fait d'avoir été circoncis à la naissance, dans un milieu où cette pratique n'est pas naturelle, l'amènera à s'imaginer des origines juives. En 1947, il refusera de jouer le protagoniste *wasp* du *Mur invisible* se faisant passer pour un israélite au motif qu'il était lui-même juif. L'année suivante, il fera un don au jeune État d'Israël. Mal-aimé par sa mère, qui ne s'est pas remise de la mort accidentelle d'un premier enfant, le garçon n'est guère plus choyé par son père, repasseur dans une usine de vêtements. Décidé à refaire sa vie en profitant des dépressions nerveuses de son épouse, ce séducteur la fait interner dans un hôpital psychiatrique lorsque leur fils a 11 ans. Traumatisé par cette disparition dont il pense, sur la foi des mensonges paternels, qu'elle signe un abandon, Archie ne songe qu'à fuir. Entre un géniteur remis en ménage et abîmé par l'alcool et une grand-mère au cœur sec, le garçon, malin mais pétri d'insécurités, se cherche inconsciemment une nouvelle famille. À 13 ans, il sympathise avec un électricien qui travaille au théâtre Hippodrome de Bristol et lui en fait découvrir les coulisses. Pour l'adolescent, c'est une révélation : « Je me suis retrouvé dans un univers de gens souriants, accomplissant mille performances. C'est à ce moment-là que j'ai su qu'il ne pouvait y avoir de meilleure vie que celle d'artiste. »

Captivé, il ne cesse d'arpenter le théâtre et entre en contact avec Bob Pender, qui dirige une troupe d'acrobates. Après l'avoir suivie le temps de quelques représentations puis s'être fait renvoyer de l'école, Archie est autorisé par son père à rejoindre définitivement Pender. Entouré de professionnels et de garçons de son âge, Leach apprend à exécuter des triples saltos et à marcher sur des échasses. Faisant ses gammes durant trois années passées à sillonner l'Angleterre, il est retenu pour une tournée en Amérique.

Sur le paquebot qui l'emmène à New York, en octobre 1920, il rencontre Douglas Fairbanks. Une photo, floue, fixe ce moment où se cristallise un destin. Pour le jeune homme en quête d'identité, la star du muet au chic athlétique et à l'épiderme bronzé devient un modèle. Après une saison à parcourir les États-Unis, Archie décide de rester, laissant ses partenaires rentrer au pays. Prolétaire en Angleterre, sans possibilité de s'extraire de sa classe, Leach rêve de devenir un *self-made man* en évoluant dans une société moins figée, où tout est permis. Les premiers temps sont difficiles. Vivant à New York en colocation avec le futur couturier Orry-Kelly, Archie vend des cravates en faisant l'homme-sandwich à Coney Island, joue en tournée dans des vaudevilles, apprend « à dire un texte entre les rires des spectateurs », soigne son apparence et travaille sa diction jusqu'à se créer un accent indéfinissable, mi-anglais, mi-américain, à cent lieues de celui des quartiers populaires de Bristol. Repéré par le producteur Reggie Hammerstein, qui vend son contrat aux frères Shubert, lesquels contrôlent un grand nombre de théâtres à Broadway, il intègre l'univers de la comédie musicale, participant à des opérettes jusqu'à être remarqué par un agent de la Paramount. Son physique puissant et son potentiel de séduction impressionnent visiblement plus que ses dons limités d'homme de scène. Passant des essais sous la direction du réalisateur Marion Gering, Archie signe un contrat de cinq ans, fin 1931, et quitte Broadway pour Hollywood. Aussitôt, le studio lui demande de changer de nom et Leach opte pour un patronyme court et claquant, à mi-chemin de Clark Gable et de Gary Cooper. Le prénom est celui de son personnage du musical *Nikki*. Le nom, choisi sur un annuaire, évoque l'ancien président Ulysses S. Grant, vainqueur de la guerre de Sécession. Reste pour Archie Leach à inventer Cary Grant.

Plus vraiment anglais, pas tout à fait *yankee*, séducteur un peu trop amidonné, il bénéficie d'une première transformation lorsque Josef von Sternberg trouve, sur *Blonde Vénus*, son bon profil en changeant sa raie de côté. C'est tout ce qu'il peut faire pour lui, le débutant, encore emprunté, étant dévoré par sa partenaire, Marlene Dietrich. Mais il est à la même époque distingué par l'entreprenante Mae West, qui en fait son faire-valoir dans deux comédies salées. *Je ne suis pas un ange* et *Lady Lou* le signalent à l'attention du public féminin en *toy boy* émoustillant. Être un objet de fantasmes ne peut toutefois le satisfaire durablement. Il lui faut attendre deux ans de plus, en 1935, pour que George Cukor débusque Archie derrière Cary en confiant à l'acteur le rôle d'un cockney canaille dans *Sylvia Scarlett*. L'échec du film n'atteint pas Grant, encensé par la critique. « C'était quelqu'un d'assez raide, observera Cukor, et, pour la première fois, il s'est épanoui en tant que comédien. Cet acteur, doté d'une intelligence vive, n'était pas prisonnier de sa prestance ; il jouait comme s'il avait un physique ordinaire. Le fait qu'un beau jeune homme comme lui soit également drôle le rendait irrésistible. » Et culotté, au point de prendre sa carrière en main. Lors de la préparation de *Suzy*, avec Jean Harlow, il critique ouvertement le script, qu'il juge mauvais. Obtenant de le réécrire avec la scénariste, Lenore Coffee, il s'attire de sa part un admiratif : « Sans votre aide, cela n'aurait pas fonctionné. » Insatisfait des rôles rejetés par Gary Cooper que lui propose la Paramount, Grant rompt en 1936 avec son studio et conclut un accord mixte avec la Columbia et la RKO, avant de négocier un bénéfice sur les recettes de ses films. Ce coup de poker, pour un acteur en devenir, va se révéler payant.

Jouant dans *Cette sacrée vérité*, mis en scène par Leo McCarey qui lui laisse la bride sur le cou, Cary se trouve d'emblée dans son élément. Celui de la comédie loufoque et sophistiquée dont il revêt, dès 1937, le smoking de prince incontesté. « Il est devenu Cary Grant, écrira la critique Pauline Keal, lorsqu'il a appris à projeter son sens de l'absurde dans ses personnages et à faire un style du sentiment qu'ils avaient d'être ridicules. Quand il a réalisé que chaque mouvement, chaque geste, pouvait être stylisé dans le registre de l'humour, les clignements d'yeux, la tête penchée, une foulée disgracieuse sont devenus chez lui aussi tenus et justes que le coup de crayon d'un maître de la bande dessinée. Grant a apporté l'élégance à la comédie populaire, et la comédie populaire lui a conféré cette qualité de Monsieur Tout-le-monde qui en a fait une immense star. » Ayant découvert son genre de prédilection, l'acteur le décline sur tous les tons : débridé avec *L'Impossible M. Bébé*, où, s'inspirant pour son look de la star du muet Harold Lloyd, il incarne un savant asexué, et dans *Arsenic et vieilles dentelles*, où il multiplie dans un cadre macabre les mimiques à un rythme frénétique ; urbain avec *Vacances*, comédie-champagne agrémentée d'acrobaties rappelant ses exploits de jeunesse, dans *La Dame du vendredi*, au débit de mitraillette, ainsi qu'avec le très civilisé et spirituel *Indiscrétions*. En quelques années et autant de chefs-d'œuvre, renvoyant la balle à Katharine Hepburn, Jean Arthur, Ginger Rogers ou Rosalind Russell, Grant impose son personnage de don juan qui s'ignore, poursuivi par les femmes. Unique jeune premier devenu star sur le mode de la fantaisie, Cary est le premier qui séduit en faisant rire, et d'abord de lui-même. Son jeu physique combine en un même mouvement un port noble et un corps d'athlète, grandes mains et jambes élastiques, promptes aux cabrioles. Son regard sombre, alternativement impassible et extrêmement mobile mais toujours profond, exprime l'ironie de la manière la plus subtile qui soit et impose au rang d'un des beaux-arts le *double take*, cette façon de réagir en deux temps avec un sens du *timing* impeccable. Son goût pour l'*underplaying*, rejoignant une certaine pudeur émotionnelle, trouve à s'exprimer sur d'autres terrains que la comédie, du film d'aventures où s'exalte l'amitié virile dans *Gunga Din* et *Seuls les anges ont des ailes*, au mélo sentimental de *La Chanson du passé*. Son éclectisme et sa technique, quasi invisible, semblent pourtant s'effacer derrière l'aisance désinvolte de ses compositions. Au point qu'il ne reçoit pas de reconnaissance de la profession. Nommé seulement deux fois aux Academy Awards, Grant ne décrochera qu'un Oscar d'honneur, quatre ans après son retrait du métier. « Les gens sont parfois sceptiques, témoignera sa partenaire Irene Dunne, lorsque je dis que l'intelligence de Cary et le sérieux avec lequel il abordait son rôle étaient ses points forts. Derrière cet homme insouciant à l'écran, il y a un travailleur acharné et un esprit rigoureux. » Plus qu'un comédien, Grant est en réalité un auteur à qui il arrive d'improviser gags et répliques.

Cette liberté conquise dans son métier s'étend à sa vie privée. Retrouvant, au décès de son père en 1935, sa mère qu'il croyait morte, Cary la retire de l'asile où elle croupissait et va, malgré le fossé qui les sépare, nouer avec elle une relation douloureuse et discrète. Vivant chaque intrusion dans sa sphère comme une agression, l'acteur s'aliène très tôt une partie de la presse hollywoodienne, qui voit d'un mauvais œil sa volonté d'indépendance et son mépris des convenances. Ainsi ce play-boy, marié cinq fois, cohabite dans une vaste villa, entre deux unions et pendant douze ans, avec l'acteur de westerns Randolph Scott. Simple arrangement financier ? Une série de photos commandées par la Paramount, montrant Cary et « Randy » dans l'intimité de leur résidence, aura rétrospectivement mis le feu aux tabloïds. On y voit les deux hommes côte à côte dans une piscine, s'exerçant, torse nu, à la boxe et aux haltères, ou s'allumant une cigarette. Sont-elles parfaitement innocentes ou, ce qui semble peu probable, destinées à faire passer un message dans une Amérique homophobe et un Hollywood frappé par le code de censure ? Lancées insidieusement dès les années 1930, réactivées frontalement un demi-siècle plus tard, les rumeurs sur la sexualité de Grant ne vont pas cesser de circuler, devenant l'élément central d'un certain nombre de livres qui lui seront consacrés. Comme si le brouillage des pistes le concernant trouvait sa plus fascinante illustration dans l'incapacité à lever totalement le voile sur son intimité. Si ses cinq épouses, de la fleuriste des *Lumières de la ville* Virginia Cherrill à la bombe *sixties* Dyan Cannon, se plaignirent de sa possessivité maladive, elles n'en balayèrent pas moins les ragots, jusqu'à témoigner de son ardeur à leur égard, l'une de ses compagnes, Phyllis Brooks, précisant même que « Cary fut le plus attentif et passionné des hétérosexuels ». Mais d'autres, du critique de mode Richard Blackwell au scénariste Arthur Laurents, soutinrent sans ambages que la star était sensible aux deux sexes. Selon l'une des hypothèses reprises par son biographe Scott Eyman, Grant pourrait avoir commencé par les garçons avant de glisser vers la bisexualité pour, finalement, s'intéresser exclusivement aux femmes. Encore ne s'agit-il que de spéculations. Quoi qu'il en soit, la star ne se laissa jamais dicter sa conduite par un studio ou la morale. Cloisonnant ses activités jusqu'à en faire des mystères, Cary Grant n'évoquera pas davantage son rôle supposé dans le contre-espionnage anglais durant la Seconde Guerre mondiale, alors qu'on l'aura accusé d'avoir échappé au service militaire. De même entretint-il l'ambiguïté sur son rapport à l'argent, sa générosité envers ses partenaires côtoyant une pingrerie quotidienne légendaire.

Ces paradoxes nourrissent le *Soupçons* d'Alfred Hitchcock, premier volet, en 1941, d'une collaboration exemplaire avec le maître du suspense qui devient, après Howard Hawks, son cinéaste favori. Partageant avec Cary un trouble fondamental et se projetant en lui, « Hitch » révèle les zones sombres de son interprète jusqu'à lui confier, dans *Les Enchaînés*, le rôle crypto-autobiographique d'un espion incapable d'exprimer son amour, glacial et émotionnellement immature. Comme un écho à ses propres fêlures ?

Après ce chef-d'œuvre et l'échec du très personnel *Rien qu'un cœur solitaire*, où il retrouve ses racines cockney, Grant fait marche arrière dans l'exploration de son art et la prise de risque commerciale. Si l'homme le mieux habillé de Hollywood, qui continue de se fournir personnellement chez les couturiers de Savile Row, atteint, à la fin des années 1940, les sommets du box-office, c'est grâce à d'innocentes satires familiales qui n'ont ni l'esprit ni le mordant de ses comédies d'avant-guerre. Comment peut-il refuser de tourner sous la direction d'Elia Kazan cette fine dénonciation de l'antisémitisme qu'est *Le Mur invisible* ou de se retrouver, à Vienne, devant la caméra de Carol Reed dans *Le Troisième Homme*, pour préférer jouer le joli cœur de *Deux sœurs vivaient en paix* ou le mari rêvant d'un *home sweet home* dans *Un million clé en main* ? « Il était devenu en soi un produit, confiera son ami Ralph Lauren. Pour être heureux, on allait voir ses films. » L'acteur finit néanmoins par ne plus s'en contenter et c'est sa troisième épouse, Betsy Drake, qui lui ouvre les yeux.

Esprit libre et curieux, elle l'initie à la psychologie, au yoga, l'amène à prendre du LSD sous contrôle médical, et l'encourage à servir des projets plus ambitieux. Mais l'insuccès d'*On murmure dans la ville*, de Mankiewicz, et de *Chérie, je me sens rajeunir*, de Hawks, le refroidit fortement. Le premier, où il incarne un médecin progressiste défiant la rumeur au point d'épouser une fille-mère, et le second, qui le voit tourner en dérision le mythe de l'éternelle jeunesse, sont de jubilatoires dénonciations de l'*American way of life*. En pleine chasse aux sorcières et alors que la guerre de Corée est une douloureuse piqûre de rappel, six ans après la fin du conflit mondial, le public n'attend-il de son séducteur attitré, peu marqué politiquement, que d'aimables divertissements dénués d'arrière-pensées ? Doutant de lui, conscient de l'émergence d'acteurs plus jeunes issus de l'Actors Studio, Grant se retire temporairement et effectue une croisière de plusieurs mois à travers l'Orient avec Betsy. « C'était la période des blue-jeans, de la drogue, de la

Méthode et personne ne s'intéressait à l'élégance ou à la comédie », se justifiera-t-il. Il doit à l'obstination de Hitchcock et au charme de Grace Kelly de se laisser mettre *La Main au collet*. Si le tournage, sur la Côte d'Azur au printemps 1954, est un plaisir pour chaque membre de l'équipe franco-américaine, les relations entre l'acteur et son metteur en scène sont plus complexes qu'en apparence. « Hitch m'aime beaucoup, mais en même temps il me déteste, confiera Grant à sa partenaire Brigitte Auber. Il voudrait être à ma place. Il aimerait beaucoup être à ma place, parce qu'il peut s'y imaginer. » Si transfert il y a du côté du démiurge, son interprète sait cependant ce qu'il lui doit. Revenu au premier plan avec ce thriller léger et chatoyant qui le glamourise comme aucun film ne l'avait fait, Cary ne va plus déchoir de son piédestal et devient, à la fin des années 1950, l'incarnation du héros romantique aux tempes argentées qui séduit, de Deborah Kerr à Audrey Hepburn, d'*Elle et Lui* à *Charade*, une nouvelle génération d'étoiles.

Le triomphe n'est toutefois pas dénué d'amertume. Au privé, Grant, qui vit un amour sans espoir avec Sophia Loren, se détache de son épouse et traverse une phase de turbulences extrêmes. Professionnellement, s'il s'associe au brillant Stanley Donen, il n'est pas toujours aussi bien inspiré et rejette, du *Pont de la rivière Kwaï* à *Lolita*, de *Sabrina* à *My Fair Lady*, d'incroyables opportunités. Plus hésitant que jamais, convaincu que les spectateurs ne veulent le retrouver que dans un registre immaculé et limité ayant fait ses preuves, la star s'attire ce jugement lucide de George Cukor, qui tente en vain de lui faire jouer le rôle de l'artiste alcoolique et suicidaire d'*Une étoile est née* : « Cary était trop prudent et craintif pour saisir sa chance. Cela l'a empêché d'atteindre le statut auquel il aspirait et dont je le savais capable. Ce film lui aurait fait décrocher l'Oscar. Mais vous ne pouviez lui parler des possibilités d'un rôle comme on le fait avec des acteurs tels que John Barrymore et Spencer Tracy. » Prisonnier de son image, Cary Grant demeure pourtant le meilleur dans sa catégorie. Mêlant sur un rythme endiablé les aspects équivoques, charismatiques et comiques de sa personnalité, *La Mort aux trousses*, en 1959, constitue son apogée. Le public ignore les questionnements sans fin qui l'assaillent lors du tournage de la célèbre scène où il échappe au mitraillage d'un avion en se réfugiant dans un champ de maïs. Ne comprenant rien à l'intrigue qui le conduit de New York à Chicago, l'acteur demande à s'expliquer avec le scénariste, Ernest Lehman, présent sur le plateau. L'échange, tendu, entre les deux hommes s'achève par un éclat de la star affirmant que « cette histoire invraisemblable était faite pour David Niven ». Plus tard, le film terminé et formidablement accueilli, il reconnaîtra son erreur. Qu'il emballe une blonde hitchcockienne à bord d'un wagon-lit ou la sauve d'une fin tragique au sommet des visages sculptés du mont Rushmore, Grant est éblouissant. Et semble, à l'inverse de ses contemporains Cooper et Gable, préservé des ravages du temps. D'autant qu'à 62 ans, Cary devient père, pour la première fois, d'une petite Jennifer.

C'est ce moment qu'il choisit pour mettre un terme à sa carrière. Cette retraite en pleine gloire, à l'aube d'une ère cinématographique moins porteuse de rêves, est l'un des plus beaux coups d'Archie Leach. Sa dernière manifestation d'indépendance. Les vingt années qui suivent sont une illustration de cette singularité. Sans jamais fuir les médias ni refuser d'apparaître en public, comme le fit Greta Garbo, Grant décline toutes les demandes d'interviews filmées et s'abstient de jouer les invités de prestige dans des séries télé, à l'inverse des autres stars de l'âge d'or qui, succombant à la tentation de s'exposer aux ultimes feux de la rampe, fussent-ils bon marché, banalisent leur image. Ses rares participations à des hommages rendus à ses pairs ou sa présence régulière au festival du cirque de Monte-Carlo, chez son amie la princesse Grace, renforcent *a contrario* son aura. Ne montrant dans ses sorties en ville qu'un vieillissement admirablement maîtrisé devant autant à ses gènes qu'à son hygiène de vie, longueurs de piscine pratiquées et entretien d'un teint perpétuellement hâlé, Cary Grant continue, plus que quiconque, à susciter le désir. Si le Nouvel Hollywood commence à cultiver la nostalgie de l'ancien, c'est à des hommes comme lui qu'il le doit. Reconverti en ambassadeur de luxe chez Fabergé, alternant quelques liaisons avec des jeunes femmes, dont la photographe Maureen Donaldson, et plusieurs passages à vide, il éloigne la dépression en étant pour Jennifer un père attentif et complice, puis en rencontrant et en épousant, en 1981, Barbara Harris, une très chic attachée de presse qui l'apaise et lui permet de réconcilier la star hollywoodienne avec le gamin de Bristol dont il a rassemblé quelques souvenirs dans un cartable d'écolier. Au point que l'acteur, éloigné des studios mais encore immensément populaire, accepte enfin de fendre l'armure en effectuant plusieurs tournées à travers de petites villes des États-Unis où il se raconte devant des parterres de fans conquis. Ultime tour de piste pour l'enfant de la balle qu'il n'avait cessé d'être. Avant qu'une hémorragie cérébrale ne l'abatte, le 29 novembre 1986, lors d'un de ces rendez-vous sur scène, emportant sa superbe et ses mystères. « J'ai passé, avait reconnu ce prince shakespearien, la plupart de mon existence à fluctuer entre Archie et Cary. Incertain des deux. Doutant de chacun. » Son plus beau legs est probablement sa propre création, fruit d'une volonté mêlée de résilience hors du commun, un personnage devenu mythe qui lui survit quatre décennies après sa disparition.

Filmographie sélective

Sylvia Scarlett (George Cukor, 1935)
Cette sacrée vérité (Leo McCarey, 1937)
L'Impossible M. Bébé (Howard Hawks, 1938)
Seuls les anges ont des ailes (Howard Hawks, 1939)
La Dame du vendredi (Howard Hawks, 1940)
Indiscrétions (George Cukor, 1940)
Soupçons (Alfred Hitchcock, 1941)
Rien qu'un cœur solitaire (Clifford Odets, 1944)
Les Enchaînés (Alfred Hitchcock, 1946)
On murmure dans la ville (Joseph L. Mankiewicz, 1951)
Chérie, je me sens rajeunir (Howard Hawks, 1952)
La Main au collet (Alfred Hitchcock, 1955)
Elle et Lui (Leo McCarey, 1957)
La Mort aux trousses (Alfred Hitchcock, 1959)
Charade (Stanley Donen, 1963)

Ingrid Bergman (1915-1982)

Étrangère elle le fut toujours, autant que familière. Plus exotique que sexy, à la mode suédoise. Révoltée également, malgré sa bonne éducation. Avec cela, une actrice-née dévouée à son métier, qu'elle soit dirigée par son metteur en scène fétiche, Alfred Hitchcock, par l'homme pour qui elle quitta sa famille et brava l'Amérique, Roberto Rossellini, ou par son homonyme, Ingmar Bergman. Dissimulant sa volonté derrière une apparente facilité, l'héroïne de Casablanca *lutta sans cesse contre la tragédie de la vie.*

C'est un cliché de film suédois dont l'Histoire a oublié le nom. Sous un panneau défile une rangée de figurantes, cadrées de profil, à peine reconnaissables. Une seule a tourné volontairement son visage de trois quarts. Du coup, la caméra et l'œil du spectateur ne voient qu'elle. Ingrid Bergman n'a pas 16 ans, mais déjà une grande ambition. Et cette première figuration n'est que l'illustration d'une volonté forgée à l'âge le plus tendre pour cette enfant de l'amour. Sa mère, Friedel Adler, émigrée allemande de la bonne société hambourgeoise, s'était battue afin d'épouser l'homme de sa vie. Peintre suédois ayant adopté un comportement bohème, Justus Bergman n'était assurément pas un bon parti. Jusqu'à ce qu'il abandonne toiles et pinceaux, ouvre une boutique de photographe et s'y bâtisse en sept ans une position sociale honorable.

La ténacité en héritage, et un irrépressible sentiment de gâchis : Friedel perd deux enfants avant la naissance d'Ingrid, le 29 août 1915, à Stockholm. Prématurément usée, elle meurt trois ans plus tard d'une maladie du foie. Inconsolable, Justus élève sa fille en compagnie d'une de ses sœurs. Ils lui donnent une éducation irréprochable, sans parvenir à lire dans son cœur. « Le souvenir que l'on a d'Ingrid, enfant, est celui d'une actrice, révélera sa camarade de classe Disa Lauhren. C'était une fillette triste et tellement timide. Mais lorsqu'elle jouait ou récitait des poèmes, elle devenait une star. » Interprétation *a posteriori* ? Il semble qu'échapper à sa condition d'orpheline a été pour Ingrid une manière de survie. Princesse ou ouvrière ; tout, pourvu que la solitude s'efface devant l'imaginaire. Jouer pour oublier ou devenir une autre, afin de conjurer les coups répétés du destin.

Ingrid a 12 ans lorsque son père lui montre une radiographie : « Regarde, ma chérie, là, c'est un cancer, et bientôt je ne pourrai plus rien avaler. Tu vois… c'est plutôt grave. » Justus vient alors d'être contraint de chasser de leur existence Greta, sa jeune maîtresse et la gouvernante qui a révélé à Ingrid sa vocation artistique. La respectabilité a raison du seul rayon de soleil de l'adolescente. La mort, qui frappe pour la deuxième fois, lui arrache ce qui lui reste de sentiments. Dès lors, à quoi bon s'épancher ? Le cercueil de son père à peine refermé, la jeune fille s'installe chez un oncle et des tantes, lesquels sont persuadés que l'univers du spectacle est un lieu de perdition. Ingrid, de son côté, n'en démord pas. Aidée de Greta, qui ne l'a pas abandonnée, elle passe le concours de la prestigieuse École royale d'art dramatique de Stockholm. Se préparant avec un professionnalisme rare, la candidate interprète des extraits de *L'Aiglon*, de Rostand, et de *Rêves*, de Strindberg, s'attirant ce commentaire d'un des jurés : « Elle ressemble un peu trop à une petite paysanne, mais elle est très naturelle, du genre qui ne se maquille ni le visage, ni l'esprit. » Reçue en étant parvenue à dissimuler ses châteaux en Espagne sous un masque d'ingénuité, Bergman rencontre peu après un brillant étudiant en chirurgie dentaire. Petter Lindström a 26 ans et de nombreux points communs avec elle. Froid, raisonné, décidé à réussir coûte que coûte, il consent à faire une pause afin de séduire l'apprentie comédienne. Celle-ci perçoit de son côté l'épanouissement qu'elle peut tirer d'une relation stimulante et pérenne.

Désireuse, également, de ne pas moisir sur les planches, Ingrid Bergman charme par ses flatteries la directrice artistique de l'industrie cinématographique suédoise, qui lui offre de passer un bout d'essai. Filmée par Gustav Molander, la jeune femme, à la fois sensuelle et innocente, dégage une formidable aura. Elle est immédiatement prise sous contrat. Se voyant contrainte de quitter l'Académie, Ingrid n'hésite pas. Entre parfaire son art et devenir une star, elle estime ne pas avoir le choix. Son emploi de pure jeune fille transgressant la morale lui vaut très vite la faveur des foules. Mais aussi le ressentiment d'actrices forcées d'admettre sa supériorité. « J'étais jalouse, confiera ainsi sa rivale Birgit Tengroth. Mais ce n'était pas une simple jalousie professionnelle. Je lui enviais son calme et sa fraîcheur, sa faculté d'être aussi authentique et spontanée, d'affronter les problèmes avec un grand rire. Elle avait une certitude profonde, secrète, au sujet de son succès, que tout le monde devait lui envier. » Comment, du reste, lui en vouloir ? « Dans ce milieu où la jalousie parfume l'air comme les cèdres embaument le Liban, écrira le metteur en scène Edwin Adolphson, Ingrid était capable de donner aux autres l'envie de l'aider, de la porter au sommet. » Elle y parvient une première fois, en 1936, grâce à son rôle romantique de jeune pianiste dans *Intermezzo*. Remarquée par l'agent anglais de David O. Selznick, l'actrice reçoit une proposition du producteur d'*Autant en emporte le vent*.

Loin de se laisser griser, Ingrid prend le temps d'épouser Petter et, contre son avis, d'honorer un contrat en Allemagne, chez les nazis. Allemande par sa mère, Bergman n'a jamais caché sa volonté de tourner à Stockholm et à Berlin, quelle que soit la nature du régime en place sur les bords du Rhin. *Quatre Filles courageuses*, de Carl Froelich, lui réserve un emploi de jeune femme créant une agence de publicité avec des amies. Retournant en Suède, après cette parenthèse, pour donner naissance à sa fille Pia, Ingrid négocie au prix fort son ralliement à l'écurie du *wonder boy* hollywoodien. Mais face aux exigences de la star suédoise refusant de jouer dans des films antiallemands, Selznick laisse échapper : « Si nous devons sans cesse prendre des gants avec elle, peut-être ferions-nous mieux de la renvoyer tout de suite à sa fabrique de cristal taillé. » À son arrivée à Los Angeles, c'est au tour d'Ingrid d'être déçue. Selznick se fait prier pour la recevoir et, quand il l'accueille, c'est pour lui dire qu'il aimerait changer son nom, jugé successivement « trop juif » et « trop allemand ». Bergman, de son côté, fait des efforts pour s'acclimater et témoigner de sa bonne volonté par son travail assidu. Mais, sans projet immédiat, son ambition se transforme en frustration. D'autant que la comédienne renâcle à retourner en Allemagne afin d'honorer son contrat de trois films avec la UFA de Goebbels.

Sans prendre encore pleinement conscience des menaces de guerre, elle a enfin compris qu'un nouvel engagement de sa part nécessiterait de se positionner plus franchement au côté des nazis. Un alignement contredisant sa neutralité, et incompatible avec son ambition. À Hollywood, c'est le soulagement. Après un bref intermède suédois, Ingrid, revenue à Los Angeles, végète de longs mois, joker entre les mains de Selznick qui, bien que décidé à exploiter son naturel, se contente de la « louer » à d'autres studios. Bergman s'impose toutefois à Victor Fleming en décrochant, en 1941, le rôle de la serveuse de bar qui aurait dû échoir à Lana Turner dans *Dr Jekyll et Mr Hyde*. L'année suivante, elle se bat à nouveau victorieusement pour un autre contre-emploi : celui de l'Espagnole Maria, face à Gary Cooper, dans l'adaptation du roman antifranquiste de Hemingway, *Pour qui sonne le glas*. Son engagement au même moment sur *Casablanca*, mis en scène par Michael Curtiz, n'a pas la même saveur. Habituée à discuter de ses personnages, elle se retrouve dans le chaos d'une production écrite au jour le jour, qui la désarçonne. L'arrivée aux États-Unis de son époux Petter et de leur fille Pia la perturbe moins. Sans se soucier de sa situation familiale et habituée à mener sa vie comme bon lui semble, Ingrid, qui eut une liaison volcanique avec Victor Fleming, entame une relation passionnée mais maîtrisée avec Gary Cooper. « De ma vie, racontera ce dernier, je n'ai rencontré de femme aussi éprise de moi qu'Ingrid. Mais du moment où le tournage de *Pour qui sonne le glas* fut achevé, elle ne voulut même plus me parler au téléphone. » Faut-il chercher dans les drames de l'enfance et la terreur d'être abandonnée une fois de trop cette propension à ne pas vouloir s'attacher et à rompre, froidement, avant d'être quittée ? Loin de cette liberté rarement octroyée aux femmes et qu'elle s'arroge au privé, c'est une image pure et romantique de l'actrice qui s'impose au cinéma.

Si *Pour qui sonne le glas* remporte le succès escompté, Ingrid consolide son mythe grâce à *Casablanca*. Contrepoint émotionnel au stoïcisme de Humphrey Bogart, la Suédoise, admirable dans l'expression de sentiments tout à la fois exacerbés et réfrénés, se révèle bouleversante. Plus encore que l'icône Garbo, sa compatriote qui s'efface au même moment de la scène, Bergman est d'abord un regard qui réchauffe les âmes et transperce les cœurs. Amateur et théoricien, chez la femme, du feu sous la glace, Alfred Hitchcock perçoit très vite cette dimension bergmanienne et décide de faire de la comédienne son interprète de choix. Il l'engage, en 1945, en héroïne freudienne de *La Maison du docteur Edwardes*. « Hitchcock aimait beaucoup Ingrid, confirmera son partenaire Gregory Peck. Ce qu'il lui disait sur un ton intime était plein de sous-entendus. Des propos au bord de l'obscénité, mais sur un ton sec. Il la faisait rire avec des remarques douteuses sur ses seins et ses jambes. Elle lui répondait : “Oh, Hitch, vous êtes terrible !” » Leur film suivant, *Les Enchaînés*, nourri de cette complicité amicale, permet à l'actrice d'offrir une palette encore plus large de son jeu. Simultanément dépressive, alcoolique, rebelle, manipulée et amoureuse éperdue, son Alicia attirée par l'espion Devlin, incarné par Cary Grant, n'est pas un personnage facile. Tout l'art d'Ingrid Bergman est de rendre crédible et identificatoire cette héroïne à la fois victime et paumée. Elle y parvient remarquablement.

Mais la femme sait-elle où elle en est ? Lors de sa tournée dans une Europe tout juste libérée, elle débute une double liaison avec le musicien Larry Adler et le photographe de guerre Robert Capa. Le premier dira d'elle, froidement : « Ingrid n'était pas fascinante, on était simplement ébloui par sa beauté. Elle ne s'intéressait pas à ce qui se passait dans le monde. Elle adorait travailler et je ne pense pas que quiconque ait compté autant que son travail. Je crois qu'elle avait besoin de montrer son pouvoir sur les hommes. Non qu'elle fût coquette ; le sexe ne l'intéressait pas tant que cela. Elle faisait l'amour comme une jeune fille bien élevée. » Robert Capa, quant à lui, l'encourage à rompre son contrat avec Selznick. Bergman se repose désormais sur un mari veillant sur ses intérêts mais qu'elle ne cesse de tromper. Jusqu'à faire exploser les convenances ? Ingrid vient de subir deux graves échecs, avec *Arc de Triomphe*, mélodrame académique, et dans le rôle-titre de *Jeanne d'Arc*, en sainte de vitrail, lorsqu'elle décide de donner une nouvelle orientation à sa carrière.

Fascinée par le néoréalisme européen, la comédienne a vu *Rome, ville ouverte* et *Païsa* lorsqu'elle envoie à leur auteur une lettre explicite : « Si vous avez besoin d'une actrice suédoise qui ne connaît que deux mots en italien, *ti amo*, je suis prête à faire un film avec vous. » De l'autre côté de l'Atlantique, Roberto Rossellini reçoit la missive comme un signe du ciel et propose à Bergman de le rejoindre. Leur collaboration se place rapidement sous le signe de la fascination. Ingrid est captivée par cet homme qui lui parle d'« expériences », et non de films. Roberto est subjugué par cet objet de fantasme universel. Leur liaison, bafouant Petter et la compagne de Rossellini, Anna Magnani, éclate aux yeux du monde lors du tournage sicilien, à l'été 1949, de *Stromboli*. Cette relation affichée au grand jour est d'autant plus inattendue qu'elle contredit l'image publique qu'Ingrid, malgré ses incartades, était parvenue à préserver. Attisé par la fureur de Petter qui, pour la première fois, sent sa femme lui échapper, le scandale vaut à l'infidèle les foudres des censeurs et des milieux conservateurs. Directeur de l'administration du Code de production, Joe Breen lui envoie cette mise en garde : « De telles histoires détruiront votre carrière d'actrice. Je suis contraint de vous suggérer de trouver le plus vite possible l'occasion de prononcer un démenti à ces rumeurs, d'affirmer que vous n'avez aucunement l'intention d'abandonner votre enfant ou de divorcer de votre mari. » Soutenue dans la tourmente par de rares amis, Ingrid est poussée au clash par Petter, qui panique, et par Roberto, décidé à la faire rompre avec son passé. La nouvelle de sa grossesse la précipite dans le « péché ». Non sans panache, l'actrice assume la naissance illégitime de Robertino avant que son divorce soit prononcé. Elle soutient aussi son nouvel amour face à l'échec public de *Stromboli*. Ayant quitté mari et enfant, désormais blacklistée aux États-Unis où elle ne peut revenir et vivant à Rome, l'interprète de *Casablanca* peine, le coup de foudre passé, à s'adapter à son pays d'adoption.

« Elle avait ce besoin de toujours vouloir comprendre, se souviendra Federico Fellini. Parfois, elle ne comprenait pas pourquoi nous riions. Elle était très naïve. Pour ceux d'entre nous qui connaissaient bien Roberto, c'était toujours surprenant de les voir ensemble. » D'autant, ajoutait sa femme, l'actrice Giulietta Masina, que si « Ingrid était une personne directe, Roberto était différent de tempérament, de tradition et d'éducation. Il était très difficile de concilier ces deux manières de vivre. J'aimais beaucoup Roberto comme ami, mais je n'aurais jamais pu vivre avec lui. On ne pouvait pas lui faire confiance. C'était un homme fait pour vivre seul ». Leur couple va cependant durer plus de sept ans ; raffermi par la venue au monde, en 1952, des jumelles Isabella et Isotta ; magnifié mais, paradoxalement, fragilisé par leurs films communs, *Europe 51* et *Voyage en Italie* où, débarrassée de tout glamour et en introspection, Bergman se retrouve nue face à sa psyché.

Échecs commerciaux encensés par la critique, ces œuvres mûres frustrent la star, à nouveau réclamée par Hollywood mais qui, cantonnée au rôle de femme au foyer et d'égérie de Rossellini, commence à s'interroger sur le sens de sa vie. « On ne pouvait jamais savoir ce qu'elle ressentait, observera la nièce de Roberto, Fiorella. Elle pouvait tout aussi bien éclater de rire alors qu'en elle-même elle abritait une tragédie. Elle avait peur de souffrir, peur du mal. » La catastrophe de l'austère *Jeanne au bûcher*, oratorio mis en scène par Rossellini, finit de distendre les liens entre Ingrid et son pygmalion de mari. Elle s'offre une première escapade en 1955 à Paris auprès de Jean Renoir, qui lui confie le beau rôle de la muse volage et Belle Époque d'*Éléna et les hommes*. Puis, elle renoue avec les États-Unis et les studios, la Fox lui proposant, après quelques hésitations, le personnage de la prétendue héritière des Romanov dans *Anastasia*. Douze ans après le thriller victorien *Hantise*, de George Cukor, qui lui avait valu un premier Oscar, Ingrid remporte un deuxième trophée. Celui de la réconciliation et de sa liberté retrouvée. Naviguant désormais entre Londres et Paris, l'actrice reforme avec Cary Grant le couple des *Enchaînés* dans le délicieux marivaudage d'*Indiscret*, mis en couleurs par Stanley Donen, avant d'éprouver une joie indicible à triompher sur les planches parisiennes dans *Thé et sympathie*, dénonciation délicate des préjugés courant sur l'homosexualité. Sa rencontre avec le producteur de théâtre suédois Lars Schmidt l'apaise et l'aide à affronter les crises de jalousie de Rossellini, qui a pourtant refait sa vie. Inexplicablement, en s'installant dans la campagne française, Ingrid tend un piège qui va se refermer sur elle. Compromis accepté pour faciliter la garde de ses enfants, qu'elle voit de loin en loin, la demeure de Choisel, dans les Yvelines, isole Bergman de ses amis et du métier.

Après sa remarquable interprétation de femme sans fard, entre deux âges, d'*Aimez-vous Brahms...* elle est, la cinquantaine venue, de moins en moins sollicitée. Les années 1960 sont pour Ingrid une longue traversée du désert, accentuée par les fréquents voyages d'un Lars infidèle. Une brève liaison avec Anthony Quinn, lors d'un tournage ; un troisième Oscar pour le rôle secondaire du *Crime de l'Orient-Express* ne brisent pas, à l'aube de la soixantaine, sa solitude, accentuée par un cancer du sein mal soigné. Pense-t-elle revenir aux sources en acceptant, en 1977, le déchirant *Sonate d'automne*, de son compatriote et homonyme Ingmar Bergman ? Définitivement dépouillée de ses oripeaux de star, l'actrice, en pianiste concertiste égocentrée et vieillissante ayant sacrifié les siens à son métier, traduit avec intensité le poison des liens familiaux. Elle y devine, lucide, un poignant autoportrait que lui tend en miroir le maître suédois. « Ingrid était une anarchiste, confiera Ingmar Bergman. Une anarchiste désordonnée. Lorsqu'elle se démaquillait et montrait son visage nu dans la scène de minuit, on voyait l'anarchiste. L'anarchiste qui ne songe pas à regarder son visage d'autrefois. »

Elle préfère, de fait, parler de ses vieux films que de les revoir, et relever des défis où les artifices de la composition l'entraîneront vers de nouvelles épures. La fin est proche, Ingrid le sait. Aussi n'est-ce pas un hasard si cette artiste peu consciente dans sa jeunesse des enjeux de son temps incarne, pour la télévision, une femme d'État que ses compatriotes surnommèrent « la grand-mère d'Israël ». Le tournage, sur place, est une épreuve pour l'actrice à l'agonie. Mais Bergman en sort grandie. Son interprétation, à la fois dure et émouvante, de Golda Meir est peut-être le rôle de sa vie puisqu'il donne la main à la mort qui l'attend, le 29 août 1982. Eut-elle la force de songer, en ce jour qui la vit naître, au destin de la petite fille abandonnée par ses parents et qui sut trouver dans les exigences d'une ambition démesurée les raisons de ne jamais sombrer ?

Filmographie sélective

Intermezzo (Gustav Molander, 1936)
Casablanca (Michael Curtiz, 1943)
Pour qui sonne le glas (Sam Wood, 1943)
Hantise (George Cukor, 1944)
La Maison du docteur Edwardes (Alfred Hitchcock, 1945)
Les Enchaînés (Alfred Hitchcock, 1946)
Jeanne d'Arc (Victor Fleming, 1948)
Les Amants du Capricorne (Alfred Hitchcock, 1949)
Stromboli (Roberto Rossellini, 1949)
Voyage en Italie (Roberto Rossellini, 1953)
Éléna et les hommes (Jean Renoir, 1956)
Aimez-vous Brahms… (Anatole Litvak, 1961)
Sonate d'automne (Ingmar Bergman, 1978)

Humphrey Bogart (1899-1957)

S'il est de l'étoffe dont on fait les mythes, Humphrey DeForest Bogart est aussi tissé de paradoxes. Gosse de riches devenu roi des films noirs, mêlant sûreté de soi et inquiétude blessée, ayant l'amitié généreuse et l'alcool mauvais, luttant contre le maccarthysme mais encombré de préjugés, qui était-il vraiment ? Peut-être un homme qui ne se remit pas plus de son enfance que d'un succès trop long à venir mais qui sut, malgré tout, jouir de sa vie mouvementée et, sur le tard, des meilleures opportunités professionnelles.

À quoi reconnaît-on une légende ? À ce que sa flamme survit à sa disparition pour ne plus s'éteindre. Lorsque, à l'été 1959, Michel Poiccard-Jean-Paul Belmondo, nouvelle idole en cavale d'*À bout de souffle*, passe son pouce sur ses lèvres, à la manière de Humphrey Bogart, ce dernier est mort depuis à peine deux ans. Quand, trois décennies plus tard, l'American Film Institute dresse sa liste des plus grandes stars, « Bogie » décroche la première place, devant Cary Grant. Mais tandis que ce dernier, issu d'une famille modeste, devait incarner l'élégance et la séduction, Humphrey DeForest Bogart, héritier d'une dynastie de la côte Est, fut l'antihéros par excellence, dont la silhouette-panoplie – chapeau mou, trench-coat, cigarette tombante – devait inspirer la nostalgie des orphelins d'un cinéma qu'il aura eu le bon goût de quitter avant son déclin. *As Time Goes By...* Celui qui le séparait de son enfance, dont il confiera avec une pudeur disant l'essentiel : « Nous étions une famille où seule comptait la carrière. Nous étions trop occupés pour être intimes. » Une atmosphère fitzgeraldienne où le bonheur n'est qu'apparence.

Lorsque Bogart, né new-yorkais le 25 décembre 1899, évoquait ses premières années, il préférait ne pas s'attarder. Trop de rancœurs s'y rattachaient. Vis-à-vis d'un père chirurgien, Belmont Bogart, victime d'un accident qui devait l'accoutumer à la morphine et le rendre oisif et violent. D'une mère, Maud Humphrey, illustratrice de renom, apparentée à la meilleure aristocratie anglaise, dont elle partageait l'égoïsme et le détachement. « Elle était avant tout une femme qui aimait le travail, qui aimait son travail, à l'exclusion de tout le reste, se montrant incapable de nous témoigner son affection », devait admettre Bogart. Celui-ci allait, en compagnie de ses deux sœurs, en supporter les conséquences, posant, fils modèle, pour les portraits idéalisés de Maud, et encaissant sans broncher les accès de fureur et les coups de cravache de Belmont. Inhibé, l'enfant subit aussi la cruauté de ses camarades de classe. L'un d'eux, Doug Storer, le décrira comme « un cas à part dans le monde brutal des jeunes garçons. Beau et toujours impeccable, il ne pouvait éviter que nous le traitions de fille. Nous l'appelions toujours "Humphrey" parce que nous trouvions que c'était un nom "nunuche". Nous avons dû lui rendre la vie impossible ». D'autant que le docteur Bogart en rajoute une couche, écrivant au directeur de l'établissement de son fils dont il déplore les mauvaises notes : « Plus on lui serrera les boulons, plus il sera prêt à affronter la vie. » Handicapé par sa petite taille, humilié lors des cours de sport, le souffre-douleur se rattrape, les beaux jours venus, dans la propriété familiale de Seneca Point où, au bord du lac et aux yeux de la bonne société, il se révèle bon nageur et habile barreur. Son aura s'étend aux enfants du voisinage et franchit le cap de l'adolescence. Le gamin rieur et apeuré s'est alors métamorphosé en jeune homme romantique et taciturne qui séduit plus qu'il n'inquiète, sans pour autant rassurer. Inscrit à Andover, antichambre de Harvard, Bogart, insuffisamment noté, s'en fait exclure. Il préfère hanter avec son ami Bill Brady les spectacles de Times Square, spectateur plus qu'acteur d'un fascinant univers. « Bogart aimait écouter. Il ne parlait pas beaucoup. Il rêvait jour et nuit », révélera l'un de ses compagnons de sorties.

Décidé à donner un sens à sa vie, il s'engage dans la marine, s'y fait remarquer pour son obéissance et sa sobriété, mais manque, mobilisé après l'armistice, son rendez-vous avec la guerre et l'Histoire. Il s'embarque tout de même, soldat de la génération perdue, pour la Ville lumière, où il croise le regard de gueules cassées mais rate Hemingway et n'imagine pas que Paris soit une fête. De retour à la case Broadway, où la famille Brady, propriétaire de cinémas et de théâtres, le pousse sur les planches, Humphrey, désœuvré, cède à la tentation avec l'inconscience de ses 20 ans. D'abord régisseur, puis doubleur d'acteurs, Bogart est repéré par le metteur en scène John Cromwell un jour où l'on recherche quelqu'un pour interpréter un rôle trop insignifiant pour être confié à un véritable comédien. « Il était éberlué, bien sûr, se souviendra Cromwell, et je crois qu'il m'a demandé : "Qu'est-ce que je dois faire ? Je me tourne vers le public pour dire ma réplique ou est-ce que je parle aux personnages ?" » Mais le débutant apprend vite. « Usant de son sens de l'observation, de son intégrité et de son cerveau », selon son ami Stuart Rose, Humphrey est remarqué en 1923 par la critique dans le rôle du séduisant reporter de la comédie *Meet the Wife*. Reconnu par ses pairs, connu du Cotton Club à Tony's, Bogart commence à boire, alcoolique mondain guetté par l'ivrognerie. Louise Brooks, qui le rencontre à l'époque, évoque « un garçon mince aux manières charmantes, étonnamment silencieux pour un acteur. Quand Humphrey buvait, il était vite épuisé et s'endormait souvent la tête dans ses bras repliés sur la table ».

Il se réveille un jour la bague au doigt, marié sans conviction à l'actrice Helen Menken, qu'il quitte pour épouser Mary Philips, une comédienne dont il est depuis longtemps épris. Leur relation suit la courbe descendante de la carrière de Humphrey. La fin des années 1920 le voit fluctuer, incertain second couteau à Broadway, formant avec Mary un couple sans attaches, vivant une première expérience hollywoodienne sans lendemain. Au bout du rouleau, tirant le diable par la queue, il ressent comme une malédiction les drames familiaux qui s'ajoutent à ses propres tourments : la mort de son père accro à la morphine ; l'internement de sa sœur Frances, devenue, après un accouchement traumatisant, maniaco-dépressive ; la déchéance de son autre sœur, Kay, mannequin, victime elle aussi de l'alcool. Le vent tourne pourtant en 1934.

Retenu par le dramaturge Robert Sherwood pour jouer au théâtre le rôle du prisonnier évadé Duke Mantee dans sa dernière création, *La Forêt pétrifiée*, Humphrey est acclamé. En quête de sujets susceptibles d'être adaptés à l'écran, Jack Warner assiste à l'une des représentations. Il en achète les droits et pense, pour donner la réplique à la star de la pièce Leslie Howard, confier le rôle de Mantee à Edward G. Robinson. Au désespoir, Bogart appelle à l'aide Howard, qui, avec un sens rare de la fidélité, télégraphie à Warner : « Insiste Bogart joue Mantee. Sans Bogart, pas d'accord. »

Revenu de loin, Humphrey saisit ce qu'il pense être sa dernière chance et livre une subtile composition de truand au regard perdu, fort éloignée du jeu explosif des stars de la Warner, George Raft, Edward G. Robinson et James Cagney. Conscient de son potentiel, le studio lui signe alors un premier contrat. S'il apparaît que Bogart est corvéable à merci, la légende affirmant même qu'il fut contraint de jouer pour la Warner les plus infâmes navets, la réalité est moins tranchée. Comédien venu des planches, sans grande formation, Humphrey a tout à apprendre devant la caméra. Face à un Robinson très à l'aise en agent double dans *Guerre et Crime*, il semble dépassé ; son interprétation apparaît empruntée, hachée. Au fond, il fait ses gammes. Le problème est qu'il est cantonné au genre roi du studio, qui ne lui laisse guère d'opportunités pour dépasser le stéréotype du « mauvais garçon », doublure efficace mais limitée des *tough guys* maison. Son humeur s'en ressent. Ne faisant guère d'efforts en termes de sociabilité, Bogart se brouille avec un grand nombre de partenaires, comme devait s'en souvenir James Cagney : « Peu de gens l'aimaient et il le savait. Il disait : "Là, je les bats… c'est moi qui commence par ne pas les aimer, eux !" »

Un peu plus tard, après qu'ils ont tourné ensemble dans *La Rue sans issue*, sur le plateau duquel Bogart sera chahuté par un groupe de jeunes acteurs issus des quartiers malfamés de New York, Cagney affirmera : « Lorsqu'il s'agissait de se battre pour de bon, Humphrey était à peu près aussi dangereux que Shirley Temple. » Basse attaque, motivée par l'élévation d'un Bogart dont l'étoile éclipserait la sienne dans les années 1940 ? En réalité, il existe autant de témoignages à charge que de réflexions dédouanant l'acteur. Une certitude demeure : l'ancien comédien de Broadway vit mal son quotidien routinier au service de la Warner. À quelques exceptions près, dont *Victoire sur la nuit*, où il s'épanche sur un mode plus romantique et sensible, confessant l'héroïne malheureuse du film, il n'a que peu l'occasion d'élargir son répertoire de psychopathe voué à une mort tragique. Et s'il se révolte ponctuellement, il n'a pas, à l'inverse de sa collègue de studio Bette Davis, les moyens de se rebeller. Séparé de Mary Philips, ayant à charge une mère et une sœur malades, inapte à obtenir une augmentation, Humphrey noie son impuissance dans l'alcool et ses vapeurs. « Sobre, révélera

Allen Rivkin, Bogart était formidable. Ivre, c'était un salaud. » Il aggrave son cas en se mettant en ménage avec Mayo Methot, espoir du muet depuis longtemps fanée, consumée par le whisky et les promesses non tenues. Ils pratiquent ensemble un amour musclé, se saoulent et se battent sans retenue. Côté jardin, leur maison – qu'ils rebaptisent l'« antre des gnons » – est un inépuisable sujet de ragots. Côté cour, si Humphrey, à l'inverse de son épouse, ne cesse de tourner, il est toujours ce faire-valoir dont la critique même paraît se désintéresser.

Évoquant l'attitude des pontes de la Warner à l'égard de Bogart, son agent Sam Jaffe prétendra qu'« ils ne lui donnaient rien. On le maltraitait constamment, on lui donnait des ordres, on le menait à la baguette, on le rabaissait ». Mais après le bienveillant Edward G. Robinson, qui l'a soutenu à plusieurs reprises durant ces années difficiles, un autre appui, aux manières pourtant rudes, veille sur lui. Scénariste du studio, John Huston trouve en Humphrey un aimable compagnon de beuveries ainsi qu'un être cultivé, désireux de faire entendre sa différence. De son côté, l'acteur perçoit dans l'écriture par Huston du Roy Earle de *La Grande Évasion*, l'occasion de lui donner raison en démontrant l'étendue de ses possibilités. S'il bénéficie du désistement de Paul Muni, il doit jouer des coudes afin d'écarter George Raft, qui l'a toujours sournoisement jalousé, et s'imposer ainsi aux responsables de la firme. Mis en scène en 1940 par Raoul Walsh, ce policier est le premier triomphe personnel de Bogart. Il est aussi celui qui le métamorphose en antihéros sexy et crée son personnage d'homme déchiré, en marge de la loi mais fidèle à sa morale et, au fond, désabusé. Après tant de films insignifiants pour sa carrière, l'acteur en a-t-il seulement conscience ? Walsh devait se souvenir du comportement blasé d'un interprète se haussant du col pour se donner l'impression d'exister : « Lorsque Bogart avait bu un coup de trop, dira le cinéaste, il venait me trouver pour se plaindre de ses répliques : "Quel paquet de merde, ce scénario ! – Mais tu l'as approuvé, je lui répondais. – Je devais être saoul. Tu vas me faire le plaisir de me changer ça." Je modifiais deux ou trois répliques, il était content et on pouvait reprendre le travail. »

Devenu *bankable*, Bogart en profite pour résister à la Warner, refusant des propositions qu'il juge médiocres, au risque d'être mis à pied. Décidé à ne pas céder, le studio doit à un nouveau désistement de Raft, plus capricieux que jamais, d'accéder au désir de John Huston de voir Bogart tenir la tête d'affiche de sa première réalisation : *Le Faucon maltais*. Sur le tournage, d'une rare félicité, Humphrey scelle son amitié avec le metteur en scène et s'avère d'un extrême professionnalisme. « Il maintenait les autres acteurs sur le qui-vive parce qu'il les écoutait pendant la scène, il les regardait. Il ne jouait pas en solitaire, il était lié aux autres », observera sa partenaire Mary Astor, avant de déceler derrière l'amateur d'humour noir à l'apparente désinvolture de secrètes fêlures : « Bogie regardait la vie comme un brouillon jamais publié et il y sentait quelque chose qui le rendait malade, méprisant, amer. Et cela se voyait. Dans ses relations avec les autres, on aurait dit qu'il n'avait pas de vêtements sur lui, et pas non plus de peau, d'ailleurs. »

Si Sam Spade le consacre « privé » doué de réflexion et d'ambiguïté, *Casablanca*, réalisé l'année suivante par Michael Curtiz avec Ingrid Bergman pour partenaire, établit le mythe en enrichissant la posture morale d'une aura romantique. Dès que le projet se concrétise, le producteur Hal Wallis n'entrevoit pas d'autre acteur pour incarner le patron du *Rick's Café* et s'oppose à Jack Warner quand celui-ci imagine engager l'éternel rival de Humphrey. « Bogart, défend-il, est idéal pour le rôle, il a été écrit pour lui et je crois que ce n'est pas la peine de penser à Raft. » Pour ce dernier, la messe est dite. Mais en ce qui concerne Bogart, sceptique quant au triomphe de cette production chaotique, c'est une divine surprise. Celle-ci se prolonge à travers sa personnification du détective Philip Marlowe, héros d'un *Grand Sommeil* embrumé où son autorité naturelle s'exerce, selon Raymond Chandler, avec une redoutable efficacité. « Bogart, dira le romancier-scénariste, peut être dur sans une arme en main. Il n'a rien d'autre à faire pour dominer une scène que… d'entrer en scène. » S'il apprécie cette reconnaissance nouvelle et le confort matériel qui s'y rattache, le comédien n'est à aucun moment dupe, antistar acharnée à exercer son art avec une exigence renouvelée. Bobby Blake, son jeune partenaire du *Trésor de la Sierra Madre*, inoubliable film d'aventures et de gangsters, se souviendra que « Bogie emportait le scénario dans sa loge. Il lisait son texte face au miroir. Il disait une réplique puis il se frottait l'oreille. Une autre réplique, et il faisait quelque chose avec ses lèvres. Puis, il prenait un crayon et il biffait une ou deux lignes. Le but était de réduire les répliques à l'essentiel, de retrouver le rythme du langage quotidien et d'en acérer le sens ».

Quant au sens de la vie… En 1944, sur le plateau du *Port de l'angoisse*, Bogart rencontre Betty Perske, une protégée de Howard Hawks lancée avec fracas sous le nom de Lauren Bacall. Il a 44 ans, elle en a 19. Il est *wasp*, elle est juive. Il n'a pas pour habitude de séduire ses partenaires, elle n'a pas encore connu d'hommes. Alors que Lauren aurait espéré avoir Cary Grant pour partenaire et s'exaspère des blagues antisémites échangées entre Bogie et Hawks, le courant entre les deux interprètes va passer. Et plus encore. Humphrey et Betty vont s'aimer, pudiquement, passionnément. Avec complicité. D'elle, il dit : « Elle est merveilleuse. Je plisse les yeux et je me rends compte qu'elle regarde les choses avec des yeux plus jeunes, plus clairs, et qu'elle en sait plus que moi. Alors je me demande : "Comment cela se peut-il qu'elle en sache plus que moi ?" Et je comprends : elle est plus intelligente, voilà tout. » À son sujet, elle reconnaît : « Il déborde d'une telle énergie, d'une telle vitalité, qu'il ne me semble pas avoir d'âge en particulier. » Leur bonheur se heurte toutefois à la jalousie de Hawks, secrètement épris de Lauren, au harcèlement de Mayo, qui s'accroche à Humphrey, et à l'ingratitude de la Warner, qui, après avoir trop tôt consacré Bacall, ne sait que faire de son personnage stéréotypé. Les deux amants improbables finissent pourtant par se marier, le 21 mai 1945.

Humphrey connaît alors ses plus belles années, intimidé par les naissances de Stephen et de Leslie, mais sûr de lui lorsqu'il entraîne Betty à bord de son voilier, dont il dira : « J'utilise le bateau pour fuir. Hemingway a dit que la mer était le dernier espace de liberté. La mer, je la respecte et je l'aime. » De retour à Hollywood, ils fondent en fêtards invétérés le *Rat Pack*, mais affrontent aussi ensemble les éléments déchaînés. Bogart se retrouve ainsi en première ligne avec Lauren pour dénoncer en 1947, à Washington, le sort réservé aux « Dix de Hollywood », producteurs, auteurs et réalisateurs soupçonnés de sympathies communistes. Réclamant la stricte application du premier amendement de la Constitution, ils doivent se rétracter, menacés par la Warner. Ils le font sans se renier, mais Bogart en est profondément affecté. Prenant le relais sur grand écran, l'acteur suscite les propositions les plus satisfaisantes de sa carrière. Incarnant en 1950 l'un de ses rôles les plus subtils et les plus troubles, celui du scénariste Dixon Steele dans *Le Violent*, de Nicholas Ray, il combat la peine de mort, la mafia et lutte pour la liberté de la presse dans *Key Largo*, *Les Ruelles du malheur*, *La Femme à abattre* et *Bas les masques*. Le film noir a muté ; s'attaquant aux sujets de société, il semble d'une richesse inépuisable, et Bogart est son héraut. Plus libre qu'elle ne l'a jamais été, la star se détache ponctuellement de la Warner en créant sa propre société, Santana Productions.

Mais si la décennie qui s'ouvre est celle de l'accomplissement, l'expédition zaïroise d'*African Queen*, avec John Huston et Katharine Hepburn, suivie de son couronnement aux Oscars en 1952, ne l'apaise guère. Plus jeunes, rompus aux règles d'un Actors Studio qu'il feint de mépriser, Monty Clift et Marlon Brando n'ont-ils pas déjà pris le relais ? « Bogart, analysera le critique Richard Schickel, était un gentleman déclassé, un homme bien né et privilégié qui s'était retrouvé, à cause de circonstances dont il n'était pas entièrement responsable, loin du monde de sa naissance, parmi des gens de moindre qualité, qui obéissaient à des règles morales, sociales et intellectuelles inférieures à celles qu'il avait appris à apprécier durant sa jeunesse. » En clair, Rick Blaine n'aurait pas dû se retrouver patron d'une gargote dans *Casablanca* et Humphrey Bogart n'avait pas vocation à finir acteur à Hollywood. Ressent-il alors confusément, lui qui n'a jamais cessé de boire et de fumer, les premières atteintes du mal qui devait le ronger ? Détestable sur le plateau de *Sabrina*, où il s'estime snobé par Audrey Hepburn et leur metteur en scène Billy Wilder, il se montre peu amène à l'égard d'Ava Gardner lors du tournage en Italie de *La Comtesse aux pieds nus*, Joe Mankiewicz lui ayant pourtant réservé à travers son alter ego Harry Dawes l'une de ses compositions les plus touchantes. Comment ne pas remarquer, par-delà son long dialogue consolateur avec sa partenaire et la qualité des regards alternativement paternels et fraternels portés sur elle, cette évidence : Humphrey Bogart ne fut jamais, à l'écran comme dans sa vie privée, un séducteur. Plutôt un compagnon, à l'écoute, intelligent, tourmenté. Un être difficile à appréhender. « Certains, témoignera son ami Alistair Cooke, ne voyaient en lui qu'un ivrogne mal luné, un pilier de bar amateur de plaisanteries cruelles et même sadiques, un cynique que sa paranoïa poussait à d'odieuses agressions verbales à l'endroit de quiconque sentait la pompe ou l'autorité, ou pouvait être soupçonné d'homosexualité. D'autres, qui le connaissaient bien, le décrivaient comme gentil, généreux, modeste, plein d'un humour affectueux ou triste, aimable avec les inconnus, sensible et plein de prévenances pour les invités timides ou abandonnés dans leur coin. » Lui-même recherche parfois la solitude, malgré la frénésie de tournages qui s'enchaînent, d'*Ouragan sur le Caine* à *Plus dure sera la chute*, son ultime rendez-vous face aux caméras. Détaché, proche du lâcher-prise, il effectue un dernier voyage en amoureux avec Betty à Venise. Abandonne le toupet qui masquait sa calvitie depuis des années et le masque de dur à cuire au cœur tendre pour porter celui de l'homme blessé livrant avec stoïcisme son ultime bataille. Début 1956, après l'avoir maintes fois repoussée, l'acteur consent à une visite médicale suivie d'examens lui révélant la nature de son mal : un cancer de l'œsophage qui ne lui laisse ni espoir, ni répit. Bogie lutte pendant près d'un an avec cet adversaire qui le rend ombre de lui-même, cloué à son domicile mais acceptant de recevoir jusqu'au bout ses amis. Avant de mourir, le 14 janvier 1957, emportant une part de ce rêve américain qu'il aura incarné sans jamais le connaître. Étranger au paradis.

Filmographie sélective

La Grande Évasion (Raoul Walsh, 1941)
Le Faucon maltais (John Huston, 1941)
Casablanca (Michael Curtiz, 1942)
Le Port de l'angoisse (Howard Hawks, 1944)
Le Grand Sommeil (Howard Hawks, 1946)
Les Passagers de la nuit (Dalmer Daves, 1947)
Le Trésor de la Sierra Madre (John Huston, 1948)
Key Largo (John Huston, 1948)
Le Violent (Nicholas Ray, 1950)
L'Odyssée de l'African Queen (John Huston, 1952)
Bas les masques (Richard Brooks, 1952)
Ouragan sur le Caine (Edward Dmytryk, 1954)
Sabrina (Billy Wilder, 1954)
La Comtesse aux pieds nus (Joseph L. Mankiewicz, 1954)
Plus dure sera la chute (Mark Robson, 1956)

Rita Hayworth (1918-1987)

Elle est l'un des plus grands malentendus du star-system. Sex-symbol absolu et touchant des années 1940, femme fatale de Gilda *et de* La Dame de Shanghai, *Margarita Cansino fut, en réalité, un être courageux, doux et malheureux en amour. Ne sachant, malgré sa bonne volonté, comment vivre sa vie, elle s'abîma lentement. C'est quand elle oublia sa propre gloire que le grand public se souvint d'elle. Victime de la maladie d'Alzheimer, Rita Hayworth aida à la faire reconnaître et à la combattre avant que celle-ci l'emporte.*

La sexagénaire fixe un miroir reflétant son visage, puis se tourne vers sa fille. Avant de répéter le même mouvement de la glace vers la jeune femme qui l'observe en silence et à qui elle finit par demander, le regard perdu : « Qui êtes-vous ? » « Ces premiers symptômes de ma mère, racontera Yasmin Aga Khan, ont été le commencement du cauchemar. »

Oublier le nom des siens, jusqu'à son identité. Effacer sa propre image. Celle d'une star autrefois vénérée sous le nom de Rita Hayworth. En ce milieu des années 1970, l'enfant de l'icône hollywoodienne assiste, impuissante, à un lent naufrage. Elle sent qu'elle ne peut rien contre une maladie d'Alzheimer dont elle mesure les conséquences avant même d'en découvrir l'existence. Mais, parce qu'elle refuse le jugement des autres, Yasmin décide de protéger sa mère chérie. Lui faisant quitter Hollywood, elle l'installe dans un appartement new-yorkais voisin du sien. *So long, Rita…* Déesse inaccessible, mais seulement au cinéma ; gamine soucieuse de bien faire le reste du temps. Soumise depuis son plus jeune âge à des hommes qui lui auront fait plus de mal que de bien. Lorsqu'elle voit le jour à New York, le 17 octobre 1918, Margarita

Carmen Cansino est déjà, sans le savoir, sous la coupe de son père Eduardo. Descendant vraisemblablement de gitans ou de marranes, cet Andalou avait quitté son Espagne natale quatre ans plus tôt pour former en Amérique, avec sa sœur Elisa, les *Dancing Cansinos*. À la manière d'Adele et Fred Astaire, le couple écume alors les music-halls, offrant aux spectateurs éblouis ses numéros de tango et de boléro.

Dans les coulisses des *Ziegfeld Follies*, Eduardo séduit Volga Hayworth, danseuse elle aussi et fille de saltimbanques anglo-irlandais. Ces derniers désavouent leur progéniture en apprenant sa liaison avec le rastaquouère désargenté. Fantasque, amoureuse, Volga passe outre, épouse Cansino et tombe enceinte de Margarita, en attendant les naissances du cadet et du benjamin, Vernon et Sonny. L'envie d'arrondir ses fins de mois et de tenter sa chance au cinéma pousse bientôt Eduardo, sans Elisa, à rallier la Californie. Là, le danseur voit ses rêves de comédie s'évaporer, pour cause d'accent prononcé, mais il chorégraphie et donne des cours, avant de songer à reconstituer un duo. Sa sœur désormais absente, pourquoi ne pas enchaîner les pas avec Margarita ? À 12 ans, la jeune fille est déjà une professionnelle accomplie. « Mes parents m'ont appris à danser avant que je marche », confiera la star. Se souvient-elle qu'âgée de 4 ans, son père l'a projetée, vêtue en Sévillane, sous les sunlights, à la fin d'un de ses spectacles à Carnegie Hall ? De ce jour, les répétitions ne vont plus cesser. « Travailler, travailler, c'est le seul mot que j'ai entendu pendant mon enfance, reconnaîtra-t-elle. Je n'ai jamais été une petite fille. » Jusqu'où pousser le sacrifice ? Alors qu'Eduardo laisse ses garçons grandir en liberté, Margarita est privée d'école, contrainte d'enchaîner les tournées à l'ombre d'un père possessif qui la fait passer sur scène pour sa compagne. Au point de chasser sans ménagement les adolescents qui lui font la cour. Hors de question de partager sa fille.

Devenue Rita, Margarita racontera à de rares intimes avoir été abusée sexuellement par son père. Volga, qui l'a compris, se noie dans l'alcool et accueille sa fille dans son lit afin qu'elle puisse, de retour à la maison, échapper au harcèlement d'Eduardo. Le traumatisme ne rend pas moins Margarita mutique. « Elle n'avait pas de vie, pas de copines. On le lui interdisait, se souviendra Loretta Parkin, amie des fils Cansino. Son unique distraction consistait à rester assise sous le porche de la maison et à nous regarder jouer, sans parler. » Mais, parce que Eduardo sait où se trouve son intérêt, il lui arrive, à l'issue de leurs représentations, de faire asseoir sa fille à la table de producteurs. Finalement remarquée, elle est convoquée pour un bout d'essai à la Warner. La lettre qu'elle reçoit peu après ne s'embarrasse guère de délicatesse : « Vous possédez une certaine allure et un visage agréable, mais vous êtes trop brune, votre front est trop étroit et vos narines sont trop larges. » Certains voient plus loin que son apparence maladroite et potelée. Responsable de production à la Fox, Winfield Sheehan est le premier cadre hollywoodien à prédire un avenir cinématographique à Margarita. À condition qu'elle commence par abréger son prénom.

Rebaptisée Rita Cansino et ayant signé un contrat, la jeune femme de 17 ans fait en 1935 ses débuts dans de petits rôles exotiques et dansants. Eduardo se montre ravi, embauché pour régler dans son sillage diverses chorégraphies. Ces expériences initiales ont un effet inattendu sur Rita, qui se met à aimer, malgré sa peur, les moments passés devant la caméra. Au contact d'autres professionnels, elle échappe également à l'autorité étouffante de son père. Mais la 20th Century Fox ne la ménage pas. Cantonnée à des apparitions qui l'empêchent de se singulariser, devant adopter des accents étrangers justifiés par son physique de Latina, contrainte de jouer dans des westerns fauchés alors qu'elle craint les chevaux, elle souffre du départ de son découvreur, Sheehan, remplacé par un Darryl Zanuck mal disposé à l'encontre des protégés de son prédécesseur. Bientôt, le studio la trouve « trop espagnole, pas vraiment jolie et terriblement timide » et lui refuse, au profit de Loretta Young, un rôle de jeune Hispanique luttant avec son époux indien contre des colons anglo-saxons dans *Ramona*. Après une dernière apparition dans l'insignifiant *Human Cargo*, Rita découvre que Zanuck et la Fox ne renouvellent pas son contrat. Le choc est grand pour Eduardo, qui ne voit pas comment il pourrait relancer leur association et la carrière de sa fille. C'est à ce moment qu'un aventurier fait irruption dans leur vie. La quarantaine bedonnante et dégarnie, l'homme d'affaires Ed Judson jette son dévolu sur Rita, dont il décèle le potentiel inexploité. Profitant de son renvoi par la Fox, il devient son agent et use de ses liens avec l'industrie automobile pour proposer des voitures à prix réduits à tout producteur prêt à faire tourner sa cliente. C'est ainsi qu'elle décroche un premier contrat à la Columbia. À ceux qui l'écoutent, Judson ne cesse d'affirmer : « Rita, c'est du tout cuit pour le vedettariat ! »

La jeune femme voit en son mentor un pygmalion capable de l'affranchir définitivement d'Eduardo. Elle ne va pourtant pas tarder à déchanter et reconnaîtra, mais un peu tard : « Je l'ai épousé par amour. Il m'a choisie comme investissement. » Lui-même avouera : « Je me suis imaginé en équivalent masculin de la marraine de Cendrillon. » Sous sa férule, le conte de fées vire au parcours du combattant. Judson impose à Rita un régime draconien, au terme duquel elle perd 20 kilos. Il l'oblige à se faire arracher les molaires pour affiner l'ovale de son visage. Avant de s'en prendre à sa chevelure, trop brune, et à son implantation, trop basse. Il redessine ainsi sa ligne de cheveux lors de pénibles séances d'électrolyse où les bulbes pileux du haut du front sont stérilisés un à un. Docile, la jeune femme ne se plaint jamais, et accepte de la même façon les cours de diction destinés à conférer plus de chic à son élocution ainsi que les recommandations d'Ed lui montrant devant un miroir les gestes destinés à susciter le désir du public masculin. Enfin, après l'avoir épousée, en mai 1937, il parachève sa création en la faisant teindre en rousse flamboyante et en lui demandant de prendre le nom, plus anglo-saxon, de sa mère. Devenue Rita Hayworth, la jeune femme de 19 ans, présentée à Harry Cohn, patron tout-puissant de la Columbia, décroche un nouveau contrat.

Elle est lancée au printemps 1939, en ex-maîtresse de Cary Grant dans l'exaltant *Seuls les anges ont des ailes*, de Howard Hawks. Pleine de frayeur au moment de s'emparer de ce rôle qu'elle pressent important, Rita compose une figure paradoxale de femme fatale réservée. Puis elle brille, pour Raoul Walsh, en séductrice Belle Époque de *La Blonde framboise*. « Mais aussi vibrante qu'elle se montra pendant le tournage, racontera James Cagney, dès que c'était fini, elle retournait à sa chaise sans chercher à communiquer. » Si Rita Hayworth est toujours aussi mal à l'aise en société, étrangère au succès qui s'annonce et au trouble qu'elle projette, elle le doit à une forme de schizophrénie. « Alors que ma carrière commençait à s'envoler vers le ciel, ma vie amoureuse, déjà, plongeait dans un gouffre », déplorera-t-elle. La souillure originelle n'est jamais loin ; au père incestueux a succédé le mari maquereau. Le corps lui-même n'a pas été épargné, et sa métamorphose en déesse de l'écran est le fruit d'un remodelage douloureux. Comme toujours, Rita, admirable soldat, donne le change. La façon dont elle endosse le rôle de l'aristocratique amante de Tyrone Power dans *Arènes sanglantes*, en 1941, est la preuve qu'une étoile est née. Sa manière de bouger ses épaules sur lesquelles tombe en cascade sa magnifique chevelure auburn, avivée par l'éclat du Technicolor, frappe les esprits. « Ce n'était pas la plus belle des actrices, nuancera le metteur en scène du film, Rouben Mamoulian, mais elle vous faisait croire à sa beauté et, malgré ses limites, à son talent dramatique. Elle possédait une grâce animale à nulle autre pareille, héritée de son passé de danseuse professionnelle. »

Un bagage qui fait de Rita, dans *L'amour vient en dansant* et *Ô toi ma charmante*, la compagne idéale d'un Fred Astaire séparé de Ginger Rogers. Le dieu de la comédie musicale n'hésitera pas à voir en cette spécialiste du flamenco combinant explosivité et sex-appeal la meilleure des partenaires : « Avec Rita Hayworth, dira-t-il, je me suis senti pousser des ailes ; je n'ai jamais dansé aussi intensément. » Histoire de ne pas faire d'envieux, l'actrice passe, dans *La Reine de Broadway*, entre les bras de Gene Kelly, qui l'apprécie tout autant. Cette reconnaissance de pairs qu'elle admire l'aide à traverser le tourbillon d'un quotidien sordide. Son divorce d'avec Judson, qui aurait aimé la mettre dans le lit de Harry Cohn, lui coûte 12 000 dollars. En quelque sorte son « retour sur investissement ». Toujours incertaine de ses dons mais dotée d'une volonté nouvelle, Rita préfère tourner la page. Au même moment, un artiste d'exception fait de la star son nouvel horizon. En tournage au Brésil, Orson Welles a vu, comme des millions d'Américains, la photo de la rousse sensuelle en couverture de *Life*. La légende veut qu'il ait commencé par parier, avec son ami Joseph Cotten, qu'il l'emballerait à leur premier rendez-vous et lui ferait l'amour dans la foulée. En réalité, avant même de la rencontrer, l'auteur de *Citizen Kane* souhaite qu'elle devienne sa femme.

La cour est laborieuse. Hayworth, qui vit une aventure avec son partenaire du musical *Mon amie Sally*, le puissant mais indolent Victor Mature, commence par se refuser à Welles. Elle fait en outre un complexe lié à son absence de culture et redoute qu'Orson, la désirant pour une passade, finisse par se moquer d'elle. Mais l'attirance de Welles se double très vite de respect. « Sa qualité essentielle, confiera-t-il, était la douceur. On devinait en elle une richesse, une épaisseur qui la rendaient très intéressante, et que l'on trouve rarement chez une vedette de cinéma. D'ailleurs, elle haïssait son personnage de star. Il ne lui donnait pas un seul moment de plaisir. » Orson, qui, à force d'attentions, finit par la séduire puis l'épouser en 1943, devient le premier homme à aimer sincèrement Rita. Il lui promet de l'éloigner de Hollywood et lui ouvre son univers, qui la fascine : celui du théâtre et de la politique, où ce fervent démocrate compte se lancer. Son mari à ses côtés, Hayworth pense avoir le courage de se délivrer de la Columbia pour créer cette famille dont elle rêve depuis des années. L'illusion est de courte durée. « Il y avait en elle une dichotomie, témoignera le mentor de Welles, Roger Hill. D'un côté, la vedette qui ornait les murs des dortoirs des soldats. De l'autre, la réalité : une enfant belle, timide, inculte et craintive dont toute la vie n'était qu'une tragédie. » De fait, le besoin incessant qu'a Rita de se prouver qu'on l'aime, sa peur d'être abandonnée et sa volonté de fonder un foyer déteignent sur sa relation avec Orson. Lassé, puis refroidi, Welles, qui au fond de lui rejette la vie de famille, s'éloigne de son épouse après la naissance, en 1944, de leur fille Rebecca.

Ayant vent de ses infidélités, la star préfère précipiter leur séparation lors du tournage, fin 1945, de *Gilda*. Un film noir qui, à la satisfaction de Harry Cohn, la voit réintégrer le giron de la Columbia. Une œuvre dont la production et les improvisations rappellent celles de *Casablanca*, et qui fige définitivement Rita Hayworth en symbole sexuel. Peu importe que son personnage soit moins une manipulatrice qu'une proie, victime de l'appétit des hommes, à l'image de la vraie Margarita. Seule compte cette scène, rajoutée tardivement par le metteur en scène Charles Vidor, qui voit Gilda/Rita danser et chanter *Put the Blame on Mame* devant un parterre de clients subjugués, au nombre desquels son ancien amant qu'elle se plaît ainsi à torturer. Vêtue d'une superbe robe bustier en satin noir confectionnée par le couturier Jean Louis sur le modèle du tableau de John Singer Sargent *Madame X*, Gilda/Hayworth mime un strip-tease défiant le code de censure en retirant ses longs gants comme autant de sous-vêtements affriolants. Ainsi que le souligne sa biographe, Barbara Leaming : « Le mouvement de ses hanches, l'effronterie de son regard et toute son attitude, qui semble l'incarnation même de l'abandon sensuel, font de cette scène un chef-d'œuvre d'érotisme. » L'actrice en a-t-elle conscience ? Si elle s'autorise une fugue *backstage* en entamant une relation avec son partenaire Glenn Ford, le retour sur terre est problématique. Dépassée par l'engouement des GI qui, tout juste démobilisés, s'empressent de faire un triomphe au film ; effrayée par la décision de donner à la bombe atomique lancée sur l'atoll de Bikini le nom de son personnage, Rita vit un moment « exaltant mais aussi inquiétant » et ne songe plus qu'à s'évader.

Elle le fait en acceptant la proposition d'Orson de tourner sous sa direction, dans une étrange tentative de réconciliation. Laquelle a la couleur d'un abandon : celui de sa chevelure rousse. Après la lui avoir fait couper, Welles immole Rita en blonde peroxydée sur l'autel de *La Dame de Shanghai*. Sa métamorphose physique atterre la Columbia et rebute le public. Le sacrifice de la star dans un palais des glaces reflétant son visage brisé en mille morceaux a tout d'une mort symbolique. Encore une fois, la méprise est totale. Hayworth incarne une victime, et non une femme fatale. Les spectateurs qui s'attendent à être ensorcelés sont déroutés par la construction labyrinthique du film de Welles, ignorant les échos autobiographiques de son scénario en forme de *mea culpa* conjugal, insensibles à l'émotion qui se dégage de l'interprétation de Rita. Quand l'appel des sens vient à manquer, qui se soucie d'un regard ? Celui de l'actrice, implorant, bouleversant depuis ses débuts, n'est malheureusement pas ce que retient le public. En eût-il été autrement, son parcours n'aurait pas ressemblé à ce qu'il fut : une fuite erratique. Définitivement séparée de Welles, la femme blessée survit cependant.

Harcelée par la presse à scandale qui scrute ses liaisons avec David Niven et Howard Hughes, Rita se laisse rattraper par Ali Khan. Play-boy désœuvré après une guerre honorable, le fils du chef spirituel des ismaéliens et d'une danseuse classique italienne entend donner un sens à sa vie. La *café society* européenne le tolère pour son argent ? Ali se venge en séduisant les plus belles femmes de ce milieu qui le méprise. Ces conquêtes, éphémères, ont un goût amer. Sans doute sent-il en Rita, autre *outsider*, une âme encore plus en peine que la sienne. Il l'entraîne, dans son errance de jet-setteur, entre Deauville, la Suisse et la Riviera. Leur mariage, en 1949 à Vallauris, est l'union de deux mondes *a priori* dissemblables et les premières noces *people* de l'après-guerre. Au nom des fidèles du prince, l'actrice reçoit 16 kilos de diamants et de pierres précieuses. Sa rupture avec l'Amérique puritaine, qui condamne son alliance avec un musulman de culture polygame, semble consommée. Rita, cependant, veut y croire, et Yasmin naît la même année. Mais ceux qui l'avaient mise en garde ont le dernier mot. Ali, meilleur père qu'époux, continue de lutiner d'autres beautés, et sa femme ne peut le tolérer. Leur divorce est un nouvel échec et le signe d'une malédiction pour Rita, laquelle retourne en 1951 aux États-Unis, bien plus heureuse d'y retrouver ses amis que de retomber sous l'emprise de Harry Cohn et de la Columbia.

Contrainte de gagner sa vie, la « déesse de l'amour » commence par illustrer, de *L'Affaire de Trinidad* de Vincent Sherman, au *Salomé* biblique de William Dieterle, des kitscheries censées perpétuer son mythe. Mais elle prouve également, dans *La Blonde ou la Rousse*, de George Sidney, *Tables séparées*, de Delbert Mann, et *Ceux de Cordura*, de Robert Rossen, son aptitude à naviguer, son jeu s'étant affiné, de la comédie au western psychanalytique en passant par le registre dramatique. À l'approche de la quarantaine, toutefois, l'éclat de l'après-guerre n'est plus là ; les traits se sont alourdis. Et d'autres stars, au premier rang desquelles Ava Gardner, Elizabeth Taylor et Marilyn Monroe, enflamment le cœur des hommes. « Cela ne m'importait pas, déclarera-t-elle. Je voulais rester une actrice, pratiquer mon métier. Je ne cherchais plus à être un sex-symbol, ni à faire tourner les têtes. » Ce qui ne console pas Rita de ses déconvenues sur le plan sentimental. Si Robert Mitchum dit d'elle : « Son secret est qu'elle n'en a pas. C'est une fille sacrément gentille et simple, dont ont abusé trop de gens depuis longtemps », le même schéma semble se reproduire à chaque fois. Qu'elle enchaîne les aventures, ou se remarie brièvement avec le chanteur Dick Haymes puis le producteur Jim Hill, son constat est empreint de désarroi : « Les hommes couchent avec Gilda, mais se réveillent avec moi. » Celle qui servit de modèle à Joseph Mankiewicz pour sa *Comtesse aux pieds nus* n'aura aspiré qu'à un bonheur apaisé et bourgeois. Ne l'ayant pas trouvé, elle finit par se dérober. Malgré elle.

Dès les années 1960, ses sautes d'humeur, sa propension à boire plus que de raison l'éloignent de ses semblables et altèrent une santé fragilisée par une maladie sur laquelle on ne sait pas encore mettre de nom. Lorsque la médecine y parvient, il est trop tard. En janvier 1976, alors qu'un avion de ligne la conduit à Londres, elle est prise d'une crise de démence en plein vol. Des photographes vautours saisissent, à son débarquement, le reflet de cet état sur son visage afin que nul ne puisse l'ignorer. Bien avant que son cœur n'ait cessé de battre, le 14 mai 1987, Rita Hayworth, le sex-symbol qui voulait échapper à sa condition et à la cruauté des hommes, va achever son existence murée dans le silence, incapable de se mouvoir. Son corps, autrefois si vibrant, dépourvu de vie. Son âme en souffrance, privée de mémoire.

Filmographie sélective

Seuls les anges ont des ailes (Howard Hawks, 1939)
La Blonde framboise (Raoul Walsh, 1941)
Arènes sanglantes (Rouben Mamoulian, 1941)
La Reine de Broadway (Charles Vidor, 1944)
Gilda (Charles Vidor, 1946)
La Dame de Shanghai (Orson Welles, 1948)
L'Affaire de Trinidad (Vincent Sherman, 1952)
Salomé (William Dieterle, 1953)
La Blonde ou la Rousse (George Sidney, 1957)
Tables séparées (Delbert Mann, 1958)
Ceux de Cordura (Robert Rossen, 1959)

Gene Tierney (1920-1991)

Qualifiée de « diamant » du film noir, elle incarne peut-être le plus pur fantasme des cinéphiles. Celle qui illumina, de sa beauté chic et de sa grâce, des œuvres maîtresses de Lubitsch, Preminger et Mankiewicz, jouit davantage d'un culte que du respect dû à son talent d'actrice. Elle sut toutefois se transcender et sa vie privée tragique, rendue publique, ne fit qu'amplifier le mythe. Sa carrière, trop brève mais qui s'épanouit au cœur de l'âge d'or des studios, interroge comme nulle autre le star-system et son insondable mystère.

Gene Tierney ne joua jamais dans *À la recherche du temps perdu*. Qui, du reste, le lui aurait permis ? Il suffit pourtant de regarder les images qui la montrent, mélancolique, arpentant à l'été 1986 la promenade Marcel-Proust de Cabourg, à l'occasion du Festival du film romantique, pour en voir surgir d'autres. Celle en particulier de Lucy Muir marchant au son des envolées lyriques et marines de Bernard Herrmann sur le sable de Pebble Beach… Même s'il est difficile de renouer le fil entre la jeune femme à l'éclat magnétique de la sublime *Aventure de Mme Muir* de Mankiewicz et l'Américaine au visage raviné et à la voix de fumeuse traversant, quarante ans plus tard, une époque qui ne lui appartient pas et qui ne la reconnaît plus. Mais Gene Tierney n'avait-elle pas toujours été ailleurs ? Dans la constellation des étoiles brillant au firmament des années 1940, Rita Hayworth apparut plus sensuelle, Lauren Bacall moins éthérée. Aucune, pourtant, n'allia avec autant de grâce et d'émouvante incertitude un exotisme envoûtant au chic new-yorkais.

Dès sa naissance, le 19 novembre 1920, dans une maison cossue du vieux Brookyn, Gene Eliza Tierney se montre attentive aux signes que le destin lui envoie. « Mon enfance, écrira-t-elle, eut les apparences du bonheur et de la sécurité. Maman prêtait à mes initiales – GET – des vertus prophétiques. “Il faudra peut-être du temps, disait-elle souvent, mais Gene arrivera à ses fins.” » Avec un prénom masculin hérité d’un oncle prématurément mort du diabète et une tante compagne de jeux, que l’on dit atteinte de troubles mentaux, la culpabilité inconsciente de la fillette annonce cependant d’autres maux : « Nous vivions, dira-t-elle, une jeunesse dorée pour laquelle il nous faudrait payer un jour. » Bien que touché par le krach de 1929, le père de Gene, Howard Sherwood Tierney, riche courtier en assurances d’origine irlandaise, parvient à éviter aux siens le déclassement. « J’ai grandi, notera la future actrice, à l’époque où les enfants riches du Nord-Est avaient des gouvernantes européennes. La mienne me chantait des chansons allemandes, assise dans le parc qui dominait l’Hudson. Les meilleurs moments se situaient entre les périodes scolaires, lorsque nous vivions dans la campagne du Connecticut et passions l’été à Long Island, dans de jolies petites villas louées pour les vacances. »

Écoles privées où l’on apprend le latin et où l’on enseigne l’équitation, avec annexe au yacht-club voisin où se loue un box à l’année ; les hivers sont doux aux patriciens *wasp* qui envoient leur fille de 16 ans suivre pour deux saisons les cours du collège international Brillantmont, en Suisse, près de Lausanne. L’adolescente aux yeux verts y apprend le français et se passionne pour la peinture, en attendant de nourrir de plus ardents desseins. Ceux-ci la conduisent à visiter, de retour aux États-Unis, les studios Warner, guidée par un ami de son père. Au bord d’un plateau, Anatole Litvak, réalisateur chaleureux et perspicace de films noirs, socialement engagés, l’interpelle : « Mademoiselle, vous devriez faire du cinéma… » Un bout d’essai dans la foulée lui vaut une promesse de contrat jugée par Howard Tierney de mauvais aloi. « Hollywood n’est pas l’endroit qui convient pour faire ses débuts », assène-t-il à sa fille, préférant la voir écumer les bals où sévissent les héritiers.

Mais Gene lui tient tête pour la première fois. George Abbott, auteur réputé de Broadway qui la distribue dans un rôle, ne lui trouve-t-il pas des qualités ? « Elle lisait très bien, témoignera-t-il. Il y a des gens qui ont ce don, sans avoir appris. Et puis, je lui trouvais une grande séduction personnelle. » C’est le début d’un malentendu. Tierney n’intéresse que pour son physique si particulier. Pommettes saillantes, regard profond, menton légèrement prognathe ; la jeune femme retient l’attention de la Columbia, qui l’engage mais ne la garde que six mois, la trouvant trop inexpérimentée. Obstinée, Gene profite de son renvoi pour perdre du poids, s'initier à la danse et au chant, subissant au passage les assauts de Howard Hughes, expert en vierges farouches, qui lui envoie des wagons entiers de gardénias. Mais c'est par un autre « amateur éclairé » qu'elle est repérée dans un night-club de Manhattan. Darryl F. Zanuck, qui vient de la voir sur scène dans *The Male Animal*, l'attire dans les filets de la 20th Century Fox, non sans avoir négocié un contrat léonin avec Howard Tierney. Lequel en profite pour arnaquer sa fille et quitter le foyer familial au bras de la meilleure amie de sa femme. « L'incroyable succession des méfaits de mon père, sa malhonnêteté et, pour couronner le tout, son infidélité, eurent sur moi un effet destructeur », confessera Gene. Mais la débutante fait front et devient une vraie *Fox girl*. Après avoir refusé de se faire redresser les dents, elle apprend son métier auprès des plus grands.

Fritz Lang, en 1940, avec *Le Retour de Frank James* et John Ford, la même année, dans *La Route du tabac*, ne font pas dans le sentiment et la baptisent vertement. Si, hors caméra, Tierney découvre l'amour dans les bras de son partenaire Henry Fonda, en coulisses, un autre séducteur attend son heure. Russe blanc désargenté mais styliste d'avenir à la Paramount, Oleg Cassini est foudroyé. « Je rencontrais Gene à des cocktails, racontera-t-il. Elle était éblouissante, avec une peau dorée et veloutée qui semblait scintiller. Et ses yeux : très légèrement turquoise. Seules ses dents présentaient une petite imperfection qui ajoutait à son charme et sans laquelle elle aurait semblé irréelle. Elle produisit sur moi un effet magnétique, viscéral. » Hâbleur, considéré comme un séducteur par le clan Tierney, Oleg se donne du mal pour se parer d'un vernis de respectabilité. Puis, n'y tenant plus, il entraîne Gene à Las Vegas afin de l'épouser. Celle qui fut si docile semble enfin prendre sa vie et sa carrière en main. N'enchaîne-t-elle pas désormais les succès au cinéma ? En mineur dans *Le Chevalier de la vengeance* de John Cromwell où, vahiné attendrissante, elle n'a jamais été aussi belle. Sur les cimes de l'admirable *Le ciel peut attendre*, en 1943, quand, femme du monde début-de-siècle, elle tient tête à Ernst Lubitsch, « le plus exigeant des réalisateurs ». Avant de rencontrer l'un des fils spirituels du maître berlinois.

Otto Preminger prend très vite pour Tierney la figure de père cinématographique. « Otto, écrira-t-elle, était capable de charmer et d'intimider à la fois. À la différence d'autres metteurs en scène, il n'était pas angoissé et ne se sentait pas obligé de séduire ses vedettes féminines. » Le cinéaste la transfigure, en 1944, en femme fatale et mystérieuse d'un pur film noir. « *Laura* possédait la magie, dira-t-elle de cette œuvre à laquelle son nom restera accolé. Mais je pense que les gens se souviennent moins de moi pour ma performance d'actrice que comme de la jeune fille au portrait. » Un tableau qui signale son absence/présence, à la fois charnelle et spirituelle. Accompagnée par la musique lancinante de David Raksin qui devient un tube et sa signature, Gene se sent étrangère à l'engouement qu'elle suscite. Évoluant peu après dans les couleurs flamboyantes de *Péché mortel* en femme vénéneuse et névrosée, prête à tuer, elle récolte une nomination à l'Oscar. Sa vie privée s'est pourtant déjà chargée de jouer la Maléfique de son conte de fées. Embrassée en juin 1943 par une admiratrice lors d'un gala pour l'effort de guerre, l'actrice, enceinte, contracte la rubéole. Née prématurément quatre mois plus tard, la petite Daria en portera à jamais les stigmates, à la fois sourde, partiellement aveugle et attardée mentale. Malgré l'aide financière indéfectible de Howard Hughes et la naissance, en 1948, d'une seconde fille, Christina, son couple avec Oleg, ponctué de séparations et de retrouvailles, ne s'en remet pas. Une longue dérive, sentimentale et psychique, attend Gene.

Sur le plateau du *Château du dragon*, drame gothique, elle tente d'oublier son malheur en se laissant charmer par son metteur en scène, Joe Mankiewicz, puis en faisant connaissance avec un sémillant visiteur. « En me tournant un matin vers l'objectif, écrira-t-elle, mon regard plonge dans les plus beaux yeux bleus qu'il m'ait été donné de voir dans un visage d'homme. Il était debout à côté de la caméra, dans un uniforme de lieutenant de vaisseau. Il me sourit. Mon cœur se mit à battre la chamade. » Le militaire, célibataire et catholique, répond au nom de John F. Kennedy. Lequel présente l'actrice à sa famille, si dure et si unie, avant de l'entraîner, amant tendre et avide de publicité, au Versailles, à New York, pour un concert d'Édith Piaf. Mais Kennedy a l'âme d'un politicien, et un futur président américain ne peut épouser une comédienne, déjà mariée. Pour guérir, sans trop y croire, Gene se noie dans les tournages et y gagne le surnom de « *One-take-Tierney* », donné par les techniciens pour saluer son professionnalisme. L'actrice est-elle pour autant une présence inspirée, « petit saphir du septième art » selon l'expression de l'écrivain Jean-François Josselin, ou une interprète limitée, sans réelle profondeur ? Question de peu de valeur. L'aura de Laura s'impose à travers les rôles, au-delà des mots. Darryl Zanuck l'admettra avec cynisme : « Gene doit être meilleure comédienne que ne le prétendent certains, sinon comment aurait-elle survécu à tant de films insignifiants ? »

Ne sublime-t-elle pas, également, des œuvres venues du ciel ? Ainsi Tierney retrouve-t-elle l'amour fou, celui d'un fantôme de marin, dans *L'Aventure de Mme Muir*. Sur la plage de Monterey, l'actrice joue avec sa fille de fiction Natalie Wood à retenir le temps. La dernière scène où elle rejoint l'éternité, son merveilleux regard apaisé embrassant celui du vieux loup de mer, offre le plus bel écrin qui ait été offert à un visage féminin. Mais comment résister aux coups répétés du destin ? Ayant confié Daria à une institution spécialisée puis rompu avec Oleg après la naissance de leur deuxième enfant, Gene tourne d'ultimes diamants noirs signés Preminger et vit d'insatisfaisantes liaisons avec quelques amants. Les pages Spencer Tracy et Kirk Douglas tournées, elle rencontre en 1952 à Paris le prince Ali Khan, qui divorce de Rita Hayworth. Leur relation, désapprouvée par le père du *jet-setter* milliardaire, constitue pour l'actrice un répit de dix-huit mois, entre dîners chez Maxim's et escapade sur la French Riviera. « À une époque où j'en avais besoin, dira Gene, Ali ramena la joie dans ma vie. » Leur séparation la plonge pour de bon dans l'affliction. Aux coups de déprime succèdent l'angoisse, les troubles de la mémoire, la dépression. Étrangère à elle-même, Gene devient obsédée par le parcours de Frances Farmer, comédienne des années 1930, adulée puis internée, qu'elle prend pour sa sœur. Elle se fait traiter dans deux hôpitaux psychiatriques, passe entre les mains de douze médecins, subit la camisole de force et trente-deux électrochocs.

Un matin de 1957, la police retrouve l'ex-star de films noirs en train d'évaluer la force d'attraction terrestre, au rebord du quatorzième étage de son immeuble new-yorkais. Sa fille Christina, qui rentre de l'école, l'aperçoit et s'en souviendra à jamais. Sauvée de justesse, Gene fait une ultime tentative de suicide dans la célèbre clinique du Dr Menninger, qui pense que sa rémission passe par l'anonymat. Au bout de quelques mois, l'actrice finit par guérir mais perd son éclat. « Qui est Elvis Presley ? », demande-t-elle, à peine libérée de sa toile d'araignée. « Qui est Gene Tierney ? », répondent les studios de Hollywood, qui l'ont oubliée. Elle se fait alors plus discrète que jamais, vendeuse en 1959 dans une boutique de prêt-à-porter, puis envoyant, comme une promesse d'amour fanée, un petit mot de félicitations à son « cher Jack », devenu enfin le président Kennedy. Dernière rose sur le chemin de la Maison-Blanche où l'entraîne Preminger, seul à se souvenir d'elle pour son implacable radiographie du microcosme politique qu'est *Tempête à Washington.* Mais Gene a-t-elle encore besoin des caméras ? Au côté de Howard Lee, magnat du pétrole texan séparé de Hedy Lamarr, elle finit enfin par surmonter son désespoir, grand-mère visiblement apaisée savourant, résignée, l'adoration dont elle commence à être l'objet parmi les cinéphiles du monde entier. Près de trente ans d'une vie bourgeoise s'écoulent ainsi, entre parties de poker et barbecues géants, bonnes œuvres et conventions républicaines.

Lorsque, le 7 novembre 1991, Gene, victime d'un emphysème pulmonaire, a rendez-vous avec le fantôme de Mme Muir, on se dit que le ciel peut attendre. Mais, à tout prendre, n'a-t-il pas trop tardé ? L'une de ses dernières partenaires sur le petit écran, Marie-France Pisier, ne fit que le constater : « Dans les intervalles de ses films, Gene Tierney ne sut pas jouer sa vie. On lui tendait une image fastueuse, glamour, elle n'avait qu'à feindre de l'habiter. Mais une singulière inclination au désastre l'empêcha de s'ajuster à la figure lisse et marbrée où la légende du cinéma voulait la cloîtrer. »

Filmographie sélective

Le Retour de Frank James (Fritz Lang, 1940)
The Shangai Gesture (Joseph von Sternberg, 1941)
Le ciel peut attendre (Ernst Lubistch, 1943)
Laura (Otto Preminger, 1944)
Péché mortel (John M. Stahl, 1945)
Le Château du dragon (Joseph L. Mankiewicz, 1946)
Le Fil du rasoir (Edmund Goulding, 1946)
L'Aventure de Mme Muir (Joseph L. Mankiewicz, 1947)
Le Mystérieux Dr Korvo (Otto Preminger, 1949)
Les Forbans de la nuit (Jules Dassin, 1950)
Mark Dixon détective (Otto Preminger, 1950)
Ne me quitte jamais (Clarence Brown, 1953)
Tempête à Washington (Otto Preminger, 1962)

John Wayne (1907-1979)

Plus qu'une star, il fut un totem, adulé ou abhorré. Si le mont Rushmore s'était ouvert aux acteurs, il y aurait trouvé sa place. Taillé dans le granit, ce symbole de virilité ne fut pourtant pas d'un bloc. Le cow-boy emblématique du western hollywoodien avait un double fond. Belliciste n'ayant pas fait la guerre, plus cultivé que fruste, réactionnaire battant en brèche ses préjugés racistes, demeurant lui-même à travers plusieurs registres, John Wayne, malgré ses limites et ses excès, vaut mieux que sa réputation.

Il en allait toujours ainsi. Le borgne, sadique et matois, l'invitait pour une partie de poker. Et, régulièrement, il se prenait à rêver qu'une quinte flush débouche sur une opportunité, qu'il s'agisse d'une proposition de rôle ou d'un projet auquel l'homme qui avait la main l'associerait. Mais ses espoirs se dissipaient invariablement le matin dans le souvenir, embrumé d'alcool, de stratégies de jeu plus retorses les unes que les autres. Pour être hostile aux listes noires, John Ford n'était pas blanc comme neige. John Wayne l'avait très vite appris à ses dépens. Et ce soir de 1938, à bord du yacht du cinéaste mouillant non loin des côtes californiennes, ne dérogerait pas à la règle. L'acteur de série B en était sûr. Même lorsque Ford lui avait raconté l'histoire de sa future production. Un western de série A. L'équipée d'une diligence et de ses passagers, comme un raccourci d'humanité, traversant à leurs risques et périls un territoire indien. « Et alors, "Duke", avait conclu Ford ; qui verrais-tu dans le rôle principal du prisonnier évadé, Ringo Kid ? » Wayne s'était mis à fixer son hôte, ravalant sa fierté. Que n'aurait-il donné pour jouer dans cette *Chevauchée fantastique* ? Mais, connaissant son homme, il savait ne pas devoir attendre un geste de pitié.

Aussi avait-il préféré, en bon camarade, citer le nom d'un autre comédien : « Pourquoi pas Lloyd Nolan ? » Paraissant méditer la suggestion, Ford avait laissé Wayne mariner la nuit entière avant de livrer, de façon désinvolte, sa décision le lendemain matin : « Ce sera toi ! » « Duke » n'en était pas revenu. Près de dix ans pour en arriver là. Une décennie à bâtir un personnage, sur fond de petits rôles alimentaires et de compromis humiliants.

N'y était-il pas accoutumé ?

Né le 26 mai 1907 à Winterset, dans l'Iowa, le futur chantre des vertus viriles pose, dès le début, problème. Enregistré à l'état civil sous le nom de Marion Robert Morrison, il est officieusement rebaptisé Marion Mitchell à la naissance de son frère Robert. Plus tard, il prétendra se nommer Marion Michael Morrison. Ce n'est pas son premier prénom, féminin, qui l'indispose vraiment. Il ne le cachera jamais, même après avoir pris son nom d'artiste. Il en va différemment de Mitchell. Son propre grand-père s'appelait Marion Mitchell Morrison et fut un soldat de la guerre de Sécession, puis un homme d'affaires avisé, avant de sombrer dans la folie durant l'enfance de son petit-fils. John Wayne eut-il honte de porter le patronyme d'un aïeul ayant perdu la raison ? S'imaginait-il avoir reçu en legs cette « malédiction » ? La question reste posée. Mais avant même de préférer la légende à l'histoire, il semble que l'acteur ait désiré effacer de son passé cette tache originelle. Fils de Clyde Morrison et de Molly Brown, presbytériens d'origine irlando-écossaise et pharmaciens de profession, le petit Marion grandit selon trois principes inculqués par son père : « Respecte la parole donnée, n'insulte jamais autrui volontairement et ne cherche pas la bagarre, mais si tu t'y trouves mêlé, sors-en vainqueur ! » Après la naissance de son cadet, l'enfant, âgé de 6 ans, déménage avec ses parents dans une ferme près du désert de Mojave, où Clyde soigne ses problèmes pulmonaires.

Marion côtoie pour la première fois une nature sauvage et participe aux travaux de la terre. Mais l'intermède est de courte durée et, en 1916, les Morrison s'installent dans la banlieue de Los Angeles. Leur fils aîné y découvre le septième art en distribuant les programmes d'un cinéma de quartier. Il peut, en contrepartie, assister aux matinées réservées aux enfants. L'occasion pour lui d'éprouver ses premières émotions en vivant par procuration les exploits des héros de films d'aventures, des cow-boys William

S. Hart et Tom Mix à Douglas Fairbanks. S'il a des goûts simples, Marion n'a pas une nature fruste, ni une intelligence primaire. Inscrit au lycée de Glendale, il s'y distingue par des résultats remarquables dans toutes les matières, représentant ses camarades aussi bien dans les compétitions sportives qu'au cours de joutes oratoires shakespeariennes. Esthète autant qu'athlète. « Les gens pensent qu'il n'était pas un intellectuel, or il l'était, témoignera son ami cinéaste Andrew V. McLaglen. Il lisait énormément et pouvait tenir des conversations sur quantité de sujets. La politique et l'international le passionnaient. Il ne faut pas le prendre pour un idiot parce qu'il était physiquement impressionnant et que ses gestes paraissaient lents. » À cette époque, le garçon a pour inséparable compagnon son terrier, Duke, qu'il abandonne durant les heures de classe à un sapeur-pompier de ses connaissances. Ce dernier, amusé par leur complicité, surnomme Marion « Little Duke ». Un sobriquet qui, réduit à celui du chien et évoquant un titre de noblesse, devait lui rester accolé.

L'adolescent aurait alors rêvé d'entrer à l'Académie navale d'Annapolis pour intégrer finalement l'université de Californie du Sud, afin de suivre des études de droit. « Je n'ai jamais entendu Duke dire qu'il souhaitait s'engager dans la marine, corrigera l'un de ses metteurs en scène de prédilection, Henry Hathaway. Je pense qu'il s'agit d'une invention des studios ou de John Ford, qui lui-même était réserviste dans la marine. Mais une fois qu'une fable devient réalité, il est difficile de la corriger. Pour ce que j'en sais, Wayne désirait être avocat. » Est-ce aussi simple ? Il semble que le jeune homme, champion universitaire de football américain, ait hésité sur la voie à suivre avant de voir son horizon s'éclaircir. Sa bonne étoile a pour nom Howard Jones. À la fois entraîneur de foot de Marion et ami de Tom Mix, il recommande son poulain à la star pour un job d'été. Ce contact initial avec l'univers du cinéma ne suit cependant pas un chemin tout tracé. Morrison commence par être présenté à George Marshall. Le futur metteur en scène de westerns, alors chef du personnel à la Fox, engage le gaillard d'1,93 mètre en tant qu'accessoiriste. Un travail pour lequel Marion empoche la somme de 35 dollars par semaine et qui le met, lors d'une pause football, en présence de John Ford. Ce dernier, qui est déjà cinéaste, fait naître leur relation sous le signe de la moquerie et des sarcasmes. Morrison lui répond sur le gazon par un tacle.

Pas rancunier, Ford lui offre son amitié ainsi que des figurations en 1928 dans deux mélos : *Les Quatre Fils* et *La Maison du bourreau*. Après ces apparitions sans débouchés, Marion quitte Hollywood et traverse une morne saison. Tandis que son père et sa mère, couple dysfonctionnel depuis des années, se séparent, le jeune homme, fou d'amour pour Josephine Saenz, beauté hispanique et catholique, se heurte aux parents de sa promise, qui ne veulent pas pour gendre d'un protestant sans situation. Désemparé, Morrison s'embarque en clandestin sur un cargo avant de revenir à terre menotté et humilié. Végétant et victime d'un accident de surf qui le détourne définitivement de ses velléités sportives, Marion retourne à Hollywood solliciter son copain John Ford. Le cinéma, cet innocent passe-temps, serait-il son élément ? Retrouvant un emploi d'accessoiriste, il s'y perfectionne durant trois ans. « J'ai été menuisier, manœuvre, électricien, charpentier, peintre et tapissier, énumérera-t-il. En ce temps-là, ma seule ambition était d'être le meilleur accessoiriste de la Fox. Ensuite, j'ai voulu devenir cascadeur. Acteur, non, je n'y pensais pas. Mais je savais que mon avenir était dans le cinéma. En coulisses, j'y avais un travail assuré. » Une opportunité, en 1930, change la donne. Ancien assistant de D. W. Griffith devenu metteur en scène réputé, Raoul Walsh songe à réaliser le premier grand western parlant tourné en décors naturels.

Le vétéran Tom Mix et le jeune premier Gary Cooper ayant refusé de jouer dans *La Piste des géants*, Walsh trouve par hasard son héros en observant Marion Morrison décharger un fauteuil du magasin d'accessoires. « J'aimais le son de sa voix et sa façon de bouger, écrira-t-il dans ses Mémoires. Il était grand mais se déplaçait avec aisance. Il pouvait, peut-être, faire l'affaire. » Reste à imposer ce débutant à la Fox, qui consent à l'engager après essais, non sans lui avoir demandé de trouver un patronyme plus court et plus masculin. Rebaptisé par Walsh Anthony Wayne, du nom d'un général de la guerre d'Indépendance, puis John Wayne, « Duke » tourne son film dans des conditions éprouvantes pour un salaire de misère. S'initiant au lancer de couteau et à l'art dramatique, il se montre trop expressif et retire de l'expérience une certitude : « Ce qu'il y a de plus difficile, c'est de ne rien faire, ou d'avoir l'air de ne rien faire, parce que cela exige beaucoup d'entraînement et de contrôle de soi. » Mais ses efforts ne paient pas. L'échec du film replonge Wayne dans l'anonymat. Ayant goûté au sortilège des caméras, il est cependant décidé à ne pas renouer avec son ancien métier d'accessoiriste. Atterrissant à « Poverty Row », quartier des petites compagnies hollywoodiennes qui produisent des westerns à la chaîne, « Duke » est engagé par le studio Republic, où il se bâtit une réputation de cow-boy à tout faire. Son salaire, décent, lui ouvre enfin les portes du mariage avec Josie Saenz. Mais pas plus sa vie de couple que son métier ne le satisfont. « À cette époque, j'étais vraiment malheureux », avouera-t-il plus tard, évoquant les productions fauchées où il fait davantage office de cascadeur que d'acteur.

Noyant ses frustrations lors de soirées alcoolisées entre amis, Wayne n'en peaufine pas moins son personnage, à l'image d'un objet longuement poli ; comme s'il attendait que la chance, enfin, lui sourie. Lorsque celle-ci se présente avec *La Chevauchée fantastique*, l'acteur doit encore ronger son frein. Échouant, comme Walsh dix ans plus tôt, à imposer un quasi-inconnu pour son western hors du commun, Ford est contraint de créer sa propre société de production. Conscient du sacrifice, Wayne avale toutes les couleuvres ; des problèmes rencontrés lors du tournage à Monument Valley aux humiliations infligées par le cinéaste et dont il estime qu'elles ont pour but de le pousser dans ses retranchements. « En me mettant les nerfs à vif, dira-t-il, Ford me faisait oublier mes complexes d'infériorité. Il a fait de moi ce que je suis. Je lui en serai éternellement reconnaissant. » Tout lucide qu'il est, le comédien néglige sa propre part dans ce succès. Si le public l'adopte en même temps qu'il fait un triomphe à *La Chevauchée fantastique*, c'est parce que « Duke » y est déjà pleinement le personnage viril, puissant, taciturne, économe de mots et subtilement gracieux qu'il va incarner pendant plus de trente ans. Au cours des onze années d'apprentissage ayant précédé cette explosion et durant lesquelles il a tourné soixante séries B, l'acteur a mis au point ce qu'il appelle, avec détachement, « la chose Wayne ».

« À mes débuts, je savais que je n'étais pas un acteur, confiera-t-il au biographe Michael Munn. J'ai dû m'inventer. C'était une tentative délibérée de créer "l'acteur de cinéma John Wayne". J'ai commencé à parler avec ce phrasé traînant, à plisser les yeux et j'ai essayé de me mouvoir en suggérant que, si je ne cherchais pas la bagarre, j'y étais prêt. Cette expérimentation relevait du quitte ou double, mais, peu à peu, ça a pris forme. » Comme tout artiste cherchant à se perfectionner, Wayne révélera s'être « régulièrement entraîné devant un miroir ». L'historien Christian Viviani fait ainsi remarquer au sujet de la posture iconique de l'acteur, qui voit son corps reposer sur une hanche à laquelle correspond la jambe légèrement en avant : « Le célèbre *contrapposto* de John Wayne, que John Ford utilise au tout dernier plan de *La Prisonnière du désert*, était esquissé dès l'agencement initial du fameux plan de *La Chevauchée fantastique* : l'apparition de John Wayne, selle à la main, recadré, en un rapide mouvement avant de la caméra, jusqu'au gros plan. » Ainsi naissent les stars. Mais la décennie qui s'ouvre n'est pas encore celle de l'accomplissement. Wayne continue à travailler pour Republic et s'échappe régulièrement, débauché par des majors qui revoient son salaire à la hausse. Il n'en reste pas moins amer : « Ma carrière, expliquera-t-il, a été une lutte constante et longue pour réussir à m'imposer par mes propres moyens. Je n'ai jamais eu de studios pour m'épauler. » Il donne le change en s'investissant dans chaque projet, s'assurant d'une bonne répartition des tâches sur les plateaux, diversifiant sa palette en s'essayant à plusieurs genres.

Les années 1940 sont, à cet égard, exemplaires. Matelot suédois dans *Les Hommes de la mer* de John Ford, avocat de *Suicide ou crime* et de *La Fille du péché*, aventurier pour *Les Naufrageurs des mers du Sud*, de Cecil B. DeMille, il retrouve Ford dans *Les Sacrifiés*, où il incarne avec conviction un militaire. Une façon de se racheter ? Après Pearl Harbor, Wayne ne sait quelle attitude adopter. Sa carrière décolle à peine et il entend en profiter. Jusqu'à faire la guerre uniquement sur grand écran ? Son éthique le pousse à servir son pays. Mais, déjà marié et père de quatre enfants, ce soutien de famille n'insiste pas lorsqu'il voit sa demande rejetée. Ce qui crée en lui un nouveau complexe : « J'ai toujours eu honte de ne pas avoir combattu, confessera-t-il. Lorsque j'interprète un officier à la tête de son commando, j'ai une piètre opinion de moi-même. » Comme si cela ne suffisait pas, John Ford, qui a fait une guerre active et à qui le lient des relations sadomasochistes, ne manque pas une occasion de le lui rappeler en l'humiliant devant ses partenaires. S'il compense par son activisme sur grand écran ce qu'il considère être une désertion, les aléas de sa vie privée ne l'aident pas à retrouver le moral. Divorcé de Josie, il vit comme un échec sa nouvelle union avec la volcanique Esperanza Bauer. Seul le cinéma lui offre une consolation. De ce point de vue, il connaît un second souffle en 1948 et s'installe pour quinze ans au sommet du box-office grâce à l'effet conjugué des films qu'il tourne sous les directions inspirées de John Ford et de Howard Hawks.

Le premier en fait, avec *Le Massacre de Fort Apache*, *La Charge héroïque* et *Rio Grande*, le héros désenchanté de sa somptueuse trilogie sur la cavalerie. Le second l'emploie dans *La Rivière rouge* en cow-boy intransigeant et vieilli. Face à Montgomery Clift, acteur de la Méthode dont il est l'antithèse, « Duke », interprète « réactif » comme il aime à se définir, se surpasse. Hawks, en retour, apprécie : « Wayne pense vite et juste. Il apporte toujours quelque chose à un film, même dans les scènes où il ne joue pas : il lui suffit de remarquer un acteur un peu passif, il lui suggère de bouger et la scène prend une autre tournure. » Ces interventions, nombreuses, le font taxer d'autoritarisme. L'acteur, plus patient avec ses partenaires qu'à l'égard de ses metteurs en scène, connaît en réalité mieux que quiconque sa partition, comme devait l'admettre le réalisateur Burt Kennedy : « Il n'est pas facile de travailler avec lui, c'est vrai. Mais je comprends très bien son point de vue : il va jusqu'au bout de ses idées. » Y compris politiques. Wayne n'a jamais mis un mouchoir sur ses convictions. S'il vote exceptionnellement pour le démocrate Roosevelt en 1936, le citoyen affiche très vite des opinions conservatrices ainsi que sa haine du communisme. Président en 1949 de la très droitière Alliance cinématographique pour la préservation des idéaux américains, il ne témoigne pas officiellement devant le Comité des activités antiaméricaines maccarthyste, mais joue en 1952 le rôle d'un enquêteur traquant les « rouges » dans le film de propagande *Big Jim McLaine*.

Il ne se prive guère par ailleurs de fustiger publiquement ceux qui, parmi ses collègues, ont le cœur à gauche. Du reste, son positionnement est majoritaire dans les États-Unis de l'après-guerre. Une époque où la star devient icône et où Marion Morrison épouse volontairement, sans états d'âme, le masque de John Wayne, l'homme se retrouvant idéalement dans sa création. Si, pour l'essayiste Ty Burr, « Wayne était un acteur, ni plus ni moins, très bon dans les limites de sa *persona* », le comédien parvient dans les années 1950, par sa seule présence et avec une étonnante économie de moyens, à élever au rang de mythes des personnages auxquels il confère force et densité, du boxeur sentimental de *L'Homme tranquille* au shérif droit dans ses bottes de *Rio Bravo*. En 1956, sa création magistrale de *La Prisonnière du désert* prouve sa capacité à endosser les attributs peu reluisants d'un justicier obsessionnel, sans pitié, raciste, sans que son aura ou sa popularité en pâtissent. Ayant trouvé la sérénité auprès de l'actrice péruvienne Pilar Pallete, qui le fait père de trois autres enfants, John Wayne n'est pourtant pas à l'abri des désillusions. S'étant battu toute sa vie pour participer à des œuvres de qualité, il crée à cette fin sa propre société de production, la Batjac, avec des résultats mitigés.

Bridé par son image de star et une conception étroite du métier, il refuse d'incarner des personnages dont l'éthique serait contraire à sa foi martiale et patriotique. Contrastant avec une vaste culture, sa morale butée, parfois primaire, surprend son ami Gary Cooper, dont il n'accepte pas qu'il ait incarné le shérif solitaire du *Train sifflera trois fois* ; elle stupéfie Kirk Douglas, à qui il fait le reproche d'avoir interprété, avec Van Gogh, « un homme faible » ; elle surprend Steven Spielberg, auquel il refuse une participation dans sa parodie de guerre *1941*, au motif qu'elle est « antipatriotique ». Son refuge reste son genre de prédilection. Ayant connu la gloire en cow-boy, il défend, non sans lyrisme, les westerns : « Ne les méprisez pas. Ils sont simples, mais la simplicité n'est-elle pas une forme d'art ? Ils traitent de la vie, de la mort et des émotions fondamentales : amour, haine, colère. En d'autres termes, ils se servent de la même matière que, jadis, Homère a employée. » Avant d'ajouter, comme pour se conformer à sa caricature : « Sauf que nous ne permettrions pas à Hector de partir la queue entre les jambes devant Achille. » Les difficultés rencontrées en 1959 sur le tournage d'*Alamo*, sa première réalisation, l'ont toutefois dessillé. Longuement mûrie, cette fresque historique ambitieuse où il incarne Davy Crockett est descendue en flammes par la critique et tièdement reçue par le public. Échaudé, il se cantonne un temps au rôle d'interprète.

Le Français Gérard Blain, qui le côtoie en 1962 sur le tournage de *Hatari !*, chronique hawksienne sur un groupe de chasseurs d'animaux en Afrique, fera à son sujet un *mea culpa* : « Au début, j'étais allergique à John Wayne, à ses opinions politiques. Puis j'ai découvert le plus merveilleux des partenaires, des conseillers. C'est un homme avec ce qu'il y a de plus riche, de plus chaleureux, de plus simple, de plus présent, de plus secret. » Gentleman et militant, il n'a au fond rien cédé de ses convictions. Quitte à déclencher une tempête en 1968 avec son ultime réalisation. *Les Bérets verts* sont moins une exaltation de la guerre au Vietnam qu'un hommage au courage des *boys* envoyés au front. Une initiative perçue, en pleine vague pacifiste, comme un affront. Autrefois symbole des vertus du pays, Wayne est devenu son marqueur le plus clivant. La fracture est générationnelle et culturelle. On le vénère ou on le rejette pour ce qu'il incarne ; la défense des valeurs traditionnelles ou l'exaltation d'un esprit réactionnaire. Courageusement, il accepte de défendre son point de vue devant des étudiants chauffés à blanc. La démarche est saluée même par ses détracteurs. N'a-t-il pas vécu d'autres épreuves et vaincu un cancer du poumon probablement contracté en 1955 lors des prises de vues du *Conquérant*, à proximité d'un terrain d'essais nucléaires, dans l'Utah, où le gouvernement avait fait exploser une bombe atomique peu de temps auparavant ? Un poumon retiré et en rémission, l'acteur traverse l'ère hippie plus John Wayne que jamais. Une constance qui finit par payer ? S'il décroche enfin un Oscar en 1970, face à Dustin Hoffman et Jon Voight, pour sa composition attendue dans le très classique *Cent dollars pour un shérif*, l'homme, récompensé pour sa longévité, ne nourrit cependant guère d'illusions.

Son temps est passé, aussi s'accorde-t-il une totale liberté. Celui qui se considère comme un dinosaure et déclare au magazine *Playboy*, en 1971 : « Je crois en la suprématie blanche tant que les Noirs ne seront pas formés au point de pouvoir exercer des responsabilités » surprend, un an plus tard, le réalisateur Mark Rydell lors du tournage des *Cowboys*. « John Wayne, dira ce dernier, est un être sincère et cultivé, qui a passé des heures à discuter des poètes Shelley et Keats avec Roscoe Lee Brown, un acteur noir connu pour ses idées de gauche. » Alternant polars urbains à la *Derrick* et westerns anachroniques, l'acteur s'imagine être un survivant. Probablement l'est-il, attachant malgré ses préjugés, machiste respectueux et galant avec les femmes, ne dédaignant pas de pousser la chansonnette ou d'apparaître déguisé en lapin sur les plateaux télé, faisant preuve de bravoure envers ce cancer qu'il appelle « *Big C* ». Lorsque celui-ci fait sa réapparition, au milieu des années 1970, et ne lui laisse plus de répit, Marion Morrison, loin du jeune homme qui occulta la maladie de son grand-père, fait face, sa tribu à ses côtés, une prothèse en plastique à la place de l'estomac, un ultime film au titre évocateur, *Le Dernier des géants*, en guise de testament. Le cœur bien accroché pour apparaître, ravagé par la maladie mais avec dignité, aux Oscars, il reçoit peu avant sa mort, le 11 juin

1979, une médaille du président Carter. Sans passion ni haine. Simplement debout. Comme pour donner raison à l'assertion de Steve McQueen : « Des gosses me demandent parfois ce qu'est un vrai professionnel. Je leur réponds : John Wayne. »

Filmographie sélective

La Chevauchée fantastique (John Ford, 1939)
Les Sacrifiés (John Ford, 1945)
La Rivière rouge (Howard Hawks, 1948)
La Charge héroïque (John Ford, 1949)
Rio Grande (John Ford, 1950)
L'Homme tranquille (John Ford, 1952)
La Prisonnière du désert (John Ford, 1956)
Rio Bravo (Howard Hawks, 1959)
Alamo (John Wayne, 1960)
L'homme qui tua Liberty Valance (John Ford, 1962)
Hatari ! (Howard Hawks, 1962)
Les Bérets verts (John Wayne, 1968)
Cent dollars pour un shérif (Henry Hathaway, 1969)

Ava Gardner (1922-1990)

Elle avait une piètre estime de ses talents d'actrice et ne se reconnaissait pas en star. Ava Gardner fut pourtant l'une et l'autre, profitant de son statut pour s'offrir une liberté qu'elle finit par payer cher. Rebelle et jouisseuse, ressemblant à son personnage de La Comtesse aux pieds nus, *« le plus bel animal du monde » s'accorda les privilèges d'hommes qu'elle fit fantasmer et brûla sa vie par les deux bouts. Américaine, c'est pourtant en Europe qu'elle posa ses bagages, mais cette nomade ne trouva jamais la paix de l'âme.*

Elle est revenue du concert de Sinatra avec cette légère ivresse teintée de mélancolie que provoque l'émotion de revoir un « ex ». Puis, chassant sa mauvaise toux, Ava s'est assise, les pieds nus et le cœur en hiver, sur le lit à baldaquin de son appartement londonien, une coupe de champagne à la main. Trinquant à la santé de Frankie. Pas à la sienne… À quoi bon ? En cette fin des années 1980, Ava n'est plus rien. Ou presque. Un fantasme de cinéphile, une chanson d'Alain Souchon. Pourtant, elle retient la nuit. Dormir, pour toujours, viendra bien assez vite. Longtemps, Ava Gardner s'est couchée de bonne heure, aux premières lueurs de l'aube…

« Je suis née, écrira-t-elle, le soir de Noël 1922, en Caroline du Nord, à Grabtown. J'ai fait mon entrée dans le monde à 22 heures et j'ai souvent pensé que si j'étais devenue l'animal nocturne que j'ai toujours été, la raison se trouvait là. Quand le soleil se couche, je me sens plus "éveillée", plus vivante. Sur le coup de minuit, je tiens une forme éblouissante. Je n'étais encore qu'une petite fille que mon père hochait la tête et disait : "Il ne nous reste plus qu'à espérer que tu trouveras un métier où l'on travaille la nuit !" Il était pourtant à mille lieues d'imaginer ce que la vie me réserverait. » Il est vrai qu'Ava passe ses premières années à partager, selon ses propres termes, « les valeurs simples et banales d'une petite paysanne ». Fille du Sud profond, l'enfant doit à ses parents une éducation stricte. Catholique irlandais, Jonas Gardner est contraint, après la crise de 1929, d'abandonner sa plantation de tabac afin de travailler dans une scierie et de s'occuper, avec son épouse, d'une pension d'institutrices. Ce pis-aller appauvrit le foyer, sans l'affamer.

Ava, son frère et ses sœurs aînées ne manquent ni de pain, ni d'affection. Issue d'une famille pieuse de baptistes écossais, Mollie Gardner initie même sa dernière-née au septième art en l'emmenant voir Clark Gable dans *La Belle de Saïgon*. Peine perdue : au cinéma, Ava préfère la chanson. Inscrite, à la mort de son père, dans un cours de sténodactylo, l'adolescente pense s'approcher de son rêve en rendant visite à sa grande sœur Beatrice. Jeune femme émancipée, « Bappie » s'est installée à New York, où elle a épousé Larry Tarr, un photographe frayant avec des jazzmen. Fasciné par sa belle-sœur, Larry commence par lui faire enregistrer un disque. Mais lui comme Bappie sont persuadés qu'Ava, beauté éclatante et rebelle, a un tout autre potentiel. Et un avenir de star. Déguisant la jeune femme à la manière de Scarlett O'Hara, le photographe mitraille un jour de 1940 sa belle-sœur et expose, dans la vitrine de son magasin, un magnifique tirage sépia de cette brune aux yeux vert émeraude et aux pommettes saillantes. Le cliché attire le regard des passants et, parmi eux, celui de Barney Dunham, coursier au service juridique de la Loew's, maison mère de la MGM.

Tombé amoureux de la femme au portrait, Barney promet de faire sa promotion. Si sa démarche indiffère l'intéressée, elle stimule Bappie et Larry, qui inondent Dunham de photos mettant en valeur la plastique d'Ava. Peu après, Marvin Schenck, recruteur pour la Metro, accepte de la rencontrer. Désarçonné par l'accent sudiste de Gardner, qui « mange les *r* », et déçu par sa diction laborieuse, il décide néanmoins, troublé par son magnétisme, de lui faire passer un essai filmé. Al Altman, qui la dirige à cette occasion, n'en revient pas : « Elle était nulle ! Je lui disais : "Regardez en haut", elle regardait en bas et souriait. Elle ne savait rien faire. On se regardait entre nous en secouant la tête… »

Conscient tout autant des faiblesses d'Ava que de son aptitude à capter la lumière, Schenck envoie à Hollywood une version muette de ses essais. Chercheur de talents à la MGM, George Sidney donne son aval pour faire venir la jeune Sudiste à L.A. Ava se voit alors proposer un contrat type de six mois, à 50 dollars la semaine. Rien d'extraordinaire, mais pour Bappie, qui ne cesse de rêver par procuration, c'est le signal d'une nouvelle ère. Plaquant un métier honorable et son photographe de mari, elle entraîne Ava, toujours aussi docile et soucieuse de plaire, à Hollywood.

Invitée lors de son arrivée le 23 août 1941 à visiter les studios, la nouvelle recrue, introduite sur le plateau de *Débuts à Broadway*, tape dans l'œil de la juvénile vedette de la MGM, Mickey Rooney. C'est le début d'une cour effrénée. Sensuelle et innocente, l'enfant de Grabtown, à la voix basse et enrouée, n'a pas à se forcer pour affoler le personnel masculin de la Metro. Son physique est jugé si avantageux qu'elle s'épargne les services des chirurgiens plastiques par lesquels doivent passer une majorité de starlettes. Intime de l'actrice et responsable du département coiffure, Sidney Guilaroff précisera : « Son élégance et sa beauté naturelle étaient telles qu'instinctivement elle résistait aux procédés élaborés du maquillage MGM. » Plus problématique, son absence d'aptitude à l'art dramatique fait dire à Louis B. Mayer : « Elle ne sait pas marcher, elle ne sait pas jouer, mais elle est fantastique. » Un déficit dont Ava a, dès le départ, conscience : « J'étais gauche et timide à force de trouille. La moitié du temps que je passais sur les plateaux, je mettais toute mon énergie à ne pas m'effondrer parce que je ne savais pas faire ce que l'on me demandait. » Cumulant la première année les figurations dans une dizaine de films, elle songe à abandonner ce qui n'a jamais été une vocation et à retourner sur la côte Est. La demande en mariage de Mickey la fait flancher. Si, aujourd'hui, on se demande ce qu'Ava Gardner a pu trouver à un avorton comme Mickey Rooney, à l'époque le scandale est inverse : le studio et les fans soupçonnent la débutante d'avoir convolé avec la star du box-office par pur opportunisme. Allumeuse et ambitieuse, cette grande fille nature et sans façons ? En réalité, Gardner n'est pas, à ses débuts, une femme facile. Harcelée par Rooney, la starlette finit par se persuader qu'elle en est amoureuse et l'épouse. Elle ne retire pourtant de cette union aucun profit : « Jamais Mickey n'a tenté de faire de moi une actrice, jamais il ne m'a appris quelque chose, jamais il ne m'a obtenu le moindre rôle. » Pire : son trophée sitôt décroché, la vedette de la MGM s'en va lutiner d'autres nymphettes et clamer partout qu'il a défloré Ava. Celle-ci le quitte, outrée, au bout de quelques mois. Une attitude jugée inexcusable par Mayer qui, plus que jamais, cantonne Gardner dans des rôles insignifiants.

Désabusée, poursuivie par le fantasque milliardaire Howard Hughes qu'elle tient à distance par son mépris, Ava commence à s'étourdir en trouvant refuge dans l'univers des boîtes de nuit. « Ava était la plus fidèle des clientes », se souviendra Herman Hover, patron du Ciro's. « Elle venait seule, ou avec toute une bande, dansait, buvait puis décidait d'aller dans une autre fête. Jamais elle ne se conduisait mal ou ne se montrait inconvenante. Pas de sexe, juste des histoires salaces, du rire et de l'amusement. » Deux rencontres, en 1945, la sortent de son isolement. Le producteur Seymour Nebenzal la tire des griffes de la MGM pour lui donner son premier rôle emblématique : celui d'une femme fatale piégée par l'amour dans *Tragique Rendez-Vous*. Au même moment, le jazzman cultivé et torturé Artie Shaw s'éprend d'elle. Il l'épouse, mais leur couple s'avère déséquilibré. Artie dit à Ava comment se comporter, ce qu'elle doit lire et penser. « Il ne manquait pas une occasion de m'humilier, se souviendra-t-elle. Je l'adorais, mais il reste une des plus grandes blessures de ma vie. » Leur séparation affranchit Ava de la tutelle des hommes mais la rend plus incertaine encore de ses capacités.

Un film, pourtant, vient de la révéler. Sorti en 1946, *Les Tueurs* de Robert Siodmak la métamorphose, vêtue d'une robe de satin noire, en vamp laconique et flamboyante. Lancée en même temps que son partenaire Burt Lancaster, Gardner sympathise en coulisses avec l'auteur de la nouvelle qui a inspiré le film : Ernest Hemingway. Le romancier, dont elle investira à nouveau l'univers dans les années 1950 avec *Les Neiges du Kilimandjaro* et *Le soleil se lève aussi*, est conquis par celle qui s'avère être tout aussi libre et passionnée que ses héroïnes. « Ava, dira l'auteur du *Vieil Homme et la Mer*, restera toujours superlativement femme, avec tous ses caprices, sa bonté vraie ou fausse, sa perversité et son mystère. Ava, il faut l'accepter tout entière ou la rejeter. » Jumelle passionnelle d'une autre employée de la firme au lion, Lana Turner, avec laquelle elle partage le souvenir d'Artie Shaw ainsi qu'une amitié amoureuse autorisant quelques débordements ; amante et version féminine de Robert Mitchum, par son rejet des convenances et sa sincérité assortie de mauvaise foi ; alternative à Rita Hayworth, qu'elle ne fréquente guère mais dont les doutes professionnels épousent les siens en dépit de leur aura, Gardner construit son mythe dans l'indifférence de la Metro, qu'elle sert le jour et à laquelle elle échappe la nuit. Elle doit toutefois à George Sidney, qui l'a recrutée dix ans plus tôt, de trouver en 1951 un rôle à sa mesure dans *Show Boat*. En artiste de sang mêlé, Ava, par ailleurs ardente supportrice des droits civiques, renoue avec ses premières amours mais découvre, furieuse, lors de la sortie du film, qu'elle a été doublée pour les séquences chantées. Elle se console grâce à l'accueil enthousiaste du public et conquiert la même année la critique en incarnant le fantasme d'un mystérieux navigateur hollandais ayant les traits de James Mason dans l'esthétisant *Pandora*.

Le tournage en Espagne de ce manifeste surréaliste d'Albert Lewin, qui l'éloigne de Frank Sinatra, son amant du moment, a deux conséquences : il révèle à l'actrice son amour de la culture et du mode de vie hispaniques, mais ravive également sa passion pour le crooner déchu. Alors au creux de la vague et dépressif, Sinatra boit, comme Ava, et partage avec elle le goût des sports violents, un tempérament irascible ainsi qu'une possessivité maladive. « La jalousie, admettra l'actrice, était la seule chance de notre amour. » Frank étant catholique et marié, leur liaison débute sous le signe du scandale avant de se poursuivre, une fois le chanteur divorcé et remarié avec Ava, de manière épicée. Les deux stars s'injurient, se battent et se réconcilient, trop semblables, au fond, pour se supporter. L'ascension d'Ava, consacrée dans l'exotique *Mogambo* par une nomination à l'Oscar, est inversement proportionnelle à la chute de Sinatra, qui a perdu sa voix. Décidée à sauver son époux, la comédienne fait le siège de la femme de Harry Cohn afin que le patron de la Columbia pense à Frank pour le rôle du soldat Maggio dans l'adaptation de *Tant qu'il y aura des hommes*. Elle va jusqu'à proposer de tourner gratuitement pour le studio en échange d'un bout d'essai de son mari. Le film de guerre de Fred Zinnemann marque la résurrection de Sinatra, qui décroche un Oscar. Mais pour leur couple, il est trop tard. Blessée par l'orgueil retrouvé de Frankie, Ava le quitte en 1953 pour l'Europe et de nouveaux frissons.

À Madrid, dans l'Espagne franquiste, la star trouve un autre port d'attache. Exilée de luxe sans conscience politique, cautionnant par sa présence et ses fréquentations le régime du Caudillo, Ava organise régulièrement des fêtes noyées de champagne et de danse dans son appartement voisin de celui de Juan Perón et sillonne la péninsule Ibérique au fil d'innombrables virées. La proposition de tourner en Italie *La Comtesse aux pieds nus* la surprend alors qu'elle vient d'entamer une fougueuse liaison avec le torero Luis Miguel Dominguín. Réflexion définitive sur la condition de star, les faux-semblants du cinéma et son propre destin, le chef-d'œuvre de Joe Mankiewicz fait plus pour la renommée d'Ava qu'aucun autre film, mais ne contribue pas à l'apaiser. Snobée par Humphrey Bogart qui lui en veut de l'abandon de son ami Sinatra, elle ne trouve pas auprès de son metteur en scène, expert en psychologie féminine mais surmené par sa production, le réconfort qu'elle espère. Se reconnaissant cependant dans cette femme insaisissable qui aime, comme elle, marcher pieds nus et se heurte aux limites de toute fuite perçue comme une liberté, l'actrice conforte son statut déjà iconique et s'envole pour le Pakistan afin de jouer, dans *La Croisée des destins*, le rôle d'une métisse dont le parcours tourmenté épouse le devenir de l'Inde. Elle réussit une nouvelle fois, après *La Comtesse aux pieds nus*, à donner corps au mythe en livrant une remarquable performance d'actrice. Sans cesser de douter. « Ava Gardner est extrêmement intelligente, observe George Cukor, qui la dirige. Mais elle est hantée par le désespoir. C'est une femme dominée par la fatalité. Elle n'a pas de très bons rapports avec elle-même et, entre autres choses, elle se considère – ce qui est triste – comme une mauvaise comédienne. »

Rien ne semble pouvoir la rassurer. Qu'elle se soit « constamment améliorée », selon Gregory Peck, n'est pas un critère. Comme devait le remarquer l'acteur Roddy McDowall, qui la met en scène en 1970 dans *Tam Lin* : « C'était une merveilleuse actrice, et elle n'a jamais voulu le croire. Si vous le lui disiez, cela la mettait très mal à l'aise et elle était pratiquement prise de tremblements. Elle ne savait pas quoi faire de cette information. Elle était déroutée. Ava était unique en ce qu'elle était à la fois impériale et terrestre. Elle n'avait pas de métier, mais un talent intuitif et spontané dans la peau. »

Autodestructrice, ayant recours à plusieurs avortements, fréquentant deux-trois hommes en même temps et cherchant assez rapidement à se défaire de chacun d'eux, elle abandonne Dominguín, qui rêve de fonder une famille, s'attache à un autre torero, avant de retrouver ponctuellement Sinatra et de le fuir à nouveau. L'affirmation de son amour pour le flamenco et la tauromachie qui lui vaut, un jour de 1957 où elle descend dans l'arène, une blessure à la joue qu'elle portera à vie, correspond moins à une passion réelle qu'à l'expression d'une rébellion assumée, reflet de son déséquilibre personnel : « J'ai toujours aimé voyager, être en transit. Deux valises, un billet et je suis heureuse. »

Elle le prouve en quittant sans regret Madrid pour Londres à la fin des années 1960. Sentimentalement, Ava n'est pas plus fixée. La liste de ses amants d'un soir s'allonge à mesure que se dégrade sa beauté. L'alcool, ce compagnon de jeunesse censé la tranquilliser, accélère une déchéance programmée. La doublure cascade d'Alain Delon se souviendra l'avoir vue entreprendre la star française, laquelle, ne reconnaissant plus guère le sex-symbol derrière la femme aux traits alourdis, lui aurait cédé sa place pour la nuit. Ava ne lâche pourtant pas la rampe, tributaire d'une bohème plus dispendieuse que misérable, et conforte, du beau drame apocalyptique *Le Dernier Rivage* à la fresque historique des *55 Jours de Pékin*, l'image d'une femme mûre et fière. Apothéose de ce jeu spectaculaire, *La Nuit de l'iguane* la voit s'approprier, en la rendant plus désirable, une héroïne de Tennessee Williams, sous la direction de John Huston. Si ce dernier, fasciné par l'actrice, l'aura courtisée en vain pendant des années, Ava rendra hommage au scénariste-metteur en scène qui l'aura dirigée trois fois : « Travailler pour lui m'a donné les seules vraies joies que j'ai connues au cinéma. » Peut-être parce que les tournages avec Huston sont de perpétuelles fiestas. Sans attaches ni enfants, Gardner n'a qu'un bien : son indépendance. Les cinéastes ne peuvent exiger de l'actrice que ce qu'elle veut bien donner : un écho de sa personnalité, l'éclat de sa splendeur passée. Que n'a-t-elle mis un terme à sa carrière en 1972, après le clin d'œil savoureux de *Juge et hors-la-loi* où sa chanteuse sur le retour justifie l'admiration du magistrat qu'incarne Paul Newman ?

Au lieu de quoi, le visage raviné, l'émotion à fleur de peau, elle échoue à l'approche de la soixantaine dans ce refuge pour stars déchues que sont les films catastrophe et les soaps télévisés. Il en faut peu, toutefois, pour que ressuscite au détour d'un plan sa séduction vibrante et viscérale. Pour qu'un lupus puis un AVC, en 1986, l'empêchent d'apprécier incognito, une dernière fois à l'Albert Hall, un tour de chant de Sinatra dont elle dira qu'il fut « le seul homme qui ait compté ». Le seul, peut-être, qui sut la comprendre. « Qu'était-elle, d'ailleurs », écrira après sa mort en 1990, d'une pneumonie, son amie intime Françoise Sagan. « Plus j'y pense, moins je le sais. Je pourrais juste dire qu'elle était belle, et seule, et généreuse, et qu'elle aimait rire parfois. Je pourrais dire qu'elle était de ces gens qui font de votre vie une sorte de paysage poétique, mais dont on a le sentiment qu'elle est pour eux un désert d'amertume, de ces gens primitifs ou décadents, dont on ne sait où ils vont, et qui sans doute ne le savent pas eux-mêmes, tant ils sont ligotés par la nature. Et, dans ce cas d'Ava Gardner, par une beauté intrinsèque. »

Filmographie sélective

Les Tueurs (Robert Siodmak, 1946)
Show Boat (George Sidney, 1951)
Pandora (Albert Lewin, 1951)
Les Neiges du Kilimandjaro (Henry King, 1952)
Mogambo (John Ford, 1953)
La Comtesse aux pieds nus (Joseph L. Mankiewicz, 1954)
La Croisée des destins (George Cukor, 1956)
Le soleil se lève aussi (Henry King, 1957)
La Maja nue (Henry Koster, 1958)
Le Dernier Rivage (Stanley Kramer, 1959)
Les 55 Jours de Pékin (Nicolas Ray, 1963)
La Nuit de l'iguane (John Huston, 1964)
Juge et hors-la-loi (John Huston 1972)

Burt Lancaster (1913-1994)

Il n'y en eut pas beaucoup pour miser dès leurs débuts sur l'indépendance, dans un système hollywoodien verrouillé. Devenu star et producteur à 32 ans, Lancaster le fit avec une volonté et une agilité faisant honneur à sa formation d'acrobate de cirque. Voué au cinéma d'action, il s'en échappa comme d'une prison, abordant tous les genres, assumant en pleine gloire une reconversion européenne risquée. Et cela sans renoncer à son caractère ombrageux ni à une liberté recouvrant bien des mystères.

Ce beau gosse athlétique et extraverti renfermait davantage de contradictions que son apparence perpétuellement souriante ne le laissait supposer. Luchino Visconti dit ainsi du lien unissant l'acteur à son incarnation aristocratique du *Guépard* : « Le prince était un personnage très complexe : parfois autocrate, rude et violent, parfois romantique, bon et compréhensif ; parfois aussi stupide – mais, par-dessus tout, énigmatique. Cela correspond tout à fait au caractère de Burt. Il est l'individu le plus parfaitement mystérieux que j'aie jamais rencontré. »

Né le 2 novembre 1913, Burton Stephen Lancaster est un paradoxe vivant. Petit blond, fils d'Anglo-Irlandais que leur position sociale d'employé des postes et de mère au foyer met tout juste à l'abri du besoin, il grandit avec frères et sœur dans un appartement sans confort au cœur du quartier new-yorkais populaire d'East Harlem. Et s'il fait le coup de poing avec les enfants noirs, juifs ou italiens qui le surnomment « le Hollandais » – bagarres dont il dira : « C'est en me battant, dans les rues, que j'ai pris le goût de la violence et de la victoire » –, il n'en développe pas moins une tolérance dénuée de préjugés envers les autres minorités. Burt noue aussi à cette époque une relation particulière avec cette mère dont il dit qu'« elle avait un caractère incroyablement volontaire, ne sacrifiant rien à l'honnêteté jusqu'à être terrible », au point de le gifler lorsqu'il se réfugie dans des mensonges. Sa mort, lorsqu'il est adolescent, le marque profondément. Entre-temps, le garçon a commencé à se forger une nature des plus singulières. Sportif, il passe le reste de son temps libre à lire, s'éveille à l'opéra, passion qui durera toute sa vie, et découvre, à travers les exploits de Douglas Fairbanks, le cinéma. « Il sautait et bondissait partout, se souviendra son père, mais c'était avant tout un rêveur qui s'enfermait dans son monde pendant des heures. »

Le centre d'action sociale de la 104e rue l'aide à s'affirmer. Dans cette maison de jeunes, Burt joue au basket, pratique la gymnastique, prend des cours de langues et s'initie au théâtre en participant à des productions amatrices. Il y retrouve également son meilleur ami, Nick Cravat, un boxeur poids mouche d'origine italienne. Alors que Burt vient d'entrer à l'université en 1932 pour préparer un diplôme d'éducation physique, ils mettent au point ensemble un numéro d'équilibristes. Leur enthousiasme est tel que Nick renonce à une carrière de pugiliste tandis que Lancaster se désengage d'études supérieures qui lui promettaient un emploi de prof de sport. Tous deux ont un objectif : se produire sous un chapiteau. Rebaptisé « Lang and Cravat », le duo est engagé par la compagnie de cirque des frères Kay et fait le rude apprentissage de la vie de troupe. À cette époque, Burt épouse, pour peu de temps, une acrobate, June Ernst. Avant de s'offrir une parenthèse en suivant à Manhattan quelques cours de comédie. N'est-il pas monté sur scène à l'école et au lycée ? Pour lui, ça n'était qu'un « divertissement de gonzesse ». Devenu adulte, il envisage les choses autrement. Mais lorsque, se produisant à Los Angeles avec Nick, il tape aux portes de studios de cinéma, c'est pour s'entendre dire que ses acrobaties ne remplacent pas une solide formation dramatique.

Échaudé, Lancaster retourne aux barres parallèles et, durant sept ans, court le cachet avec son compère, quitte à tutoyer la misère. La guerre et la mobilisation l'arrachent à sa bohème. Affecté au divertissement des GI, Burt accompagne l'armée de libération américaine en Autriche et en Italie, monte des spectacles et quelques concerts. L'itinérance lui réussissant, il tombe aussi sous le charme d'une veuve de guerre, Norma Anderson, rencontrée à

Caserte, en Italie, lors d'une représentation parodique des *Trois Mousquetaires*. Ils ne font qu'échanger leurs adresses mais, le conflit terminé, Burt Lancaster part à New York la rejoindre. Prenant l'ascenseur qui l'emmène au bureau de Norma, l'athlète est remarqué par le producteur Jack Malhor. Ce dernier, le jaugeant physiquement, l'estime fait pour le rôle d'une pièce sur le point d'être montée à Broadway. *A Sound of Hunting* vaut à Burt de bonnes critiques et lui donne l'envie de persévérer dans cette voie. Présenté à l'agent Harold Hecht, il sympathise avec cet ancien danseur, qui lui consacre très vite l'essentiel de son temps. Les deux hommes envisagent aussi de produire des films dès qu'ils en auront l'occasion. Encore faut-il s'en donner les moyens. Ce que parvient à faire Lancaster en tapant dans l'œil d'un producteur qui vient de créer sa propre unité au sein de la Paramount. Persuasif, Hal Wallis est décidé à ne pas lâcher l'aspirant comédien, dont il espère qu'il rejoindra un autre débutant, du nom de Kirk Douglas, au sein de son écurie : « En voyant les larges épaules de Burt, racontera-t-il, j'étais sûr que les femmes seraient folles de lui. Je l'ai félicité et lui ai demandé de travailler pour nous. Burt était calme et ne semblait guère intimidé. Il m'a invité à prendre contact avec son agent et a refermé la porte de sa loge. »

Lancaster, qui, pour ne plus avoir l'âge de s'emballer, sait repérer une opportunité, répond favorablement à l'offre de Wallis. Quittant la côte Est pour Los Angeles en janvier 1946, il signe un contrat de sept ans avec le producteur mais négocie une clause l'autorisant à travailler ponctuellement pour d'autres compagnies. Ce qui lui permet d'entrer en contact avec Universal, dont il a appris qu'elle doit distribuer le rôle d'un boxeur surnommé « le Suédois » dans *Les Tueurs*, adaptés d'une nouvelle d'Ernest Hemingway. Quand il le reçoit, le producteur Mark Hellinger est convaincu : « J'avais une espèce de géant devant moi. Ses cheveux étaient ébouriffés, il n'avait pas de cravate. Mais il y avait quelque chose d'intéressant en lui. Pendant tout notre entretien, ce type qui respirait la santé s'est comporté comme s'il allait s'évanouir. Il jouait "le Suédois" et, pour lui, ce devait être un gaillard immense, silencieux, maladroit, hésitant. Lancaster était vraiment devenu ainsi. » Dans la foulée, Hellinger demande à Burt ce qu'il pense du scénario. Sans se démonter, Lancaster, qui connaît son Hemingway par cœur, n'hésite pas à pointer du doigt les maillons faibles du récit.

Sa finesse d'analyse achève de séduire le producteur. En *loser* dont la faiblesse de caractère contraste avec le physique athlétique, Burt fait une entrée fracassante dans l'univers du cinéma.

Sa présence, remarquée par les spectateurs, impressionne ses partenaires, parmi lesquels une autre débutante : Ava Gardner. « Burt avait une grande confiance en lui, confiera-t-elle. Il n'avait jamais tourné auparavant mais semblait en savoir assez pour pouvoir tout diriger, et si Robert Siodmak n'avait pas eu la poigne qui le caractérisait, Burt aurait pris sa place. » Doutant, en réalité, de ses capacités d'acteur, Lancaster n'en laisse rien paraître. Le succès des *Tueurs* le rend plus sûr de lui et l'impose en antihéros de films noirs. Des *Démons de la liberté*, de Jules Dassin, qui l'enthousiasme, à *Pour toi, j'ai tué*, de Siodmak, qui le déçoit, le comédien opère un dosage relevé par le critique Foster Hirsch : « Le subtil mélange de beauté et de perversité qui émanait de son personnage véhiculait un impact dramatique saisissant. » Le triomphe fin 1948 de *Raccrochez, c'est une erreur*, d'Anatole Litvak, où il tient un rôle secondaire, mais essentiel, de lâche et de salaud, l'affranchit définitivement. Liant son destin à celui de son agent, Burt devient son propre producteur. Une première pour un acteur depuis James Cagney. Et l'opportunité pour Lancaster d'ouvrir une brèche dans le système des studios jusqu'alors tout-puissant. « Notre but, déclarera-t-il plus tard, n'était pas de faire de l'argent à tout prix. Il fallait montrer aux gens la réalité de la vie. »

Ce sont pourtant deux divertissements, l'un tourné en studio par Jacques Tourneur, *La Flèche et le Flambeau*, l'autre filmé par Robert Siodmak en extérieurs en Italie, *Le Corsaire rouge*, qui font de lui une star. Ces œuvres colorées, où il multiplie les acrobaties, désignent Burt comme l'héritier d'Errol Flynn, et plus encore de son idole, Douglas Fairbanks. Dans le second opus, la parodie de film de pirates n'empêche pas Lancaster d'afficher un certain nombre de maniérismes qui établissent sa *persona* de star et vont se retrouver d'un long-métrage à l'autre, essentiellement dans les scènes paroxystiques, quel que soit le genre abordé. Le corps dénudé aux muscles saillants et complaisamment exposés annonce l'athlète qui prend possession de l'espace. La diction, claquante, accompagnée d'un regard prédateur, ne va pas tarder à être parodiée par des imitateurs. Enfin, il y a ce sourire carnassier, qui enjôle pour mieux déchiqueter. L'arme irrésistible a un prix : 10 000 dollars, investis par Burt qui fait remplacer toutes ses dents par des prothèses d'une blancheur inaltérable. Mais l'apparence n'est qu'un écran protecteur ne dissuadant pas l'artiste de prendre d'autres risques que ceux mettant en jeu sa chère intégrité physique. Esthète décidé à ne pas devenir le nouveau M. Muscle de Hollywood, Lancaster élargit ainsi son registre en époux alcoolique de *Reviens, petite Sheba*, drame de la conjugalité de l'Amérique profonde, sur le tournage duquel il reçoit cette critique de sa partenaire Shirley Booth : « Une fois, de temps en temps, tu atteins au sublime. Mais, autrement, j'ai l'impression d'être devant une machine : je t'entends penser ! »

La veine théâtrale et névrotique ne cesse toutefois de le passionner, de la moiteur louisianaise de *La Rose tatouée* à la chronique anglaise de *Tables séparées*. Au même moment, il entend ouvrir le western fordien à d'autres horizons. *Bronco Apache* et *Vera Cruz*, réalisés en 1954 par l'iconoclaste Robert Aldrich, annoncent Sergio Leone et les auteurs révisionnistes des années 1970. Ils témoignent des ambitions de leur producteur-interprète. « Je me suis souvent lancé dans des choses que je n'étais pas sûr de pouvoir faire, avouera Lancaster. Des gens comme Clark Gable ou Gary Cooper n'ont cessé de jouer leur propre personnage avec succès. Je ne cherchais pas ce succès-là. » Sa cote au box-office atteint cependant des sommets avec un rôle en apparence conventionnel : celui du sergent Warden jouant, à la veille de Pearl Harbor, aux jeux de l'amour et de la guerre dans *Tant qu'il y aura des hommes*. La scène où il étreint passionnément Deborah Kerr sur une plage de Honolulu fait du comédien, plus à l'aise dans les rapports virils que sensuels, une icône glamour. « Ce film, dira Lancaster, a été le tournant de ma carrière. Cela a été un immense succès qui a mis d'accord la critique comme le public. » Il est vrai que l'acteur y incarne un personnage plus complexe qu'on ne l'a dit. Réfrénant un caractère que l'on devine bouillonnant, Warden est dans le contrôle de ses émotions lorsqu'il rompt sobrement avec sa maîtresse ou tente de garder la tête froide en pleine attaque japonaise. Une composition à l'inverse de sa vérité ?

En coulisses, l'idole commence à faire grincer des dents. Parce que Burt se refuse à exposer sa vie privée, il se murmure que l'époux de Norma et père de cinq enfants dissimulerait une bisexualité débridée. La rumeur, qui laisse fuiter la réalité de quelques liaisons extraconjugales hétérosexuelles, dont l'une, orageuse, avec la comédienne Shelley Winters, sera relayée quelques années après sa mort par le journaliste Daniel Jeffrey. Ce dernier se base sur des rapports déclassifiés d'un FBI ayant surveillé l'acteur en raison de ses supposées sympathies communistes et de son comportement de « prédateur sexuel ». D'après Jeffrey, Lancaster, adepte d'orgies gays, aurait « posé avec son ami Rock Hudson les bases d'un mode de vie homosexuel à Hollywood » tout en continuant à entretenir des liaisons féminines. La star, narcissique et amoureuse de son corps, aurait été dotée d'« un appétit de conquête, s'exerçant sur tout individu susceptible de succomber à son physique. Comme n'importe quelle addiction, celle-ci compensait un sentiment profond d'insécurité ». Cette part cachée pour le plus grand nombre ne retire rien au courage de l'homme d'engagement, Burt affichant ouvertement, pendant des décennies, son soutien à la cause homosexuelle et, lorsque la maladie déferlera, à la lutte contre le sida. Mais, plus encore que cette dimension restée dans l'ombre, c'est le tempérament parfois incontrôlable, et même cruel, de l'acteur qui achève de lui créer des inimitiés.

Au point de voir l'échotière Sheilah Graham écrire, sans retenue : « Le caractère épouvantable de Lancaster est bien connu. Il peut se maîtriser pour les besoins de son travail, mais lorsqu'il ne tourne pas, la moindre contrariété vire au désastre. » Perfectionniste, Burt cherche en fait à exercer un contrôle maximal sur ses choix. Ainsi reconnaît-il en passant, en 1955, à la réalisation avec le western humaniste *L'Homme du Kentucky* : « Je me suis toujours un peu comporté comme mon propre metteur en scène. Même en tant qu'acteur, s'il y a quelque chose à changer, je n'ai jamais hésité à le dire, ni à proposer une solution de remplacement. Bien sûr, c'est parfois pénible pour les metteurs en scène ; ils croient que je marche sur leurs plates-bandes. Mais, en fait, tous les vrais acteurs agissent ainsi. » Y compris avec les partenaires qu'ils se sont choisis ? En 1956, le scénariste James Hill est associé par Lancaster à la société de production qu'il forme avec Harold Hecht. Bluffé par le professionnalisme de son patron, il n'en relève pas moins ses aspects déplaisants. « Un jour que nous jouions au golf, racontera-t-il, Burt me montra l'art et la manière d'écraser les gens en douceur. Ayant terminé son parcours en avance, il m'a planté sur le terrain, sans plus s'occuper de moi, me prévenant simplement qu'il m'attendrait au bar. Un autre problème est son extrême susceptibilité ; il entend tout et n'oublie rien. C'est à peine si l'on peut plaisanter avec lui. » Ces travers n'empêchent cependant pas l'acteur de se remettre en cause, ni l'homme de faire preuve d'humanité.

Moqué régulièrement pour l'exubérance de son jeu, Lancaster va peu à peu le moduler jusqu'à se montrer bouleversant d'émotion contenue, en 1962, dans le rôle-titre du meurtrier devenu ornithologue en captivité dans *Le Prisonnier d'Alcatraz*. Critiqué pour son égocentrisme, le citoyen, libéral convaincu, n'est pas le dernier à soutenir activement Martin Luther King et les mouvements antiségrégationnistes auxquels il apporte aide et argent. Accusé de maltraiter ses metteurs en scène, il lance cependant la carrière de Robert Aldrich et, dans les années 1960, celles de John Frankenheimer puis de Sydney Pollack, qui dira de lui : « Burt est l'homme qui m'a fait travailler le plus dur, et celui avec lequel j'ai le mieux communiqué. » Comment expliquer, autrement que par cette émulation faite de tension et de défis, la complicité mêlée de rivalité qui le lie à son partenaire de *Règlements de comptes à OK Corral*, Kirk Douglas ? Mégalos et caractériels, les deux acteurs, qui vont tourner six films ensemble, s'apprécient pour leur pugnacité et s'estiment pour leur esprit d'entreprise. Celui-là même qui conduit Lancaster en 1955 à produire *Marty*, un petit film social sur un vieux garçon s'éveillant à l'amour qui, contre toute attente, rencontre un succès critique et commercial. Ce désir constant de se renouveler le pousse à trouver, à l'approche de la cinquantaine, ses meilleurs rôles. Durs et déplaisants, ils offrent peu de concessions au star-system.

En éditorialiste cynique et pervers du *Grand Chantage*, sous la direction d'Alexander Mackendrick, Burt, lunettes cerclées d'acier sur le nez, opère en 1957 un tournant et entraîne à ses côtés Tony Curtis, que ce film noir épuré déglamourise tout autant. Déconcerté par cette absence volontaire de séduction et insensible à sa performance, le public n'est pas au rendez-vous. Il l'est en revanche trois ans plus tard lorsque Richard Brooks s'associe avec Lancaster pour porter à l'écran un roman de Sinclair Lewis. Leur long travail en commun sur le scénario permet à l'acteur d'endosser en toute confiance le costume du prédicateur haut en couleur et manipulateur d'*Elmer Gantry, le charlatan*. « Ce fut mon rôle le plus facile, je n'avais pas besoin de jouer, confiera même Burt. Certains personnages que j'ai dû interpréter m'étaient entièrement étrangers, pas

Elmer Gantry. C'est mon double. Mais j'ai aussi essayé de ressembler à John Huston, en imitant son caractère maniéré, enjôleur. » Fausse modestie ? Elmer Gantry, ce beau parleur avide et sans scrupule des années 1920, vaut à Lancaster son unique Oscar.

Désireuse de ne pas se reposer sur ses lauriers, la star provoque le destin. Quand le producteur Goffredo Lombardo, en visite à Hollywood, remarque sur le bureau de Burt un exemplaire du livre de Lampedusa, *Le Guépard*, il en parle à Luchino Visconti, en quête, pour son adaptation, d'un interprète du prince sicilien Fabrizio de Salina. « Lancaster ? Un cow-boy ? Jamais ! », vocifère de prime abord le maestro. Mais après l'avoir vu, sobre et intense, dans *Jugement à Nuremberg*, et suite à la défection de Laurence Olivier, Visconti, qui a besoin de l'argent de la Fox, consent à rencontrer cet improbable second choix. Intrigué par la culture de Lancaster, le cinéaste finit par l'engager mais ne renonce pas, dans un premier temps, à l'humilier. Une première pour l'acteur. « Luchino lui a imposé un régime de terreur, écrira la biographe de Visconti, Laurence Schifano. Il a non seulement fait de lui un Guépard posé et distingué, mais l'a également rendu aussi doux qu'un agneau. » Moins bien traité qu'Alain Delon et Claudia Cardinale, Lancaster encaisse sans broncher, conscient du génie d'un cinéaste qui peut infléchir sa carrière. Le résultat est impressionnant. En patricien secret, fragile, vieilli, Burt tourne le dos aux conventions hollywoodiennes et livre une nouvelle facette de son art. Mais plus encore, « en guidant Lancaster vers son personnage, dira Schifano, Visconti a fini par le guider aussi vers ce nouvel être qu'il découvrait en lui ». Si Burt, amoureux de l'Italie, s'achète à Rome une seconde résidence où il passe désormais une partie de l'année, et si le film est sacré par la critique et le public européens, *Le Guépard*, mutilé dans sa version américaine, est un échec aux États-Unis. Désormais rangé dans la catégorie peu reluisante des vétérans, Lancaster entame une phase professionnelle en dents de scie.

Contraint de vendre sa société de production, il accepte, pour maintenir son train de vie, des projets plus ouvertement commerciaux dont des films catastrophes, d'*Airport* au *Pont de Cassandra*. Mais il ne cesse aussi de prendre des risques. Son général fasciste de l'intense politique-fiction *Sept jours en mai* et le militaire fantomatique du singulier film de guerre *Un château en enfer*, imprégné de surréalisme, restent dans les mémoires, à défaut d'attirer un large public. Lequel se déplace en nombre, une dernière fois, pour le voir dans *Les Professionnels* de Richard Brooks, en spécialiste des explosifs. Davantage qu'avec ce western au carré, c'est à la marge que Lancaster continue d'intriguer. Il faut l'observer livrer une métaphore de son parcours, en 1968, dans l'ambigu et fascinant *The Swimmer*. Son corps de plongeur s'y déploie, conquérant, de piscine en piscine, pour finir essoré comme ce rêve américain qu'il n'aura cessé d'incarner tout en en révélant des faces sombres faisant écho à ses propres tourments. Dès lors, il ne reste plus à Burt, divorcé de Norma, qu'à accepter son âge et, plus libre que jamais, à passer de l'Italie, sous les directions de Bernardo Bertolucci dans *1900* et de Visconti, dans *Violence et Passion*, aux États-Unis, dont il ne cesse d'interroger l'histoire controversée avec *Fureur apache* et *Le Merdier*, où sa posture héroïque de commandant d'un village-fortin assiégé sert d'alibi à une critique impitoyable de la guerre du Vietnam. *Atlantic City*, de Louis Malle, en 1980, est son dernier morceau de bravoure. En vieil escroc nostalgique et romantique, au côté de Susan Sarandon, Burt défie sa propre mythologie et rallie, une ultime fois, les critiques. Malgré les problèmes de santé qui l'assaillent, il ne cesse de tourner mais en décembre 1990, quelques semaines après s'être remarié une troisième fois, avec la productrice de télévision Susan Martin, une attaque cérébrale le laisse à moitié paralysé. Diminué, Lancaster s'éteint en octobre 1994. Loin, si loin de l'athlète qui avait mis Hollywood à genoux et fait dire à Alexander Mackendrick : « Il suffit qu'il entre dans une pièce et l'atmosphère change. C'est un peu comme si un tigre surgissait devant vous. »

Filmographie sélective

Les Tueurs (Robert Siodmak, 1946)
Les Démons de la liberté (Jules Dassin, 1947)
Le Corsaire rouge (Robert Siodmak, 1952)
Tant qu'il y aura des hommes (Fred Zinnemann, 1953)
Vera Cruz (Robert Aldrich, 1954)
Le Grand Chantage (Alexander Mackendrick, 1957)
Elmer Gantry, le charlatan (Richard Brooks, 1960)
Le Prisonnier d'Alcatraz (John Frankenheimer, 1962)

Le Guépard (Luchino Visconti, 1963)
Sept jours en mai (John Frankenheimer, 1964)
Les Professionnels (Richard Brooks, 1966)
The Swimmer (Frank Perry et Sydney Pollack, 1968)
Atlantic City (Louis Malle, 1980)

Marlon Brando (1924-2004)

Il y eut un avant et un après Brando. Pour le jeu d'acteur et le statut de star. Dans l'un et l'autre cas, ce punk au profil de dieu grec influença fortement les générations à venir. Son règne incontestable ne dura pourtant que de 1951 à 1955. Mais la révolution qu'il enclencha annonça la décennie suivante et la contre-culture. Être complexe, jouisseur et autodestructeur, le comédien échappe aux raccourcis et au système qui le sacra roi. Lequel se fit voyeur pour assister, malgré une improbable résurrection, à son inexorable chute.

Marlon Brando naquit trois fois, et chacune de ces mises au monde semble avoir eu pour effet d'attirer l'attention de ses contemporains, captivés par le spectacle dont ils étaient témoins. Le 3 décembre 1947, le cri primitif « *Stella !* », hurlé par un jeune dieu en T-shirt moulant lors de la première d'*Un tramway nommé désir*, de Tennessee Williams, électrise la scène du théâtre Barrymore de Broadway et se répand, comme la sensation du moment, à travers Manhattan. Quatre ans plus tard, le 29 septembre 1951, la première de l'adaptation cinématographique de la pièce, réalisée par son metteur en scène, Elia Kazan, révèle « à tout un pays, selon l'essayiste Ty Burr, ce que New York savait déjà ; que Brando n'était pas seulement un nouveau type d'interprète, mais également un modèle de star comme on n'en avait jamais connu ». Cependant, avant même de faire succomber des personnes qui lui étaient étrangères, le garçon fit craquer les siens. C'est dans une ancienne réserve sioux que ce descendant d'immigrants allemands, anglo-irlandais et français voit le jour, à Omaha, Nebraska, le 3 avril 1924. Benjamin préféré de deux aînées câlines, Frances et Jocelyn, garçon sensible, tendance scato, Marlon Brando bouscule très vite une jeunesse sans vocation ni préjugés macho. Entre un père négociant, indifférent, qu'il qualifiera de « connard patenté », et une mère adorée, actrice alcoolique confondant vers et verres, l'enfant blond, doué d'empathie et dénué de frayeurs, se cherche longuement. « À 7 ou 8 ans, lui rappellera l'une de ses sœurs, tu n'arrêtais pas de nous rapporter des animaux affamés, des oiseaux malades, des gens dont tu pensais qu'ils pouvaient avoir besoin d'aide. Dès que tu en avais l'occasion, tu choisissais la fille qui louchait, ou la plus grosse de la bande, celle dont personne ne s'occupait. » Par compassion ou par projection ?

« Quand on est mal-aimé, affirmera l'intéressé, que l'essence de ce que l'on est semble inacceptable, on se met en quête d'une identité qui pourrait être agréée. » Solitaire surnommé « Bud » dès son plus jeune âge par sa famille, ce charmeur se fait aussi déconneur. Écrivant « merde » au tableau de son école avec de la poix, puis allumant la mèche à l'arrivée de l'institutrice de telle sorte que le mot s'inscrive en lettres de feu, il ne respecte ni Dieu ni maîtres. Renvoyé régulièrement des collèges qui commettent l'imprudence de l'admettre, rebelle sans cause, sinon celle de voir ses proches s'entre-déchirer, il obéit, pour la première et dernière fois de sa vie, à son géniteur abhorré qui l'envoie se faire redresser à l'académie militaire de Shattuck, dans le Minnesota. Il y reste quelques mois, s'acclimate sans réserve à la virile ambiance des chambrées, mais vomit la discipline et rêve au destin de l'aînée de la fratrie, Jocelyn, étudiante en art dramatique à New York où elle suit les cours de Stella Adler. Décidé à brûler ses dernières cartouches, Marlon se fait exclure de l'académie, prend le train vers l'est et s'installe chez son autre sœur, Frances, qui l'accueille à bras ouverts. Son père lui ayant coupé les vivres, le jeune homme exerce divers métiers : vendeur, livreur, liftier. Inscrit à la New School d'Erwin Piscator, metteur en scène de théâtre allemand, il devient à son tour l'élève de Stella Adler.

Si, par la suite, on aura tendance à confondre Marlon Brando avec « la Méthode » telle qu'enseignée à l'Actors Studio par Lee Strasberg, le prodige s'en détache avant même d'y entrer. « Brando disait qu'il trouvait insupportable l'accent que Strasberg mettait sur la véritable personnalité de l'acteur », relèvera le réalisateur et historien du cinéma Peter Bogdanovich. À l'inverse, la théorie développée par Adler, et endossée par le comédien, préconise que « le drame dépend de ce que l'on fait, pas de ce que l'on ressent. Ce que l'on ressent dérive de ce que l'on fait ». Par-delà les maniérismes, conséquences de la recherche et surface du jeu, il y a des exercices de frégolisme, de transformation, propres au théâtre depuis la nuit des temps. Travail sur la voix, identification à partir des costumes, effets de maquillage ; Brando se positionne davantage en héritier revivifié d'un Laurence Olivier qu'il ne se repose sur l'illusion d'un instinct, émotionnellement autocentré, qui tiendrait lieu de talent. Fille d'un acteur yiddish, Stella Adler apprend à Marlon à « toujours extérioriser moins que ce que l'on a ». Mais le jeune homme, plein de sève, a parfois du mal à se brider. Lors d'une répétition en extérieurs de *La Nuit des rois*, Piscator le surprend dans une grange du campement en galante compagnie. Brando est viré sur-le-champ. Le destin, toutefois, lui sourit. Inscrit finalement à l'Actors Studio, il est repéré par Elia Kazan, enseignant et surdoué de la mise en scène à Broadway, qui perçoit dans ce colosse délicat au profil de marbre antique un étonnant mélange de force et de trouble.

Débutant sur les planches en octobre 1944, il se retrouve bientôt dans *Le Candide* de George Bernard Shaw, au côté de la tragédienne Katharine Cornell. Très vite, le théâtre le stimule et l'ennuie à la fois. Jamais à court d'énergie, il n'entend nullement mettre un terme à ses facéties. Jouant *L'Aigle à deux têtes*, de Cocteau, avec Tallulah Bankhead, qu'il compare à « dix pieuvres enfermées dans une boîte d'allumettes », Marlon fait attendre la diva à chaque répétition et mastique en coulisses un oignon avant d'avoir à l'embrasser à pleine bouche sur scène. Après la première où, cabotin en diable, il fait s'éterniser l'agonie de son personnage, elle obtient son renvoi. En dépit de cette réputation de marlou sans foi ni loi, Brando vit à Manhattan ses plus belles années, en conquérant sans cesse sollicité. *Un tramway nommé désir*, où il martyrise et humilie sa partenaire Jessica Tandy, lui apporte la consécration, source d'ambiguïtés mais aussi d'intenses satisfactions. « Tous les soirs, après la représentation, racontera-t-il, il y avait huit filles qui m'attendaient dans ma loge. Je les passais en revue et j'en choisissais une pour la nuit. Pour un garçon de 24 ans qui n'avait qu'une envie : suivre son sexe partout où il pourrait aller, c'était merveilleux. Je raffolais des soirées, je dansais, je jouais des congas et j'adorais la baise. Je sautais sur tout ce qui bougeait, je me tapais la femme de n'importe qui. »

Il va aussi plus loin. Ayant emménagé avec l'acteur Wally Cox, dont il restera proche jusqu'à sa mort, et assumant ses attirances sans culpabilité, Marlon explore sa « face bi ». « Comme un grand nombre d'hommes, déclarera-t-il en 1976, j'ai eu des expériences homosexuelles et je n'en ai pas honte. » À Paris, où il s'installe en 1949, Brando rencontre un autre comédien amateur de femmes, qui succombe à son charme. Pour beaucoup, Christian Marquand ne devient pas seulement son meilleur ami, le frère qu'il n'a pas eu ; il sera également son grand amour. Avec lui, en compagnie d'un Daniel Gélin aux mœurs tout aussi débridées, auprès du très gay patron de presse Hervé Mille, la petite bande mène une vie de débauche sans préjugés. Entre polysexualité, paradis artificiels et activités culturelles, Brando expérimente en France une totale liberté. Bientôt, cependant, le métier le rattrape ; Broadway et Tennessee Williams le réclament. Le dramaturge, nouvelle idole de la scène à qui on ne refuse rien, a mis de côté ses réserves quant aux marmonnements récurrents d'un Marlon à la diction contestée. Foudroyé par son physique et son animalité, il ne jure plus que par lui. Hollywood, fille facile, en entend les échos et s'offre au prodige. Brando fait la fine bouche, refuse un contrat de sept ans à la MGM, puis accepte finalement, pour ne plus revenir sur scène, un scénario de Carl Foreman adapté par Fred Zinnemann. *C'étaient des hommes* dépeint la difficile réadaptation de soldats paraplégiques, victimes de guerre. Pour les besoins du rôle, l'acteur intègre un hôpital de vétérans. Se mettant trois semaines durant dans la peau d'un paralysé, il parvient à tromper les autres pensionnaires.

Le film achevé, Brando se retrouve convoqué, mobilisable en Corée. Un formulaire rempli avec insolence l'en exempte. Il passe alors de Times Square à la Fox, pour l'adaptation du *Tramway* par Elia Kazan. S'il charme sans vergogne Vivien Leigh là où il maltraitait l'interprète initiale de Blanche DuBois, Jessica Tandy, Marlon donne du fil à retordre à l'équipe. « Il avait des façons qui m'auraient franchement tapé sur les nerfs si j'avais dû jouer avec lui, admettra Kazan. Il ne répondait pas quand on lui parlait, déterminait lui-même la longueur de ses pauses, laissant parfois les autres acteurs dans l'expectative. » Malade nerveusement, Leigh, toujours mariée à Laurence Olivier, déclare « ne pas savoir où il va », mais aimerait le suivre au bout de la nuit. Brando n'en a cure, tout comme il s'irrite du culte que ce rôle suscite, détestant ce Stanley

Kowalski si primitif et ordinaire, si différent de lui... Quand bien même il parvient, par son charisme, à rendre désirable cet homme méprisable. Sa composition révèle au monde une nature tranchant avec celle des stars des décennies passées. John Garfield et Montgomery Clift l'ont précédé de peu. Mais le premier n'a pas la grâce et le second la masculinité qui, chez lui, s'additionnent sans s'annihiler.

Nommé aux Oscars, Marlon, bien que favori, doit laisser la statuette au vétéran Humphrey Bogart. Son mépris du milieu qui l'accueille et s'apprête à le sacrer ne passe pas. Lui qui, dès 1948, affirmait que « le théâtre est juste un job. C'est comme débiter des balivernes, sauf que ça paie mieux », débarque à Hollywood en ridiculisant ses plus terribles échotières. Rebaptisées par ses soins « la grosse » et « la vieille avec un chapeau », Louella Parsons et Hedda Hopper manquent de s'étrangler, tandis que Brando, premier punk du métier, lance à un journaliste l'interrogeant : « Je n'ai peur de rien et je n'aime pas l'argent. » S'il se refuse à jouer le jeu de l'industrie, préférant se jouer d'elle, l'acteur, à l'aube tonitruante de sa carrière, a encore le goût d'un travail bien fait l'amenant à se dépasser et suffisamment de propositions pour qu'on ne s'interroge pas sur sa part de sincérité et de manipulation. Ainsi change-t-il d'emploi, toujours avec Kazan, en se brunissant le visage pour le rôle du révolutionnaire mexicain de *Viva Zapata !*. La performance est saluée, avant que l'acteur franchisse un nouveau palier. Lorsque Joseph L. Mankiewicz le sollicite pour incarner Marc-Antoine dans son adaptation du *Jules César* de Shakespeare, Brando ne sait pas s'il sera capable de porter en bouche les vers du dramaturge élisabéthain avec la même justesse que ses partenaires britanniques John Gielgud et James Mason. Se repassant en boucle les disques de grands shakespeariens, puis tentant de reproduire leur diction proche de la prosodie, il s'attire une moquerie de Mankiewicz.

« On dirait June Allyson ! », lui lance ainsi le cinéaste qui, comparant ses intonations rauques à celles de la blonde et pétillante actrice, est décidé à obtenir de son interprète une création plus personnelle. S'imposant une discipline de fer, Marlon corrige son timbre, sollicite Gielgud, travaille des semaines en tête à tête avec son metteur en scène. Apprenant au début du tournage la délation d'Elia Kazan, qui vient de donner à la commission maccarthyste des noms de collègues supposés communistes, l'acteur, effondré, s'estime trahi. Plus fragile qu'on ne l'imagine, ayant besoin d'un père de substitution, il se tourne vers Mankiewicz et lui offre un morceau de bravoure, voix directive, implorante, yeux remplis de flammes, lors de la célèbre tirade : « Amis, Romains, compatriotes, prêtez-moi l'oreille ! » Observant et écoutant Brando derrière la caméra, l'auteur de *La Comtesse aux pieds nus* confessera : « J'en ai eu la chair de poule. C'est le plus grand moment que j'ai ressenti comme metteur en scène. Cela justifie une carrière. » Alors que la presse n'avait cessé de moquer par anticipation et à tort un Marlon « mangeant » son texte de manière inintelligible, le comédien se voit proposer de jouer sur scène, en Angleterre, des pièces du répertoire et se retrouve nommé une nouvelle fois à l'Oscar. Mais c'est à son rôle suivant que le grand public va définitivement l'identifier. En chef d'une bande de motards dans *L'Équipée sauvage*, Brando crée l'icône en blouson de cuir destinée à lui survivre.

Qu'importe la pauvreté du personnage ; l'objet du culte, *bad boy* en jeans et Perfecto, dépasse les intentions du film de Benedek. Marlon annonce non seulement la culture rock et son incarnation blanche Elvis Presley, mais également la contre-culture d'*Easy Rider* et de ses bikers en héritiers. Le mythe établi, l'acteur le renforce en renouant avec ses ambitions artistiques et Elia Kazan. S'il reste entre eux du ressentiment, le producteur Sam Spiegel a su convaincre le cinéaste de privilégier pour son nouveau film l'interprète d'*Un tramway nommé désir* au détriment du débutant Paul Newman. Marlon devient ainsi Terry Malloy, boxeur raté et indic promenant sa bouleversante humanité dans *Sur les quais*. Exercice d'auto-justification pour Kazan, le film est une leçon de cinéma offerte par son acteur de prédilection, le point d'acmé d'un jeu que d'aucuns assimileront à un art consommé de l'improvisation, mais qui procède plus certainement d'une constante réflexion. Souvent citée, la séquence où Eva Marie Saint ayant laissé tomber son gant dans une cour d'école, Brando le ramasse et glisse sa main dedans, prête à de nombreuses interprétations, depuis la volonté de flirter avec sa partenaire, jusqu'au « moyen de retenir Eva Marie » touchée et troublée par ce geste, comme le notera Kazan. Projection de toutes les identités et de tous les fantasmes, la star l'est plus que jamais dans ce drame sur l'acceptation de soi et la rédemption.

Son visage, son allure même, comme l'analysera l'essayiste James Naremore, font de Brando-Malloy un être yin et yang, polymorphe : « L'acteur confère une délicatesse sensuelle, une douceur, d'autant plus séduisantes qu'elles coexistent avec la puissance trapue, presque robuste, qui se dégage de sa tête et de son physique ; il peut ainsi faire émaner de lui un sentiment remarquable de beauté adolescente et de pathos. Ses réflexions à la fois timides et gouailleuses, le balancer de sa démarche, le regard vide quand il mâche du chewing-gum, sa façon de tourner les pages d'un magazine de charme, tout cela contribue à faire de lui une sorte d'enfant, qui contraste avec les adultes stéréotypés et sentencieux qui l'entourent. » Naremore balaie, dans cette même étude, une idée reçue dépréciative : « Au contraire de ce qui a été dit de lui au début, il ne marmonne pas, ou il ne joue pas son rôle en se grattant. Sa "Méthode" tient à une élocution doucement articulée, un peu répétitive, une façon abstraite de caresser son corps tandis qu'il parle, une réticence gênée à regarder les gens dans les yeux, et un florilège de poses décontractées où la grâce athlétique le dispute à la sexualité. » Vaincu, Hollywood rend les armes. Le 30 mars 1955, *Sur les quais* vaut à l'acteur son premier Oscar. « Je ne savais pas que c'était aussi lourd », lâche-t-il en recevant des mains de Bette Davis la statuette dorée. Idole d'une jeunesse pour qui l'extravagance se limite encore à porter des Levi's et boire du Coca-Cola, Brando va plus loin que n'iront ses émules dans le dénigrement narquois du système qui l'a fait roi. Une charge contre Los Angeles, ce « cimetière culturel », le rend hors la loi.

« Quand je suis arrivé à Hollywood, dit-il au mitan des années 1950, je considérais ma propre intégrité avec trop de préciosité et de compassion. C'était idiot de ma part de m'opposer à l'idée selon laquelle l'argent est tout. Mais je ne voyais pas pourquoi je ne dénoncerais pas l'attitude de ces gens qui se comportent comme des fourmis dans un pique-nique. Ce qui est extraordinaire à Hollywood, c'est qu'eux sont regardés comme une sorte de norme et que c'est moi le marginal. » Rupture consommée et torts partagés, Brando ne sera plus jamais le même, hormis pour quelques éclats. Il ne semble pas qu'il s'en morde les doigts. Le premier règlement de comptes d'un milieu qui a trop tardé à le reconnaître pour admettre qu'il crache impunément dans la soupe survient avec son refus de jouer dans *L'Égyptien*. Malade, grandement éprouvé par la mort de sa mère, Marlon rejette le scénario du péplum sur le Nil qu'il juge idiot. Ulcérée, la Fox le contraint, sous menace de procès, à se grimer en Napoléon dans un *Désirée* amidonné, même si son incarnation d'un homme de pouvoir ne manque pas d'intérêt. Mais après une incursion inattendue dans la comédie musicale avec *Blanches Colombes et Vilains Messieurs*, où il retrouve Mankiewicz, chante faux – mais non sans charme – avec Jean Simmons et explose le box-office, Brando ne sait plus où il en est. Lors de la première du film, à Paris, des fans se jettent sur lui et tentent d'arracher ses vêtements. « Son regard se mit alors à changer, témoignera un ami. On n'y voyait plus de timidité, ni de vulnérabilité. Il regardait désormais chacun avec assurance, mais aussi de la pitié. Comme s'il était désolé pour vous. »

En vérité, Marlon commence à ressentir un mélange de paranoïa et de dégoût. Pour son art, mais aussi vis-à-vis de lui-même et de l'image qu'il renvoie. Il commence également à accepter n'importe quoi. De *La Petite Maison de thé* à *Sayonara*, l'acteur tourne dans des films en Technicolor, aux couleurs aussi vides que leurs scénarios. Et s'il prend toujours plaisir à se grimer, c'est moins pour toucher du doigt la vérité d'un personnage que pour éprouver ses propres limites dans un exercice désormais dépourvu de sens. La presse, qui perçoit ce lâcher-prise, en profite pour faire ses gros titres sur ses affaires de cœur. Après une succession de liaisons discrètes avec les plus belles déesses de l'écran, de Marilyn Monroe à Ava Gardner, et sitôt les parenthèses Shelley Winters et Rita Moreno refermées, Brando verse ouvertement dans l'exotisme. Anna Kashfi, mannequin d'origine anglo-indienne qui lui donne son fils Christian avant de demander le divorce pour cruauté mentale, puis France Nuyen, Movita et Tarita ouvrent la ronde des peaux ambrées et de sa défense, de plus en plus active, des minorités. Cet engagement correspond, dans son métier, à un détachement où la dérision prend de plus en plus le pas sur le professionnalisme.

Ni tout à fait présent, ni tout à fait absent, pour éponger les pensions alimentaires que lui réclameront les mères de ses quatorze enfants, l'acteur accepte tout de même de reprendre en 1960 la mise en scène de *La Vengeance aux deux visages*, western inabouti mais fascinant, qui livre, entre aspiration rousseauiste et tentation masochiste, des clés de l'homme en artiste. Le reste du temps, prompt à la critique et au dénigrement, il a besoin d'être fermement tenu par un cinéaste, sous peine de saboter ses tournages. *Les Révoltés du Bounty*, flop gargantuesque, le voit prendre 20 kilos, rouler sous la table au petit matin, jouer avec des boules Quies ; *La Comtesse de Hong Kong*, se mettre à dos Charlie Chaplin en le traitant de « pire sadique jamais rencontré » ; *Missouri Breaks*, refuser d'être filmé pendant des jours avant de se déculotter devant son metteur en scène Arthur Penn, qu'il humilie : « D'accord, aujourd'hui je travaille, mais seulement si tu m'embrasses le cul ! » Lui confiant en 1967 le rôle du militaire cocufié, maso et homosexuel refoulé de l'intrigant *Reflets dans un œil d'or*, John Huston a beau affirmer que « Brando est l'acteur le plus puissant et le plus intérieur qui soit, donnant de la couleur et de l'éclat à tout ce qu'il fait », le comédien se retrouve, à l'orée des années 1970, plus connu pour son soutien à Martin Luther King et à la cause indienne que pour de récents succès. Son sens du *cool*, totalement dévoyé durant la décennie passée, lui a permis de quitter l'enfer de L.A. pour s'installer à Tahiti, découverte en 1962 lors du tournage du *Bounty*. Retiré sur l'atoll polynésien de Tetiaroa, entend-il seulement le chant des sirènes qui précède son come-back en mafieux sicilien ?

Jeune auteur, de la génération des « barbus » du Nouvel Hollywood, Francis Ford Coppola rêve depuis l'origine à Marlon en Don Corleone. « Je pensais, dira-t-il, que la mystique qui entourait l'acteur se traduirait dans le film en révérence envers le puissant parrain. » Problème : les producteurs de la Paramount n'imaginent pas une seconde que la star de 47 ans, ingérable et sans ascendance latine, incarne le patriarche du roman de Mario Puzo. Sa succession d'échecs au box-office n'arrange rien. Condamné à passer son premier essai depuis *Jules César*, Brando, inspiré par la proposition de Coppola, se donne les moyens d'emporter le morceau. Renouant avec son goût du maquillage et des subterfuges, il se dessine une fine moustache au cirage, remplit ses joues de mouchoirs et se vieillit de vingt ans. Bluffant le metteur en scène, Marlon estomaque les patrons du studio, qui ne le reconnaissent pas. Engagé dans le rôle-titre du *Parrain*, il s'investit pleinement, soutient Coppola, retouche son dialogue, crée ce personnage dont la douceur apparente contraste avec l'environnement sanglant. Sa violence en clair-obscur, mâtinée de tendresse, le rend d'autant plus effrayant. Cette même année 1972, Marlon se livre à une autre expérience, plus radicale, dans le rôle d'un homme s'exposant crûment, tant physiquement que moralement, dans *Le Dernier Tango à Paris* de Bernardo Bertolucci. Entre improvisations et provocations fruits d'une catharsis, l'acteur offre une mise à nu de ses névroses et de ses peurs enfantines.

Va-t-il trop loin ? Ce retour en grâce artistique, dont on ignore alors qu'il est son chant du cygne, ne l'encourage pas à rendre les armes. Ainsi, Marlon Brando refuse-t-il d'aller à la cérémonie des Oscars et envoie-t-il une jeune Indienne recevoir en son nom le trophée qui lui est décerné pour *Le Parrain*. Ses positions de principe sont de plus en plus souvent considérées comme des postures indignes de son talent, mais son rejet affiché du vedettariat et son génie d'interprète sont plus que jamais pris comme modèle par la nouvelle génération. « Je ne pense pas qu'il sait à quel point il est bon », dit de lui le trentenaire Robert De Niro. « Je ne suis qu'une pute », répond en écho Brando. Qui persiste et signe en monnayant très cher sa moindre apparition, d'*Apocalypse Now*, ultime prise au sérieux de son métier, au fil d'un monologue existentiel hypnotique, à *Superman*, où il réclame 18 millions de dollars pour jouer le père du super-héros et tout juste dix minutes à l'écran… Quand il n'accorde pas une participation gratuite à *Une saison blanche et sèche*, drame d'Euzhan Palcy au message anti-apartheid qu'il soutient activement. Régnant en maître obèse et libéral sur son domaine tahitien, Marlon sombre définitivement en 1990. L'assassinat par son fils Christian du compagnon de sa fille Cheyenne puis le suicide de cette enfant chérie l'anéantissent.

Hypothéquant certains de ses biens, passant la moitié de son temps dans les tribunaux, il déserte les plateaux télé qu'il écumait il y a peu, de dénonciations furieuses en imprécations fumeuses. Devenu l'ombre monstrueuse de lui-même, que demeure-t-il de sa splendeur passée ? Son charme inaltérable et tourmenté ? Probablement. Son ironie dévastatrice ? Certainement. L'ambition d'un tragédien ? En eut-il jamais, lui qui affirma être devenu acteur « parce que c'était le moyen le plus facile de gagner de l'argent, le plus grand signe de maturité étant d'abandonner ce métier où l'on est payé à ne rien faire et qui ne signifie rien » ? « Il y avait chez Brando, écrira l'historien David Thomson, un mélange d'apitoiement sur soi-même et d'autodestruction qui ne pouvait résister au régime toxique du succès à l'américaine. »

À cent lieues du commun des mortels auquel il prétendait se rattacher, Marlon Brando a assisté durant quatre décennies, jusqu'à sa mort d'une insuffisance cardiaque le 1er juillet 2004, à la lente et vertigineuse chute d'une vie. Celle d'une icône du siècle. Sa destinée, envers et contre lui.

Filmographie sélective

C'étaient des hommes (Fred Zinnemann, 1950)
Un tramway nommé désir (Elia Kazan, 1951)
Viva Zapata ! (Elia Kazan, 1952)
Jules César (Joseph L. Mankiewicz, 1953)
L'Équipée sauvage (Laszlo Benedek, 1953)
Sur les quais (Elia Kazan, 1954)
La Vengeance aux deux visages (Marlon Brando, 1960)
La Poursuite impitoyable (Arthur Penn, 1965)
Reflets dans un œil d'or (John Huston, 1967)
Le Parrain (Francis Ford Coppola, 1972)
Le Dernier Tango à Paris (Bernardo Bertolucci, 1972)
Apocalypse Now (Francis Ford Coppola, 1979)

Elizabeth Taylor (1932-2011)

Poupée de porcelaine, ingénue troublante, brune brûlante, reine d'Égypte, mégère emperlousée, dernière star du cinéma et première people *planétaire, Elizabeth Taylor fut tout cela, et bien davantage. Une actrice instinctive, de talent, doublée d'un fort tempérament ; une diva douée d'humour, pratiquant l'insolence avec constance. De Louis B. Mayer à Michael Jackson, du système des studios à la lutte contre le sida, la moitié de Richard Burton fut un témoin de son temps qu'elle épousa aussi passionnément que ses sept maris.*

Qui était-elle vraiment ? Exposée dès son plus jeune âge aux feux des médias, Elizabeth Taylor fut, avant tout, ce qu'elle offrait au public. À la fois patricienne et plébéienne, ayant une conception toute relative de la vie privée, elle pratiqua pour elle-même l'humour vache, ne s'épargnant aucune vérité.

Ainsi de ses yeux améthyste, qu'elle s'obstinait à voir banalement bleus et « petits comme ceux d'un goret » ; de son attrait pour les diamants gros comme le Ritz et la *junk food* ; de son statut de légende, opposé par le journaliste Max Lerner au mythe Marilyn Monroe mais que sa fierté s'empressait de rejeter ; de ses unions successives, enfin, qui la firent passer de l'héritier d'une chaîne de palaces à un grutier affecté à des chantiers.

Boulimique de la vie, préférant la lumière à l'ombre, Elizabeth Rosemond Taylor naît le 27 février 1932 dans une banlieue cossue de Londres, deux ans après son frère Howard. Fille de Francis Taylor, marchand d'art originaire de l'Illinois, et de Sara Warmbrodt, comédienne manquée reconvertie mère à temps complet, l'enfant, dotée d'une abondante chevelure de jais et d'un regard implorant les étoiles, suscite dès les langes l'admiration.

Ayant pour parrain influent Victor Cazalet, colonel et membre du Parlement britannique, bercée par les histoires de la *café society*, elle assiste à 3 ans au jubilé de George V, danse à 4 ans devant les petites princesses Elizabeth et Margaret, aime plus que tout monter son poney et trotter avec lui dans le parc de la demeure familiale. Cet âge idyllique prend fin lorsque le conflit menaçant l'Europe contraint les Taylor à rallier les États-Unis.

« S'il n'y avait pas eu la guerre, dira plus tard Elizabeth, j'aurais probablement vécu en Angleterre, épousant un homme comme il faut. Jamais je ne serais devenue actrice. » La Californie voit la famille s'adapter sans difficulté. La galerie d'art de Francis, ouverte au Beverly Hills Hotel, reçoit même la visite de la célèbre échotière Hedda Hopper. Dans l'une de ses chroniques, elle s'empresse de faire la publicité de ces anciens expatriés si distingués, évoquant au passage leur « ravissante » fille de 8 ans. Remarquant l'entrefilet, la fiancée du président d'Universal se rend sur place. Elizabeth est engagée sur-le-champ, avant d'être remerciée après une apparition dans le bien nommé *There's One Born Every Minute*. « Cette gosse n'a rien, justifie le directeur de casting. Même ses yeux sont trop vieux ! » Pour les Taylor, la désillusion est de courte durée. Responsables à la direction de la MGM, Benny Thau puis Samuel Marx jettent leur dévolu sur le jouet abandonné. Royaume où les princes et les princesses sont des enfants, de Judy Garland à Mickey Rooney, le studio du paternaliste et tyrannique Louis B. Mayer recherche une petite beauté pour faire la paire avec un colley. Si elle ne manque pas de détermination, Elizabeth se montre impressionnée lors de sa première rencontre avec le directeur de production le plus célèbre, et le mieux payé, des États-Unis : « Vous ressentiez sa vitalité, dira-t-elle quelques années plus tard, mais également son arrogance et son ego sans limites. Quand vous connaissiez Louis B., vous ne pouviez qu'être terrifié par lui. »

Poussée par sa mère qui entame un jeu de séduction avec Mayer, Elizabeth, qui a l'assurance des enfants comblés par la nature et chéris par leurs parents, ne se force pas à accomplir ce que la MGM attend d'elle et n'éprouve aucune difficulté à jouer l'amie des bêtes qu'elle est hors écran. *Fidèle Lassie* s'avère un triomphe qui permet à son interprète d'accéder immédiatement au statut de vedette. Se voyant offrir en janvier 1943 un contrat de sept ans, elle relève le défi d'incarner la jeune cavalière du *Grand National*. Prenant des hormones de croissance, suivant un régime éprouvant, Elizabeth met sa santé en péril et fait une mauvaise chute qui provoque l'écrasement de deux vertèbres. Premier d'une longue série, cet accident devait la faire souffrir le reste de sa vie. Mais elle surmonte épreuves et douleurs vaillamment, affirmant son caractère en lançant à Mayer : « Vous et votre studio, vous pouvez aller au diable ! » Ce qui ne la conduit pas pour autant à rompre son contrat. « Il y avait quelque chose de calculateur dans ses yeux violets, comme si elle savait exactement ce qu'elle voulait et était sûre de l'obtenir », observera la comédienne Mary Astor. Sur les plateaux, où elle se lie à Roddy McDowall, autre enfant acteur appelé à devenir son confident, mais aussi à l'école du studio, Elizabeth ne laisse personne indifférent.

Rebelle et rêveuse, élève inégale, elle s'attirera cette réflexion de sa professeure Mary McDonald : « Son problème n'était pas un manque d'intelligence, mais un manque de discipline dans la concentration. Si un sujet ne l'intéressait pas, elle le balayait d'un revers de main. Pour préparer ses examens, elle avait recours à la même mémoire photographique qu'elle utilisait pour apprendre ses répliques en une seule matinée. Bien entendu, reconnaissait-elle, deux semaines plus tard, il n'en restait rien. » Il n'en demeure pas moins qu'Elizabeth se plie aux différentes obligations que lui impose le studio. Mais, fatiguée de collectionner les bluettes auxquelles la limite son âge et de signer, pour les fan-clubs, des poèmes à la Minou Drouet ; perturbée, en outre, par le départ de son père du foyer familial, l'adolescente a plus d'un souci. Elle reprend espoir alors que son dernier film, *Les Quatre Filles du docteur March*, envahit les écrans. Une séance photo pour *Life*, suivie d'un tournage particulier, transforme sa passion en vocation. Pour son dix-septième anniversaire, celle que tout le monde surnomme à son grand déplaisir Liz, prend la pose dans une robe de satin laissant voir la naissance de ses seins, son visage incliné suscitant le désir, de ses yeux langoureux à ses lèvres pulpeuses. « Sous l'objectif de Philippe Halsman, reconnaîtra-t-elle, je devins profondément consciente de mon corps. En une seule journée, j'appris à être aguichante, à prendre des poses provocantes. Bref, j'acquis du sex-appeal. »

Si l'icône annonce son règne, reste à faire d'Elizabeth Taylor une actrice. George Stevens, qui la réclame pour son premier rôle de femme, dans *Une place au soleil*, va s'y employer. Lors des répétitions en extérieur près du lac Tahoe, le cinéaste pousse Taylor, qui tourne en maillot de bain et se plaint du froid, à se surpasser. « Qu'une petite chose la déçoive, qu'elle me trouve trop exigeant dans une scène qu'elle estimait jouer suffisamment bien et elle crachait du feu », se souviendra Stevens. Très vite, cependant, l'enfant gâtée cesse de se cabrer systématiquement pour suivre les conseils d'un mentor en mesure de la faire progresser. Le metteur en scène, de son côté, oublie les carences d'une actrice sans grande formation dramatique pour louer ses qualités : « Elizabeth, pragmatique, avait travaillé depuis des années avec des personnes plus âgées et faisait preuve d'une réelle maturité, constatera-t-il, ajoutant : Elle avait de grandes capacités émotionnelles. Elle pouvait faire tout ce qu'elle voulait. » Fascinée par son personnage d'ingénue fatale d'*Une place au soleil*, la jeune femme peut relâcher la pression auprès de son partenaire auquel la lie, immédiatement, une confiance absolue ainsi qu'un amour platonique. Montgomery Clift préfère les garçons, mais s'avoue troublé par l'innocente sensualité de celle qu'il baptise « Bessie Mae ». Il lui fait répéter son texte, l'initie aux jurons qui feront sa renommée et devient son ami, à défaut d'être son amant. « On aurait presque dit des jumeaux, fera remarquer Luigi Luraschi, vice-président de la Paramount. Tous deux possédaient un magnétisme animal qui se reflétait sur l'écran pour se répandre dans les salles. » Toutefois, l'illusion de leur amour en plans serrés, magnifié par la musique de Franz Waxman, ne suffit pas à combler Elizabeth.

Celle que le chargé de production Doc Erickson voit arriver sur le plateau « comme une star. Mais pas de façon arrogante ; elle savait juste qu'elle en était une », se sent incomplète, en décalage avec l'image qu'elle projette. Le tournage qui suit, du *Père de la mariée*, où elle compose un éblouissant duo père-fille avec Spencer Tracy, lui fait confondre fiction et réalité. Redoutant de rester vierge et sous l'emprise d'une mère abusive, Elizabeth pense trouver son prince charmant en épousant, dans la même robe que celle du film, l'héritier multimillionnaire de « la chaîne aux dix mille lits », Nicky Hilton. Lequel s'avère être alcoolique, joueur, violent. Il ne faut que quelques semaines à Elizabeth, passée du septième ciel au statut inavouable de femme battue et trompée, pour réaliser son erreur. Fuyant Nicky, elle vit une liaison réparatrice avec le cinéaste Stanley Donen avant de découvrir en marge du plateau d'*Ivanhoé*, où elle incarne la juive Rebecca, celui qu'elle pense être l'homme idéal. L'acteur anglais Michael Wilding lui apporte un équilibre qui la rassure. Même si sa marraine dans le métier, Hedda Hopper, la met en garde. Selon le biographe William J. Mann, l'échotière aurait averti Elizabeth de la bisexualité de Wilding. Pour l'actrice, dont les meilleurs amis sont gays, cette révélation ne constitue pas un frein à leur relation. Ni même à leur union.

Peu importe que Michael ait l'âge d'être son père, puisqu'il fait d'elle, avec les naissances de Mike Jr et de Chris, une mère comblée. Avant de devenir une sorte de frère, aimable mais étranger. « Elizabeth est dans un autre temps qui lui est propre, analysera, de son côté, Wilding. Elle n'a pas nécessairement une sensibilité de star de cinéma. Elle est plutôt une version moderne d'*Alice au pays des merveilles.* » Lasse de raviver une passion qui n'a, au fond, jamais existé et impatiente de relancer une carrière qui s'essouffle et ne suffit plus à couvrir son train de vie, l'actrice court les opportunités. Échouant à décrocher le rôle de Maria Vargas dans *La Comtesse aux pieds nus*, elle trouve son salut en 1955 avec *Géant*. Grace Kelly indisponible, George Stevens s'est rabattu sur son interprète d'*Une place au soleil*. Dans cette saga texane, trop longue et à la grandiloquence teintée de baroquisme, Elizabeth se montre telle qu'en elle-même : sensuelle et femme de tête, émotive et résistante. Sympathisant une nouvelle fois avec des partenaires qui ne sont guère sensibles à sa beauté, elle met du temps à apprivoiser James Dean, dont les états d'âme lui sont insupportables avant de la troubler, et se lie très vite à Rock Hudson, à qui elle voue une affection fraternelle. L'actrice rencontre davantage de problèmes avec son corps. Amatrice de beurre de cacahuètes et de crèmes glacées, elle doit impérativement perdre plusieurs kilos avant le début des prises de vues.

Mais Liz cumule également les affections en plein tournage : angine, sciatique et thrombophlébite la précipitent à l'hôpital. On craint pour sa vie, avant de la voir réapparaître sur le plateau, plus belle que jamais. *Géant* remet Elizabeth en selle. Elle enchaîne, dans une veine romanesque identique, avec l'insipide *L'Arbre de vie*. En coulisses commence à se jouer une autre partition ; celle d'une femme qui se détache peu à peu des conventions et n'entend rien cacher dans une ville et un milieu pétris de faux-semblants. Ayant rompu avec Michael Wilding, elle est séduite par le producteur flambeur Mike Todd. Brutal, sincère, habitué à conclure ses amours comme ses contrats, le détenteur du procédé scope Todd-AO conduit l'actrice dans son bureau et la prévient : « Tu vas épouser un type, et ce type c'est moi. » Bluffée, Elizabeth se soumet et, de dominante, devient dominée, éblouie par la faconde irrésistible et un brin vulgaire de l'homme d'affaires. Todd révèle à Taylor son potentiel sexuel, l'entraîne dans de luxueux voyages, l'inspire dans ses choix professionnels et l'inonde de bijoux. Elle met au monde, dans d'atroces souffrances, leur fille, Liza, puis intègre l'univers du plus sulfureux des dramaturges américains de l'après-guerre. En revêtant face à Paul Newman la robe immaculée de Maggie, *Chatte sur un toit brûlant* née sous la plume de Tennessee Williams, Elizabeth Taylor opère sa mue définitive.

L'ingénue dont la douce perversité et la force de caractère bravaient la morale cède définitivement la place à une actrice hyper-sexualisée en proie à d'intimes tourments, entre frustrations et refoulements. L'enjeu dramatique du film est bientôt dépassé par une tragédie qu'Elizabeth ne pouvait imaginer. Le tournage débute à peine, sous la direction de Richard Brooks, lorsque Mike Todd se tue, le 22 mars 1958, à bord de son avion, le *Lucky Liz*. Son épouse, grippée, n'avait pu l'accompagner. Elle pense mourir en apprenant la nouvelle, avant de se ressaisir en rejoignant ses partenaires pour jouer, transcendée par la douleur, son personnage de femme délaissée par son homme mais bien plus forte, au fond, que tous les mâles de la Terre. Tandis que la sortie de *La Chatte sur un toit brûlant* s'avère être un nouveau succès pour la star, couronnée d'une nomination à l'Oscar, la veuve éplorée se fait voleuse d'époux en se consolant auprès d'Eddie Fisher. Le crooner et sa femme, la comédienne Debbie Reynolds, ayant été les meilleurs amis du couple qu'elle formait avec Mike Todd, la nouvelle fait scandale. Alimenté par la presse et les plaintes médiatisées de l'épouse délaissée, le « *Debbie-Eddie-Liz biz* » déchaîne les passions. Mais Elizabeth fait front. Qu'importent les critiques ; seul compte son bonheur. « Tout d'abord, résumera sans ambages Richard Brooks, Liz est une beauté. Puis, c'est un mélange d'enfant et de garce. Enfin, elle veut aimer passionnément et être aimée. »

En plein marasme, l'actrice, constatant que sa popularité auprès du grand public et des décideurs ne faiblit pas, associe une nouvelle fois son nom à une œuvre de Tennessee Williams. D'autant que l'offre, formulée par le producteur Sam Spiegel, lui assure un salaire de 500 000 dollars. Sous le soleil de *Soudain l'été dernier*, elle retrouve et réconforte son ami Monty Clift, se mesure à Katharine Hepburn et devient l'héroïne d'un drame psychanalytique parlant de folie, traitant de lobotomie, et brisant les tabous du cannibalisme et de l'homosexualité. Amincie, apaisée, elle n'a jamais été aussi resplendissante et meilleure actrice qu'entre les mains expertes de Joseph L. Mankiewicz. Lequel devait déclarer par la suite : « Elizabeth avait, à l'époque, ce qu'on appelle en peinture un talent de primitif extraordinaire. » Disciplinant cette interprète instinctive, la poussant à donner à sa voix de tête, qui reste son complexe, des intonations plus graves, le cinéaste obtient d'elle, dans la dernière séquence, une libération dramatique qu'il comparera à une aria d'opéra. Après ce qui reste un sommet dans sa carrière, Elizabeth se sent prête pour d'autres combats. Épousant Eddie Fisher, et se convertissant au judaïsme, elle négocie avec la Fox et obtient le cachet record de 750 000 dollars, grevé d'innombrables avantages et défraiements, pour incarner la reine Cléopâtre, avec laquelle sa personnalité, sulfureuse et hypnotique, présente d'évidentes similitudes. Jouant entre-temps un rôle de prostituée dans *La Vénus au vison*, film de commande pour la MGM, elle aborde le tournage du péplum, aux studios de Pinewood, dans de mauvaises conditions. Sa santé, aussi déplorable que le climat londonien, se dégrade au point de la conduire, en mars 1961, aux portes du néant.

Victime d'une double pneumonie, celle qui avait perdu l'Oscar pour *Soudain l'été dernier* en raison de son « infamie » le décroche l'année suivante pour *La Vénus au vison*, grâce à sa trachéotomie. Elizabeth préfère en rire, et son attitude de trompe-la-mort enchante les spectateurs en même temps qu'elle effraie les responsables de la Fox, qui ne peuvent plus l'assurer. Le premier réalisateur de *Cléopâtre*, Rouben Mamoulian, licencié, c'est auprès de son cher Joe Mankiewicz, embauché au prix fort et dont elle espère des miracles, que la star commence pour de bon le tournage de l'épopée antique, à Cinecittà, en septembre 1961. Il va durer un an et demi et changer sa vie. Il y a le film lui-même, et l'ambition de Mankiewicz de faire de cette commande spectaculaire un drame shakespearien et politique, Cléopâtre devenant, à l'instar de son interprète, la première femme à régner sur un monde d'hommes. Mais il y a aussi le reste. Mitraillée par les reporters romains qui ne la lâchent plus au cœur de cette production dantesque, Elizabeth est scrutée dans ses moindres faits et gestes, depuis sa procédure d'adoption, avec Fisher, de la petite Maria, orpheline allemande souffrant de malnutrition, jusqu'à ses innombrables retards sur le plateau et ses relations avec ses partenaires, Rex Harrison et Richard Burton. De ce dernier, dont elle connaît la réputation de don juan, elle se défie. Pas en reste, Burton, qui vient de jouer au théâtre le médiéval *Camelot*, annonce, un peu leste : « Il va falloir que je remette mon armure pour jouer face à Miss Nichons. » Mais il est rapidement pris au piège, subjugué par la séduction de Taylor et sa capacité à l'envoûter. Par sa gloire, également, qui l'auréole et rejaillit sur lui.

Elizabeth, quant à elle, n'a jamais connu d'homme capable de passer, comme « Dick », d'une blague salace à l'interprétation vibrante, au débotté, de poèmes de Yeats et de pièces élisabéthaines. Drôle, viril, spirituel, Burton l'ensorcelle. Lorsqu'ils jouent leur première scène ensemble, la messe est dite. Ils vont vivre leur passion tumultueuse, ponctuée de tentatives de suicide et de saouleries, sous le nez de leurs conjoints respectifs et de centaines de paparazzis qui, pour la première fois, transforment des stars révérées en *people* traqués. La condamnation morale du couple adultère par le Vatican et certains élus du Congrès américain hystérise davantage ce tournage sous haute tension. Mais lorsque Elizabeth-Cléopâtre pénètre dans le forum romain en mai 1962, sur son sphinx en bronze, c'est sous les vivats de six mille figurants italiens clamant : « Liz, des baisers ! » Richard, après cela, a-t-il le choix ? N'est-il pas troublé par le fait que, dans le cas de leur couple, l'art imite si bien la vie ? Si l'acteur hésite, rongé par la culpabilité, à quitter femme et enfants, Elizabeth assume crânement. N'a-t-elle pas pour profession de foi : « Quand j'aime, j'épouse » ? Divorçant finalement chacun de leur côté pour se marier en 1964, Taylor et Burton font, d'une certaine façon, le deuil de leurs ambitions. Symboles d'un hédonisme et d'une libération sexuelle importés d'Europe aux États-Unis, Liz et Dick sont désormais regardés davantage comme des icônes populaires qu'en tant qu'artistes. Mankiewicz, qui a si bien dirigé Taylor, superbe de sensibilité dans *Cléopâtre*, ira jusqu'à parler de gâchis.

Mais s'ils se retrouvent sur le terrain d'un humour débridé et d'échanges arrosés ayant tendance à dégénérer, *jet-setters* de luxe passant d'une croisière méditerranéenne sur le yacht d'Aristote Onassis au célébrissime bal Proust donné par le baron et la baronne de Rothschild au château de Ferrières, les deux acteurs n'entendent pas renoncer au métier. « Par-dessus tout, devait admettre Burton, Elizabeth m'a fait découvrir que le tournage d'un film est aussi exigeant et aussi sérieux que de jouer Shakespeare sur scène. » Éclats troublants et déformés de leur vie privée, les films qu'ils tournent ensemble durant la décennie sont dignes d'intérêt, à commencer par le poétique *Chevalier des sables*, de Vincente Minnelli. Il n'est toutefois pas dit que, si Richard a la carrure pour succéder à Laurence Olivier, Elizabeth puisse rivaliser avec Bette Davis. Ce qu'elle parvient à faire dans ces tours de force que sont *Qui a peur de Virginia Woolf ?* et *La Mégère apprivoisée*. Le premier, mis en scène par Mike Nichols, offre à Taylor ce qui sera son dernier vrai défi. Non pas à travers ses scènes de ménage reproduisant son intimité avec Burton, mais dans cette acceptation d'un vieillissement à peine anticipé. Lorsque Elizabeth se regarde, échevelée, les yeux cernés, affublée d'un double menton, que reste-t-il de sa splendeur de *Soudain l'été dernier* ? Combien d'alcools forts, d'antidépresseurs et de hamburgers ont facilité, en six ans, cette inexorable descente, au prétexte de tenir la rampe ? Anxieuse lors du tournage, l'actrice est irritable, boit plus que de coutume et ramène, ce qui lui arrive rarement, son personnage à la maison. Dénuée de vanité mais non d'orgueil, elle ne cesse toutefois d'être irréprochable, en vieille pro des studios.

« Elizabeth, confiera Nichols, peut se souvenir de quatorze modifications de dialogue, de douze marques au sol et de dix pauses – de sorte que ses scènes, même lardées par les ciseaux du montage, conservent la force de son interprétation. » Celle de Martha, la mégère de *Virginia Woolf*, lui vaut son second Oscar. Toutefois, après d'ultimes compositions remarquables et névrotiques, du *Reflet dans un œil d'or*, de John Huston, à *Cérémonie secrète*, de Joseph Losey, Elizabeth Taylor paraît avoir épuisé les ressources de son art. Elle n'a pourtant que 35 ans. Est-ce d'avoir vécu trop intensément ? Bien qu'en avance sur son temps, la star est une émanation de l'âge d'or, étrangère au Nouvel Hollywood. Et en pleine ère hippie, les excès de son couple finissent par lasser, puis indifférer. Se séparant après douze années de folies conjugales, Liz et Dick se remarient brièvement, une seconde fois. Mais la pièce est jouée, même s'ils ne cessent de s'aimer. Ayant tourné la page et quitté la rubrique cinéma pour soutenir son sixième mari, le sénateur John Warner,

Elizabeth continue de faire parler d'elle. Grossissant démesurément à la fin des années 1970, rajeunissant spectaculairement au milieu des années 1980, fréquentant les bijouteries de l'avenue Montaigne et le centre Betty-Ford. Inspiratrice, professionnelle et capricieuse, d'Angelina Jolie et Madonna, généreuse et dévouée, à ses enfants comme à ses amis, elle s'investit avant les autres dans la lutte contre le sida, protégeant inlassablement les artistes à la marge, de Rock Hudson à Michael Jackson.

Ayant survécu à quarante opérations chirurgicales, à une liaison avec l'acteur *playboy* George Hamilton, ainsi qu'à un ultime mariage avec un ouvrier, Larry Fortensky, rencontré lors d'une cure de désintoxication, la diva ne renonça jamais à son extraordinaire instinct de survie. Quand bien même elle n'eut plus d'autre choix que de se déplacer en fauteuil roulant. Jusqu'à défier la mort, qui lui allait si mal, en arrivant en retard à son propre enterrement. C'était en mars 2011, et le cœur fatigué d'Elizabeth avait cessé de lutter. Ses proches se souviennent que peu de temps avant, elle leur lançait encore, avec son formidable rire de gorge, la leçon de vie qu'avec Richard Burton elle avait fait sienne du temps de leur bonheur : « Buvons, mangeons et soyons gais car demain, nous reprenons le collier ! »

Filmographie sélective

Fidèle Lassie (Fred M. Wilcox, 1943)
Le Père de la mariée (Vincente Minnelli, 1950)
Une place au soleil (George Stevens, 1951)
Ivanhoé (Richard Thorpe, 1952)
Géant (George Stevens, 1956)
La Chatte sur un toit brûlant (Richard Brooks, 1958)
Soudain l'été dernier (Joseph L. Mankiewicz, 1959)
Cléopâtre (Joseph L. Mankiewicz, 1963)
Le Chevalier des sables (Vincente Minnelli, 1965)
Qui a peur de Virginia Woolf ? (Mike Nichols, 1966)
La Mégère apprivoisée (Franco Zeffirelli, 1967)
Reflets dans un œil d'or (John Huston, 1967)
Cérémonie secrète (Joseph Losey, 1968)

Kirk Douglas (1916-2020)

Ce fils de chiffonnier russe a traversé Hollywood en lutteur et le siècle en jouisseur. Affichant la plus belle filmographie des années 1950, l'homme à la fossette au menton suscita autant d'admiration que d'inimitiés. Car s'il aligna les titres de gloire, ce fut au prix d'une volonté de fer. Acteur physique et névrotique, producteur inspiré et mégalomane, cow-boy et Viking, l'interprète de Spartacus *contribua à briser la liste noire et à lancer Stanley Kubrick, annonçant à sa façon individualiste un cinéma moderne et régénéré.*

« Qui êtes-vous pour décider qui est une star et qui ne l'est pas ? » Ce soir de janvier 1989, sur le plateau d'*Apostrophes* de Bernard Pivot, Kirk Douglas mouche le publicitaire Jacques Séguéla. Ce dernier a cru faire le malin en lui déniant la qualité de star pour mieux le qualifier de grand comédien. Comme si l'interprète de *Spartacus* ne pouvait être l'un et l'autre… Il faut revoir l'émission dans son intégralité pour comprendre ce que fut la démarche de Douglas sa vie durant.

Venu promouvoir son autobiographie, *Le Fils du chiffonnier*, promise à un succès international, l'acteur y révélait, par-delà un usage du français impeccable et un sourire aussi vif que son esprit, ce qui restait son moteur, au même titre que l'ambition : la colère et la soif de revanche. Invité dix ans plus tard du festival du cinéma américain de Deauville, il livrait, affaibli par les séquelles d'un AVC ayant altéré son élocution, les clés de la fabrication d'un monstre sacré qui avait autant lutté pour le devenir que pour le demeurer : « J'espère qu'en me voyant dans *Diamonds*, le film que je viens de tourner, les gens victimes comme moi d'un accident cérébral auront envie de se battre, et ne croiront pas que leur existence est finie. » Celle de Kirk Douglas s'enracine, à l'image de ses amis Burt Lancaster et Tony Curtis, dans un ghetto pour Blancs de l'État de New York. Là où ses parents, Herschel Danielovitch et Bryna Sanglel, fatigués de jouer leur survie à la roulette russe avec d'enragés cosaques, ont ancré leurs destins d'immigrés.

Né le 9 décembre 1916, unique garçon au milieu de six sœurs, Issur découvre le dénuement au berceau et l'injustice en primaire, où il fait le coup de poing avec des camarades qui l'accusent d'avoir tué le Christ. Il en retire la certitude que « les juifs sont seuls au monde ». Un sentiment renforcé par sa recherche inlassable d'affection paternelle se heurtant aux absences répétées du chiffonnier qui, bras leste et gosier assoiffé, l'impressionne sans l'aimer. Décidé à régler au plus vite son complexe d'Œdipe, Issur brûle les étapes et le visage de son père qu'il asperge, un soir de révolte, de thé bouillant. Il n'est encore qu'un enfant, mais comprend que les épreuves sont d'autant plus gratifiantes si l'on prend la peine de les surmonter. Ainsi du milieu social dans lequel il grandit : « Il n'y a rien de honteux à être pauvre. C'est même un avantage dans la vie, une fois que vous l'avez derrière vous ! Vous avez au moins quelque chose contre lequel vous pouvez vous mesurer. » Encore faut-il trouver une porte de sortie. Celle-ci se présente à lui, alors qu'il se lève à 5 heures du matin pour vendre des journaux à la criée. Bien qu'il se soit distingué par son chant mélodieux à la synagogue, c'est en montant sur scène à 14 ans qu'il tombe amoureux du théâtre. Kirk perce lentement sous Issur, adolescent avide de savoir et de reconnaissance. S'il parvient à s'inscrire à l'université de Saint Lawrence, établissement *wasp* où la ségrégation ethnique se double d'un racisme social, la partie est rude. Le jeune homme se fait groom, ouvrier métallo, barman, aux fins de payer ses études, devient champion de lutte universitaire et affronte le mépris d'oies blanches qui sortent avec le beau blond aux yeux verts pour apprendre, dépitées, qu'il n'est qu'un juif prolétaire.

Le cœur ombrageux du fils du chiffonnier se bronze sans se briser. « J'ai toujours imposé des limites précises à mes relations, confiera-t-il dans ses Mémoires. Probablement est-ce pour cela que je n'ai pas eu beaucoup d'amis. Je n'ai jamais permis à personne de s'approcher du noyau sensible, vulnérable, qui en moi s'appelait Issur. Et, pourtant, j'ai toujours désiré faire partie d'un groupe. » Ce paradoxe, que l'on retrouve tout au long de son existence, le voit, malgré son individualisme et ses origines, accéder à la tête du bureau des étudiants. Admiré par nombre de ses camarades, Danielovitch est, dans une même proportion, détesté et jalousé. Il n'en continue pas moins de tracer son chemin. Rejetant après quatre années de faculté la voie académique, Issur n'oublie pas sa motivation première, qui est de devenir comédien. Avec la volonté qui le caractérise, il intègre à New York l'Académie d'art dramatique dirigée par l'impérieux professeur Charles Jehlinger. Il en profite pour troquer son patronyme judéo-slave trop typé contre un nom de scène écossais. Mais Kirk Douglas naît dans la douleur. « Jehlinger, écrira-t-il, ne se montra jamais aussi cruel avec moi que lors de la première année. Il luttait contre une certaine désinvolture, une facilité naturelle que je possédais, un manque de profondeur. Et il s'acharnait. "Jelly" m'apprit à construire un personnage. »

Descendu de scène, Kirk fait des ravages parmi ses condisciples. Ce sont toutefois deux jeunes femmes préférant l'amitié au jeu de la séduction qui retiennent son attention. Juive new-yorkaise ayant abandonné, comme lui, son nom originel, Lauren Bacall est séduite par Douglas mais tient à sa réputation. Héritière bostonienne de confession anglicane, et mannequin lorsque les cours de théâtre lui en laissent le temps, Diana Dill impressionne également durablement son camarade. Mais Douglas n'est pas de nature à s'infliger les souffrances du jeune Werther. Il préfère jouer dans quelques pièces et s'enrôler dans la marine, avec la promesse de faire la guerre. Le hasard le remet cependant en présence de Diana, qui porte désormais sur lui un autre regard. Elle l'épouse en 1943, malgré leurs différences de conditions. Leur relation se vit intensément, sous le signe de l'urgence. La mort ne se tient-elle pas en embuscade ? Enseigne sur un navire croisant dans le Pacifique, Kirk devient père du petit Michael, premier de leurs deux fils, au moment où, victime de dysenterie, il vient d'être démobilisé. L'année qui suit, à New York, a le goût de la vache enragée. Douglas multiplie les auditions au théâtre et pour la radio, mais il est rarement retenu et joue de malchance en contractant une laryngite alors qu'il s'apprête à intégrer la troupe de la comédie musicale *On the Town*. Avertie de ses difficultés et devenue une star grâce au *Port de l'angoisse*, son amie Lauren Bacall intervient en le recommandant au producteur Hal Wallis.

Ce découvreur de talents recherche un acteur pour jouer aux côtés de Barbara Stanwyck dans *L'Emprise du crime*, film noir de Lewis Milestone. Si Kirk y décroche un rôle secondaire et s'installe à Hollywood, il n'est pas ébloui. Rêvant d'une carrière de comédien sur les planches, le cinéma n'est dans les premiers mois qu'un pis-aller. Aimant discuter de l'histoire qu'il joue et du personnage qu'il incarne, Douglas n'apprécie pas la manière condescendante dont sont traités les débutants comme lui. Il est en outre humilié lors d'une *party* par James Stewart et Henry Fonda qui lui soufflent impunément, sous son nez, une petite amie d'un soir. Refusant le contrat longue durée que lui soumet Wallis, Kirk envisage les propositions qui lui sont faites de manière purement alimentaire. Ce qui le désespère. « Je jouais des rôles que je n'aimais pas, dans des films que je n'aimais pas », avouera-t-il. Ternes ou antipathiques, ses personnages, de *La Griffe du passé* à *La Ville empoisonnée*, n'ont pas grande envergure. Il lui faut attendre 1948 et le tournage de *Chaînes conjugales*, sous la direction de Joseph L. Mankiewicz, pour connaître sa première satisfaction, dans le rôle d'un professeur dénonçant les ravages de la société de consommation. Si sa composition est subtile, en retenue, il n'y donne pourtant pas la mesure de ses capacités physiques et émotionnelles. Le film suivant va lui en fournir l'occasion. Est-ce parce qu'il est déterminé à prendre son destin en main ?

En pleine remise en cause personnelle, Kirk, qui se sépare de Diana et se produit dans *Les Trois Sœurs*, de Tchekhov, à Broadway, rompt son association avec Hal Wallis et rejette l'offre de la MGM de jouer un second rôle aux côtés d'Ava Gardner et de Gregory Peck, préférant incarner le personnage principal d'une production passablement fauchée. Sorti en 1949, *Le Champion*, de Mark Robson, marque sa révélation. En boxeur rageur, combatif, luttant aussi contre ses propres démons, Douglas dévoile quelques-uns des traits récurrents de son double de fiction. À équidistance du méchant carriériste et de l'individualiste farouche, face tout à la fois éclatante de santé et tourmentée d'une Amérique affrontant, au sortir de la guerre, la suspicion maccarthyste, Kirk Douglas devient, avec ses contemporains Burt Lancaster et Robert Mitchum, l'interprète le mieux à même de traduire l'ambivalence d'une virilité qui n'est plus forcément synonyme de droiture ou d'infaillibilité. Le succès du *Champion*, qui lui vaut une première nomination à

L'enfance de l'art.
Une certaine réserve et
un fond de mélancolie
imprègnent le regard
du jeune Charlie Chaplin,
avant que le costume
du vagabond lui apporte
richesse et gloire.
© 1910 Shutterstock

À quoi rêve Greta Garbo,
ses cheveux relâchés,
lorsqu'elle ne fixe pas l'objectif ?
À cet ailleurs en forme de fuite,
qu'elle peine à formuler et qui
contribuera à forger son mythe.
© Photo12/Alamy/Photofox

Fred Astaire, qui danse même en marchant. L'élégance en toutes circonstances. © Reinhard-Archiv/Ullstein Bild via Getty Images

Bette Davis, à l'époque d'*Eve*. Un tempérament et un talent de « monstre sacré ». © Bettmann/Getty Images

Clark Gable ou le triomphe d'une masculinité conquérante dans une Amérique en crise. © 1938 Shutterstock

En pantalon d'homme, athlétique
et effrontée, Katharine Hepburn
brise les stéréotypes de la féminité.
© 1938 Shutterstock

Le regard clair de James Stewart
semble braver sa timidité
pour imposer ses idéaux.
© 1938 Shutterstock

Cary Grant à l'apogée de son personnage, qui inspirera tout autant James Bond que le Don Draper de la série *Mad Men*.

Humphrey Bogart et Ingrid Bergman dans *Casablanca*. Le sacre des stars de tragédies.

Rita Hayworth,
femme fatale et
iconique Gilda.
Si loin de sa vérité.
© Robert Coburn Jr./
John Kobal Foundation/
Getty Images

Gene Tierney,
héroïne fantasmatique
de films noirs.
© Glasshouse Images/
Photo12/20th Century Fox

Chapeau de cow-boy et visage buriné,
John Wayne écrit sa mythologie.
© Sunset Boulevard/Corbis via Getty Images

Ava Gardner, la plus belle femme du monde.
La plus incertaine, aussi. © Bettmann/Getty Images

Cérébral et animal à la fois, Burt Lancaster impose sa loi.
© 1970 Shutterstock

Marlon Brando offre
un nouveau modèle d'acteur
et de star. Il fera école
sans l'avoir cherché.
© 1946 Shutterstock

Elizabeth Taylor, dans *Soudain l'été dernier*.
Une sensualité éclatante, une sexualité dépourvue de culpabilité.
© Sunset Boulevard/Corbis via Getty Images

Viril et névrosé, Kirk Douglas ou la volonté faite homme.
© Photo12/Alamy/Pictorial Press Ltd

Audrey Hepburn, un nouveau type de féminité, gracieuse, longiligne, européenne. Une star exemplaire.

James Dean, en contre-plongée, ou la douleur de vivre.

La fraîcheur de Marilyn Monroe, au naturel. Une émotion qui crève l'écran.

Des yeux bleus
où l'intelligence
le dispute
à la séduction.
Paul Newman,
le « cool » incarné.
© Bettmann/Getty Images

Natalie Wood et
Steve McQueen,
visages rebelles
des années 1960,
dans *Une certaine rencontre*.
olls Press/Popperfoto
via Getty Images

Sidney Poitier,
la bravoure
et la solitude
de la première star
noire hollywoodienne.
© John Springer Collection/
CORBIS/Corbis via Getty Images

Faye Dunaway, en Bonnie Parker.
Une classe et des choix.
© Sunset Boulevard/Corbis via Getty Images

Clint Eastwood, homme complexe
et artiste majeur. Une légende.
© Glasshouse Images/Photo12/Warner Bros.

Le destin, unique, de Jane Fonda épouse un demi-siècle de combats.
© Jean-Paul Guilloteau/Kipa/Sygma via Getty Images

Après Marlon Brando, Dustin Hoffman, acteur d'exception, symbolise une autre révolution.
© Bettmann/Getty Images

Robert Redford, la belle conscience d'un sex-symbol.
© Photo12/Alamy/20th Century Fox

Jack Nicholson et l'un de ses innombrables masques ?
© Ron Galella/Ron Galella Collection via Getty Images

Robert De Niro, ici dans *Taxi Driver*, paraît interroger l'avenir. Il ne cessera de relever des défis.
© Herbert Dorfman/ Corbis via Getty Images

Et si le physique
de Sylvester Stallone
avait contrarié
ses aspirations ?
© Michael Putland/
Getty Images

La maîtrise, du jeu comme
de sa vie, ne se discute pas
chez Meryl Streep,
interprète virtuose.
© Columbia Pictures/Getty Images

Surdouée tenant ses promesses, Jodie Foster est l'une des rares enfants stars, avec Elizabeth Taylor, à avoir dompté Hollywood.
© Jamie McCarthy/WireImage/Getty Images

Programmé pour vaincre et durer, Tom Cruise a quelque chose de surhumain. D'inhumain ?
© Jon Reynoso/WireImage/Getty Images

Denzel Washington, comédien complet et première star post-raciale, en avance sur la société.
© Kurt Krieger/Corbis via Getty Images

Les métamorphoses de Nicole Kidman au miroir de sa résilience et de son audace.
© Warner Bros. Pictures/ Sunset Boulevard/ Corbis via Getty Images

George Clooney,
en héritier de Cary Grant,
et Leonardo DiCaprio,
en moderne James Dean
dont le destin n'aurait pas
été brisé, sont-ils la preuve
vivante d'un éternel
recommencement au pays
des stars ou les derniers
spécimens d'un système
à bout de souffle ?

l'Oscar, renforce sa détermination. « Je ne pense pas que je pourrais être un comédien sans vanité, déclarera-t-il avec honnêteté. Cela ne m'intéresse pas d'être un "acteur modeste". » Kirk le prouve à travers des choix qui procèdent, sinon d'un plan de carrière, du moins d'une réflexion sur son art et l'exploitation la plus valorisante qu'il peut en faire. Après avoir signé un contrat non exclusif avec la Warner, il enchaîne une série d'œuvres lui permettant d'explorer les tréfonds, parfois guère reluisants, de l'âme humaine.

Que ses personnages s'avèrent positifs ou négatifs importe peu, pourvu qu'ils soient complexes et forts. Ainsi du journaliste cynique, corrompu et opportuniste du *Gouffre aux chimères* que lui propose en 1951 Billy Wilder. Kirk s'en empare, sans souci de l'image qu'il renvoie mais avec la volonté d'analyser, à travers son jeu, sa noirceur et ses ressorts. L'intensité expressive, couleur primaire du héros « kirkien », s'enrichit toujours de teintes moins vives soulignant au final son ambiguïté fondamentale. Mais l'énergie demeure sa composante la plus marquante. « Dans *Le Gouffre aux chimères*, écrira le critique Roger Ebert, elle en est presque effrayante. Il n'y a rien de daté dans la performance de Douglas. Elle est, aujourd'hui encore, celle d'un couteau aiguisé. » Dans la foulée, il incarne de façon tout aussi remarquable l'inspecteur obsessionnel d'*Histoire de détective*, de William Wyler. Son intérêt pour les êtres dont la puissance engendre de profondes névroses le conduit en 1952 à interpréter le producteur hollywoodien manipulateur des *Ensorcelés* qui lui vaut d'être nommé, une deuxième fois, à l'Oscar. « Jusqu'alors, racontera son metteur en scène Vincente Minnelli, Kirk n'avait jamais joué de personnage aussi sobre que celui de ce producteur… et je le voulais sobre ! Il a beaucoup de vitalité et il faut tout le temps lui tenir la bride serrée. »

Faisant feu de tout bois, l'acteur devient la même année le pionnier traversant les somptueux paysages naturels de *La Captive aux yeux clairs*. S'il a étrenné le western et s'est montré fier cavalier, quelques mois plus tôt, dans *Une corde pour te pendre*, de Raoul Walsh, c'est dans cette balade élégiaque, variation sur l'amitié virile de Howard Hawks, qu'il épouse véritablement ce genre dans lequel il renouvelle la figure d'un cow-boy sec, mais non dénué d'ironie. Hawks, étonnamment, ne sera pas convaincu par la palette et les nuances de jeu de son interprète : « Je considère Kirk, dira-t-il, comme l'un de nos meilleurs durs. Chaque fois qu'il joue un rôle dans ce genre il est excellent. Mais quand il veut être gentil, montrer de l'amitié, ça ne passe pas. » Avant de conclure avec regret : « J'ai eu tort de le prendre pour ce film. » Il est vrai que Douglas semble appliquer à son personnage de Jim Deakins ses propres préventions. L'affection fraternelle et la confiance qui l'accompagnent ne lui sont pas naturelles. Mais Deakins n'est-il pas justement défini de la sorte dans le scénario ? En réalité, l'acteur n'est jamais meilleur qu'en cow-boy de tragédie opposant aux espaces chevauchés sa quête de liberté, qu'elle soit entravée par des barbelés ou par les symboles d'une pseudo-modernité. Une constante que l'on retrouve du fulgurant *L'homme qui n'a pas d'étoile*, de King Vidor, au crépusculaire *Seuls sont les indomptés*, de David Miller. Comme un écho à la personnalité de Douglas, dont les désirs et l'ego sans filtre commencent à susciter ressentiment et envie.

Jusque dans la sphère privée.

Divorcé et doté d'un appétit sexuel dont il ne se cache pas, contrairement à la plupart de ses pairs, il voit ses brèves liaisons avec Joan Crawford, Gene Tierney, Rita Hayworth, Marlene Dietrich, Patricia Neal ou Ava Gardner défrayer la chronique dans une ville pourtant habituée à bien des excès. Plus tard, ce comportement alimentera d'étranges rapports lors de ses tournages avec Stanley Kubrick, dont la judéité et la libido refoulées offrent l'exact contrepoint à l'extraversion naturelle de Douglas rabattant dans sa caravane, lors de la pause déjeuner, de jeunes admiratrices désireuses d'éprouver la virilité de la star. En attendant, c'est un coup de cœur qui va lui ouvrir de nouveaux horizons. S'étant épris en 1953 de Pier Angeli, sa partenaire d'*Histoire de trois amours*, l'acteur la suit lorsqu'elle quitte les États-Unis pour le vieux continent. Vedette du *Jongleur*, premier long-métrage hollywoodien réalisé en Israël, Douglas, invité du festival de Cannes où il rencontre Brigitte Bardot, tourne en France *Une histoire d'amour*, puis en Italie, où il joue le rôle-titre mythologique d'*Ulysse*. Cette série de productions plus légères culmine en 1954 avec la merveilleuse adaptation par Richard Fleischer de *Vingt mille lieues sous les mers*. Marin en eaux troubles, Kirk Douglas s'y montre suprêmement décontracté, chantant avec une otarie et révélant un talent, jusque-là insoupçonné, pour la comédie.

Une « libération » qui n'est pas seulement liée à la pratique de ce registre. En Europe, Douglas, mû par sa curiosité, découvre, fasciné, un autre cinéma, d'autres artistes. Il renonce également à Pier Angeli, qui est sous la coupe de sa mère, pour faire la cour à une assistante de production de nationalité belge. Séparée de son premier mari, Anne Buydens est cultivée, intuitive, pleine de bon sens. Qu'elle ne soit pas impressionnée par Kirk achève de le séduire. Leur union, couronnant cette parenthèse transatlantique, accélère sa prise quasi totale d'indépendance. De retour aux États-Unis, Douglas crée sa propre société de production, à laquelle il donne le prénom de sa mère, Bryna. S'il suit l'exemple de Burt Lancaster, son implication va se révéler entière. « Je n'avais nullement l'intention de devenir un magnat, expliquera-t-il. Je cherchais avant tout à participer plus intensément au processus de création d'un film. J'aurais préféré qu'on me présente un scénario magnifiquement écrit, avec un rôle que j'aurais eu envie de jouer, et un réalisateur avec qui j'aurais aimé travailler. Mais je ne pouvais me contenter d'attendre un miracle : je devais le faire advenir. » Ce qu'il concrétise en produisant, dès 1955, avec *La Rivière de nos amours*, un superbe western rousseauiste ; l'un des premiers à montrer le mode de vie d'une tribu sioux. Plus ambitieux encore, son investissement sur *La Vie passionnée de Vincent Van Gogh* force le respect. Confiant au merveilleux plasticien et coloriste qu'est Vincente Minnelli le soin de retranscrire l'univers visuel du maître d'Auvers, Douglas impose un tournage en France, dans les lieux fréquentés par le peintre, et embrasse son rôle comme un possédé.

« *Van Gogh*, écrira-t-il, allait bouleverser toutes mes théories sur le jeu de l'acteur. Pour moi, jouer c'est créer une illusion, faire preuve d'une discipline immense, et non se perdre dans le personnage que l'on incarne. Mais je ne fus pas loin de m'abîmer dans le personnage de Van Gogh. » Troublant de ressemblance, continuant de vivre avec cet encombrant génie longtemps après la fin du tournage, Kirk récolte une troisième nomination à l'Oscar, qu'il n'obtient pas. La blessure qui en découle le stimule au lieu de l'abattre. Il prend un risque en s'associant à un quasi-débutant dont il vient d'admirer le polar *L'Ultime Razzia*. Stanley Kubrick s'entend avec Kirk Douglas pour raconter le destin tragique de soldats français qui, lors de la Première Guerre mondiale, pour avoir refusé d'obéir à des ordres suicidaires, furent condamnés au poteau d'exécution par la justice militaire. Tourné en Allemagne à l'économie, avec des mouvements d'appareils virtuoses et un Douglas en colonel-avocat stoïque et halluciné, *Les Sentiers de la gloire* enthousiasment la critique mais refroidissent le public. Choquée par la dénonciation implacable qu'il offre de son état-major, la France va interdire la diffusion du film pendant près de vingt ans. Cependant, Kirk a remporté son pari en traitant d'un sujet tabou avec une forme de radicalité, quitte à s'opposer à certains compromis scénaristiques auxquels Kubrick aurait consenti, sans son intervention.

Cet autoritarisme, parfois arrogant, souvent justifié, vaut à Douglas de mémorables affrontements qui forgent sa réputation. Sur le tournage de *Règlements de comptes à OK Corral*, où il scelle son partenariat de « jumeaux terribles » avec Burt Lancaster, Kirk campe un Doc Holliday tuberculeux et savoureux à souhait. Mais il s'attire cette réflexion de son metteur en scène, John Sturges : « Douglas est un mégalomane. Il veut faire comme s'il avait réalisé lui-même tous les films dans lesquels il apparaît. » Un constat dressé également par Robert Aldrich, qui dirige la star quatre ans plus tard, dans *El Perdido* : « Kirk, déplorera-t-il, l'a gâché par le montage qu'il a lui-même imposé. Travailler avec un acteur/producteur est un désastre complet. » Résumant le sentiment général, Lancaster aura une formule au sujet de son partenaire et rival : « Kirk serait le premier à vous dire que c'est un homme difficile. Et moi, je serais le second. » Mais comment reprocher à l'acteur des choix si féconds ? Initiés par Douglas en 1957, *Les Vikings* sont, malgré les obstacles rencontrés, un modèle de production. S'entourant des meilleurs techniciens, confiant la réalisation à Richard Fleischer, artisan-auteur tout-terrain, exigeant de filmer sur les lieux de l'action, en Norvège, avec un réel souci d'authenticité, la star porte à bout de bras ce projet, devenu l'archétype du film d'aventures. Dans la foulée de ce grand succès public et critique, l'acteur-producteur va encore plus loin.

Vexé de s'être vu préférer son cadet Charlton Heston dans le rôle de Ben-Hur, Kirk rachète les droits du roman *Spartacus*, d'Howard Fast, qui exalte la révolte d'un esclave thrace contre l'oppression romaine. Apprenant que United Artists envisage d'adapter sur un thème similaire *Les Gladiateurs* d'Arthur Koestler, avec Yul Brynner, Douglas n'a plus comme solution que de doubler la concurrence. Il le fait en engageant l'un des scénaristes les plus efficaces de Hollywood. Blacklisté depuis plusieurs années, travaillant sous pseudonyme, Dalton Trumbo est, comme Fast, une victime du maccarthysme. Kirk va lui redonner une visibilité et lui permettre de retrouver son nom. « Kirk Douglas, écrira George Clooney, est beaucoup de choses à la fois : une star de cinéma, un acteur, un producteur. Mais c'est, avant tout, le genre de personnalité qui se révèle quand les enjeux sont grands. » Après s'être battu pour réunir à ses côtés Laurence Olivier, Charles Laughton et Peter Ustinov, avoir retiré la réalisation du film à Anthony Mann pour la confier à Stanley Kubrick, la star-producteur doit asseoir son autorité sur un cinéaste en conflit avec le chef opérateur et le scénariste. Kubrick ne le lui pardonnera pas. Le public, qui fait un triomphe à ce péplum politique, ignore ces aléas pour ne retenir que la prestation, intense, de Douglas. L'acteur livrera dans ses Mémoires la philosophie de son investissement sur ce projet : « Spartacus, l'esclave qui rêvait à l'abolition de l'esclavage, portait au cœur de Rome le glaive qui finirait par le détruire un jour. » Révolte, dignité et liberté. Pour le gladiateur thrace comme pour Kirk, qui se souvient d'Issur, de sa judéité et d'ancêtres bâtisseurs-prisonniers en Égypte. « Je suis issu d'une race d'esclaves, confiera-t-il. Moi, ma famille, aurions pu être esclaves. »

En osmose avec le rôle de sa vie, Douglas peine, durant les années 1960, et malgré quelques grandes interprétations, du comédien sur le retour de *Quinze jours ailleurs* au militaire loyal de *Sept jours en mai*, à retrouver une telle richesse créative. Lui qui fut la star la plus ouverte sur l'international et l'acteur qui s'était le plus détaché des studios ne deviendra pas, à 50 ans passés, une icône du Nouvel Hollywood. Sans doute le pressent-il en acceptant des pas de côté ; diplomate, à ses frais, pour différents gouvernements américains qui lui demandent de promouvoir les États-Unis à l'étranger, il achète dans un autre registre les droits du roman *Vol au-dessus d'un nid de coucous* pour en jouer, avec succès, le rôle principal à Broadway. Les tournages en 1969 du *Reptile*, de Joseph Mankiewicz, et de *L'Arrangement*, d'Elia Kazan, lui offrent ses dernières créations étincelantes sur grand écran, démontrant qu'il n'a rien perdu de son charisme. N'ayant pu engager Brando dans le rôle de son businessman dépressif en quête de sens, Kazan dira avoir trouvé avec Douglas un acteur « d'une grande intelligence, très motivé et enthousiaste ». Mais il regrettera son choix, Kirk ne pouvant, selon lui, interpréter un homme en état de faiblesse : « Il irradiait, écrira-t-il, l'invincibilité. » La maturité venue, patriarche comblé d'une famille élargie à deux autres fils qu'il a eus avec Anne, il fait surtout contre mauvaise fortune bon cœur. Sans dissimuler joies et rancœurs.

Fier d'assister à l'envol de Michael, mais amer de n'avoir pu jouer au cinéma ce *Vol au-dessus d'un nid de coucous* que son aîné produira. Heureux d'être réclamé dans *Furie* par Brian De Palma, mais quittant, furieux, le plateau de *Rambo* où, dans le rôle du mentor du personnage qu'incarne Stallone, il estime qu'on ne l'écoute pas. Sa vitalité étant son viatique, le lutteur qu'il demeure ne cesse de se réinventer ; philanthrope pour les enfants défavorisés, Kirk Douglas se découvre, septuagénaire, écrivain à succès et tient, nonagénaire, un blog qui distille des leçons de bonheur et ses commentaires sur l'actualité. Surmontant un crash d'hélicoptère, un accident vasculaire cérébral ainsi qu'une crise cardiaque, sa longévité de centenaire, célébrée avec ses proches et par ses innombrables admirateurs, aura été son ultime exploit. Il en était surpris, bien qu'il y ait eu une logique à cela. « Je peux marcher, je peux parler, je peux voir. Aussi, je me dois de faire quelque chose de bien », déclarait avant sa mort, le 5 février 2020, dans sa 104e année, l'homme charismatique qui aura passé sa vie à mettre en échec l'adversité.

Filmographie sélective

Le Champion (Mark Robson, 1949)
Le Gouffre aux chimères (Billy Wilder, 1951)
La Captive aux yeux clairs (Howard Hawks, 1952)
Les Ensorcelés (Vincente Minnelli, 1952)
Vingt mille lieues sous les mers (Richard Fleischer, 1954)
L'homme qui n'a pas d'étoile (King Vidor, 1955)
La Vie passionnée de Vincent Van Gogh (Vincente Minnelli, 1956)
Règlements de comptes à OK Corral (John Sturges, 1957)
Les Sentiers de la gloire (Stanley Kubrick, 1957)
Les Vikings (Richard Fleischer, 1958)
Spartacus (Stanley Kubrick, 1960)
Seuls sont les indomptés (David Miller, 1962)
L'Arrangement (Elia Kazan, 1969)
Le Reptile (Joseph L. Mankiewicz, 1970)

Audrey Hepburn (1929-1993)

Il est peu d'icônes à son image, parce qu'elle fut davantage qu'une légende cinématographique. Si la plus européenne des stars hollywoodiennes fait toujours, trente ans après sa mort, la une des magazines, c'est pour une autre dimension. Modèle de grâce prisé par les grands couturiers, elle figure également un modèle de vie, une belle âme. Que l'héroïne de Vacances romaines *et de* My Fair Lady *ait achevé son parcours en ambassadrice de l'Unicef ne doit rien au hasard. Audrey Hepburn incarne à elle seule la noblesse du septième art.*

« Chaque matin, je vais au grenier. De ma place préférée, par terre, je regarde le ciel bleu. Je me dis : "Tant que cela existe et que je puis y être sensible, je ne peux pas être triste. Tant que cela existe, et il en sera sans doute toujours ainsi, je suis sûre que tout chagrin pourra trouver son réconfort." » Jusqu'au bout, Audrey Kathleen Hepburn-Ruston se sera identifiée à ces mots, écrits en 1944 par une adolescente d'Amsterdam : sa « sœur », Anne Frank.

« Lire son journal, confiera-t-elle, a été comme relire mes propres expériences vues sous son angle à elle. Cela m'a vraiment détruite. » À quel point les traumatismes liés à l'enfance conditionnent-ils nos vies ? Dans le cas d'Audrey Hepburn, il semble que ces premières expériences lui aient donné un sens. Rien ne prédestinait pourtant la fille de la baronne Ella van Heemstra à affronter les vents mauvais de l'Histoire. Héritière d'une famille de la noblesse néerlandaise gravitant dans l'entourage de la reine Wilhelmine, influente souveraine des Pays-Bas depuis 1890, la mère d'Audrey avait un temps rêvé de devenir comédienne. « Mon grand-père le lui interdit formellement, révélera l'actrice. Il jugeait cette activité dégradante et de nature à ternir l'éclat des Van Heemstra. » Se pliant à un premier mariage arrangé, qui lui donne toutefois deux fils, la baronne ne tarde pas à reprendre sa liberté. Accompagnant l'ambassade de son père au Surinam, elle y est séduite par un businessman anglais. Roturier, également divorcé, Joseph Ruston épouse Ella à Djakarta, avant de revenir avec sa femme en Europe. C'est à Bruxelles, où Joe a été nommé directeur de la branche belge de la Banque d'Angleterre, que leur fille, Audrey, voit le jour, le 4 mai 1929.

Le bambin se heurte très tôt à l'indifférence querelleuse de ses parents. « Ils n'avaient guère de temps pour moi, se souviendra-t-elle. Et je suppose que, dans une certaine mesure, cette attention du premier âge m'a fait défaut toute ma vie. » La froideur de sa mère la blesse particulièrement : « Elle avait reçu une éducation victorienne, marquée par une très grande discipline, et se montrait très exigeante vis-à-vis de ses enfants. Elle avait beaucoup d'amour en elle, mais n'était pas toujours capable de l'extérioriser. Je passais mon temps à chercher quelqu'un qui puisse me câliner, ce que m'ont donné mes tantes et mes gouvernantes. » Trouvant aussi le change dans un rapport obsessionnel à la nourriture, la fillette se renferme dans son imaginaire. Afin de l'en déloger et de l'ouvrir aux enfants de son âge, sa mère l'expédie à 5 ans dans un pensionnat anglais. À cette époque, Ella fait adjoindre au patronyme de son mari le nom, plus aristocratique, de Hepburn, Joe prétendant à tort descendre de James Hepburn, troisième époux de la reine d'Écosse, Mary Stuart. Plus gênant que leur snobisme, Ella et Joe partagent une fascination pour le parti national-socialiste. Cette germanophilie de mauvais aloi est le fait d'une part non négligeable de l'*establishment* britannique, qui rêve d'alliance avec le Troisième Reich. En 1935, les parents d'Audrey, amis des fanatiques sœurs Mitford, accompagnent Oswald Mosley, chef du parti nazi britannique, à Munich, où, subjugués, ils rencontrent Hitler. Le retour, s'il n'ébranle pas leurs convictions, dégrise Ella : Joe la quitte et rentre en Angleterre encore plus radicalisé, décidé à poursuivre seul le combat.

« J'étais tiraillée entre deux extrêmes, admettra, par la suite, Audrey. Je savais que Hitler était mauvais, mais mon père le soutenait. Et j'aimais mon père. Je priais pour qu'il change d'avis. Alors, peut-être que ma famille pourrait se ressouder. Je crois que toute ma vie j'ai prié pour que ma famille se ressoude. » La déclaration de guerre achève de la disloquer. Joe, considéré comme traître à sa patrie, est fait prisonnier par le gouvernement anglais, tenu au secret de sa femme et de sa fille, qui ne le reverra pas durant des années et doit, de son côté, rejoindre Ella, réfugiée à Arnhem, aux Pays-Bas. Aux yeux d'Audrey, devenue anglaise, ce retour sur le continent est un déracinement. Une passion nouvelle pour la danse la sort de son isolement. Alors que les troupes de la Wehrmacht envahissent Arnhem, la jeune fille suit ses premiers cours au conservatoire, sous la tutelle d'une professeure attentive : la ballerine Winja Marova. « Audrey, se souviendra cette dernière, était élancée, mince, très douce et motivée. Sur scène, bien qu'elle n'en sût pas long, on sentait que le public était touché par sa flamme. » Au cœur de la guerre, et au plus profond de sa nuit, l'adolescente, contredisant l'engagement de ses parents, sert de courrier à la Résistance. Elle assiste aussi aux premières déportations : « À la gare, je voyais des wagons à bestiaux remplis de juifs. Les cauchemars que j'ai faits, depuis, ont toujours été liés à cela. »

Subissant les restrictions, elle maigrit à vue d'œil et partage avec sa mère une nourriture à base de pain « vert », de chicorée et d'orties. L'effroyable bataille d'Arnhem, en septembre 1944, met entre parenthèses les rêves de danse d'Audrey, qui, affaiblie, manque d'y laisser sa peau. Elle fête ses 16 ans avec l'arrivée des chars alliés. « C'est ce jour-là, dira-t-elle, que j'ai appris que la liberté possède un bouquet, un parfum bien à elle : celui du tabac anglais et de l'essence. » Audrey ne pèse plus que 40 kilos pour 1,70 mètre. Souffrant d'hépatite et d'anémie, elle est secourue par l'Unrra, ancêtre de l'Unicef, auprès de laquelle elle conservera une ineffaçable dette. Le quotidien reprend néanmoins vite ses droits, nourrie du feu contracté auprès des corps de ballet. Après avoir suivi les cours de la danseuse et chorégraphe russe Sonia Gaskell, à Amsterdam, Audrey passe avec succès le concours de l'école londonienne de ballet Marie-Rambert. Installée avec Ella en Angleterre en 1948, elle ne peut toutefois compter à court terme sur une place dans une troupe pour les tirer d'affaire. Démunie, mais poussée par une mère nourrissant pour sa fille les plus folles ambitions, Audrey bénéficie paradoxalement de ce besoin crucial d'argent pour s'ouvrir à de nouvelles opportunités. Les spectacles de la capitale ont besoin de sang neuf et, avec son allure de sylphide et son regard de biche, Audrey Hepburn exerce une forte attraction. Enchaînant le mannequinat pour des photographies publicitaires et quelques numéros de danse dans des comédies musicales, la jeune femme charme James Hanson, un homme d'affaires qui devient son premier fiancé.

En 1950, Audrey connaît également ses premières expériences cinématographiques, apparaissant brièvement dans les comédies *Rires au paradis* et *De l'or en barres*. Déçue de n'avoir ni l'âge ni le niveau requis pour mener une carrière de ballerine, choisit-elle inconsciemment un autre chemin ? « Le fait de jouer a été une surprise et il l'est resté, assurera-t-elle. Je voulais être une danseuse. Il n'était pas dans ma nature d'être terriblement ambitieuse ou entreprenante parce que je manquais d'assurance. Celle-ci venait puis s'en allait avec chaque film. » Excès de modestie ? Interrogé sur les ambitions initiales de sa fiancée, James Hanson déclarera : « Audrey était une femme très forte, qui avait à l'évidence la détermination nécessaire pour le genre de réussite qui fut la sienne. » Que ce point de vue soit celui, rétrospectif, d'un prétendant finalement éconduit, ne retire rien au constat d'une artiste qui, mise sur les rails d'un destin de prime abord incertain, saura saisir les opportunités. Lesquelles se précipitent en 1951. Venue en principauté de Monaco tourner auprès de Ray Ventura et de son orchestre *Nous irons à Monte-Carlo*, la danseuse et comédienne traverse le hall de l'Hôtel de Paris lorsqu'elle retient l'attention de la romancière Colette.

Celle-ci est en quête d'un visage donnant chair à l'héroïne de sa dernière nouvelle, sur le point d'être adaptée au théâtre ; l'histoire d'une adolescente s'ouvrant à la vie. « La voilà ! Voilà ma Gigi ! », se serait-elle exclamée en apercevant Audrey. Le mot de Colette fait mouche et bientôt, Hepburn est retenue pour jouer *Gigi* sur scène, à Broadway. Un bonheur n'arrivant jamais seul, la débutante est repérée au même moment par le chef de la production de la Paramount à Londres, qui lui fait passer un bout d'essai. Le rôle envisagé est celui d'une princesse découvrant, lors d'une escapade à Rome, l'amour et la liberté. « Je voulais une fille sans accent américain ; une fille dont on puisse croire qu'elle avait vraiment été élevée comme une princesse », précisera William Wyler chargé de réaliser, avec *Vacances romaines*, un conte de fées contemporain. Franchissant avec naturel l'épreuve des tests où elle est filmée à son insu, Audrey déborde de grâce et d'émotion contenue. Wyler est convaincu : « Elle avait tout ce que je recherchais : le charme, l'innocence et le talent. Elle était aussi très drôle et irrésistible, et nous avons dit : "C'est la fille qu'il nous faut !" » Stimulée mais sous pression, Audrey enchaîne ainsi *Gigi* et *Vacances romaines*, vampant la scène new-yorkaise avant de rejoindre Gregory Peck sur un plateau romain susceptible de changer son destin. Le tournage, harmonieux, balaie ses complexes. Gentleman et fair-play, Peck demande que le nom de sa partenaire, encore inconnu, tienne avec le sien le haut de l'affiche. Triomphe dès sa sortie, *Vacances romaines* fait d'Audrey Hepburn un nouveau type d'actrice, ainsi définie par la critique Elizabeth Wilson : « Son charme réside non pas dans l'aspect androgyne d'une coiffure simple et d'une silhouette de garçonne, mais dans un style qui paraît incarner une Europe sophistiquée et existentielle, par opposition à l'artificialité exagérément épanouie de Hollywood. »

Cette expression, fraîche et sans afféterie, d'un physique et d'un jeu inédits, l'un et l'autre éloignés des différents canons féminins s'étant succédé, de l'anguleuse Katharine Hepburn à la pulpeuse Marilyn Monroe, fait fondre la profession, qui lui décerne l'Oscar. Surprise mais ne surjouant pas l'étonnement, Audrey prend à tous égards un nouveau départ. Détachée de James Hanson, elle séduit lors d'une soirée le comédien et metteur en scène Mel Ferrer. Leur relation reste en suspens, le temps pour la jeune femme de jouer le rôle-titre de son deuxième film clé, *Sabrina*, sur le tournage duquel elle fait plusieurs rencontres déterminantes. À commencer par celle du cinéaste-scénariste Billy Wilder, qui tombe sous son charme et prédit, avec humour, que « cette fille va réussir à rendre les seins démodés ». De façon moins triviale, il pointe les raisons d'une popularité qui s'explique par la personnalité même de son actrice : « Le premier jour, elle est arrivée sur le plateau toute prête. Elle savait son texte. Elle était si gracieuse, si pleine de bonne volonté, qu'au bout de cinq minutes ils étaient tous amoureux d'elle. Moi le premier. »

Hepburn fait une autre conquête lorsque Wilder l'envoie s'habiller à Paris chez un créateur émule de Jacques Fath et de Christian Dior du nom d'Hubert de Givenchy. Ce dernier devient l'un de ses meilleurs amis et son couturier attitré. Bientôt, le look d'Audrey – lignes épurées, pantalons cigarettes et ballerines – fait fureur, tandis qu'en marge de *Sabrina* l'actrice, éprise de son partenaire William Holden, est en pleurs. Prête à supporter son alcoolisme, elle apprend que le comédien ne peut plus avoir d'enfants. N'imaginant pas sa vie sans progéniture, Hepburn rompt avec lui et retrouve Mel Ferrer, qui l'entraîne au théâtre et la métamorphose en nymphe pour *Ondine*. Leur mariage est célébré en 1954. Audrey subit-elle alors, comme d'aucuns le prétendent, son influence étouffante ? « Je n'ai jamais refusé à ma femme mon autorisation de faire quoi que ce soit, plaidera Ferrer. Audrey a toujours eu des idées très arrêtées sur ce qu'elle voulait ou ne voulait pas faire. » L'actrice rejette ainsi la proposition d'Otto Preminger d'incarner la Pucelle dans *Sainte Jeanne* avant de refuser, s'estimant trop concernée, de jouer dans *Le Journal d'Anne Frank*. En revanche, son enthousiasme à partager en 1959, sous la direction de Fred Zinnemann, les tourments intimes d'une jeune Belge décidée à devenir religieuse, dans *Au risque de se perdre*, témoigne de son professionnalisme sacrificiel. Faisant corps avec son personnage, vivant le tournage éprouvant au Congo comme un sacerdoce, elle rachète son absence de formation dramatique par un dévouement absolu au rôle. Ce n'est pas nouveau. L'engagement physique d'une si frêle constitution impressionne ceux qui la voient supporter la canicule romaine en fourrure, alors que sa monture s'écroule sous elle, dans le *Guerre et Paix* de King Vidor ; mais aussi ceux qui l'écoutent suivre des cours de chant intensifs pour *Drôle de frimousse*, de Stanley Donen ; ou encore ceux qui assistent, impuissants, à une nouvelle chute de cheval la blessant sérieusement sur le plateau du *Vent de la plaine* de John Huston, alors que, enceinte, elle perdra son enfant quelques semaines plus tard, mais se refusera à incriminer la production. Unique contrepartie à ce comportement édifiant : Audrey veille à donner d'elle une image parfaite et demande systématiquement à être photographiée sous son meilleur angle. L'actrice, dont les mensurations de 81-50-89 ne changeront pas, s'estime maigre, plate et trop grande. « Comme Marlene Dietrich, ses essayages avaient tendance à durer dix heures plutôt que dix minutes, se souviendra la costumière Edith Head. Mais elle savait exactement l'allure qu'elle souhaitait avoir et ce qui lui allait le mieux. Elle ne se montrait jamais arrogante et vous donnait l'impression d'être une mère préparant sa fille unique pour son premier bal. » Faut-il pour autant donner raison au critique du *New Yorker*, Dwight MacDonald, qui affirme qu'« Audrey Hepburn a le narcissisme du modèle et non l'introspection de l'actrice » ?

Ce serait faire peu de cas de son effacement dans le rôle d'une directrice de pensionnat troublée par l'amour d'une femme dans *La Rumeur*, de William Wyler, ou de sa composition poignante d'une aveugle menacée de mort dans *Seule dans la nuit* de Terence Young. Ce serait oublier qu'elle fut aux yeux des Russes la Natacha idéale du roman de Tolstoï, et négliger son apport décisif à *Diamants sur canapé*, de Blake Edwards, où elle impose, face au staff de la Paramount qui n'y croit guère, sa création chavirante de *Moon River*. Dans leur étude actorale de la comédienne, Michel Cieutat et Christian Viviani relèvent que « le jeu d'Audrey Hepburn n'est pas le produit d'une quelconque école. Elle jouait d'instinct. Elle étudiait son personnage, tel qu'elle le percevait, apprenant son texte très rigoureusement, écoutait attentivement les indications de ses réalisateurs et donnait tout dès la première prise ». Sa technique, nuancée mais lisible et basée sur l'empathie, de son port de tête à la position de ses mains, la fait aimer du plus grand nombre. Évoquant son exceptionnelle photogénie, les deux essayistes décrivent « un visage éminemment féminin, qui allie le charme naturel encore imparfait au raffinement d'une cosmétique plus soucieuse de sublimer le réel que d'apporter la touche réparatrice. De la coiffure, qui lança la mode de la frange enfantine, aux longs faux cils, discrètement passés au mascara et écartés un par un au moyen d'une épingle à nourrice, en passant par le maquillage lisse dont seul le rouge sur les lèvres ressortait manifestement, toute une nouvelle palette de la beauté faciale féminine fut alors créée, instantanément acceptée et systématiquement copiée ».

Ce qui n'exclut ni les critiques perverses, ni une remise en cause. Hepburn se voit ainsi accusée d'être « courtisée, dans ses films, par la plupart des membres du troisième âge hollywoodien », de Humphrey Bogart à Fred Astaire, de Gary Cooper à Rex Harrison et Cary Grant, avec lequel elle forme pourtant le couple romantique idéal de *Charade*. Recherche-t-elle inconsciemment, à travers eux, le père qui lui a tant manqué ? L'artiste, quoi qu'il en soit, continue de douter, avouant : « Jouer ne me vient pas facilement. Je dois fournir un travail énorme pour le moindre petit morceau qui sort de moi. » L'échec commercial des films de Ferrer, relégué dans leur union au rang de « prince consort » et ses fausses couches à répétition contribuent encore plus à déstabiliser Audrey. La naissance de son fils Sean, en 1960, lui fournit enfin l'occasion de s'éloigner des studios. Son instinct maternel développé la préserve des excès d'une communauté qu'elle fuit, dès qu'elle le peut, pour son refuge helvète de Bürgenstock. Le triomphe de *My Fair Lady*, de George Cukor, où elle supplante en 1964 Julie Andrews qui jouait le rôle sur scène, ne la fait pas changer d'avis. Audrey y élargit pourtant sa palette et accroît encore sa popularité, avec un personnage de fleur de pavé métamorphosée par la grâce d'un pygmalion en jeune femme de la haute société. Qui n'a jamais rêvé au destin du vilain petit canard devenu cygne ?

Mais l'actrice n'est pas carriériste et, rejetant les formules à succès, fonctionne aux envies, dont celle d'épouser plus étroitement son époque et sa psyché. Son rôle bouleversant d'épouse frustrée voyant s'émousser sa relation au fil du temps, dans *Voyage à deux* de Stanley Donen, n'est que l'écho de son mariage avec Mel, qui prend l'eau. Leur séparation, en 1968, inquiète la mère de Sean mais offre à la femme une nouvelle jeunesse. S'éprenant d'Andrea Dotti, médecin romain de neuf ans son cadet, Audrey l'épouse, malgré les objections d'un certain nombre d'amis, et s'installe en Italie. Séducteur en diable, le nouveau mari ne manque pas de la tromper, alors même qu'elle attend un bébé, mais leur relation contrariée se réchauffe temporairement à la naissance de Luca.

L'artiste, reconvertie femme au foyer, semble alors au comble de la félicité. « Je n'ai jamais été aussi heureuse que pendant les années 1970, confessera-t-elle, en étant moins agitée et en ne courant plus après les fausses valeurs. » Son fils cadet devait s'en souvenir avec bonheur : « Enfant, je n'avais pas conscience de ce que représentait ma mère. Elle avait arrêté le cinéma afin de s'occuper de mon frère Sean et moi. Tous ceux qui ont croisé son chemin en parlent comme d'une personne ancrée dans le quotidien. Elle nous a fait ce cadeau de ne pas nous faire ressentir son “statut” de star. C'était d'autant plus facile qu'à la maison, elle ne revêtait pas les somptueuses toilettes qu'elle arborait à l'écran : elle portait un simple pull et des jeans. Ma mère n'était jamais aussi bien qu'à la campagne, avec ses enfants et ses chiens. Ce n'était pas une citadine. »

Elle accepte néanmoins, après huit ans d'absence, de retrouver en 1976 un cinéma saturé, selon ses termes, « de sexe et de violence » pour une œuvre testamentaire. *La Rose et la Flèche* la transforme en Marianne vieillissante auprès d'un Robin des Bois ayant les traits de Sean Connery. Richard Lester, qui la dirige sans ménagement, la jugera sans aménité : « Audrey était une interprète très exigeante, méthodique, presque mécanique, qui n'improvisait pas et travaillait d'une façon proche de celle des danseurs. » Émouvante, l'actrice s'en tire pourtant avec les honneurs. Elle n'en éprouve que plus de plaisir à revenir en Suisse pour cultiver son jardin avec Sean, Luca et des amis choisis. Séparée d'Andrea Dotti, Audrey rencontre une dernière fois l'amour et la sérénité en 1980, auprès de l'acteur néerlandais Robert Wolders. Veuf de la comédienne Merle Oberon, il se montre le plus solide des compagnons. Que lui manque-t-il alors, entre deux hommages qui sont autant de sorties dans le monde ? Se retrouver, probablement. Ce qu'elle accomplit en acceptant de lire en public des extraits du *Journal* d'Anne Frank, cette sœur qu'elle n'aura jamais oubliée. Puis en recevant, en 1988, comme une évidence, la proposition de l'Unicef de devenir son ambassadrice extraordinaire. « Cela fait quarante-cinq ans que je passe des auditions pour décrocher ce poste, et j'ai enfin réussi », plaisante à moitié celle qui dès les années 1950 avait œuvré discrètement pour l'organisation qui l'aura sauvée. « Après nous avoir élevés, dira son fils Luca, elle a donné aux autres enfants ce qu'il lui restait d'énergie. » Du Bangladesh à l'Éthiopie, elle s'investit à fond, débordant d'amour pour les plus jeunes victimes de famines et de conflits, survolant à ses risques et périls des théâtres de guerre, admirable d'abnégation. Jusqu'au voyage en Somalie, en 1992, d'où elle revient profondément meurtrie. « Je suis remplie de rage contre nous-mêmes, s'indigne-t-elle, sincère. Je ne crois pas à la culpabilité collective. Seulement à une responsabilité collective. » Mais déjà se joue en elle un autre combat. Un cancer longtemps indétecté se déclare, foudroyant, à l'appendice. Il la ronge en quelques mois. Son dernier rôle au cinéma aura été celui d'un ange gardien, dans *Always*, de Steven Spielberg. Un clin d'œil, à moins qu'il ne s'agisse d'un aveu ? En apprenant sa mort, le 20 janvier 1993, dans sa villa *La Paisible*, son amie Elizabeth Taylor ne fera que le constater : « Il y a désormais un ange de plus auprès du Bon Dieu. »

Filmographie sélective

Vacances romaines (William Wyler, 1953)
Sabrina (Billy Wilder, 1954)
Guerre et Paix (King Vidor, 1956)
Drôle de frimousse (Stanley Donen, 1957)
Ariane (Billy Wilder, 1957)
Au risque de se perdre (Fred Zinnemann, 1959)
Le Vent de la plaine (John Huston, 1960)
Diamants sur canapé (Blake Edwards, 1961)
Charade (Stanley Donen, 1963)
My Fair Lady (George Cukor, 1964)
Voyage à deux (Stanley Donen, 1967)
Seule dans la nuit (Terence Young, 1967)
La Rose et la Flèche (Richard Lester, 1976)

James Dean (1931-1955)

*Une étoile filante dont la lumière se diffuse après qu'elle a disparu ; telle pourrait être l'épitaphe de Jimmy Dean. Admirateur éperdu de Marlon Brando, insupportable et attachant, l'interprète d'*À l'est d'Éden *mourut trop tôt pour que l'on spécule sur ce que l'acteur, parvenu à maturité, aurait inspiré. Reste le mythe, en partie annoncé par Dean lui-même dans la mise en scène de son personnage de post-ado rebelle, jusqu'à sa mort qui lui échappe et le scelle. Seule star dont le destin se confond avec sa postérité.*

« J'ai 24 ans, je mesure 1,72 mètre, je pèse 66 kilos, j'ai des cheveux blonds et des yeux insoutenablement clairs, disent les jeunes filles. Alors que voulez-vous savoir de plus ? », interrogeait James Byron Dean, peu de temps avant sa fin tragique. Soixante-dix ans plus tard, on peut se demander ce qu'il reste à exhumer de l'acteur qui, au milieu des années 1950, électrisa le monde. Pauvre Jimmy, qui croyait plus aux hommes qu'en Dieu mais connut une gloire posthume et de si brèves passions terrestres. De la première comme des secondes, tout a été dit ou presque. Une question, pourtant, demeure. Le héros de *La Fureur de vivre* mérite-t-il véritablement sa légende ? Pour James Dean, celle-ci s'enracine dans l'enfance.

Marion, bourgade du Midwest, est, au début des années 1930, le purgatoire sur Terre. Patrie du gangster John Dillinger ; lieu des « exploits » du braqueur de banques et meurtrier « Baby Face » Nelson, l'Indiana de la grande récession vit en état de guerre. Blond séduisant mais fruste ayant décroché un emploi de prothésiste dentaire, Winton Dean trouve le temps d'y faire l'amour. Une de ses conquêtes, jeune employée de bureau du nom de Mildred

Wilson, ne tarde pas à tomber enceinte de ses œuvres. Ils ont tous deux 20 ans. Contraint de se ranger, Winton trouve la pilule amère. Il va davantage subir qu'assumer sa paternité. Né le 8 février 1931, James Byron en est le fruit sacrifié. « Je n'ai jamais compris mon père, déplorera-t-il. Il n'a jamais tenté de passer de mon côté de la barrière ou de voir les choses telles que je les voyais quand j'étais petit. »

Si Winton essaie maladroitement de l'initier, dès son plus jeune âge, à des activités sportives, Jimmy préfère la compagnie d'une mère qui lui raconte d'innombrables histoires enfantines. Le gamin en retire un goût prononcé pour le jeu qui lui permet, à 5 ans, de se livrer, devant ses camarades effrayés, à une interprétation inspirée de *Boucle d'or et les trois ours*. Sensible, le garçonnet, qui doit affronter une crise de saturnisme, n'en est pas moins doté d'une grande force de caractère. La perspective de rejoindre la côte Ouest, où Winton vient de trouver un nouveau travail, l'enchante et enthousiasme sa mère. À Santa Monica, Mildred inscrit James à des cours de violon et de claquettes. Elle l'éloigne aussi chaque jour de la société des enfants de son âge en l'étouffant sous son amour et ses préceptes. Sa mort foudroyante d'un cancer de l'utérus, en juillet 1940, laisse Jimmy, âgé de 9 ans, anéanti. « J'ai essayé de lui faire comprendre ce qui se passait », racontera son père avant d'ajouter, pitoyable : « Il semblait incapable de comprendre. Un soir, je lui ai dit franchement : "Ta mère ne reviendra jamais à la maison !" Il s'est contenté de me regarder fixement. » D'un égoïsme confinant à la cruauté, Winton Dean reste à quai et expédie enfant et cercueil dans le même wagon à destination de Marion. « Cela me parut pire que la mort », résumera par la suite le fils traumatisé. L'expérience, liée au double abandon dont il est l'objet, le marquera à vie. Recueilli dans leur ferme par la sœur de Winton et son mari, l'enfant vif et exigeant devient taciturne, capricieux, solitaire. « Il s'était totalement renfermé, notera sa cousine Joan. La seule personne avec laquelle il aurait pu communiquer reposait au cimetière. »

Son isolement se rompt à l'orée de l'adolescence et de ses mystères : « J'ai eu un ami qui vivait à Marion, confiera Jimmy. Il m'a appris à me battre, à tuer des chats, et d'autres choses que font les garçons à l'abri des granges. » Fasciné par la moto que lui ont offert pour ses 16 ans son oncle et sa tante, Jimmy, élève de la Fairmount High School, cherche à imposer le respect. Chétif mais casse-cou, il finit par devenir un sportif émérite, champion de basket-ball et de course à pied. Doté d'un don d'imitation qu'il cherche à transcender, l'adolescent, amateur de bongo et de dessin, s'attache à sa professeure d'art dramatique. Adeline Brookshire ne tarde pas à déceler, derrière les excentricités, sa singularité : « Jimmy savait se servir des autres. Il pouvait être d'humeur changeante, prendre les gens au dépourvu, se montrer grossier pour attirer l'attention et, si jamais il n'était pas le meilleur, bouder et tempêter comme un enragé. En outre, il n'acceptait aucune critique. Mais il avait un talent naturel, et cela ne m'avait pas échappé. » Stimulé par les encouragements de la jeune femme et découvrant en James A. De Weerd, pasteur à Fairmount, un père de substitution, Dean voit s'ouvrir de nouveaux horizons. Poésie, danse, sculpture, corrida ; le velléitaire affine ses goûts dans un autoportrait, écrit à 17 ans, qui tient lieu de profession de foi : « Je crois que ma vie sera vouée à l'art et au théâtre. » Malgré son instabilité chronique, il n'en déviera pas.

L'apprentissage ne se fait toutefois pas sans heurts. Ayant choisi d'interpréter *Le Monologue d'un fou*, de Charles Dickens, lors d'un tournoi de rhétorique, Jimmy, impressionnant de vérité, échoue pour n'avoir pas voulu respecter le règlement en écourtant sa prestation. Mauvais perdant, il en rejette la responsabilité sur Mrs Brookshire qui l'avait mis en garde. Décidé à provoquer le destin, il abandonne ses proches, désemparés mais guère surpris, pour rallier la Californie. Retrouvant son père puis se brouillant avec lui après s'être inscrit au club d'art dramatique du City College de Santa Monica, Jimmy améliore sa diction en s'initiant au répertoire shakespearien. « Il était timide et maladroit, se souviendra l'un de ses condisciples, et le monde qu'il voyait à travers ses grosses lunettes à monture d'écaille le déconcertait. Mais il savait exactement ce qu'il voulait, et il apprit très vite quelles ficelles il fallait tirer pour l'obtenir. » Ce que désire en ses vertes années James Dean, c'est marcher sur les brisées de Marlon Brando et de Montgomery Clift, qu'il idolâtre. Leur dualité et leur esprit rebelle reflètent ses propres démons. « D'un côté, avouera-t-il plus tard à Dennis Hopper, je suis comme Brando criant : "Allez vous faire foutre !" De l'autre, je suis Clift quand il dit : "Venez à mon aide, je vous en supplie." » Les rumeurs courant sur l'ambivalence de Brando et sur l'homosexualité de Clift ne font que renforcer l'empathie du jeune comédien, qui découvre sa bisexualité. Mais ses sentiments profonds sur lesquels il peine tant à mettre des mots ont-ils vocation à devenir autre chose qu'un brouillon ?

Après être entré à l'UCLA, où il se montre parfois attentionné, mais le plus souvent déstabilisant, avec ses camarades, il signe son premier contrat : une publicité pour Pepsi-Cola. Montant des chevaux de bois et dansant autour d'un juke-box, Dean se démarque déjà des autres figurants. « Il était impossible de ne pas le remarquer », notera l'une d'elles, Beverly Long. Jimmy, qui souhaite désormais se consacrer à sa carrière, n'en est pas moins soucieux de concilier impératifs économiques et équilibre affectif. Il persuade ainsi un partenaire de l'UCLA, Bill Bast, de partager un logement avec lui. Également bisexuel, Bast se laisse charmer et tente d'apprivoiser Dean. En vain. « Il était suffisant et arrogant, dira-t-il, et il poussait ses limites toujours plus loin. » Jusqu'à « voler » la petite amie de son colocataire. Beverly Long est séduite avant de se lasser : « Il avait la trouille presque en permanence. Il ne trouvait pas de travail au théâtre et devenait de plus en plus amer. Je me suis vite rendu compte qu'il pouvait passer, en une soirée, par toute une gamme d'émotions. Mais les moments de profond désespoir l'emportaient de très loin sur l'euphorie. Il se considérait comme un garçon blessé et incompris. »

Deux hommes vont alors infléchir le destin de Jimmy. Acteur et enseignant, James Whitmore canalise ses pulsions et lui redonne foi en sa vocation de comédien. Riche et influent directeur d'une agence de publicité rencontré dans un sous-sol alors que Jimmy travaille à temps partiel au parking de CBS, Rogers Brackett prend le jeune homme sous son aile. « Je m'intéressais à lui en tant qu'acteur, justifiera-t-il. Par ailleurs, je l'aimais et il m'aimait. » Dean emménage discrètement chez Brackett, qui trouve sans peine des engagements à son protégé. En quelques mois, Jimmy enchaîne les petits rôles dans *Baïonnette au canon*, de Samuel Fuller, et *Qui donc a vu ma belle ?*, de Douglas Sirk. Ces apparitions sans lendemain frustrent le comédien en herbe qui prend la décision, soutenu par son amant et ange gardien, de quitter Hollywood pour New York en octobre 1951.

À Manhattan, James intègre au bout de quelques mois l'Actors Studio. Avide de se confronter au jugement des maîtres, il se fait descendre en flèche par Lee Strasberg, directeur artistique de l'école, qui dissèque sans ménagement une scène où il interprète un torero sur le déclin. « Il n'avait pas le droit de me traiter ainsi, s'emportera Dean. C'est du viol mental. Il vous traite comme on traite un lapin dans un cabinet de vivisection. Quand je joue, je me sens tout nu, livré sans défense. » Décidé à ne pas mettre tous ses œufs dans le même panier, le débutant tape dans l'œil d'une responsable de casting de l'agence MCA qui le recommande pour des programmes sur le petit écran. Jimmy fait ainsi ses armes dans des dramatiques télévisées.

Au même moment, il s'éprend d'une ensorcelante comédienne et danseuse, « Dizzy » Sheridan, mais refuse de rompre avec Brackett, venu le retrouver à New York. Son protecteur présente Dean au producteur de Broadway Lemuel Ayres. Sensible à son charme, ce dernier le distribue en 1952 dans sa nouvelle pièce : *See the Jaguar*. Insupportable en coulisses, où il exaspère ses partenaires par sa violence et ses improvisations, James étincelle sur scène dans un rôle sur mesure d'homme-enfant névrosé. Émotionnellement, l'acteur, qui voit se lever son étoile, est plus que jamais perturbé et invivable. Indiscipliné sur les planches et les plateaux télé, il fait souffrir en privé ses partenaires des deux sexes. Son ami journaliste et auteur John Gilmore écrira plus tard à son sujet, qu'« il s'emparait de ceux qu'il aimait, prenait ce dont il avait besoin et se dépêchait de les laisser tomber avant qu'eux-mêmes ne le fassent ». Syndrome de l'enfant abandonné ? Dean ne tarde pas à appliquer sa règle de vie au métier. Engagé pour jouer sur les planches au début 1954 auprès de Louis Jourdan et de Geraldine Page dans *L'Immoraliste* d'André Gide, à mi-parcours, Jimmy résilie son contrat. « Il n'était pas très satisfait d'interpréter le rôle du jeune Arabe, expliquera le scénariste Hal Hackady. Par ailleurs, il n'aimait pas l'histoire. Je crois aussi qu'il n'aimait pas jouer un homosexuel à Broadway. Il était mal à l'aise. » Une autre raison, bien plus forte, justifie son désistement. Elia Kazan l'a vu sur scène lors de la représentation test et le veut pour son adaptation au cinéma d'*À l'est d'Éden*, de John Steinbeck.

Après une audition réussie dans les studios Warner, Kazan pense avoir trouvé avec Dean son antihéros, en fils mal-aimé, poète et rebelle. « Jimmy, dira l'homme de scène et de cinéma, c'était son personnage : Cal. Il était réservé, vindicatif, maussade, et il donnait toujours l'impression d'être seul. Il se méfiait de tout le monde. En fait, tout l'identifiait à Cal : son allure, son discours. » Au sujet de l'acteur, Elia Kazan se fera encore plus incisif : « Mettre en scène Jimmy, c'était comme diriger le chien Lassie. Je le sermonnais, je lui faisais peur ou je le flattais. Il était si instinctif et si stupide, à maints égards… J'avais l'impression d'avoir affaire à un infirme mental. » Peinant à réfréner les démons de l'acteur qui se montre insolent, sale, débraillé et risque sa vie au volant sitôt les prises achevées, le cinéaste ménage son pur-sang. Espérant le socialiser, il lui présente Marlon Brando, dont Dean ne cesse de lui parler. Loin d'être sensible au fan qui l'imite avec une touchante piété, l'interprète de Stanley Kowalski trouve Jimmy inquiétant et exalté : « À ses yeux, à sa façon de parler et de se mouvoir, je devinais qu'il avait beaucoup souffert. Il était rongé par un sentiment d'insécurité. » Les deux hommes furent-ils, comme il a été dit, des amants épisodiques, entretenant des rapports sadomasochistes durant lesquels Brando n'aurait cessé de l'humilier ? La question, comme d'autres concernant James Dean, risque de rester sans réponse. Mais il existe une clé du jeune acteur qui sera livrée par le compositeur du film de Kazan, devenu son ami. « Tout ce que Jimmy faisait, révélera Leonard Rosenman, c'était en fonction d'une seule personne. Son père. Pas pour un metteur en scène, ni pour le public, encore moins pour lui-même. Or son père s'en fichait complètement. »

Cela n'empêche pas le musicien d'*À l'est d'Éden* de dissocier du mal-être du garçon les poses outrancières du comédien. De séparer sincérité et opportunisme. « Il faisait ce qu'il fallait pour devenir quelqu'un d'important à Hollywood, dira Rosenman. Il connaissait tous les attachés de presse, tous les reporters, tous les échotiers. Au restaurant, il s'arrangeait toujours pour être au centre de l'attention et entouré de célébrités. » Une si belle constance finit par payer. Qu'il roule à tombeau ouvert dans les rues de Los Angeles ou s'amourache fort peu discrètement de l'actrice Pier Angeli, qui l'abandonne pour le chanteur Vic Damone ; qu'il s'affiche en compagnie d'Ursula Andress ou se fasse photographier pour le magazine *Life* à Fairmount, dans un remake du retour du fils prodigue, la publicité fait son effet. James Dean est devenu en quelques mois l'acteur qui monte. Non sans raison, tant il semble hanté par son art. « D'une certaine manière, il expérimentait ses rôles », observera Ronald Reagan, qui fut son partenaire à la télévision. « Tout au long des répétitions, il modifiait son interprétation, mais quand le moment était venu de tourner, il avait trouvé ce qu'il cherchait. »

L'expression de ce jeu fait de diction hachée et d'émotions rentrées, qui privilégie l'intensité de chaque séquence et reflète les incertitudes d'une adolescence toujours prête à se rebeller, trouve sa plénitude au printemps 1955 avec *La Fureur de vivre*. Jimmy y incarne, pour reprendre le titre original de ce drame, un « rebelle sans cause », sinon celle de se dresser contre des adultes ne lui promettant qu'hypocrisie et conformisme. Porte-étendard en blouson rutilant de sa génération, subjuguant sans réciprocité ses partenaires Natalie Wood et Sal Mineo, Jimmy est hypnotisé par Nicholas Ray, qui pense, comme d'autres avant lui, l'avoir percé. « Le drame de sa vie, analysera le cinéaste, c'est le conflit permanent entre le désir et la peur. Un conflit apparu très tôt, entre sa formidable impatience et son manque de confiance en soi. Ses peurs et ses désirs étaient si intenses que sa quête pouvait paraître égocentrique. Il avait besoin d'un genre particulier de climat, d'indulgence, de compréhension. Une façon importante de créer ce climat était de l'impliquer dans chaque étape du développement du film. » La tension retombe à l'été avec le tournage de *Géant*, où son statut fraîchement acquis de tête d'affiche ne l'empêche pas d'être relégué en troisième position, derrière les stars consacrées que sont Elizabeth Taylor et Rock Hudson. Conscient de n'être « qu'un petit rôle dans un grand film », Jimmy se heurte au réalisateur George Stevens, qui se moque de ses névroses, et se console auprès de Liz Taylor, qui aime à le materner. Sa composition de *self-made man* devenu roi du pétrole, pour marquante qu'elle soit, est encore encombrée des maniérismes qui imprègnent ses deux premiers rôles aux forts relents psychanalytiques.

Dean pense entamer un tournant à la rentrée en jouant un boxeur dans *Marqué par la haine*, de Robert Wise, puis en interprétant *Hamlet* sur scène. Il a aussi d'autres projets. « Jimmy voulait se promener sur le boulevard du Montparnasse à Paris, étudier la sculpture, acheter des pull-overs extravagants à Capri, et rencontrer Cocteau et Miró », révélera son ami photographe Sanford Roth. Il aura juste le temps d'enregistrer un spot publicitaire pour la sécurité routière.

Le 30 septembre 1955, l'acteur se rend à Salinas, au volant de sa Porsche flambant neuve et accompagné de son mécanicien, pour l'une de ces courses automobiles auxquelles il participe depuis son arrivée dans la Cité des Anges. Le soleil se couche sur la route de Bakersfield, non loin du champ désert où Hitchcock filmera trois ans plus tard la scène la plus fameuse de *La Mort aux trousses*, lorsqu'un étudiant, à bord d'une Ford, brûle sa priorité. Dean, qui pour une fois respecte les règles de sécurité, a le thorax défoncé et la nuque brisée. Sa disparition brutale, associée à son mantra maintes fois répété de « vivre vite, mourir jeune et faire un beau cadavre », ainsi que la sortie troublante, un mois après sa disparition, de *La Fureur de vivre*, lancent un culte qui ne devait plus fléchir pendant des décennies. Bien après sa mort, des milliers de lettres d'amour à son nom parviennent à la Warner ; une cinquantaine de fan-clubs, un film de Robert Altman, *Reviens Jimmy Dean, reviens*, ainsi qu'une comédie musicale de Michel Berger et de Luc Plamandon, *La Légende de Jimmy*, perpétuent son souvenir ; Johnny Depp et Nicolas Cage le citent comme un modèle, lui qui continue aujourd'hui encore de s'afficher, de posters en T-shirts, sur quantité de produits dérivés. Avec James Dean, la malédiction des enfants perdus dont se nourrissent les légendes aura joué un tour étrange à son fils préféré.

Filmographie sélective

À l'est d'Éden (Elia Kazan, 1954)
La Fureur de vivre (Nicholas Ray, 1955)
Géant (George Stevens, 1956)

Marilyn Monroe (1926-1962)

Il y a un mystère Marilyn qui dépasse tous les autres, de sa naissance sans père à son décès non résolu. Comment cette actrice purement américaine, dont la carrière n'excède pas une dizaine d'années, est-elle parvenue à incarner le visage de « la » star universelle, aujourd'hui encore, plus de soixante ans après sa mort ? Est-ce parce qu'elle allie de façon unique candeur et manipulation, sensualité et émotion ? À l'image de la Joconde, Monroe demeure le réceptacle de toutes les projections et de toutes les interprétations.

Un vent sec et émollient venu du désert de Mojave commence à souffler sur Brentwood aux premières lueurs de l'aube, absorbant la brise marine qui d'ordinaire balaie les contreforts de la Cité des Anges. Derrière le mur immaculé d'une villa sans luxe, un corps de femme, sans vie, repose sur son lit.

Singulière mise en scène pour un fondu au noir qui a vu deux médecins et une gouvernante s'agiter dans l'ombre en attendant l'arrivée d'employés de la Fox, d'un policier suspicieux et d'un coroner marron. Tous vont traverser la chambre de Norma Jeane, étrangement allongée en chien de fusil. À l'heure du grand départ, le sex-symbol a été « maquillé » une dernière fois. Ce 5 août 1962 au matin, Marilyn Monroe vient d'avoir rendez-vous avec son destin. Jusque-là, elle a toujours été ce que l'on entend qu'elle soit. Actrice et chanteuse. En robe lamée couleur chair ou jean moulant et chemisier de soie. Garce torride ou enfant perdue. Quand ce n'était pas les deux à la fois. « Je suis instable, je le sais, reconnaissait-elle. Je voudrais trouver l'amour, mais je sacrifie tout à ma carrière. Je souhaiterais jouer de grands personnages, mais je suis incapable de mémoriser mes textes. Je suis une star, mais les studios me haïssent. » Lucide et désespérée, elle ne peut s'empêcher d'atténuer ses souffrances en s'enivrant d'alcool, de médicaments et d'amants, pour mieux abolir les barrières entre ses illusions et la réalité. Au lendemain de sa disparition, la photographe Eve Arnold, qui l'a si longtemps sublimée en déesse de l'amour, en fait le constat, désolée : « Marilyn s'est noyée dans son propre rêve. »

Elle est pourtant née à Hollywood, au cœur de cet Éden qu'elle a caressé. Mais du mauvais côté d'une barrière qui vous fait contempler les étoiles de loin, sans jamais espérer les toucher. Cœur d'artichaut et monteuse dans divers studios de cinéma, sa mère, Gladys Monroe, aimerait échapper à la règle. Mais en a-t-elle les moyens ? La jeune femme a eu deux enfants de John Newton Baker, parti avec leur progéniture sans laisser d'adresse. Ayant tourné la page, Gladys connaît des aventures avec plusieurs hommes avant d'être à nouveau enceinte. Boulanger itinérant d'origine norvégienne, Edward Mortensen est considéré comme le géniteur de son bébé né le 1er juin 1926 à Los Angeles. Mais des analyses ADN de 2022 ont livré une autre vérité : Norma Jeane serait la fille de Charles Stanley Gifford, contremaître chez Consolited Films où Gladys a rencontré, et brièvement aimé, cet homme marié. Fruit de leur relation éphémère, la fillette aux boucles châtaines et aux yeux gris bleuté va idéaliser ce père qu'elle ne connaîtra jamais. Toute petite, et encouragée par sa mère, elle se plaît à l'identifier à Clark Gable. En ce début des années 1930, le pli est pris. Remontant Sunset Boulevard avec Gladys et son amie qu'elle surnomme « tante » Gracie, la gamine s'imagine laisser ses empreintes dans le ciment du Grauman's Theatre. Perturbée, elle ambitionne aussi de parcourir, nue, le vaste monde. Le temps de comprendre la cruauté des hommes, elle se retrouve pupille du comté de Los Angeles, séparée de sa mère jugée paranoïaque, dépressive, et internée en maison de repos.

Hébergée par quelques familles d'accueil, la petite Norma Jeane y reçoit l'attention contre-nature de pères d'adoption pervers. Il lui en restera à vie un bégaiement traumatique ainsi qu'un rapport désincarné à l'acte de chair contrastant avec son apparence légère. Faussement offerte, l'adolescente a conscience de sa séduction. Jouant, gage innocent d'affection, de ses appas dès l'âge de 12 ans et accoutumée à la puberté aux rendez-vous galants, Norma Jeane sort mais ne couche pas. Son entourage ne le comprend pas. Pour couper court aux rumeurs et aux menaces de renvoi à l'orphelinat, on la marie à 16 ans à Jim Dougherty, brave garçon qui pense épouser la version femme au foyer de Miss America. Mais Norma Jeane ne sait même pas faire cuire un œuf au plat. En revanche, elle use admirablement d'un sex-appeal consommé. Suivant Jim sur la base de Catalina Island, où son époux travaille pour la marine marchande, la jeune femme se pavane à la moindre occasion, roulant des hanches, vêtue de sweats moulants et de jupes échancrées. Dougherty comprend, mais un peu tard, ce que cela implique. « Elle savait qu'elle avait un corps magnifique, dira-t-il. Elle savait que les hommes l'aimaient et il ne lui déplaisait pas de se dévoiler légèrement. » Exhibitionniste inaccessible, la belle ne dément pas : « Cela m'est égal que le monde soit fait pour les hommes tant que je peux y être femme. » Sa profession de foi lui brûle les doigts. Décidée à s'affranchir d'un carcan étouffant, Norma Jeane quitte l'usine d'armement où elle est employée pour devenir modèle, après avoir allumé l'objectif des photographes militaires. David Conover, le premier, lui a offert à l'été 1945 la couverture de la revue *Yank*, où elle illustre l'effort de guerre.

Les propositions se succèdent et Norma Jeane, après avoir signé avec une agence, fait la une d'une trentaine de magazines de pin-up avant de suivre des cours de mannequinat et d'éclaircir au début de 1946 ses cheveux châtains. Son ambition de petite fille ressurgit : elle veut faire du cinéma, quel qu'en soit le prix. L'attente n'est pas longue. Ancien acteur et cadre à la 20th Century Fox, Ben Lyon la repère et lui fait passer un bout d'essai qui lui arrache ce commentaire : « On a trouvé la nouvelle Jean Harlow. » Laquelle avait été sa partenaire, quinze ans plus tôt. Chef opérateur chevronné, Leon Shamroy flaire de son côté l'affaire après l'avoir eue devant sa caméra : « Je fus pris d'un frisson. C'était la première fille qui ressemblait à ces luxuriantes stars du muet. Chaque image de l'essai irradiait la sexualité. Elle n'avait pas besoin de son pour raconter une histoire. » Rebaptisée Marilyn par Ben Lyon, qui l'encourage à accoler à ce nouveau prénom le patronyme de sa mère, la débutante signe, en juillet 1946, un contrat de six mois avec la Fox. Sans que rien ne se passe. Tout-puissant directeur de production du studio, Darryl Zanuck ne voit aucun potentiel dans celle qu'il surnomme « tête de paille ». Pas même de quoi satisfaire sa libido avide de chair fraîche. Distribuée dans quelques bandes sans intérêt, suivant des leçons de chant et de comédie, Marilyn Monroe n'imprime pas.

Son contrat n'est renouvelé qu'une fois. La Columbia, qu'elle contacte, ne cherche pas davantage à la retenir. À court de ressources, s'étant définitivement séparée de Jim et ayant retrouvé sa mère pour réaliser qu'elle ne peut vivre à ses côtés ne fût-ce que quelques mois, l'actrice sans engagement accepte de poser nue pour un calendrier. En quête d'un protecteur, offrant son corps au vieux patron de la Fox Joe Schenck, qui ne peut rien pour elle, Marilyn fait une rencontre plus profitable en séduisant Johnny Hyde. Vice-président de l'agence William Morris, ayant l'âge d'être son père, il devient son amant et relance sa carrière. Fou d'amour, Hyde parle de Monroe à la moindre occasion et lui décroche deux petits rôles dans de très grands films. En femme fatale de *Quand la ville dort*, de John Huston, puis en jeune comédienne arriviste d'*Eve*, de Joseph L. Mankiewicz, la blonde irradie la pellicule. Ses partenaires en ont conscience mais l'attitude, à la fois naïve, allumeuse et traqueuse, de Marilyn altère l'estime et le respect qu'ils pourraient lui porter. Sur le tournage d'*Eve*, Mankiewicz relève un aspect de sa personnalité : « Elle était seule. Je ne dis pas solitaire, mais elle n'était jamais avec quelqu'un. Elle est venue un jour avec un livre qu'elle tenait comme un serpent. C'était *Lettres à un jeune poète*, de Rilke. Je lui ai demandé comment elle l'avait choisi. "Vous savez, me répondit-elle, je vais au *Hollywood Bookstore*, la nuit, et je prends des livres au hasard. Je lis ceux qui retiennent mon attention. Est-ce que j'ai tort ?" Je lui ai alors dit : "Je ne crois pas qu'il y ait un meilleur moyen au monde pour acheter un livre." Cela lui a fait plaisir et, le lendemain, elle m'envoyait un exemplaire de l'ouvrage de Rilke. » Cette année 1950, si riche de promesses, ne se passe pourtant pas comme elle l'espérait. Le décès soudain de Johnny Hyde la laisse sans repères, désemparée. La Fox, qui l'a récupérée, ne sait que faire de la blonde incendiaire. Marilyn désespère. « Je ne trouvais pas le moyen de faire une percée, racontera-t-elle. M. Zanuck m'apparaissait la nuit dans mes cauchemars. Je me réveillais le matin, décidée à amener M. Zanuck à m'apprécier et j'essayais de le voir pour en parler, mais il ne me le permettait pas. » Si Darryl résiste à la starlette complexée qui suit des cours d'art et de littérature à l'UCLA, les distributeurs voient plus loin que le producteur, alertés par les retours d'un public qui plébiscite Marilyn comme il avait sacré, dix ans plus tôt, Betty Grable « reine des pin-up ». Le phénomène se confirme en 1951 dans *Le démon s'éveille la nuit*, de Fritz Lang, où son magnétisme éclipse le professionnalisme de Barbara Stanwyck, puis lors de la sortie en 1952 de *Chérie je me sens rajeunir*, de Howard Hawks, qui la voit renvoyer la balle avec aisance à Cary Grant dans le registre de la comédie et recevoir davantage de courrier de fans que lui. En coulisses, Marilyn rencontre le champion de base-ball Joe DiMaggio. Il la trouve à son goût, l'imaginant sensuelle et soumise. Elle se moque du sport mais se montre sensible à sa virilité un peu fruste.

Il s'enflamme. Elle s'attache. Le malentendu entre la blonde sexy et le brun ténébreux est consommé en marge de *Niagara*, film noir en couleurs de Henry Hathaway qui révèle le talent dramatique de l'actrice en garce vénéneuse. Marilyn franchit un nouveau palier lorsque, à l'issue du tournage des *Hommes préfèrent les blondes*, *musical* endiablé de Hawks qui la fige en blonde moins idiote que vénale, elle pose ses mains dans le ciment frais du Grauman's Theatre. Un rêve d'enfant passe. Mais ce qui suit l'enchante moins. Si c'est elle que le public vient voir en masse dans les salles, Monroe reçoit un salaire largement inférieur à celui de ses partenaires, Jane Russell et Lauren Bacall. Employée de la Fox, la starlette devenue star ne bénéficie guère de son changement de statut. Les rôles qu'on lui propose l'indisposent encore davantage. Du plaisant mais léger *Comment épouser un millionnaire* à la mouvementée bien qu'artificielle *Rivière sans retour*, ils paraissent dupliquer son personnage de bombe crédule et fragile, aguicheuse et innocente, à quelques nuances près ; plus drôle dans la comédie de Jean Negulesco ; plus touchante dans le western d'Otto Preminger, où son talent de chanteuse fait merveille. Une corde à son arc qu'elle exploite en février 1954 lors d'un concert devant les boys en Corée, Marilyn affrontant un temps hivernal en robe décolletée et sans sous-vêtements pour soulever l'enthousiasme de GI chauffés à blanc.

Paradoxalement, cette dimension sexuelle dont elle dit souffrir lui sert pour éprouver sa popularité. Sa seule arme, à double tranchant ? Combinant devant les caméras déhanchement ondoyant, voix susurrante et suave, son jeu plaisant, mais encore limité, dégage un érotisme torride, comparé par le producteur Jerry Wald à une sexualité mise en bouteille : « Elle en laisse sortir une certaine dose quand elle en a besoin pour une scène ; après quoi, elle remet le bouchon et range le flacon. » Au quotidien, Marilyn agit de la même façon ; capable d'endosser les atours de sa créature de fiction lorsqu'elle est en représentation, susceptible de se fondre dans l'anonymat le plus complet quand elle ne désire plus être reconnue pour ce qu'elle est devenue aux yeux de chacun : le sex-symbol candide et provocant de l'écran. Cette aptitude aurait dû convaincre Zanuck de proposer d'autres registres, dramatiques et en noir et blanc, à Monroe. Son aveuglement conduit à penser, rétrospectivement, que Marilyn s'est trompée de studio. Comme le résume l'essayiste Ty Burr, la Fox est rarement parvenue à la distribuer dans des films faisant ressortir « l'étrange mélange d'innocence et de tristesse qui faisait sa profondeur ». Un premier refus de tournage de la star entraîne sa suspension, avant que son mariage avec l'idole DiMaggio et les retombées publicitaires liées à cette union poussent la 20th Century Fox à la réintégrer prestement. En guise de cadeau lui est offert un film mis en scène par un cinéaste oscarisé qui exalte son image auprès du public, tout en la nuançant.

Sept ans de réflexion est le point d'aboutissement de la première phase de la carrière de Monroe. Il signe aussi une rupture. Ce démon de midi qu'exhibe lors d'une scène culte le facétieux Billy Wilder, une robe blanche soulevée à hauteur de culotte par la bouche d'aération du métro, n'est en rien le signe de la dépravation de Marilyn. Son personnage, tendre, presque puritain, n'est perverti que dans le regard de son soupirant et des spectateurs qui la réduisent à un objet de fantasmes. Ce que ne parvient pas à faire, hors champ, l'époux de Monroe, qui aime sa femme aussi intensément qu'il hait la vedette. Assistant au tournage new-yorkais et en extérieur de la scène de la robe devant des centaines de curieux, DiMaggio, fou de jalousie, se déchaîne sur Marilyn de retour à leur hôtel. Le lendemain, Wilder doit recoller les morceaux de la femme battue. Il hérite en outre d'une interprète dont le mal-être ne fait qu'empirer. « C'était très dur de travailler avec elle, confiera le réalisateur au critique Cameron Crowe. Mais ce qu'on arrivait tant bien que mal à tirer d'elle, une fois sur l'écran, était tout simplement étonnant. Étonnant le rayonnement qu'elle dégageait. Et elle était, croyez-le ou non, excellente pour les dialogues. Elle savait où étaient les rires. Mais, d'un autre côté, vous êtes là avec trois cents figurants, Miss Monroe doit être sur le plateau à 9 heures, elle apparaît à 17 heures. Et elle vous dit : “Désolée, mais je me suis perdue en venant au studio." Alors qu'elle est sous contrat avec ce studio depuis sept ans ! »

C'est précisément le moment que choisit Marilyn pour rompre à la fois avec la Fox et DiMaggio. Sa force vient du soutien d'un ami devenu partenaire professionnel : le photographe Milton Greene. Celui-ci l'entraîne, fin 1954, dans sa maison du Connecticut près de New York. L'objectif, pour la star, est double. Se réinventer artistiquement en tant qu'actrice afin de prétendre légitimement à d'autres rôles. Mais, avant tout, faire comprendre au studio, dont elle est une émanation, qu'elle peut s'en passer. N'est-elle pas devenue plus forte que son employeur-exploiteur ? Ainsi annonce-t-elle lors d'une conférence de presse en janvier 1955 la création, avec Greene, de sa propre société, les Marilyn Monroe Productions, et son rêve de jouer un personnage de Dostoïevski. Ce désir d'être prise au sérieux ne va pas sans tiraillements ni contradictions. En manque de reconnaissance, après des semaines de retraite studieuse et bucolique, elle ne peut s'empêcher d'apparaître juchée sur un éléphant rose devant vingt-cinq mille personnes, lors d'une manifestation caritative au Madison Square Garden. « Marilyn voulait se cultiver, observera l'épouse de Milton Greene, Amy. Mais elle désirait aussi être une star. C'était là tout le problème. Au début, toutefois, elle était très heureuse et tout marchait à merveille ; elle se battait contre Zanuck et elle était gonflée à bloc. » Motivée, Monroe fait la conquête de Lee Strasberg, directeur de l'Actors Studio, à qui elle demande de suivre ses cours. Si le professeur voit le parti qu'il peut tirer d'une élève aussi célèbre, Marilyn s'attache sincèrement à la famille Strasberg, qui la pousse à débuter une psychanalyse. Bien décidée, dans la foulée, à changer d'image, souhaitant appliquer à son instabilité un vernis susceptible de modifier l'opinion que se font d'elle les intellectuels, l'actrice se met à fréquenter le dramaturge Arthur Miller. Marié, père de famille, froid et raisonné, l'auteur des *Sorcières de Salem* brûle ses vaisseaux et entame une procédure de divorce pour épouser Monroe. Marilyn, de son côté, pense l'heure venue. Apprenant à cuisiner kasher et à jouer à la femme d'intérieur qu'elle n'a jamais été, elle aspire à devenir mère tout en initiant d'ambitieux projets. 1956 est son année. Au grand dam de ses contempteurs, elle apparaît lors d'un point presse au côté de Laurence Olivier, l'idole shakespearienne annonçant qu'il va mettre en scène et jouer, avec Marilyn, l'adaptation de la pièce *Le Prince et la Danseuse*. Un film coproduit par Monroe et la Warner. Puis, l'actrice tourne *Arrêt d'autobus* sous la direction de Joshua Logan. Pour son retour à la Fox, la star-productrice impose ses conditions, dont celle d'avoir constamment auprès d'elle, comme répétitrice et coach, Paula Strasberg. L'épouse du patron de l'Actors Studio est plus que cela ; un gourou et, pour l'entourage de l'actrice, un cauchemar. Réclamant, sous couvert d'excellence, de multiplier les prises, elle insécurise Marilyn, dans un rapport de dépendance qui va aller croissant.

Mais le résultat est confondant. En entraîneuse de cabaret désenchantée, ne croyant plus en l'amour, la Monroe d'*Arrêt d'autobus*, mal fagotée et le visage marqué sous un maquillage blafard, est transfigurée. Le film, succès modéré, vaut une pluie de critiques favorables à l'actrice, comparée, par Logan, à Brando et à Chaplin. Il n'en faut pas moins pour la rassurer tandis que Miller, auditionné par la Commission sur les activités antiaméricaines, vient d'annoncer qu'il va l'épouser. Sera-t-elle à la hauteur ? La question se pose, sous une autre forme, lorsqu'elle s'envole pour Londres et *Le Prince et la Danseuse*. Cette rare échappée de la star hors des États-Unis tourne au vinaigre. Laurence Olivier, dont la patience et l'ego sont mis à rude épreuve par les incertitudes et les exigences de sa partenaire, finit par lui dire, devant témoins : « Tout ce qu'on te demande, c'est d'être sexy ! » Une gifle n'aurait pas eu un tel impact. Ramenée à sa condition première, déçue par ce marivaudage empesé et cette expérience anglaise qui s'avère un échec au box-office, Monroe retourne en Amérique, consolée par Miller. Sa renaissance a fait long feu. Repliée sur la côte Est pendant deux ans, elle fait mine de se consacrer à sa vie privée. À l'opposé de la cultivée, gracieuse et si européenne Audrey Hepburn, Marilyn Monroe est l'une des rares vedettes de son envergure et de sa génération à n'éprouver ni le besoin, ni la curiosité, de se rendre à Paris et à Rome, où se conçoit un autre cinéma. Son américanité pure, ce désir de se ressourcer sans se nourrir d'autres horizons, interroge et renvoie symboliquement à une forme d'égocentrisme infantile.

Ressentant constamment le besoin d'être approuvée, admirée, se montrant changeante au point d'être épuisante, la star finit par décourager les meilleures volontés. Jusqu'au destin qui brise son ultime espoir de bonheur. Une fausse couche, en 1957, la ramène aux portes de la dépression. Il faut qu'Arthur Miller, à court d'argent, lui rappelle la nécessité de travailler pour que Marilyn accepte de revenir devant les caméras de Billy Wilder. À l'origine, le scénario de *Certains l'aiment chaud* n'a pourtant pas ses faveurs. Elle ne voit dans son personnage de Sugar Kane qu'un énième rôle de gourde sentimentale et limitée au point d'être la dupe de deux hommes déguisés en femmes. Si le cinéaste la convainc du contraire, le tournage du film s'apparente à un enfer. Dans un état de détresse émotionnelle jamais atteint, apprenant sa grossesse entre deux prises de vues, rendant fous ses partenaires Tony Curtis et Jack Lemmon, Marilyn fait douter Wilder de parvenir à ses fins. Son imprévisibilité ajoute aux tensions. « Monroe, dira le réalisateur, était une énigme permanente, sans la moindre solution. Après *Sept ans de réflexion*, je me suis dit : "Je ne travaillerai jamais plus avec elle." » Il est pourtant « ravi » quand il apprend qu'elle souhaite faire *Certains l'aiment chaud*. Même s'il sait à quoi s'en tenir : « Elle n'était jamais sur le plateau avant 11 heures du matin. Ou bien elle se comportait comme une maniaque, ou elle était douce et malléable et jouait une scène avec trois pages de dialogue sans une seule erreur. »

Le plus souvent, cependant, il faut plusieurs dizaines de prises et l'infinie patience de Wilder pour que l'actrice sorte une phrase sans se tromper, entre deux crises de panique et quelques pleurs. Le résultat n'en est que plus surprenant. Tour à tour bouleversante et irrésistible de drôlerie, insufflant une sensualité et une profondeur rares dans ses interprétations de chansons jazzy, Monroe livre avec *Certains l'aiment chaud* sa composition la plus éblouissante. Récompensée par un Golden Globe, elle aggrave toutefois sa réputation d'actrice ingérable aux yeux de la profession et s'enfonce, après une nouvelle fausse couche, dans un processus d'autodestruction. N'ayant plus la force de la protéger contre ses démons, Miller se détache peu à peu de son épouse. Le coup de cœur de Marilyn pour son partenaire Yves Montand et leur liaison sur le tournage du médiocre *Milliardaire* de George Cukor humilient son mari sans offrir à la star une échappatoire. Le Français n'a pas l'intention de quitter Simone Signoret pour sa prise de guerre hollywoodienne et Monroe se retrouve plus seule que jamais. Le rôle que lui offre dans la foulée Arthur Miller ; celui de Roslyn, paumée au grand cœur des *Désaxés*, et le tournage du film sous la direction de John Huston, à l'été 1960, se révèle être une épreuve de plus. Celle de trop. Monroe y joue avec son ami Monty Clift et son père fantasmé Clark Gable mais pour le reste, rien ne va plus.

« Marilyn était malheureuse de jouer un personnage que Miller avait calqué sur la réalité de sa vie, témoignera son attaché de presse Rupert Allen. Elle se croyait abandonnée, au moment où elle avait le plus besoin d'être aidée. Elle se sentait sans valeur, et n'avait à offrir que sa personnalité mise à nu et blessée. » Le couple se sépare après la sortie du film, qui de surcroît ne trouve pas son public. Échouant à monter de nouveaux projets, dont l'un l'aurait vue incarner sa sœur en perdition Jean Harlow, Marilyn pense trouver l'apaisement à travers sa dose quotidienne de médicaments. Elle y est encouragée par son psy-confident Ralph Greenson et par son médecin traitant Hyman Engelberg. « Ils acceptaient, dénoncera Arthur Miller, de lui prescrire des pilules de plus en plus fortes. Même s'ils étaient conscients du danger qu'elles représentaient. » Mise à mal sentimentalement par ses liaisons intermittentes avec Frank Sinatra, le président Kennedy et son frère Bobby, ainsi que d'autres amants de passage, Marilyn renoue avec Joe DiMaggio, qui n'a jamais cessé de l'aimer. En réalité, à près de 36 ans, anticipant, terrifiée, un inévitable vieillissement, elle ne sait plus où elle en est. Envieuse d'Elizabeth Taylor, dont elle aurait souhaité tenir les rôles dans *La Chatte sur un toit brûlant*, *Soudain l'été dernier* et *Cléopâtre*, l'actrice reçoit comme un affront la proposition de jouer dans *Something's Got to Give*, remake bon marché d'une comédie des années 1940. Elle qui a tant œuvré pour s'affranchir de la Fox s'en retrouve à nouveau prisonnière. Mais que faire ?

Le tournage, au printemps 1962, avec un Cukor récalcitrant à la mise en scène, se passe mal. Monroe, de nouveau malade, se fait porter pâle un jour sur deux, puis s'échappe à New York pour souhaiter un *happy birthday* d'anthologie à John Kennedy. De retour à Hollywood, elle est lâchée par la Fox, qui la licencie. On la dit finie. Mais Marilyn trouve les ressources pour se battre. Multipliant les séances photo et les interviews, bénéficiant du soutien inattendu d'un Zanuck en passe de reconquérir son studio, elle est réengagée au prix fort au début de l'été. Dans ces circonstances, sa mort, dans la nuit du 4 au 5 août, n'est vraisemblablement pas volontaire. De nombreuses hypothèses ont fleuri, alimentées par une abondante littérature, depuis un possible accident dû à une injection médicamenteuse surdosée jusqu'à un improbable assassinat commandité par les frères Kennedy, dont Marilyn aurait menacé de révéler les avanies. Toutes ont contribué à transformer le sex-symbol des années Eisenhower en icône culturelle universelle, à faire de la légende un mythe. Par-delà sa beauté fabriquée et datée, transcendée par son charme, Marilyn Monroe reste dans notre imaginaire pour la qualité émotionnelle de son regard, parlant à tous, et de son jeu touchant au cœur. L'une et l'autre demeurent son passeport pour l'éternité.

Filmographie sélective

Quand la ville dort (John Huston, 1950)
Eve (Joseph L. Mankiewicz, 1950)
Niagara (Henry Hathaway, 1953)
Les hommes préfèrent les blondes (Howard Hawks, 1953)
Rivière sans retour (Otto Preminger, 1954)
Sept ans de réflexion (Billy Wilder, 1955)
Arrêt d'autobus (Joshua Logan, 1956)
Certains l'aiment chaud (Billy Wilder, 1959)
Les Désaxés (John Huston, 1961)

Paul Newman (1925-2008)

Star transitionnelle, entre l'ère des studios et la prise du pouvoir par les acteurs, les icônes de l'âge d'or et celles du Nouvel Hollywood, Newman fut un modèle à bien des égards. Comédien peu sûr de lui, il se dégagea de l'ombre de Brando pour s'imposer au long d'une carrière exemplaire. Réalisateur rare et singulier, il ouvrit la voie à Eastwood et à Redford. Symbole du cool, *plus que McQueen, il sut jouer de son image de sex-symbol et se diversifier comme aucun autre, avec humour et humilité. Et s'il était la star idéale ?*

Il semblait improbable que cet homme, d'ordinaire maître de lui et *a priori* raisonnable, se noie. Même s'il avait toujours un peu trop bu. Avec une prédilection pour la bière. « L'alcool était pour moi un vrai problème, admettra-t-il. Si tout allait bien, je buvais pour fêter ça. Si je broyais du noir, je buvais pour oublier. » À l'image de ce début d'hiver 1978 qui a pour la star la couleur du désespoir. Ne parvenant plus à faire le point, ses yeux bleus ont le blues. Pourtant, même après plusieurs pintes, sa douleur reste muette. L'écrivaine Patricia Bosworth, qui l'a connu lorsqu'elle fréquentait l'Actors Studio, gardera cette image en tête : « À New York, sur la 81e rue, vers 3 heures du matin, il pleuvait. Je le vois émerger dans son imper, silencieux, luttant comme un perdu sous un masque de tragédie. » Paul Newman vient tout juste d'enterrer son fils, Scott, âgé de 28 ans. Retrouvé mort des suites d'une surdose accidentelle d'alcool et de tranquillisants dans un motel de Los Angeles, le garçon s'essoufflait à marcher sur les traces d'un père presque parfait. Ce dernier va se relever et affronter sa culpabilité. Malgré la célébrité, l'amour de sa femme et de ses cinq filles, il lui faut comprendre ce qui s'est passé, retrouver un sens à sa vie. Comme au temps où son propre paternel le traitait de « bon à rien ». Arthur Sigmund Newman aurait-il pu imaginer que son fils deviendrait l'incarnation du rêve américain ? Pour Paul Leonard Newman, qui jouera plus d'une fois les rebelles, et dont la publication récente de Mémoires posthumes révèle une nature insatisfaite et parfois dépressive, tout commence de manière conventionnelle. Il naît, un an après son frère aîné, le 26 janvier 1925 à Shaker Heights, banlieue aisée de Cleveland. Ses ascendants paternels sont des juifs originaires d'Allemagne, de Pologne et de Hongrie ; sa mère, Theresa, une catholique aux racines slovaque et hongroise, est convertie au scientisme chrétien.

Paul en retire très tôt une connaissance aiguë des religions, sans souhaiter pratiquer l'une d'elles. « Mais s'il fallait choisir, clamera celui qui affrontera l'antisémitisme à l'armée, je me définirais comme juif, parce que c'est davantage un challenge. » Arthur Newman ne lui en demande pas tant. Seulement d'accomplir de bonnes études avant de reprendre son magasin d'équipements de sport qui marche fort, alors que l'Amérique traverse sa Grande Dépression. Élevé dans le culte du travail et le respect des valeurs familiales, le garçon aurait logiquement dû suivre cette recommandation. Mais il se cherche obstinément. « Je n'ai jamais eu de don particulier, affirmera-t-il sans ciller. À l'école, je voulais être un athlète. J'ai skié, j'ai fait de la boxe, de la lutte, du football : mais mal, tout très mal. Mon seul don, c'était la ténacité. » Encore faut-il avoir un objectif. Sa mère l'aide à le trouver. Femme énergique, Theresa Newman avait dans sa jeunesse caressé l'espoir de devenir actrice. S'occupant de son foyer, elle continue de se rendre à différents spectacles, racontant à ses fils les pièces auxquelles elle vient d'assister. C'est elle qui pousse Paul à adhérer à la section enfantine du théâtre de Cleveland. Le garçon y développe une assurance et, bientôt, une aura auprès des filles contredisant son caractère réservé. Adolescent relativement petit et chétif, il n'imagine pas séduire, inconscient de son charme mais prenant progressivement conscience de sa popularité.

« Au lycée, se souviendra-t-il, j'étais un gosse très actif. Je traînais un peu en classe mais je me suis bien amusé. » À 17 ans, son pays venant d'entrer en guerre, Paul souhaite s'engager, en même temps que son frère, comme pilote dans la marine. Il suit ainsi une formation auprès de l'US Navy tout en s'inscrivant à l'université d'Athens. Régisseur et interprète sur les planches de la faculté, il tient le rôle d'un boxeur dans une comédie, *The Milky Way*. La découverte en parallèle, lors d'un test médical, de son daltonisme met un terme à son espoir de devenir pilote. Mobilisé, puis cantonné au poste d'opérateur radio de troisième classe, il est toutefois affecté comme mitrailleur d'un bombardier torpilleur dans le Pacifique Sud. Risquant sa peau, Newman échappe de peu à la mort lorsque la défection d'un copilote l'oblige à rester à terre, tandis que son escadron part vers le Japon. Apprenant le massacre de ses frères d'arme à la bataille d'Okinawa, il se considère dès lors comme un survivant. Démobilisé en 1946, puis inscrit à l'université de Kenyon, où il suit des études d'économie et des cours de théâtre, le jeune homme, plus athlétique qu'il ne veut l'admettre, songe à devenir footballeur professionnel avant de revenir à ses premières amours en se rêvant professeur d'art dramatique. S'il s'exerce à la mise en scène, Paul se confronte également, en tant que comédien, aux répertoires classique et contemporain. « Il recherchait les rôles de composition, se souviendra l'une de ses condisciples, Terry Lewis. Il travaillait dur et ne tirait jamais au flanc. C'était déjà un homme solide. Il savait qui il était et ce qu'il voulait. »

Ainsi officialise-t-il sa relation avec l'une de ses partenaires de scène. Femme de caractère, Jackie Witte a quatre ans de moins que Paul. Ils se marient en 1949 et Scott naît quelques mois plus tard. Deux filles, Susan et Stephanie, agrandiront la fratrie. Très vite, Newman n'a pas assez de ses tournées dans des salles de province et d'un travail saisonnier de valet de ferme pour subvenir aux besoins des siens. À la mort soudaine de son père, en 1950, se présente l'opportunité de reprendre son affaire. Paul et son frère tiennent le commerce un an, avant de le revendre. Décidé à brûler ses vaisseaux, le chargé de famille emmène sa femme et leur fils dans le Connecticut puis s'inscrit à l'école d'art dramatique de Yale. Il espère y décrocher le diplôme lui permettant d'enseigner à Kenyon. Une alternative refait surface lorsque Newman suit à nouveau une formation de comédien. « Je ne suis pas doué pour montrer mon moi intérieur. Je me dissimule derrière de mauvaises plaisanteries, racontera-t-il. Mais j'étais là, à suivre des cours. J'avais abandonné un job bien rémunéré et je me disais : "Mon vieux, tu as intérêt à y arriver, sinon tu devras retourner d'où tu es venu." » Le miracle se produit lors d'une représentation à laquelle assistent Audrey Wood et son mari, Bill Liebling. Elle est l'agent de Tennessee Williams ; il est imprésario. Le couple, bluffé par le charisme de Newman, l'encourage à tenter sa chance en tant que comédien à New York.

Déjà poussé par ses condisciples, Paul abandonne l'idée de devenir professeur et saute le pas. Mais il ne suffit pas d'avoir un regard azur et un sourire gentiment narquois pour s'imposer, alors que Montgomery Clift et Marlon Brando viennent de placer haut les canons d'une nouvelle génération d'interprètes, sur scène comme au cinéma. « Quand je suis arrivé à New York, confiera Newman, j'étais toujours un comédien “oratoire”. L'essentiel de ma formation venait du monde universitaire, très éloigné du théâtre qui se pratiquait alors. En gros, je n'y connaissais rien. J'étais comme un piano désaccordé. Je voulais donc rejoindre l'Actors Studio, mais c'était impossible. Très peu de gens y entraient. » Jackie étant enceinte, Paul vend, dans un premier temps, des encyclopédies pour boucler leurs fins de mois. Finalement pris en charge par un agent de MCA, il retrouve Liebling, qui lui permet d'intégrer la distribution de *Picnic*, une pièce de William Inge sur le puritanisme et la sexualité dans l'Amérique profonde, montée en 1953 à Broadway par Joshua Logan. Destiné à jouer un personnage secondaire, Newman se bat pour décrocher le rôle de Hal, héros de la pièce, fruste et sensuel. Assurant la doublure de son interprète, il finit par le remplacer. « Ce n'était pas évident, reconnaîtra Logan, parce qu'il n'avait rien d'un macho. Il ne jouait pas de son entrejambe. Mais Paul possédait une personnalité tellement brillante qu'il a été capable de surmonter toute sa bonne éducation pour déterrer l'être sauvage enfoui au fond de lui. » Succès public, *Picnic* lance la carrière de Newman ainsi que celle d'une de ses partenaires sur scène, Joanne Woodward. D'abord complices, les deux jeunes comédiens s'éprennent l'un de l'autre. Si cette liaison adultère contrarie la situation conjugale de Paul, les temps n'en sont pas moins exaltants. Intégrant enfin l'Actors Studio, auditionnant pour la télévision, le débutant s'y voit offrir plusieurs rôles. Son ami Jack Garfein, metteur en scène de théâtre, décrira ce Newman première manière, qui ne variera guère : « Il y avait de la douceur en lui, et en même temps de l'ambition. Mais il était gentil et ne cherchait jamais à vous marcher sur les pieds. Cependant, j'ai toujours eu l'impression que, du coin de l'œil, il surveillait les gens pour savoir s'ils étaient sincères et quel était leur degré d'honnêteté. » Pour son premier rôle au cinéma, Paul Newman estime toutefois s'être fait piéger. Engagé en 1954 par la Warner afin de jouer un sculpteur grec dans *Le Calice d'argent*, il se retrouve en jupette et coupe au bol dans le plus mauvais péplum de la décennie. Le comédien est surtout désarçonné par les méthodes de tournage, son metteur en scène, Victor Saville, apparaissant moins préoccupé par les motivations et la définition des personnages que par leur physique et les éclairages. « Ce qui n'empêchait pas Paul de s'accommoder très bien du côté artificiel et superficiel de Hollywood, dira Garfein. Parce qu'il gardait les deux pieds sur terre. »

Un bout d'essai, tourné dans la foulée, témoigne de sa spécificité. Auditionné pour jouer le rôle du frère aîné de James Dean dans *À l'est d'Éden*, Newman prend possession du cadre, irrésistible de charme et d'esprit face à l'incertain Jimmy. En apparence trop sûr de lui, il n'aurait pas convenu pour être le personnage. Mais sa prestance, ce *cool* semblent déjà une façon de prendre date. De retour à New York, Paul fait les beaux jours de pièces télévisées. Ces adaptations lui valent de retenir l'attention de Robert Wise, qui s'apprête à tourner *Marqué par la haine*, une histoire de boxeur, ancien délinquant, décidé à s'en sortir malgré son passé. Un rôle prévu pour James Dean, qui vient de disparaître, et dont hérite Newman. Ce film, qui devait fortement inspirer le *Rocky* de Stallone, fait de Paul, au jeu particulièrement nerveux, une vedette. Ce nouveau statut ne l'apaise pas. Si l'acteur cède alors à son penchant pour l'alcool, c'est parce qu'il doit faire un choix. Se sentant coupable de délaisser son épouse et leurs trois enfants, Newman finit cependant par quitter Jackie pour partir vivre avec Joanne en Californie. Divorcé puis remarié, bientôt père de trois autres filles – Elinor, Melissa et Claire –, il connaît quelques contrariétés sur le plan professionnel. Sollicité sans relâche, par trop imprégné de l'esprit de la Méthode, Paul est accusé de marcher sur les brisées d'un glorieux aîné. « Tout le monde dit que Newman est un Brando de second ordre, lâche ainsi le producteur Jerry Wald. C'est comme si on avait gravé sur lui le signe de Zorro. »

Il est vrai que son Billy le Kid du *Gaucher*, réalisé par Arthur Penn, paraît avoir pris des cours à l'Actors Studio. Trop maniérée dans l'expression de ses névroses, sa composition, bien qu'impressionnante, manque de naturel. Mais Martin Ritt, qui le dirige en 1957 dans *Les Feux de l'été* et va devenir son metteur en scène de prédilection, décèle en lui une qualité qui ne peut être celle d'une pâle copie. « Paul, dira-t-il, a toujours irradié une forte sexualité, malgré sa réserve. Disons carrément qu'il est éminemment baisable et, si l'on regarde les choses en face, c'est ce qui fait les stars. Les hommes et les femmes sont sexuellement attirés par elles. » Un sentiment qu'exacerbe l'image, parfois trouble, renvoyée par l'acteur. Comme lorsqu'il se refuse au jeu de la séduction initié par Elizabeth Taylor dans *La Chatte sur un toit brûlant*. Adaptant Tennessee Williams, Richard Brooks fait appel à Newman « parce qu'il y a toujours en lui quelque chose qui demeure secret et refuse de se dévoiler facilement. Paul possède, de plus, une sorte de pureté, une décence indéfectible que j'ai essayé d'utiliser ». L'époque et les mentalités ne le permettant pas, le cinéaste évacue la bisexualité du personnage qu'il incarne pour en faire un homme blessé, persuadé que son épouse, si désirable, est à l'origine de la mort de son meilleur ami.

Newman s'affranchit de l'étouffant Brando en jouant sa propre partition, moins flamboyante, plus subtile. Sa belle voix grave, en contrepoint d'un corps fragilisé mais à la démarche féline ; son regard alternativement perdu et inquisiteur, s'accordant aux relances et aux pauses d'une élocution parfaitement maîtrisée, lui permettent de forger les éléments constitutifs d'un jeu qui ne fera que s'enrichir en tendant vers l'épure. Cela au prix d'un travail épuisant pour lui et ses proches. « Je crois qu'il est fou, témoignera Joanne Woodward, évoquant ces périodes de tournage. Il décortique complètement le scénario, est totalement impliqué. Il est horrible, ne parle plus. Si c'est un rôle vraiment difficile, je ne le vois pas du tout. Certes, il est là physiquement, mais parti très loin dans sa tête. » Les réflexions, incessantes, de Newman reflètent celles d'un homme épris d'action et qui rejette toute idée d'enfermement, fût-ce dans le confort d'une major qui a tôt fait de le cataloguer en beau gosse névrosé. Aussi décide-t-il, à peine arrivé au sommet, de recouvrer sa liberté. Rachetant son contrat à la Warner pour 500 000 dollars, l'acteur aura désormais la main sur les projets qu'il initie ou auxquels il s'associe, en attendant de percevoir une participation sur les bénéfices de ses films. S'il suit un mouvement initié plus tôt dans la décennie par des stars du calibre de Burt Lancaster et de Kirk Douglas, Paul Newman le fait à un stade étonnamment précoce, dans une carrière en devenir. « Cela m'a appauvri pendant quelques années, concédera-t-il, mais je suis devenu libre dans mes choix. Si j'échouais, c'était un échec personnel. Au final, et d'un point de vue financier, ça a été ma meilleure transaction. »

Artistiquement parlant, le pari s'avère tout aussi payant. Conscient du déclin de studios qui n'ont plus grand-chose de stimulant à lui offrir, l'acteur préfère lier son destin à des productions annonçant le Nouvel Hollywood et à des cinéastes dont les grandes ambitions rejoignent les siennes. Il en profite pour affirmer sa personnalité de cinéma. Celle d'un marginal, opportuniste rebelle et solitaire, à la fois viril et vulnérable, non dénué d'humour et exsudant la sensualité. Ce personnage, modulé par différentes couleurs et inflexions, évolue au fil de compositions puissantes tout au long des années 1960. Paul Newman y devient, avec la même crédibilité, le combattant sioniste d'*Exodus*, le jazzman amoureux de *Paris Blues*, le bleu du billard affranchi de *L'Arnaqueur*, le salopard égoïste mais attractif du *Plus Sauvage d'entre tous*, le visage pâle élevé par des Indiens de *Hombre*, ou le taulard humilié mais à jamais révolté de *Luke la main froide*. À côté de ces créations très personnelles, l'acteur s'avère plus inégal dans des films conventionnels ; convainquant dans le rôle-titre du classieux *Détective privé*, il apparaît emprunté en héros hitchcockien du *Rideau déchiré*. Partout, cependant, sa décontraction s'impose, Newman faisant la conquête de ses partenaires par son professionnalisme et sa séduction. « Quand Paul vous regarde avec ses yeux, témoignera Janet Leigh, il vous ordonne de réagir et de l'écouter. Il vous oblige à lui répondre. »

Ni agressif, ni prédateur, « pas du tout intimidant, pas égocentrique », selon Jacqueline Bisset, « homme de peu de mots, timide avec une sensibilité à fleur de peau », pour Charlotte Rampling, il n'est pas indifférent à l'image qu'il projette mais se défie du star-system, traite chacun sur un pied d'égalité, croyant davantage au labeur qu'au charisme ou au talent. « À la différence d'autres comédiens qui se transforment en caricatures d'eux-mêmes, notera sa partenaire de *L'Arnaqueur* Piper Laurie, Paul mûrit admirablement. Le pire est qu'il est convaincu de ne disposer que d'un registre limité et de devoir tout son succès à d'autres, qu'il s'agisse de l'Actors Studio ou de Joanne. Au fond, il ne s'accorde aucun mérite. » Fausse modestie ? Le fait est que Newman, nommé neuf fois, pour une seule victoire, à l'Oscar du meilleur acteur entre 1959 et 2003, se juge sévèrement. S'estimant trop intellectuel et pas assez naturel. Ce que corrobore Peter Ustinov, qui le dirige dans le rôle du charmant anarchiste Belle Époque de *Lady L*. « Paul, dira-t-il, aborde un rôle de façon beaucoup trop cérébrale. Je pense que sa véritable destinée est de se retrouver derrière une caméra, en tant que metteur en scène. Là, il disposera de tout l'espace nécessaire pour que son intelligence vienne étayer son instinct. » Le tournant a lieu en 1968. Bien qu'enthousiastes, les réactions à sa prestation dans *Luke la main froide* prolongent un constat que l'acteur avait dressé à la sortie du *Plus Sauvage d'entre tous*.

L'ambiguïté de ses personnages, leur dimension négative semblent s'effacer derrière cet objet de fantasmes qu'il incarne. Regardé comme l'a rarement été un homme, Paul est admiré tel un *pin-up boy*. Lui-même le déplore, exaspéré : « Écrira-t-on un jour sur ma pierre tombale : "Ci-gît Paul Newman, mort dans la misère parce que ses prunelles avaient viré au brun" ? Si tout ce qui compte, ce sont des yeux bleus et non le travail sérieux accumulé en tant qu'acteur, alors autant rendre ma carte professionnelle et me consacrer au jardinage. »

Une nouvelle fois, le salut vient de Joanne. Parce qu'il la sait meilleure comédienne qu'il n'est comédien, sans avoir son statut de star, Paul ambitionne de mettre son épouse en scène. Première de ses six réalisations, *Rachel, Rachel* raconte avec une extrême finesse psychologique le destin ordinaire d'une vieille fille dont la vie est sur le point de basculer et révèle la dilection de Newman pour les portraits de femmes. Son goût, aussi, pour ceux que la société rejette. Ce libéral qui n'a jamais hésité à s'afficher avec des Afro-Américains et fut de la grande marche sur Washington au côté du pasteur King ; ce féministe qui défendit ardemment la parité, au point de verser discrètement en 1998 une partie de son salaire à sa partenaire de *L'Heure magique*, Susan Sarandon, afin qu'elle soit payée comme ses homologues masculins ; cet homme sans préjugés qui soutint sans relâche la défense des droits des homosexuels, certains biographes lui prêtant même des liaisons avec ses amis Gore Vidal et Anthony Perkins, ne cessa, sa vie durant, de s'identifier aux *outsiders*.

La réception critique positive de *Rachel, Rachel* le conforte dans ses envies de s'exprimer autrement en passant derrière la caméra. Le triomphe, dans la foulée, de *Butch Cassidy et le Kid*, prototype du *buddy movie*, qui scelle son amitié avec Robert Redford et l'impose en icône américaine, est le sésame vers davantage de libertés. Ce western atypique, aussi éloigné du modèle fordien que de sa dégénérescence à la Leone ou à la Peckinpah, épouse un état d'esprit dans l'air du temps, joyeux mais faussement insouciant, ode à l'amitié et à l'amour libre, préférant la mort au conformisme et à l'asservissement. Autant de valeurs que semble porter son interprète principal que rien, à l'époque, ne paraît devoir arrêter. De tout temps fasciné par la course automobile, Paul apprend ainsi à piloter un bolide lors du tournage de *Virages*. Refusant d'être doublé, il se lance pour de bon et court professionnellement à 50 ans ; « une pure folie », comme il le reconnaîtra, pour trouver « une grâce physique » dans une discipline où l'on ne peut tricher. Son engagement est tel qu'il constitue sa propre écurie de F1. Une ambition identique préside en 1969, la même année que *Butch Cassidy* et *Virages*, à la création de la First Artists. Associé à Sidney Poitier et Barbra Streisand, puis à Steve McQueen et Dustin Hoffman, Newman devient producteur, désireux de montrer une autre Amérique, moins conquérante, plus ouverte aux minorités.

Mais certains projets de films, dont l'un où il aurait incarné un coach gay, ne peuvent se monter et Newman, qui se heurte à son image immaculée de star et de sex-symbol, doit en rabattre et composer. Ainsi alterne-t-il une production commerciale parfaitement calibrée telle que *La Tour infernale*, la formule séduisante de *L'Arnaque*, où il retrouve Redford et la magie d'un duo parfait, avec quelques pas de côté où il teinte son individualisme d'amertume, du magistrat démythifiant la légende de l'Ouest dans *Juge et hors-la-loi* à l'entraîneur sportif antipathique de *La Castagne*. C'est le même homme, encore séduisant, qui prend plaisir à se montrer aussi peu charmeur que possible en avocat alcoolique du *Verdict*, de Sidney Lumet, l'une de ses plus brillantes créations, avant d'apparaître en père de famille en mal d'amour avec son fils dans *L'Affrontement*. Un film qu'il réalise et qui évoque son lien à Scott. La disparition de son aîné le porte plus que jamais vers les autres. Créant en 1982 une ligne de produits alimentaires, Newman's Own, dont une vinaigrette promise à un grand succès, il en reverse la totalité des bénéfices à des œuvres de charité. Se faisant plus rare sur grand écran, l'acteur, dont le jeu s'économise en même temps que son visage s'émacie, en vient à explorer de nouveaux continents. « J'ai commencé à savoir jouer vers la cinquantaine, prétendra-t-il. Mais à ce moment-là, j'étais las. » Il ne plaisante pas.

Passant, à 61 ans, le témoin à Tom Cruise, son successeur de *La Couleur de l'argent*, Paul ne vient pas chercher l'Oscar consacrant enfin son métier. « C'est comme avoir fait la cour à une femme pendant quatre-vingts ans, ironise-t-il. Elle finit par céder et l'on dit : "Je suis désolé, mais je suis un peu fatigué." » En revanche, il se rend au festival de Cannes, deux mois plus tard, en mai 1987, pour présenter *La Ménagerie de verre*, son dernier film en tant que metteur en scène. Il n'en aura, au fond, toujours fait qu'à sa tête. Se refusant à être prisonnier de Hollywood et continuant à jouer à Broadway. Vivant, avec Joanne et leurs filles, dans une ferme du Connecticut. L'un et l'autre justifiant la longévité de leur union à leur manière. Irrésistible. Elle : « Paul est beau et sexy, mais le sex-appeal s'amenuise, et la beauté s'éteint. Être mariée à un homme qui vous fait rire tous les jours ? Ah, ça, oui, c'est le vrai régal. » Lui : « J'ai du steak à la maison. Pourquoi irais-je dehors chercher un hamburger ? » Jusqu'à son dernier rôle, magistral, de parrain irlandais dans *Les Sentiers de la perdition*, drame familial et polar crépusculaire, et jusqu'à ce cancer, affronté stoïquement, qui devait l'emporter en septembre 2008, Paul Newman se sera peut-être simplement évertué à rechercher la sérénité, cet autre nom du bonheur. « Il y a quelque chose de très corrupteur dans le fait d'être acteur, déclara-t-il avec sa franchise habituelle. Cela donne une terrible importance à votre apparence. » Sans doute le prix à payer pour une aussi belle présence.

Filmographie sélective

Marqué par la haine (Robert Wise, 1956)
Le Gaucher (Arthur Penn, 1958)
La Chatte sur un toit brûlant (Richard Brooks, 1958)
Exodus (Otto Preminger, 1960)
L'Arnaqueur (Robert Rossen, 1961)
Le Plus Sauvage d'entre tous (Martin Ritt, 1963)
Hombre (Martin Ritt, 1967)
Luke la main froide (Stuart Rosenberg, 1967)
Butch Cassidy et le Kid (George Roy Hill, 1969)
Juge et hors-la-loi (John Huston, 1972)
L'Arnaque (George Roy Hill, 1973)
La Tour infernale (John Guillermin, 1974)
Le Verdict (Sidney Lumet, 1981)
Les Sentiers de la perdition (Sam Mendes, 2002)

Natalie Wood (1938-1981)

Enfant vedette puis icône adolescente passée avec grâce à l'âge adulte, elle devint le visage sensible des années 1960. Celui de la rébellion, entre névroses et libération. Actrice sous-estimée dotée d'un charme fou, Natalie Wood enfouit ses secrets et ses tourments jusqu'à sa mort, tragique, qui renforça la légende sans balayer les interrogations. Incarnation d'un rêve hollywoodien virant au cauchemar, la comédienne demeure l'une des plus belles promesses de la ville-mirage.

Il est 7 h 44 au large de l'île californienne de Catalina, ce 29 novembre 1981, lorsqu'un patrouilleur repère une parka rouge flottant à la surface de l'océan. Dans ses replis, un corps gorgé d'eau : celui de Natalie Wood. Portée disparue quelques heures plus tôt, alors qu'elle effectuait une sortie en mer avec son mari Robert Wagner et le partenaire de son dernier film, Christopher Walken, l'actrice achevait ainsi, à 43 ans, un parcours flamboyant et tourmenté. Pourquoi fallait-il que cette tragédie se passe de nuit et par noyade ; le pire cauchemar de Natalie ?

Fille d'immigrés russes fuyant la révolution bolchevique, ayant eu son propre lot d'épreuves, elle aurait dû voir briller une fois encore sa bonne étoile. Mais de solides névroses enracinées dans l'enfance lui faisaient croire qu'elle n'avait jamais fait le tour du malheur. Devenue star, elle demeurait, quoi qu'elle fît, sous l'emprise, même diffuse, de Maria Stepanovna, sa mère si aimante, possessive et ambitieuse. Lorsque Natalia voit le jour, le 20 juillet 1938, Maria vient tout juste d'épouser en secondes noces Nicholaï Zakharenko, rebaptisé Nicholas Gurdin aux États-Unis, où cet homme, qui souffrira de problèmes cardiaques, exerce les professions de charpentier puis de décorateur de cinéma. La jeune femme entretient en même temps une liaison avec George Zepaloff, un marin qui la retrouve à chacune de ses escales. Des années plus tard, Natalia Zakharenko, devenue Natalie Wood, s'interrogera sur l'identité de son père véritable. En attendant, la fillette et sa sœur aînée, issue du premier mariage de leur mère, tentent de trouver leur place au sein d'un foyer instable. Lorsque celui-ci pose ses valises à Santa Rosa, petite ville californienne devenue le cadre de plusieurs tournages, la vie de Natalia bascule.

Depuis quelque temps, Maria s'est en effet persuadée que l'une de ses filles serait « découverte » par un producteur ou un cinéaste hollywoodien. Aussi, après avoir aperçu le metteur en scène Irving Pichel préparant une scène de *Happy Land*, n'hésite-t-elle pas à lui envoyer sa cadette dans les bras. « Elle m'a dit : "Fais en sorte que M. Pichel t'aime" », se rappellera plus tard Natalie. Âgée de 5 ans, la gamine ne se fait pas prier et, apostrophant le cinéaste, se met à lui chanter une ritournelle. Conquis, Pichel insère, dans une scène qu'il doit filmer l'après-midi même, un plan où l'on voit Natalia renverser son cornet de glace avant de sangloter. Pour Maria, qui fait désormais appeler sa fille Natasha Gurdin, c'est un premier pas. Découvrant quelques mois plus tard dans un journal professionnel que le réalisateur de *Happy Land* prépare un nouveau film, elle le contacte aussitôt. Si elle obtient que Natasha passe une audition, l'essai, au cours duquel la fillette doit pleurer, est un échec. Ne se démontant pas, Maria décroche un autre rendez-vous. Lors de son second test, Natasha, stimulée par la colère de sa mère, s'effondre en larmes. Immédiatement engagée, l'enfant doit changer son patronyme jugé « trop russe » et, sur les conseils d'un producteur de la RKO ami du réalisateur Sam Wood, devient Natalie Wood. Durant le tournage, en 1945, de *Demain viendra toujours*, un drame larmoyant, son application suscite l'admiration de tous. Réclamée, et enchaînant les rôles, elle touche au cœur les spectateurs en interprétant une petite fille qui ne croit pas au Père Noël dans *Miracle sur la 34e rue*.

D'un film à l'autre, Natalie apprend son métier et semble trouver un certain équilibre. « Quand l'un de ses partenaires oubliait une réplique, Natalie la lui soufflait, se rappellera la scénariste Mary Loos. Personne n'en prenait ombrage parce qu'elle le faisait naturellement. Elle était authentiquement enthousiaste et professionnelle.

À cette époque, Natalie éprouvait de grandes joies à faire l'actrice. » Jusqu'à quel point ? Son investissement, si jeune, est tel qu'elle brouille ses repères. « Je partais si tôt pour aller travailler, confiera-t-elle, que j'imaginais que c'était une chose normale pour un enfant de mon âge. » Maria, qui l'accompagne sur tous les plateaux, ne l'aide pas, il est vrai, à séparer sa vie du métier et entretient la confusion dans son esprit. L'argent gagné par sa fille ne nourrit-il pas la famille depuis que son époux, malade, ne peut plus le faire ? La charge morale se double de culpabilité. Natalie a 10 ans quand, lors d'une prise en studio de *The Green Promise*, un pont surmontant un torrent s'effondre sous ses pieds. Chutant, affolée, elle évite la noyade. Mais la fillette en est quitte pour une peur panique de l'eau, ainsi que pour un poignet cassé. Souffrant, elle se voit intimer par sa mère de ne pas se plaindre ; le risque est trop grand qu'elle soit remplacée. Mal soignée, Natalie portera toute sa vie des bracelets dissimulant la déformation occasionnée par cet accident. Elle gardera aussi longtemps une rancœur envers ses proches qui n'auront pas su la protéger. Sans jamais cesser de travailler, la jeune espoir aborde l'adolescence en quête de son destin.

Étrangère au doute et planifiant sa carrière, Maria exerce, quant à elle, une pression de plus en plus forte sur sa fille. Faut-il croire la sœur de Natalie, Lana Wood, au sujet de leur mère ? Celle-ci aurait favorisé à l'été 1955 un rendez-vous entre sa cadette et une star masculine toute-puissante, qui aurait abusé d'elle. Une nouvelle fois, Maria, après avoir calmé Natalie, lui aurait demandé le silence. La jeune fille ne supporte plus cette tutelle et profite du tournage de *La Fureur de vivre* pour s'émanciper. Désireuse de jouer dans un film qui fait écho à ses propres tourments en évoquant la solitude et la quête d'amour d'une bande d'adolescents, Natalie insiste pour être auditionnée par Nicholas Ray. Non content d'être séduit par l'actrice, le cinéaste quadragénaire, à la vie sentimentale compliquée, tombe sous le charme de cette beauté brune et nature de 16 ans. Quelques jours après sa première audition, ils deviennent amants. Sous la férule de son pygmalion, Natalie apprend les vertus de l'improvisation. Son jeu apparaît, avec le recul, plus subtil que celui de son partenaire, James Dean. Quoi qu'elle ait vécu et subi auparavant, elle se libère aussi sexuellement. Devant donner lors d'un test la réplique à un débutant, elle se sent irrésistiblement attirée par cet acteur du nom de Dennis Hopper. Ensemble, avec Nick

Ray, ils forment un ménage à trois affranchi de toute culpabilité. « Quand je pense à cette époque avec Natalie et à la façon, extrêmement *cool*, dont elle gérait simultanément ses deux liaisons, je réalise à quel point elle était en avance sur son temps », racontera Hopper.

Le tournage achevé, à l'automne 1955, elle reprend sa liberté. Bouleversée par la mort de Jimmy Dean, mais ravie par les progrès qu'elle a accomplis avec *La Fureur de vivre*, l'actrice s'étonne que le film, adopté par toute une génération, profite si peu à sa carrière. Il y a bien ce second rôle émouvant de jeune Blanche élevée par des Indiens dans le sublime western de John Ford *La Prisonnière du désert*. Mais la Warner, qui détient son contrat, l'augmente à peine et continue à la sous-employer en la prêtant à d'autres studios ou en la distribuant dans des films sans grand intérêt. Natalie finit toutefois par « imprimer », incarnant un type de jeune femme sensible, à fleur de peau, souvent confrontée à des problèmes religieux ou raciaux. Ainsi interprète-t-elle en 1958 une étudiante juive en butte à l'antisémitisme ordinaire dans *La Fureur d'aimer*. Ironiquement, les différences, et les secrets qu'elles impliquent, font aussi partie intégrante de sa vie. Jusqu'aux « fiancés » homosexuels que lui colle entre les bras le studio pour les premières et les sorties en ville, et dont elle se fait, de Tab Hunter à Raymond Burr, des amis.

Au fond de son cœur, l'actrice est éprise depuis des années de Robert Wagner, alors sous contrat à la Fox. Bien que sa mère envisage cette relation avec circonspection, une rencontre est organisée. Le sourire et l'aisance du jeune premier, surnommé R.J. d'après les initiales de ses prénoms, font craquer Natalie. Mais cette dernière ne laisse pas non plus indifférent son chevalier servant, émoustillé par son charme et un goût du flirt cachant bien des irrésolutions. Tout au long de sa vie, entre deux relations stables, Natalie va en effet multiplier les liaisons, tiraillée entre le besoin pathologique d'être aimée et la crainte d'être trahie. « En flirtant, confiera l'un de ses amis acteur, James Sikking, elle recherchait une forme d'approbation, comme lorsqu'elle jouait. Cela comblait chez elle un véritable sentiment d'insécurité. » En épousant Wagner, en 1957, Natalie pense venir à bout de ses démons. Elle tient désormais tête à Maria et résiste à la Warner en refusant des films qu'elle juge médiocres. Alors que le studio, par mesure de rétorsion, la suspend depuis plusieurs mois, Elia Kazan demande à l'auditionner pour son adaptation du scénario de *La Fièvre dans le sang*, écrit par William Inge. Si le metteur en scène penchait initialement pour Diane Varsi puis Jane Fonda, Inge perçoit très vite le potentiel de l'héroïne de *La Fureur de vivre*. « Elle savait qu'elle n'était pas le premier choix, racontera l'assistant de Kazan, Mart Crowley. Aussi a-t-elle tenu à prouver qu'elle était compétente. »

Lors des essais, le cinéaste décèle chez Natalie « une réelle aspiration à l'excellence ». Convaincu, il lui offre le rôle de Deanie, cette jeune sudiste des années 1920 étouffée par une éducation puritaine qui s'éprend de Bud, héritier déchu incarné par le débutant Warren Beatty. Le tournage est éprouvant. Parce que, en parallèle, Natalie et R.J. voient leur couple s'étioler peu à peu. Et que, sur le plateau, Kazan manipule son actrice pour la pousser dans ses retranchements. Il demande ainsi à Audrey Christie, qui joue sa mère, d'adopter les expressions de Maria afin de déstabiliser la comédienne. Puis, connaissant les réticences de Natalie à nager, il exige, pour les besoins du scénario, qu'elle traverse un lac en lui promettant une doublure… qui ne viendra jamais. Le résultat est impressionnant. Si Natalie Wood n'a jamais suivi les cours professés à James Dean et Marlon Brando, révélés par Kazan et passés par l'Actors Studio, elle a recours depuis quelques années à une psychanalyse freudienne qui lui permet de se servir de cette expérience pour livrer une composition des plus personnelles. « Elle crée avec ce film le pendant féminin du héros de *La Fureur de vivre*, mais de manière encore plus radicale, analysera l'historien du cinéma Ty Burr. Le personnage qu'incarne Wood a un ressort en elle que personne ne voit – certainement pas les adultes, à peine son amoureux –, lequel est imprégné de nervosité et de mélancolie. Quand elle explose, enfin, dans la baignoire, hurlant à sa mère, avec un sourire terrifiant : "Je suis une bonne fille, maman !", Natalie/Deanie établit un lien avec la panique émotionnelle de ces jeunes filles de l'ère Eisenhower à qui l'on offre une liberté sans limites pour mieux les punir de s'en être emparées. »

Bouleversante, frémissante, Natalie Wood brille tout au long de *La Fièvre dans le sang* d'un éclat singulier, et la dernière scène, où elle retrouve Warren Beatty et dit adieu à ses rêves de jeunesse, demeure l'une des plus belles de l'histoire du cinéma. Le film à peine achevé, Natalie est contactée par les producteurs de *West Side Story*, qui s'apprêtent à porter à l'écran la comédie musicale de

Leonard Bernstein et Jerome Robbins. Une fois encore, elle n'est pas la première actrice envisagée. Carol Lawrence, Pier Angeli, Diane Baker, Susan Kohner et Suzanne Pleshette ont auditionné avant elle pour le rôle de Maria. Mais la compagnie indépendante Mirish, qui coproduit le film, souhaite une star au milieu d'une distribution qui n'en compte pas, et Natalie Wood s'impose assez rapidement, faisant dire à Jerome Robbins : « Il y a eu entre nous un déclic immédiat. » Consciente du travail à fournir, l'actrice, qui n'est ni chanteuse ni danseuse, obtient de prendre des cours pour enregistrer les chansons qu'interprète son personnage. Adoptant un accent portoricain qui en fera ricaner plus d'un, elle hérite du rôle d'une jeune première de convention. Malgré ces handicaps, Natalie se donne à fond et si elle découvre, blessée, qu'elle a finalement été doublée en postproduction pour les parties chantées, sa composition suscite l'émotion.

Sortie fin 1961 de ce tourbillon, la star peine à reprendre pied et ne perçoit que trop tard le désarroi d'un mari de moins en moins sollicité par le cinéma. R.J. et elle se quittent sur un constat d'échec, tandis que Natalie, nommée aux Oscars pour *La Fièvre dans le sang*, voit la statuette lui échapper. L'actrice n'a pas la posture *actorale* ou morale qui vaudra à Jane Fonda et à Faye Dunaway la reconnaissance de leurs pairs. Désemparée, elle se console auprès de Warren Beatty, qui ne l'a pas oubliée. Ensemble, ils forment le couple le plus glamour du moment. Mais Beatty, possessif et incertain, n'est pas le plus stable des compagnons et Wood, qui désire par-dessus tout être mère, ne veut pas d'un amour sans lendemain. Ils se séparent sans animosité, Natalie se plongeant, par compensation et à corps perdu, dans son métier. « Elle était exceptionnellement organisée, notera l'actrice Mia Farrow. Elle s'y connaissait en éclairage, en son, en maquillage, ainsi qu'en costumes. Et, avant tout, elle savait jouer. » Si une certaine effervescence paraît un peu forcée dans la comédie pure, d'*Une vierge sur canapé* à *La Grande Course autour du monde*, elle maîtrise admirablement sa sensibilité d'actrice dans les registres dramatique et doux-amer. Robert Mulligan, qui la dirige à deux reprises, se rappellera que « Natalie était toujours prête à explorer les différentes facettes de son personnage ou à creuser une scène. Rien ne lui faisait peur et, lors d'un tournage, elle voulait tout essayer ».

Curieusement sous-estimée aux États-Unis, en dépit de trois nominations aux Oscars, la comédienne n'a rien d'une dilettante et ne méprise pas son art. « Je l'ai souvent observée quand nous allions ensemble voir un film, se souviendra son ami scénariste Tom Mankiewicz. C'était comme regarder un cheval de course jaugeant d'autres champions sur l'écran. » Au milieu des années 1960, l'actrice mène la course en tête. Artiste de music-hall dans *Gipsy, Vénus de Broadway* ; vendeuse new-yorkaise éprise d'un jazzman interprété par Steve McQueen dans *Une certaine rencontre* ; victime, dans *Daisy Clover*, du miroir aux alouettes hollywoodien ; ou paumée touchante de la Grande Dépression, auprès de Robert Redford, dans *Propriété interdite*, elle bouleverse, surprend et charme sans retenue. À l'approche de la trentaine, Natalie semble avoir tous les atouts en main. Petite mais remarquablement faite, sexy, avec de grands yeux brun profond d'une expressivité rare, elle reste pourtant anxieuse et insatisfaite. Si les séances chez son psychanalyste se poursuivent et l'aident, selon ses termes, « à être plus ouverte aux autres », elle mêle, pour « être en paix », l'alcool et les médicaments. Un cocktail qui la conduit en 1964 aux portes du néant. Certains parlent même à l'époque d'une tentative de suicide. Mais Natalie a trop d'appétit pour vouloir mettre un terme à sa vie. Et ses accès de mélancolie, balayés par des crises de fou rire et des phases d'enthousiasme, sont autant le symptôme d'un caractère dépressif que la marque d'une volonté permanente de se remettre en cause.

Elle s'emballe ainsi pour la Nouvelle Vague et envisage de jouer avec Simone Signoret avant que le projet ne soit abandonné, faute de financement. En revanche, la séductrice ne renonce pas aux hommes. Frank Sinatra, Steve McQueen, Robert Redford, Michael Caine, le producteur Arthur Loew Jr et l'industriel Ladislav Blatnik se succèdent, amants de quelques mois qui resteront ses amis. Épicurienne avec gravité, elle rêve d'un amour fou qui la transporte et l'apaise à la fois. Elle pense le trouver avec l'Anglais Richard Gregson. Agent d'artistes, il la séduit par sa culture et sa maturité. Ils se marient et Natalie reprend, en 1969, le chemin des studios. Elle y tourne *Bob et Carol et Ted et Alice*, ébouriffante satire de la révolution sexuelle, son dernier grand succès. Tombant enceinte peu après et fidèle à sa parole de se consacrer aux siens, Natalie abandonne le cinéma pour élever Natasha. Sa fille n'est qu'un bébé lorsqu'elle apprend que Richard la trompe avec son assistante. Leur rupture, fracassante, plonge à nouveau l'actrice dans le désarroi. « Elle était désireuse de pallier les manques qu'une vie à l'ombre des studios, coupée des réalités, lui avait imposés, témoignera Tom Mankiewicz. Mais j'ai souvent eu l'impression que Natalie n'a jamais su, réellement, comment vivre sa vie. »

Elle lui redonne un sens en renouant avec son seul véritable amour. Lui-même remarié et père d'un enfant, Robert Wagner n'est jamais parvenu à faire son deuil de sa relation avec Natalie. Leurs retrouvailles, bientôt suivies d'une seconde union, en 1972, marquent une résurrection. Le couple a une petite fille, Courtney, et passe des heures à bord du *Splendour*, le yacht acquis par R. J. Par-dessus tout, Natalie goûte aux joies d'une vraie vie de famille et de soirées intimes où se retrouvent, de Fred Astaire à James Stewart en passant par Laurence Olivier, ceux qui l'ont vue grandir. En semi-retraite des studios, la star se paye le luxe de refuser d'être la partenaire de son mari dans la série à succès *L'Amour du risque*. Mais elle accepte de reprendre le rôle jadis tenu par Deborah Kerr pour une version télévisée de *Tant qu'il y aura des hommes*, dans laquelle elle apporte sa sensualité et qui lui vaut un Golden Globe. Ces apparitions en pointillé finissent cependant par lui peser. Natalie redoute la résignation qui vient à bout des plus grandes passions. « C'était difficile, pour elle, confiera le beau-fils de Wagner, Joshua Donen. Elle était tiraillée entre son désir d'être présente pour ses enfants, de former une famille avec R. J., et celui de s'accomplir, qui était vital. Au fil des ans, l'incompatibilité de ses désirs s'accentuait. » Natalie Wood retrouve le cinéma pour un film de science-fiction en 1981. Si le réalisateur Douglas Trumbull ne cautionne pas cette rumeur, on lui prête alors une liaison avec son partenaire de *Brainstorm*, Christopher Walken. Est-ce pour mettre les choses à plat que Wagner invite l'acteur à passer un week-end avec sa femme et lui à bord du *Splendour* ?

Dans la nuit du 28 novembre, afin d'échapper aux disputes qu'une soirée trop arrosée aurait occasionnées entre eux trois, Natalie se serait enfermée dans sa cabine et aurait avalé des somnifères. Avant de se relever, à moitié consciente, pour détacher le canot, dont le tangage contre le yacht troublait son repos. Sur le ponton, un faux pas de l'actrice, embrumée d'alcool, de médicaments et de sommeil, aurait entraîné sa chute. Telle était du moins la version officielle avant que des révélations du capitaine du bateau en 2011 ne remettent tout en cause. Des contusions retrouvées sur le corps de la star, lors de l'autopsie, au temps déraisonnable mis par Robert Wagner pour donner l'alerte, la noyade « accidentelle » s'est, depuis, alourdie d'« autres facteurs indéterminés ». Et d'un soupçon meurtrier renforçant le statut de victime d'une artiste qui aura toujours lutté contre sa malédiction. Comme si Natalie Wood, figure solaire d'un temps d'espoir et de révolte, devait à jamais être réduite à l'image d'une femme morte après avoir poussé un dernier cri. Seule dans la nuit.

Filmographie sélective

L'Aventure de Mme Muir (Joseph L. Mankiewicz, 1947)
Miracle sur la 34e rue (George Seaton, 1947)
La Fureur de vivre (Nicholas Ray, 1955)
La Prisonnière du désert (John Ford, 1956)
La Fureur d'aimer (Irving Rapper, 1958)
La Fièvre dans le sang (Elia Kazan, 1961)
West Side Story (Robert Wise, 1961)
Gipsy (Mervin Le Roy, 1962)
Une certaine rencontre (Robert Mulligan, 1963)
Daisy Clover (Robert Mulligan, 1965)
Propriété interdite (Sydney Pollack, 1966)
Bob et Carol et Ted et Alice (Bob Mazursky, 1969)

Sidney Poitier (1927-2022)

Première star afro-américaine, acteur oscarisé et personnalité exemplaire, Poitier fut un pionnier. Mais non sans nuages, ni ambiguïté. Parce que sa singularité rassura ceux qui, parmi les Blancs, ne voulaient pas voir son exemple proliférer. Et que son stoïcisme et sa modération irritèrent ses frères de couleur pour qui son intégration rima avec une forme de soumission. Reconnu bien avant sa disparition pour son rôle capital, l'artiste est à présent estimé à sa juste valeur. Celle d'un initiateur et d'un passeur.

C'était la meilleure, et la pire, des époques. En 1967, Sidney Poitier vient de tourner coup sur coup deux de ses plus grands succès. *Dans la chaleur de la nuit* – où, en flic transplanté dans le Sud profond, il déjoue les préjugés d'un collègue raciste – et *Devine qui vient dîner ?* – où il épouse la fille de bourgeois blancs libéraux qui finissent par abandonner leurs réserves – signent son intégration définitive dans une Amérique dont il est depuis plus d'une décennie la bonne conscience. Pourtant, au même moment, l'exaltation du si digne Sidney heurte nombre de Noirs américains et provoque un dilemme. Tandis que des émeutes raciales embrasent les États-Unis et que Malcolm X brise le consensus pacifiste de Martin Luther King, l'intégration ne représente plus de façon certaine un modèle.

Sommé de s'expliquer lors d'une conférence de presse, l'acteur refuse une essentialisation qui déterminerait le reste. « Alors que vous pourriez m'interroger sur ce qui se passe de positif dans ce pays ou sur divers aspects de ma personnalité, énonce-t-il plein d'une colère froide, nous sommes ici pour faire du sensationnalisme, et vous posez encore et toujours les mêmes questions portant sur un seul aspect de ma vie : ma négritude. » Le combat pour l'égalité s'accommode-t-il d'un avis nuancé ? Et l'affirmation des fiertés d'une minorité du refus de la ghettoïsation prôné par Sidney Poitier ? Ce dernier n'aura jamais transigé avec ses principes de lutteur et son attitude de gentleman.

Né à Miami en 1927, c'est à Cat Island, dans les Bahamas, où son père caribéen cultive des tomates, que le garçon passe son enfance. « C'était une chance, admettra-t-il ; la majorité des gens étaient des Noirs. Je n'ai eu aucun mal à me définir, dès mon plus jeune âge. Si bien que lorsque je suis arrivé aux États-Unis dans une société à majorité blanche, je savais qui j'étais. » Le choc n'en est pas moins violent. Écolier médiocre prenant le large, Sidney débarque à New York à 16 ans, en plein hiver mais portant des vêtements d'été. Dormant sur des bancs, grelottant, il est arrêté pour vagabondage. « J'ignorais ce qu'il adviendrait de moi, racontera-t-il, mais je savais que l'échec n'était pas une option. » Devançant l'appel de l'armée, il devient à son retour plongeur et concierge jusqu'au jour où, répondant à une petite annonce, il se fait engager, non sans mal, à Harlem par l'American Negro Theater. Là, Poitier met des années à s'imposer. On lui reproche son accent caribéen et son inaptitude au chant. On lui préfère, de loin, le si charmeur Harry Belafonte, à la voix de velours, qui devient son ami. Mais c'est Sidney, finalement parvenu au rang de comédien reconnu à Broadway, qui est repéré sur scène en 1949 par Joe Mankiewicz. Le brillant auteur-cinéaste travaille pour la Fox de Darryl Zanuck, un studio et un patron en pointe dans le combat contre les discriminations et pour l'égalité raciale. Lorsque Mankiewicz lui offre un rôle d'envergure dans son prochain film, Sidney, à qui la scène fait désormais les yeux doux, n'hésite pas longtemps. En interprétant, dans *La porte s'ouvre*, un médecin qui surmonte ses réticences afin de soigner un gangster raciste incarné par Richard Widmark, Poitier crève l'écran, immédiatement.

La révolution est double : pour la première fois, le public peut entendre le mot « nègre » dans une production grand public qui, par cette provocation, va se heurter à la censure des États du Sud et de la télévision. L'autre innovation vient du fait qu'un Afro-Américain, joué par un Noir et non par un Blanc se faisant passer pour un homme de couleur, affiche un statut et un mode de vie d'Américain moyen, correctement éduqué. « Dès cette apparition, notera l'historien Donald Bogle, c'est une star que l'on voit. Pour les Noirs américains, il annonçait un jour nouveau et a su exprimer, dans les années 1950, la colère et les mots touchant ceux qui étaient impliqués dans la lutte pour les droits civiques. » Loin des stéréotypes auxquels pouvaient être limités, une dizaine d'années plus tôt, Paul Robeson ou Hattie McDaniel, Sidney Poitier tourne une page et, tout au long de cette décennie, écrit un chapitre capital sur grand écran tandis qu'il s'épanouit dans sa vie privée avec Juanita Hardy, mère de ses quatre premières filles. Séduisant d'emblée un large public, le jeune Bahaméen porte beau. Sa prestance nuancée de réserve, ses traits réguliers font oublier aux racistes les moins virulents sa peau des plus foncées. Au cinéma, son succès, graduel, est pourtant en trompe-l'œil. Si *Graine de violence*, du libéral Richard Brooks, lui permet de jouer un lycéen que rien ne distingue de ses camarades blancs, les autres films, de *Pleure, ô pays bien-aimé* à *L'Esclave libre*, le ramènent à des personnages conditionnés par la couleur de leur épiderme mais qui se battent pour arracher la liberté à leurs maîtres, quand ils ne perpétuent pas une image d'enfermement, malgré la splendeur musicale de *Porgy and Bess*.

Qu'espérer de plus d'une Amérique encore marquée du sceau de la ségrégation ? Probablement ce que Stanley Kramer, cinéaste engagé, à défaut d'être toujours subtil, entreprend en 1958, en menottant Poitier à une star blanche. D'abord envisagés, Marlon Brando et Burt Lancaster cèdent leur place à Tony Curtis. Lequel exige que le nom de Sidney prenne place au même niveau que le sien dans ce suspense abordant de front le problème d'un racisme se dissipant dans l'amitié que finissent par se porter un Blanc et un Noir. Ce n'est pas la première fois que Poitier noue à l'écran une relation amicale faisant fi de la ségrégation raciale. Un an plus tôt, *L'homme qui tua la peur*, de Martin Ritt, le liait fraternellement à John Cassavetes. Mais ce beau film avait rencontré peu d'écho, tandis que *La Chaîne* voit Curtis et Poitier nommés aux Oscars. Le jeu, intense et sobre, de l'acteur caribéen se déploie plus encore avec l'adaptation d'*Un raisin au soleil*, drame social moderne dans lequel Sidney étincelle. « Il concrétisait, dira Danny Glover, nos aspirations et ce que je rêvais d'être. Non seulement en tant que comédien mais aussi comme être humain. »

Ce que traduit Poitier en recevant, en 1964, l'Academy Award du meilleur acteur pour son rôle de travailleur itinérant recruté par des nonnes dans *Le Lys des champs*. Le premier remis à un Noir. « La route a été longue pour arriver jusqu'ici », lâche-t-il sur la scène du Civic Auditorium de Santa Monica, entre émotion et ironie. D'autant qu'il demeure l'unique star non blanche du métier. De fait, le soir de la cérémonie des Oscars, Poitier vit une situation contrastée. L'acteur sait pertinemment que son prix décerné par la communauté hollywoodienne témoigne davantage d'une volonté politique que de la reconnaissance de son indéniable talent. Quelques mois après la marche pacifique sur Washington du pasteur King, alors que la cité des rêves préférerait oublier la chasse aux sorcières maccarthyste qui fit des ravages dans ses rangs, il convient plus que jamais d'afficher son progressisme. À ce titre, Sidney Poitier est le candidat rêvé. Celui qui, dans chaque interview, marche sur une corde raide avec une grâce sans égale, s'exprimant, selon l'historien Mark Harris, « avec humilité sans se montrer servile, concerné par ce qui se passe sans être intempérant ». En deux mots, de manière morale et exemplaire. « Bien qu'il nie être un leader, ou un représentant en croisade, écrit en 1959 le *New York Times*, Poitier reconnaît qu'il s'est fait une règle de ne jouer aucun rôle qui pourrait offenser la sensibilité des Noirs ou diminuer leur statut en tant qu'êtres humains. » L'acteur, bien qu'encouragé par sa nature pondérée, n'en nourrit pas moins de nombreuses frustrations.

Plus impliqué auprès de leurs frères en lutte, Harry Belafonte tente régulièrement de le mobiliser mais se heurte parfois à des refus ne reflétant pas la pensée profonde de son ami. Contrairement aux stars blanches, Sidney ne dit rien, ou si peu, des tourments de son âme. Sa survie, sur le marché des vedettes, est à ce prix consensuel, bien que Hollywood tienne à lui. Si la vie privée de ses pairs s'affiche en une des tabloïds, ses compatriotes ne savent rien de sa longue liaison avec la comédienne et chanteuse Diahann Carroll qui le conduit pendant des années sur le divan d'un psy et aboutit à son divorce d'avec Juanita. « J'étais si seul », confessera-t-il en évoquant cette période, faisant allusion aussi bien à sa singularité d'Afro-Américain au milieu d'un océan de stars caucasiennes qu'à sa solitude morale. Du reste, l'Oscar l'illusionne peu. « Je pense que je ne pourrais jamais agir de façon aussi libre qu'un Marlon Brando, qu'un Burt Lancaster ou qu'un Paul Newman », affirme alors franchement celui qui se retrouve de longs mois sans proposition notable. Lorsqu'on l'interroge sur le progressisme hollywoodien, Poitier n'y va pas non plus par quatre chemins : « Hollywood n'a jamais eu beaucoup de conscience, en tout cas de conscience sociale. Le mythe d'un Hollywood libéral ne correspond qu'à l'action d'une poignée d'hommes. » Il ne manquera d'ailleurs jamais de gratitude à leur égard, rendant régulièrement hommage à ceux qui l'auront révélé et valorisé, de Mankiewicz à Kramer.

Cependant, Sidney voit juste. L'attribution de son trophée n'a rien changé. Se remémorant cette soirée qui le vit remporter la statuette dorée, il en fera le constat : « Me suis-je dit à moi-même : "Ce pays est en train de se réveiller et de réaliser que des changements sont inévitables" ? Non. Je savais que nous ne nous étions pas surpassés en ce domaine, parce que j'étais encore l'unique acteur de couleur. » Le lendemain, *Time* n'avait-il pas osé écrire que Poitier avait « bondi sur scène, davantage comme un athlète noir que comme un acteur noir » ? Aussi se bat-il pour lui-même et ceux qui n'ont pas sa visibilité, guettant la moindre occasion et s'impliquant complètement dans l'adaptation d'un polar intitulé *Dans la chaleur de la nuit*, pour laquelle il est pressenti. Avec l'appui du scénariste Stirling Silliphant et du metteur en scène Norman Jewison, Sidney transforme le héros « nègre » placide et presque passif du roman de John Ball en policier décidé à ne rien abandonner de sa dignité et de ses convictions face aux préventions du flic qu'incarne Rod Steiger. Confronté au jeu explosif de son partenaire, Poitier doit s'adapter. Déstabilisant mais hautement stimulant, Steiger met Sidney à cran. Pour la première fois, son minimalisme, contenu dans son regard et sa voix, ainsi que sa capacité à laisser deviner sa colère derrière un calme de façade paraissent s'effriter. Leur affrontement, filmé en décors naturels, dans un faux Sud plus réel que le vrai, aboutit à un *mano a mano* d'une rare intensité.

Pour la première fois, également, les spectateurs voient un Noir rendre une gifle à un Blanc. Que ce soit l'imperturbable et irréprochable Sidney qui s'en charge renforce d'autant la symbolique de son acte. Vivant une forme de révolution intérieure, Poitier, ainsi que l'analyse l'historien Mark Harris, « ne cherche plus, dans ce film, à apparaître comme un conciliateur ». *Dans la chaleur de la nuit* à peine achevé, Stanley Kramer lui offre un projet qui, pour être prestigieux, s'avère sur la forme nettement plus conventionnel. Cependant, *Devine qui vient dîner ?*, outre qu'il lui permet de jouer face à Spencer Tracy et Katharine Hepburn qu'il admire, met à plat courageusement la possibilité de mariages interraciaux bien avant leur banalisation. Une fois encore, Sidney doit se brider : si le public plébiscite son charisme et aime sa sensualité, il ne peut, en tant que comédien noir et en vertu de présupposés racistes, laisser filtrer, au contraire d'un McQueen ou d'un Newman, un potentiel sexuel qui serait perçu comme agressif. Durant cette époque de tension entre les rôles qu'il est amené à jouer, avec leurs limites, et les révoltes raciales qui n'en connaissent plus, l'acteur dont « tous les sens, selon ses propres mots, sont aux aguets » cherche à exercer son métier « honnêtement ».

Comment peut-il alors imaginer, en cette année 1968 qui le place n° 1 au box-office, être balayé par le Nouvel Hollywood ? Le *timing* est pourtant mauvais. À l'heure de l'émancipation réclamée par les Black Panthers, dans un monde corrompu par les promesses non tenues et la guerre du Vietnam, sa noblesse est dépassée. « Selon une opinion de plus en plus répandue, j'étais un “Oncle Tom”, admettra-t-il crûment. Le bon nègre de service, même, car je jouais des rôles qui ne menaçaient pas le public blanc. » L'homme qui aura montré le chemin va s'effacer, tel Moïse, à l'approche d'une terre si durement promise. Pendant ces années où les productions insignifiantes s'enchaînent, avant de se raréfier, Poitier s'offre une nouvelle jeunesse en se remariant en 1976 avec l'actrice canadienne Joanna Shimkus, qui lui donne deux autres filles. Largué dans une ère où l'on préfère les muscles à la réflexion, la star se console en passant à la production, révélant, de Bill Cosby à Richard Pryor, des héros noirs moins exemplaires mais, au fond, plus crédibles qu'il ne le fut. Avant de connaître un ultime succès comme acteur avec le très rythmé *Randonnée pour un tueur* où, jeune sexagénaire, il incarne un flic pugnace et démontre de réelles qualités athlétiques sans se départir de son humour. N'est-il pas devenu, dans les années 1980, une source d'inspiration, bien au-delà du cinéma ? Ce précurseur élégant et militant n'a-t-il pas, en définitive, inspiré Barack Obama ? « Sidney Poitier a joué un rôle capital, ouvrant la voie à la participation des Noirs à la culture populaire, mais aussi à la culture politique », confiera, admirative, la militante Angela Davis, avant d'ajouter : « J'ai toujours eu énormément de respect pour cet homme qui n'a jamais eu peur de dire ce qu'il avait à dire. » Ainsi donc, malgré les apparences, ce pionnier doublé d'une belle âme est parvenu à faire passer des messages et à susciter d'infinies vocations. « Sidney Poitier, écrira justement le critique Vincent Canby, n'a pas fait des films. Il a fait l'histoire. » Comment oublier la cérémonie des Academy Awards de 2002, qui vit le vétéran prendre dans ses bras Denzel Washington, le premier recevant un Oscar d'honneur tandis que son cadet remportait le trophée du meilleur acteur ? Dans un milieu qui aime les symboles, l'accolade avait valeur de fierté retrouvée et de baume apaisant. Sidney Poitier, dont les valeurs triomphaient désormais sans conteste, pouvait aborder en sage les rives du grand âge. L'émergence du mouvement *Black Lives Matter*, bien avant sa disparition en janvier 2022 à 94 ans, ne remettrait pas en cause l'importance de son rôle, le plus beau de ceux qu'il a pu tenir ; cette dignité qui ne signifiait jamais l'abaissement. Cette main tendue, comme la gifle rendue. L'une et l'autre, pour toujours son héritage.

Filmographie sélective

La porte s'ouvre (Joseph L. Mankiewicz, 1950)
Graine de violence (Richard Brooks, 1955)
L'homme qui tua la peur (Martin Ritt, 1957)
L'Esclave libre (Raoul Walsh, 1957)
La Chaîne (Stanley Kramer, 1958)
Porgy and Bess (Otto Preminger, 1959)
Un raisin au soleil (Daniel Petrie, 1961)
Paris Blues (Martin Ritt, 1961)
Le Lys des champs (Ralph Nelson, 1964)
Un coin de ciel bleu (Guy Green, 1965)
Trente minutes de sursis (Sydney Pollack, 1965)
Dans la chaleur de la nuit (Norman Jewison, 1967)
Devine qui vient dîner ? (Stanley Kramer, 1967)
Randonnée pour un tueur (Roger Spottiswoode, 1987)

Steve McQueen (1930-1980)

Et s'il incarnait, plus encore que James Dean, la « fureur de vivre » ? Star du cinéma d'action, cet ex-petit délinquant n'avait pas, au quotidien, la cool attitude *qu'il affichait sur grand écran. Homme blessé et blessant, hyperactif à fleur de peau, sans réelle technique d'acteur mais doté d'un instinct sûr, McQueen fut aussi un séducteur sabotant ses acquis par un comportement autodestructeur. Il n'en demeure pas moins le symbole du* bad boy *héroïsé, grand frère ayant inspiré, par son mode de vie et ses excès, la contre-culture.*

Il avait prévenu ses copains, comme un défi lancé aux aléas du destin : « Un jour, vous verrez, je rattraperai ce Paul Newman en tête d'affiche ! » 1956. Steve McQueen vient de décrocher sa première figuration intelligente dans un film MGM : *Marqué par la haine*. Deux pauvres plans, dans l'ombre d'une star naissante de cinq ans son aîné. L'apprenti comédien débute dans le métier. Pourtant, il ronge déjà son frein. Au sujet de ce boxeur incarné par Newman, qui tente de rompre avec son passé de délinquant, McQueen ressassera, dépité : « C'était moi. C'était presque l'histoire de ma vie. C'est moi qui aurais dû avoir ce rôle ! » Évoquant sa rencontre avec Steve, le réalisateur du film, Robert Wise, se souviendra : « Pour l'audition, il est arrivé en veste de sport, avec une petite casquette un peu tournée sur le côté. Il voulait montrer qu'il était vraiment le personnage ; un voyou avec un couteau. Il donnait l'impression de pouvoir vous casser la gueule aussi vite qu'il pouvait sourire. Il était nerveux, prêt à sortir de ses gonds, mais il était aussi très séduisant. » Wise s'en souviendra quelques années plus tard. Mais pour Steve McQueen, qui n'a pas décroché de rôle depuis trois ans, ce sera toujours « ici et maintenant ». Une attente souvent déçue, source de perpétuelles frustrations. Né le 24 mars 1930 à Indianapolis, Terence Stephen McQueen cultive très tôt le ressentiment. Il n'a pas 6 mois lorsque son père, Bill, pilote dans des meetings aériens, quitte sa mère, Julianne. Le fait de n'avoir pas connu son géniteur conduit Steve à se considérer comme un bâtard. L'enfant ne reste guère plus longtemps auprès de celle qui lui a donné la vie. Julianne, se sentant incapable de l'élever, choisit de le confier à un grand-oncle, éleveur de porcs dans le Missouri.

« C'était un homme très bon, très fort, racontera McQueen. Il m'a beaucoup appris. Auprès de lui, j'ai su monter à cheval, comme les cow-boys et les Indiens. Mais si gentils qu'étaient mon oncle et ma tante, cela ne me donnait pas la chaleur d'un vrai foyer. » Récupéré à 9 ans par sa mère qui est à nouveau en couple, il se met à haïr ses beaux-pères successifs. L'un d'eux, alcoolique et violent, le bat sans ménagement. Steve, en retour, commence à se rebeller. Membre d'un gang d'enfants, il participe à des bagarres, à des vols de voitures et connaît ses premières expériences sexuelles, avant d'être envoyé à 14 ans en maison de redressement. Plus petit que les adolescents de son âge, quasi sourd d'une oreille à la suite d'une infection non soignée, le garçon se renferme, agressif, solitaire et, pour toujours, indiscipliné. Rétif aux cours dispensés par l'établissement, il finit par être recadré et quitte, dix-huit mois plus tard, animé de meilleurs sentiments, ce qui devait à l'origine être un enfer. De retour chez lui, Steve ne supporte plus sa mère, de plus en plus dépendante de la boisson, et part à l'aventure. Depuis New York, il embarque sur un bateau-citerne et fait le charpentier à Saint-Domingue avant de revenir aux États-Unis. Embauché dans un bordel, où il s'occupe de l'hygiène des pensionnaires et encaisse les clients, McQueen se fait également barman, conducteur de poids lourds, mécanicien et VRP.

Décidé à s'engager en tant que *marine*, il l'est pour peu de temps, n'acceptant décidément aucune autorité. Démobilisé, Steve s'installe à Greenwich Village, où il devient le mac d'une prostituée et vend, en toute illégalité, des armes à feu. Interpellé, il se rend compte que le jeu n'en vaut pas la chandelle et réfléchit à une alternative susceptible de lui rapporter plus d'argent tout en lui causant moins d'ennuis. Ne s'identifie-t-il pas à ses idoles en mauvais garçons, Humphrey Bogart et James Cagney ? « Je ne rêvais pas de devenir une vedette de cinéma, reconnaîtra-t-il, mais quand ma vie devenait vraiment merdique, ou quand j'étais hors de moi, je me demandais comment Bogie aurait réagi face à ça ! » Le révolté fait aussi un autre constat : « À 20 ans, j'étais un vieillard. J'ai dû apprendre à être jeune. À arrêter de vouloir casser la gueule à tout le monde. » Vivant dans un quartier d'artistes, il se lie au futur réalisateur Mark Rydell, alors étudiant en art dramatique. Lorsque McQueen lui demande s'il pourrait devenir acteur, Rydell l'encourage à passer une audition. S'il admire Marlon Brando et Montgomery Clift et rêve d'entrer à l'Actors Studio, Steve doit en rabattre quant à ses ambitions. Il postule toutefois en juin 1951 à la Neighborhood Playhouse dirigée par un émule de la Méthode, l'exigeant Sanford Meisner. « Je pensais n'avoir aucune chance, qu'il me jetterait dehors », avouera McQueen. Mais Meisner est intrigué : « C'était un original, à la fois fort et enfantin, comme Marilyn Monroe. On aurait dit qu'il avait vu plein de choses mais avait conservé une certaine innocence primaire. Je l'ai tout de suite accepté. »

Sous ses airs désinvoltes, Steve est un élève compliqué. S'ennuyant pendant les cours, il ne prend de plaisir qu'une fois sur scène et s'avère profondément individualiste. Bénéficiaire, en tant qu'ancien militaire, d'une subvention, il complète le paiement de l'école avec l'argent gagné dans des compétitions de moto. Sa passion des sports automobiles ne le détourne cependant pas de l'objectif qu'il s'est fixé : réussir en tant que comédien. Ayant obtenu un engagement dans la pièce *The Member of the Wedding*, d'après un roman de Carson McCullers, il part en tournée, dépense son salaire dans l'achat d'une voiture de sport et, après avoir réclamé en vain une augmentation, se montre insupportable. Débarqué de la production, il n'a pas suffisamment fait ses preuves pour que ses qualités scéniques rachètent son comportement. « Steve était trop inhibé pour être un vrai bon acteur de théâtre », diagnostiquera le cinéaste John Sturges, découvreur de McQueen au cinéma. Avant de préciser : « Les cours de comédie marchent bien pour certaines personnes, mais pas pour tout le monde, et Steve ne s'en sortait pas très bien. Il savait jouer, mais son jeu n'avait rien de passionnant. Il voulait être Marlon Brando et faire tous ces trucs de la Méthode. Mais ce dont Steve avait vraiment besoin, pour le cinéma, et peut-être même pour le théâtre, c'était de quelqu'un qui le pousse à jouer avec sincérité. »

McQueen, cependant, n'en démord pas et obtient une bourse afin d'intégrer l'Actors Studio. Tout cela pour décrocher ce rôle insignifiant dans *Marqué par la haine*, qui le signale à l'attention de Paul Newman. « Je n'ai pas trop aimé Steve la première fois que je l'ai vu, confiera ce dernier. Il voulait mon rôle et ne faisait rien pour le cacher. C'était un gamin insolent, mais c'était ce que son rôle requérait, et ce fut un bon début pour lui dans le cinéma. » Voire ! Les propositions qui suivent ne laissent rien augurer d'exaltant. Cantonné à des productions sans intérêt ou des séries B ; héros de *The Blob*, film de science-fiction fauché, interprète de *Rackets à New York*, polar mal ficelé, il sent venir l'enlisement et trouve un exutoire en consommant, en grande quantité, bières et pétards. Sur les plateaux, son désir maniaque de bien faire et son besoin incessant de reconnaissance exaspèrent réalisateurs et producteurs. McQueen doit de ne pas sombrer à celle qui partage sa vie depuis 1956. Danseuse et comédienne, Neile Adams apaise temporairement son irascible époux. Une première ouverture apparaît avec la proposition de jouer un chasseur de primes pour le pilote d'une série télévisée. L'idée novatrice d'*Au nom de la loi* est de faire du personnage principal un antihéros. Auditionnant Steve, le producteur du feuilleton, Vincent Fennelly, éprouve des sentiments identiques à ceux qui l'ont déjà approché : « McQueen, dira-t-il, était un type peu commun. Il n'était pas l'homme le plus séduisant du monde, mais il avait une sorte d'instinct animal fascinant. Il pouvait paraître gentil, mais on percevait la menace derrière cette gentillesse. »

Entre 1958 et 1961, grâce à son paradoxal interprète, Josh Randall devient une figure familière du petit écran. Perfectionniste, l'acteur acquiert en très peu de temps la réputation de meilleur tireur au pistolet de Hollywood. Son charisme faisant le reste, la popularité est au rendez-vous. Devenu père, à la même époque, de Terry puis de Chad, Steve pourrait s'en satisfaire. Mais ce n'est pas dans sa nature, d'autant que sa volonté d'enrichir et de faire évoluer son personnage se heurte à un mur. Une nouvelle fois, McQueen cherche à progresser. Il y parvient grâce à John Sturges, qui, après l'avoir engagé pour un rôle secondaire dans le film de guerre *La Proie des vautours*, décide, en 1960, d'en faire l'une des fortes têtes de son western choral, *Les Sept Mercenaires*. Afin d'échapper aux diktats de la production d'*Au nom de la loi*, qui refuse de le voir accaparé par le cinéma pour une longue durée, l'acteur simule un accident de voiture et part discrètement tourner son long-métrage. Il ne veut surtout pas que cette opportunité lui échappe. À raison : le remake des *Sept Samouraïs* de Kurosawa est un triomphe, et l'aventurier ombrageux qu'incarne Steve fait de l'ombre à la tête d'affiche Yul Brynner. Ce résultat est le fruit de la volonté de McQueen, qui n'a de cesse de pousser Brynner à bout.

Notamment en feignant d'apprendre à Yul à se servir d'un revolver, sans lui révéler les techniques qui feraient de lui un bon tireur. Mais aussi en caractérisant intelligemment son propre personnage pour qu'il retienne plus que les autres l'attention des spectateurs. Tant d'efforts et si peu de confraternité paient : Steve McQueen parvient enfin à se distinguer d'autres seconds couteaux réduits aux utilités. Suffisamment, en tout cas, pour résilier son contrat le liant aux producteurs d'*Au nom de la loi*. Un risque mesuré. Sturges le veut en effet pour son prochain *blockbuster*, où il devra à nouveau partager la vedette. Mais cette fois-ci – du moins l'espère-t-il – en pole position. Divertissement guerrier tourné en Allemagne, *La Grande Évasion* achève d'en faire une star. Non sans drame. Dès le début du tournage, en juin 1962, McQueen a le sentiment de s'être fait avoir. Son personnage, tempête-t-il, ne le met pas assez en valeur. Quittant furieux le plateau, il est rattrapé *in extremis* par Sturges, qui promet d'ajuster le scénario à son avantage. Jouant à ses côtés, James Coburn analysera le caractère de ce partenaire particulier : « Steve exigeait des choses, et quand il ne les obtenait pas il refusait de se mettre au travail. Il était à la fois complexe et simple, égoïste mais n'imaginant pas qu'il l'était. Il pensait qu'il ne faisait que se protéger. On aurait dit qu'il n'aimait pas que d'autres que lui aient le contrôle de la situation. Il était paranoïaque et il mettait tout le monde sur les nerfs, mais il avait, aussi, beaucoup de charme et, parce qu'il agissait comme un enfant, vous n'arriviez jamais à le détester. »

Au sujet de l'acteur, Coburn notera : « Steve a vu tous ces comédiens britanniques, qui jouaient dans le film, de Richard Attenborough à Donald Pleasence, et il s'est senti intimidé. Ils étaient capables de jouer leurs personnages en s'appuyant sur le script, tandis que lui appuyait son personnage sur ce qu'il pensait que Steve McQueen aurait fait dans cette situation. » Comment reprocher à cet égocentrique complexé d'utiliser son expérience de vie pour se faire une place au soleil ? Son rôle de tête de lard individualiste et héroïque répondant désormais à ses souhaits ainsi que l'image de sa course folle à moto défiant des barbelés icônisent instantanément McQueen. À 32 ans, l'acteur est arrivé au sommet. Sa réputation de « roi du *cool* », rebelle à sang froid, est en train de se forger, même si, hors caméra, son caractère incontrôlable pourrait lui porter préjudice. Il est vrai que Steve, peu ouvert avec les journalistes, mène une existence de hippie en marge de l'*establishment* hollywoodien, fait vrombir sa moto sur les plages californiennes et fume toujours des joints. Mais son mode de vie ne dit pas tout de ses aspirations. Ainsi achète-t-il, avec Neile, une belle maison au cœur du très chic quartier de Brentwood, à L.A., dans la foulée du succès de *La Grande Évasion*. Avant de flamber son cachet en achats de voitures de luxe.

Entre colère et désir de respectabilité, soif de confort et mise en danger, McQueen, l'ex-gamin abandonné, semble constamment se chercher. Il est toutefois un point sur lequel il ne transige pas : sa carrière. Souhaitant montrer d'autres facettes de son talent, l'acteur échoue à composer pour Ralph Nelson un personnage d'homme-enfant, dans le registre de la comédie, avec *La Dernière Bagarre*. Mais il surprend très agréablement en jazzman immature et romantique, sous la direction de Robert Mulligan, dans *Une certaine rencontre*. Vivant un flirt avec McQueen, Natalie Wood devait tordre le cou aux procès en désinvolture faits à son partenaire : « Steve, dira-t-elle, est l'acteur le plus consciencieux que je connaisse. » McQueen doute cependant de pouvoir casser son image pour mieux en jouer. L'échec du *Sillage de la violence*, où il incarne un chanteur de rockabilly pathétique, l'incite à revenir à une formule plus traditionnelle. Mais s'il renoue avec un genre et une morale conventionnels, *Le Kid de Cincinnati* n'arrache pas l'acteur à son destin cinématographique de *loser*. Qu'importe ; le film est un triomphe qui relance sa carrière. Steve en profite pour capitaliser sur ce qu'il sait faire auprès de cinéastes ayant, pour cet homme en quête de mentors, des profils de pères de substitution. Lors de la préparation de *Nevada Smith*, western au carré, Henry Hathaway met son interprète en garde : « Je veux que vous sachiez quelque chose, M. McQueen : le chef, c'est moi ! Personne ne discute avec moi. Je ne suis pas là pour gérer vos conneries. Alors, si vous en faites une, je vous pète la gueule. » Est-ce ce qu'attendait l'acteur ? Après avoir accusé le coup, il sourit à son metteur en scène et lui tend la main : « D'accord, papa, ça marche. »

Ce qui ne l'empêche pas de contester le montage final d'Hathaway, trop bavard à son goût, ou de s'immiscer dans la réalisation de Robert Wise, lors du tournage de *La Canonnière du Yang-Tsé*, faisant dire à l'homme à qui il doit ses débuts sur grand écran : « Il me rendait complètement fou. » Pour autant, Wise reconnaîtra que « Steve était totalement immergé dans ce qu'il faisait », la star devenant experte en mécanique et pilotage de canonnière. Auprès de la jeune Candice Bergen, novice au cinéma, McQueen fait souffler le même chaud et froid. Sans finesse avec les femmes et la mettant mal à l'aise, il sait créer un autre type de tension, la comédienne avouant qu'« il était d'une beauté hypnotique, puissant et imprévisible, au point de provoquer chez vous des éclairs d'excitation ». Si la dimension physique de l'acteur n'a cessé d'être exploitée, sa sensualité a longtemps été refoulée. Jusqu'à ce que Norman Jewison, qui l'a dirigé dans *Le Kid de Cincinnati*, offre à Steve de relever un nouveau défi. Abonné aux emplois d'*outsiders* et d'enfants terribles, il se voit proposer d'incarner un millionnaire glamour. Une première. « On ne l'avait jamais vu manquer autant de confiance en lui, se souviendra Neile Adams. Il prenait tout au sérieux. Il a appris à jouer aux échecs, à tenir un verre de brandy. »

Exercice de style élégant et virtuose, *L'Affaire Thomas Crown* propulse McQueen au rang de superstar. Son couple avec Faye Dunaway et leur étreinte, battant le record du plus long baiser sur grand écran, entrent dans la légende. Ce qui ne plaît que modérément à Steve, pressé de retirer l'étiquette de playboy de son costume de comédien. Il le fait, en même temps qu'il crée sa société de production, Solar, dans un pur film d'action qui paraît taillé sur mesure. McQueen commence néanmoins par se défier de *Bullitt*, trouvant son scénario confus. Mais après avoir recruté le réalisateur Peter Yates, dont il avait apprécié la façon de filmer une course-poursuite dans *Trois milliards d'un coup*, Steve s'investit corps et âme. Réclamant selon son habitude moins de dialogues, persuadé qu'il donne le meilleur de lui-même lorsqu'il ne parle pas, McQueen, d'après son partenaire Robert Vaughn, maîtrise admirablement sa partition : « Il avait alors intégré la vision que lui-même et son épouse se faisaient de Steve McQueen, la star de cinéma. Il était très à l'aise dans la peau de ce personnage. Chaque mouvement qu'il fait dans ce film, même quand il monte ou descend d'une voiture, chaque geste, chaque déplacement physique est une démonstration de son savoir instinctif de ce que la caméra capture. Il réussissait à rendre *cool* tout ce qu'il faisait. » *A fortiori* lorsqu'il effectue une course folle en voiture, dans les rues en pente de San Francisco, sans être doublé. Des risques, l'acteur paraît en prendre également en incarnant un policier. Mais l'anticonformisme de Frank Bullitt, se confondant avec l'image iconoclaste de Steve McQueen, rehausse encore sa popularité.

C'est à ce moment précis où la star peut tout se permettre qu'elle perd pied. Passé insensiblement de la marijuana au LSD et à la cocaïne, Steve redouble de paranoïa après l'assassinat sauvage de Sharon Tate et de ses amis, en août 1969, par la « famille » Manson. Au nombre des victimes, le coiffeur Jay Sebring était l'un des fournisseurs de McQueen, qu'il entraînait également dans des parties carrées. Le soir du drame, Steve aurait dû être à leurs côtés dans une réunion qui promettait d'être sage, si un rendez-vous de dernière minute avec l'une de ses maîtresses ne l'avait sauvé du massacre. Traumatisé, McQueen se fracasse professionnellement l'année suivante, avec sa société Solar, en produisant et en jouant dans *Le Mans*, film-hommage à sa passion pour la course automobile qui essuie un échec retentissant. Fréquentant à la même époque le dojo de Bruce Lee, dans un simulacre de vie saine par la pratique du kung-fu, Steve se noie en réalité dans le sexe et la drogue, confiant à James Coburn : « Il faut que je fasse tout ça maintenant, avant que ce soit trop tard. » Ses parents n'ayant pas dépassé cet âge, McQueen est persuadé qu'il mourra à 50 ans. Aussi, la décennie qui suit sera celle d'une perpétuelle fuite en avant. Multipliant les liaisons extraconjugales, l'acteur commence par se séparer de Neile, qui fut son plus fidèle soutien, et prend seul sa carrière en main.

S'associant à Sam Peckinpah, tout aussi anticonformiste que lui, Steve tourne sous sa direction en 1972 le mélancolique *Junior Bonner, le dernier bagarreur*, suivi de l'ébouriffant *Guet-apens*, sur le tournage duquel il s'éprend de la cérébrale et craquante Ali MacGraw. Celle-ci abandonne son époux, le producteur Bob Evans, avec qui elle vient d'avoir un fils, pour tomber sous le charme et la coupe de Steve, subjuguée, dira-t-elle, par « la façon dont il respire le danger ». Leur union, passionnelle, voit McQueen se montrer de plus en plus directif. Y compris dans son métier. Du moins est-il toujours aussi professionnel, incarnant dans une forme d'identification totale le prisonnier en quête de liberté de *Papillon*, ou s'intégrant à une constellation de stars au milieu des flammes de *La Tour infernale*. L'occasion, pour cet homme rongé par une jalousie puérile, de rattraper Paul Newman en tête d'affiche. Est-ce parce qu'il a symboliquement atteint le but qu'il s'était donné ? Le tournage de ce film catastrophe achevé, Steve décide de se retirer. Plein aux as, vivant replié avec son épouse, il pourrait goûter à une forme de sérénité, mais il se retrouve rattrapé par ses démons. « Il voulait que je sois juste sa femme, confiera Ali MacGraw, ne tolérant aucune personne étrangère à la maison. Pour lui, je faisais le ménage, la lessive, les courses. » Une tyrannie à sens unique. Amateur de jolies blondes, McQueen commence à ramener ses maîtresses sous leur toit. Dépressive, MacGraw subit les coups de la star qui n'a abandonné ni les drogues, ni la boisson. Elle fuit, après quatre années d'enfer domestique, cette union toxique.

Barbu, ventru, un temps désemparé, Steve, épris d'Ali mais incapable de le lui prouver, finit par surmonter cette blessure d'amour-propre auprès de son ultime compagne, Barbara Minty, de vingt-trois ans sa cadette. À ses côtés, il se ressaisit, projette de refaire un ou deux films, maigrit, relève la tête. Mais il est trop tard. Lié par contrat à First Artists, qui ne lui donne pas les moyens de ses ambitions alors qu'il rêve de damer le pion à Clint Eastwood, nouveau rival imaginaire, Steve va devoir transiger. En jouant le dernier des cow-boys dans *Tom Horn*, western émouvant mais filmé sans génie. Puis en enfilant la défroque d'un coureur de primes prématurément usé, dans *Le Chasseur*. Son ami Coburn peut bien affirmer, en 1979, que « Steve va toujours plus mal que tout le monde, est toujours plus dur que tout le monde, est plus résistant que tout le monde », l'homme a en réalité changé, avant même de découvrir qu'il est atteint d'une forme rare de cancer de l'amiante, après avoir trop longtemps porté des combinaisons de motard faites de cette matière et qui l'ont contaminé. Inquiet d'une fin qu'il pressent, revenu au christianisme de ses origines, il tient à faire la paix avec ceux qu'il a blessés, téléphone à Yul Brynner, revoit la mère de ses enfants. Ses derniers partenaires se souviendront d'un homme plein d'humour et « doux », très éloigné de la star dure et capricieuse qu'il fut, de l'irrépressible chien fou. Alors qu'il s'apprête à subir une opération lui laissant peu d'espoir, l'acteur laisse échapper : « J'ai passé ma vie à essayer de prouver que j'étais un homme. » Sa mort, le 7 novembre 1980, dans un hôpital mexicain, une bible à la main, à l'âge limite qu'il s'était fixé, dit pourtant autre chose : Terence Stephen McQueen aura passé son existence à lutter contre son mal-être, pour finir par s'accepter et, enfin, aimer son prochain. Sa vie de combats, qui le consumait malgré les victoires et la gloire, fut un chemin de croix.

Filmographie sélective

Les Sept Mercenaires (John Sturges, 1960)
La Grande Évasion (John Sturges, 1962)
Une certaine rencontre (Robert Mulligan, 1964)
Le Kid de Cincinnati (Norman Jewison, 1965)
La Canonnière du Yang-Tsé (Robert Wise, 1966)
L'Affaire Thomas Crown (Norman Jewison, 1968)
Bullitt (Peter Yates, 1968)
Le Mans (Lee H. Katzin, 1970)
Guet-apens (Sam Peckinpah, 1972)
Papillon (Franklin J. Schaffner, 1973)
La Tour infernale (John Guillermin, 1974)
Tom Horn (William Wiard, 1978)

Faye Dunaway (1941)

Il y a un « cas » Faye Dunaway. Celui d'une grande et ambitieuse actrice qui ne sut pas prolonger sa carrière au-delà de deux décennies, fut rarement au premier plan, mais marqua les esprits. Celui d'une interprète du « Nouvel Hollywood », mais avec le comportement et les caprices d'une diva. Ange blond, sensible et carnassier, la surdouée des années 1960, devenue comédienne emblématique des années 1970, demeure une légende dont la flamboyance survit au déclin de sa filmographie.

L'auteur de ces lignes se souvient encore de sa rencontre, il y a un quart de siècle, avec le sujet du portrait. Avant même de lui parler, il eut un avant-goût de son caractère lorsque l'attaché de presse chargé d'organiser son planning se vit humilier, sous ses yeux, par la star, le malheureux ayant commis l'affront de taper deux fois, et non trois, à la porte derrière laquelle elle accordait ses interviews. Encore ne fallait-il pas se méprendre sur la distance devant vous séparer de la divinité cinématographique. « *Please, you sit on the chair !* », nous intima-t-elle, en visant un siège étriqué, alors que nous nous apprêtions à nous asseoir à l'autre extrémité du luxueux canapé qu'elle occupait. Coupe auburn, au carré, Faye Dunaway, venue à Paris pour sa participation au *Jeanne d'Arc* de Luc Besson, avait marqué son territoire de ses longues jambes croisées qu'elle dépliait, les pieds parfois déchaussés, dans un subtil mélange de séduction et de condescendance. Oubliant son accent traînant de jeune sudiste pour un débit accéléré qui ne laissait rien passer : « Vous me dites qu'il y a eu une demi-douzaine de *Jeanne d'Arc*, après celui de Dreyer. Pouvez-vous me rappeler lesquels ? » Révisant, avec pertinence, d'anciens jugements proférés dans ses Mémoires : « Ah oui, j'y affirmais la primauté du théâtre sur le cinéma ? En fait, je trouve les deux modes d'expression complémentaires. La magie du cinéma vient de sa capacité à capter un moment exceptionnel pour l'éternité, même si le théâtre reste la base solide de ce métier. Là où j'ai débuté. »

Ses vrais débuts ont eu lieu quelque temps plus tôt. Faye voit le jour par une nuit de janvier 1941, à Bascom, Floride, fruit d'un coup de foudre longuement mûri : « Ma mère, Grace, une beauté rousse, tomba amoureuse de mon père lors d'une fête de la cacahuète. Elle avait 15 ans, il en avait 17. Ce fut le début d'une cour assidue. Le dimanche, ils se rendaient à la messe en buggy, et le mercredi, ils se retrouvaient pour la prière du soir. » Quelques sermons et une union plus tard, Dorothy Faye Dunaway fait son entrée dans un monde qui n'a guère changé depuis les épopées confédérées, autant en emporte le vent d'une prospérité balayée par la crise de 1929. « Ma petite enfance fut une période de vaches maigres, racontera-t-elle. La ferme ne produisait pas assez pour nourrir une famille qui ne cessait de s'agrandir. Mais, en même temps, nous étions une maisonnée typique du Sud, chahuteuse et vivante… » Le rire, chez les Dunaway, se fige pourtant rapidement. John, le père, militaire de carrière, taquine le goulot et les filles à soldats un peu trop souvent au gré de Grace, qui reporte l'affection dont elle est sevrée sur sa petite fée. « Pour elle, se souviendra la comédienne, j'étais le Soleil, la Terre, la Lune, sans cesse portée aux nues sans avoir fait quoi que ce soit. Une situation très dérangeante. » Déracinée, suivant les mutations paternelles de l'Arkansas à l'Allemagne, la gamine se sent responsable de la séparation de ses parents lorsqu'elle a 10 ans. Culpabilisant, elle imagine se racheter en assumant les ambitions maternelles : « Je ne pensais qu'à une chose : être la meilleure, quoi qu'il arrive. Le rêve américain était ma ligne de conduite et j'ai grandi en y croyant dur comme fer. »

Les cours de danse, de claquettes, de piano et de chant qu'elle suit assidûment précèdent sa première expérience sur les planches de l'université de Floride, avec *Médée*. « De tous ceux qui sont passés ici, elle était sans doute la plus déterminée », se souviendra Leland Zimmermann, directeur de la troupe universitaire. Dunaway persévère au point d'envisager une carrière théâtrale. Une valise sous le bras, elle émigre dans le nord du pays, s'inscrit à l'École des beaux-arts de Boston, fait l'apprentissage de la solitude et du métier.

Choisie par le metteur en scène Llyod Richards dans son adaptation des *Sorcières de Salem*, Faye est recommandée au maître de la scène et du cinéma Elia Kazan, en quête de jeunes talents pour la Lincoln Center Repertory Company qui vient d'être créée. Décrochant en parallèle à ses cours un rôle en 1961 dans la pièce de Robert Bolt *Un homme pour l'éternité*, elle passe pour une surdouée mais ressent en privé un conflit latent, refoulant ses émotions et consultant des psys pour s'en libérer. Kazan le pressent, qui déclare à son sujet : « Il y a quelque chose chez Faye qui rappelle Jeanne Moreau. Elle est toujours en train de se précipiter quelque part, et il semble émaner d'elle une impression de drame permanent. » Sublimant ses névroses sur les planches, elle enchaîne compositions et succès, *on* et *off*-Broadway, qu'elle interprète une femme oppressée et dépressive dans *Hogan's Goats*, ou une copie carbone de Marilyn Monroe lors de la création, en 1964, d'*Après la chute*.

Son auteur, Arthur Miller, dira de Dunaway : « J'ai toujours pensé qu'elle avait une présence exceptionnelle. Mais nous ne savions pas, alors, qu'elle était ce qu'il y avait de plus important sur scène. » Encensée par la critique, elle peut envisager, parallèlement au théâtre, de tenter sa chance sur le grand écran. Après avoir été recalée au casting de *La Poursuite impitoyable*, d'Arthur Penn, Faye signe deux contrats consécutifs avec un producteur indépendant, puis un cinéaste-producteur, tous deux aussi connus pour leur flair que pour leur tempérament. Polar bas de gamme, *Les Détraqués* est malheureusement la pire production de Sam Spiegel. Quant à la réalisation de *Que vienne la nuit*, elle démarre sous de mauvais auspices lorsque Otto Preminger confie le rôle féminin le plus fort à Jane Fonda, Faye devant se contenter d'un personnage effacé. Se heurtant lors du tournage au cinéaste, tyrannique et fermé aux demandes des acteurs, Dunaway lui rachète son contrat de cinq films. Preminger tentera par la suite de la diriger à nouveau. En vain. Si Faye se cherche, elle sait ce dont elle ne veut pas et ce à quoi elle aspire : travailler auprès de réalisateurs avec lesquels elle peut construire ses rôles. N'est-ce pas précisément ce que lui offre Arthur Penn, qui ne l'a pas oubliée ? Le cinéaste l'engage, sur les conseils de son ami Kazan, pour être la hors-la-loi Bonnie Parker dans un film de gangsters.

Par son mélange de comédie, de réalisme et d'esthétisation sanglante, *Bonnie and Clyde* promet de dynamiter le genre.

« Warren Beatty s'est battu comme un lion. Il a rêvé et produit une œuvre dont personne ne voulait », reconnaîtra Faye. Il n'en reste pas moins que l'acteur-producteur refuse, de prime abord, que Dunaway incarne sa sulfureuse compagne. Beatty ne l'imagine pas en Bonnie. Bien qu'envisagées, Carol Lynley et Tuesday Weld ne sont cependant pas retenues par Penn, qui s'obstine à préférer Faye. Un pari risqué. Figure respectée du théâtre mais inconnue du grand public, la comédienne n'est alors nullement une promesse au box-office. Personne ne peut se douter que sa braqueuse sensuelle et tragique, à la violence résolument moderne, va lui valoir une célébrité instantanée. Il est vrai que l'actrice s'en donne les moyens. Elle suggère ainsi de pertinentes idées à son metteur en scène, dont celle qui voit Clyde, sexuellement impuissant, parvenir avant leur fin tragique à faire l'amour à Bonnie. Redoublant d'énergie pour avoir l'air aussi épuisée que son personnage et s'accomplissant dans l'identification, Faye admettra avoir trouvé pour la première fois une forme de plénitude au cinéma : « Je me sens très proche de Bonnie. Je n'ai bien sûr pas vécu les mêmes événements qu'elle, nos vies sont en apparence très différentes l'une de l'autre, mais je ressens les mêmes choses qu'elle. Elle se heurtait sans cesse à un mur et ne pouvait utiliser tout le potentiel qu'elle avait en elle. » Par-delà cet effet miroir, reste l'essence d'un art. Et les techniques employées par l'actrice pour enrichir et humaniser l'archétype d'une antihéroïne de film noir.

Auteur d'une étude consacrée à Dunaway, Pascal Mérigeau relève, partant de cette interprétation, que « son jeu est fait de modulations, assorties de nuances d'expression extrêmement subtiles qui donnent aux personnages qu'elle incarne une intensité toute particulière. À l'intérieur d'une même scène, voire à l'intérieur d'un plan, il lui est possible de changer complètement de registre, sans que l'unité d'expression en soit pour cela altérée. [...] Le jeu de Faye Dunaway peut être traversé de stridences sans que l'unité de composition en soit pour autant atteinte. Ces fulgurances prennent alors une force bien supérieure, et peuvent être utilisées par le metteur en scène pour laisser pointer, de temps à autre, une angoisse dont il est ainsi facile de comprendre qu'elle est de tous les instants ». Cet instinct d'actrice, couplé à un physique d'exception, pommettes saillantes et regard profond, vaut à Faye de faire en mars 1968 la couverture de *Life* et de *Newsweek*. Lequel la sacre

« révélation de l'année », première star à briller depuis Marilyn Monroe. « Elle respire tout à la fois la sophistication, l'élégance, la grâce, la passion, l'expérience », s'enflamme l'hebdomadaire. Le grand public n'est pas en reste, qui baptise Dunaway icône de la mode, depuis ses cheveux clairs lissés jusqu'au béret noir de Bonnie, devenu un accessoire porté par les femmes du monde entier.

« Je ne m'attendais pas à un tel engouement », admettra celle qui a pourtant tout fait pour se retrouver au sommet. Comment ne pas susciter de déception après un rôle aussi complexe et gratifiant ? Pour son film suivant, Faye s'immerge dans un polar stylisé qui, tout en renforçant son magnétisme et son sex-appeal, ne la fait guère progresser sur le plan dramatique. Si elle reconnaîtra avoir pris du plaisir à jouer la femme fatale de *L'Affaire Thomas Crown*, ses joutes intellectuelles et sensuelles avec Steve McQueen fixent avant tout l'image aseptisée d'un glamour glacé. En attendant que le photographe Jerry Schatzberg, avec qui elle partage son quotidien, trouve le financement pour son premier long-métrage destiné à la mettre puissamment en valeur, l'actrice s'envole pour l'Europe afin de tourner sous la direction de Vittorio De Sica. Insipide romance, *Le Temps des amants* a pour seul effet de précipiter Faye Dunaway dans les bras de son partenaire Marcello Mastroianni. Leur liaison, passionnelle, dure deux ans, pendant lesquels elle ne reste pas inactive. Mais ses choix interrogent. Pourquoi cette actrice de premier plan se met-elle à accepter des seconds rôles ? « À l'époque de *L'Arrangement*, écrira-t-elle, j'étais très pâle, j'avais les cheveux blond clair, comme si je voulais devenir transparente, échapper enfin à ma célébrité. » On se trompe toutefois lourdement si l'on imagine que Faye Dunaway verse dans la facilité en acceptant d'interpréter le personnage que lui a proposé Elia Kazan.

En maîtresse de l'homme d'affaires en *burn out* qu'incarne Kirk Douglas, Gwen/Faye, ennemie des conventions sociales, fait prendre conscience à son amant de son « arrangement » avec la vie. Elle est un révélateur. Sa compréhension intuitive de cette femme et de sa relation avec son compagnon ; la cérébralité qu'elle apporte à Gwen, au-delà de son apparente séduction, témoignent de l'intelligence profonde de Dunaway. Si l'actrice hérite d'Arthur Penn un emploi plus anecdotique dans *Little Big Man*, en épouse frustrée cherchant à déniaiser le personnage de Dustin Hoffman, elle n'en explore pas moins un nouvel espace de jeu, au sein d'un récit picaresque, mêlant farce et drame. En réalité, ces « manquements » au star-system, perçus par certains comme une rétrogradation de son statut, signent la liberté que s'octroie une comédienne décidée à progresser dans son art. Combien d'acteurs enfermés dans la représentation que s'en font les spectateurs se plaignent de ne plus pouvoir creuser de rôles de composition, s'estimant condamnés à jouer sans cesse le même personnage qu'impose leur vedettariat ? Apparemment moins sensible aux recettes du box-office qu'à l'ivresse de la métamorphose, l'actrice s'autorise une approche identique, qu'elle interprète un rôle secondaire ou pas. Ainsi apparaît-elle sans fard, perdue, mais au premier plan, en ex-mannequin vivant recluse au milieu de ses souvenirs et aux portes de la folie dans *Portrait d'une enfant déchue*. Ce film introspectif, au récit éclaté, n'est pas destiné à devenir un grand succès. L'actrice, qui n'en a cure, le sait, se remettant entièrement entre les mains de Jerry Schatzberg, son ancien compagnon, qui connaît mieux que quiconque ses angoisses professionnelles et ses insatisfactions sentimentales.

« Je ne désire pas une vie conventionnelle. Je n'ai pas envie d'un mari qui travaille tandis que je reste à la maison, confiera Faye dans son autobiographie. Je me rends compte que je suis incapable d'une telle abnégation. J'ai choisi un autre chemin, celui de la création, je veux être la meilleure sans me soucier d'être riche et célèbre. Mais ce n'est pas la voie la moins solitaire. » Ces propos n'ont rien d'original pour une artiste. Faye Dunaway passe, dans les années 1970, d'un mariage avec la rock star Peter Wolf à une union avec le photographe britannique Terry O'Neill. Plus révélatrice est la raison de sa séparation d'avec Mastroianni. Dunaway, rêvant de stabilité et de félicité conjugale, désirait à tout prix l'épouser et avoir un enfant de lui. Mais Marcello, éternel indécis, incapable de quitter officiellement son épouse pour une autre femme, avait, de guerre lasse, provoqué le départ de sa belle Américaine. Lui-même avouera ne s'en être jamais remis. Faye s'en est-elle mieux sortie ? Souhaitant s'endurcir, et proclamant une indépendance contrastant avec ses aspirations réelles, la star ne cesse en réalité de douter. L'évolution de son parcours professionnel en témoigne. Entre 1971 et 1974, Dunaway navigue, incertaine, *guest* de luxe dans de grosses productions qui, des *Trois Mousquetaires* à *La Tour infernale*, rehaussent davantage son train de vie que sa réputation.

Recalée au profit de Mia Farrow lors du casting de *Gatsby le Magnifique*, le bel espoir des années 1960, réputée querelleuse et dépressive, ressuscite finalement dans le Los Angeles Art déco et poisseux de *Chinatown*. Une fois encore, la production en préférait une autre – Jane Fonda. À nouveau, un auteur, Roman Polanski, sensible à « sa beauté étrange, un peu démodée », l'impose aux financiers. Il commence par s'en mordre les doigts. Sur le plateau, la star et son metteur en scène se conduisent en chiffonniers. Elle rechigne à se faire une teinture ; il répugne à lui donner les motivations de son personnage, veuve noire plus victime que coupable. Elle l'accuse de lui avoir arraché les cheveux et des hurlements, lors d'une simple retouche coiffure ayant viré au pugilat ; il la traite de « dingue » et d'« emmerdeuse ». Avant de faire la part des choses : « Je ne connais aucune actrice qui prenne autant au sérieux son travail. C'est une maniaque. » À ce rôle, en retrait de celui du détective privé joué par Jack Nicholson, la comédienne donne chair et tremblements. « J'ai tout de suite aimé Evelyn Mulwray, j'étais Evelyn Mulwray », écrira-t-elle. Sa composition, fascinante, modifie le regard que le producteur Bob Evans porte sur elle : « Faye Dunaway a tout, dira-t-il : le talent, la beauté et l'esprit. Elle sera là très longtemps encore pour le prouver et nous en convaincre définitivement. » La prophétie se réalise en 1976, après un autre emploi faussement secondaire et marquant dans le thriller *Les Trois Jours du Condor*, quand Sidney Lumet lui propose un personnage des plus complexes.

Ambitieuse, cynique, et cependant vulnérable, Diana Christensen est la directrice de programmes d'un petit écran warholien, qui, après avoir avalé le grand, mange ses enfants. Faye parvient, avec l'*executive woman* de *Network*, à poser la première pierre d'un *empowerment* féminin encore marginal dans ce Nouvel Hollywood théoriquement progressiste. Si revanche à prendre il y a, pour Dunaway, ce n'est pas sur les hommes. Lorsqu'elle décroche l'Academy Award de la meilleure actrice le 29 mars 1977, sa victoire marque avant tout un aboutissement personnel : « Jamais je n'oublierai ce moment, et cette sensation, lorsque j'ai entendu mon nom, confiera-t-elle. L'Oscar représentait l'absolue réussite, le rêve de toute une vie. J'avais réussi mon métier d'actrice, j'avais eu raison d'y croire. » La profession est à l'unisson. Joan Crawford n'avait-elle pas écrit, quelque temps plus tôt, dans son autobiographie : « De toutes les actrices modernes, elle seule a le talent et le courage d'être une vraie star » ? Pour l'en remercier, Faye incarnera son illustre devancière dans *Maman très chère*, vision filiale pas très charitable d'une Crawford plus monstre que sacré. Lorsqu'elle tourne ce film controversé, quatre ans à peine après le triomphe de *Network*, Dunaway a entamé son déclin. Comment expliquer qu'à l'apothéose d'un parcours patiemment tracé succède brutalement une décennie où de rares compositions spectaculaires servent des films d'une rare médiocrité ?

L'actrice s'est alors retirée à Londres et déclare : « Il s'agit d'affirmer ma liberté dans un métier où l'on aime vous avoir sous contrôle. » Simple prétexte ? Hors de l'emprise de studios devenus trop faibles pour domestiquer une actrice de sa trempe, Faye élève Liam, l'enfant prétendument né en 1980 de sa relation avec Terry O'Neill. Lequel contredira des années après la version présentée par son ex-épouse en révélant que leur fils a été adopté. N'apparaissant plus que dans des productions indignes de son talent, c'est une quasi-*has been* qui renaît au métier, en 1987, pocharde magnifique dans *Barfly*, de Barbet Schroeder. « Elle a l'air d'une déesse en détresse », dit du personnage qu'elle incarne son partenaire en perdition, Mickey Rourke. Saluée par la critique, Faye pense avoir gagné son ticket retour. Proclamant : « Nous avons beaucoup à apprendre des jeunes cinéastes. C'est bien d'être secoués ! », elle privilégie, d'*Arizona Dream* à *Don Juan DeMarco*, les projets originaux. Mais, à l'image de son visage de plus en plus figé par les effets d'une chirurgie délétère, quelque chose paraît s'être arrêté, voire brisé, après l'ère qui la vit parvenir au sommet.

« Vous savez, nous confiait-elle en guise de justification lors de notre entretien, je pense que *Bonnie and Clyde* ou *Chinatown* seraient aujourd'hui des films indépendants. C'est *La Guerre des étoiles* qui, en 1977, a marqué la fin d'une époque, d'un glamour qui existait depuis les années 1930 et où j'avais, à mes débuts, un pied. J'étais une nouvelle Ava Gardner et les studios aimaient encore construire des films dans la grande tradition romanesque de *Casablanca*. Puis est arrivé George Lucas, ses effets spéciaux, son merchandising, et les studios ont suivi parce que cela générait d'énormes bénéfices. Alors, bien sûr, lorsqu'il s'agit de choisir entre le délicat *Miss Daisy et son chauffeur* et *Terminator*, ils n'hésitent pas. » Quelque part entre les deux, Faye n'a pas hésité non plus à jouer les sorcières dans le désolant *Supergirl*, avant de se ressaisir sur les planches pour une *Master Class* où elle exalte l'esprit de Maria Callas. Sans doute faut-il la croire lorsqu'elle invoque la foi dans son art et ne pas s'étonner de la voir passer du crépusculaire *The Yards*, polar familial tendu de James Gray, aux apparitions télévisées dans les séries *Les Experts* et *Grey's Anatomy*. Partout, Dunaway insuffle la même énergie. Celle qui lui permet de se tenir toujours sur la brèche, insubmersible et bravache. Avec, la soixantaine venue, une ligne de quadragénaire. Et des choix paradoxaux qui lui font accepter des rôles de grand-mère. À ceux qui se désolent de la voir faire preuve de moins en moins de discernement, entre film d'horreur peu inspiré et drame chrétien lénifiant, l'égérie du Nouvel Hollywood pourrait opposer la demi-douzaine d'œuvres entrées dès leur sortie dans la légende et où elle imposa cet inégalable mélange de classicisme et de modernité.

Ce jour où nous croisions son chemin, Faye Dunaway nous fit part de son désir de jouer sous la direction de deux cinéastes français, Mathieu Kassovitz et Bertrand Tavernier. Les vœux sont-ils faits pour être exaucés ? La petite sudiste qui rêvait de Scarlett O'Hara, héroïne entre deux mondes, a rejoint son modèle. Si elle n'a pas toujours gagné, elle s'est battue et a parfois perdu pour avoir essayé. À sa manière. Ne cessant jamais d'être cette artiste et femme que John Huston, son partenaire de *Chinatown*, qualifia en un adjectif d'« extraordinaire ».

Filmographie sélective

Bonnie and Clyde (Arthur Penn, 1967)
L'Affaire Thomas Crown (Norman Jewison, 1968)
L'Arrangement (Elia Kazan, 1969)
Little Big Man (Arthur Penn, 1970)
Portrait d'une enfant déchue (Jerry Schatzberg, 1970)
Chinatown (Roman Polanski, 1974)
Les Trois Jours du Condor (Sydney Pollack, 1975)
Network : Main basse sur la télévision (Sidney Lumet, 1976)
Maman très chère (Frank Perry, 1981)
Barfly (Barbet Schroeder, 1987)
Arizona Dream (Emir Kusturica, 1993)
The Yards (James Gray, 2000)

Clint Eastwood (1930)

Longtemps, aux yeux du plus grand nombre, ce cinéaste héritier de John Ford ne fut qu'une star à l'image fruste. D'abord vedette télé, puis reconnu sur grand écran en Europe, il émergea véritablement aux États-Unis au début des années 1970. Populaire mais vilipendé, avant d'être respecté puis célébré, Eastwood a imposé son style laconique et minéral à travers une série de rôles l'inscrivant dans la lignée de héros typiquement américains. Mais cet enfant naturel de Gary Cooper et dévoyé de John Wayne a dépassé ses idoles.

Il s'assied et déplie son mètre quatre-vingt-treize. Reprend en main le scénario de ce foutu western italien. Hiver 1964. Clint Eastwood vient de se voir proposer le rôle d'un chasseur de primes baptisé « l'homme sans nom ». Ça tombe bien : à 33 ans, il ne s'en est pas encore fait un dans le cinéma américain. Mais Eastwood tergiverse. Tourner dans le désert espagnol, sous la direction d'un metteur en scène inconnu, à quoi bon ? De l'autre côté de l'Atlantique, Sergio Leone s'accroche à cet acteur de série B, qu'il a découvert dans la série *Rawhide* : « La nonchalance de Clint me fascinait. Il avait une façon lente de se déplacer, mettant une minute pour descendre d'une diligence. Je me suis dit : "Voilà mon homme !" » L'acteur finit par rappliquer, pour le plus grand plaisir de Leone : « J'avais hâte, dira le cinéaste, de filmer son visage. » Il commence pourtant par le cadrer de dos, en plan large, au début de *Pour une poignée de dollars*. Un film qui suit, subjugué, le cheminement d'un étranger se jouant de la rivalité entre deux clans. Un rôle qui fait d'Eastwood une star. Du moins, en Europe. « Le succès inattendu de ce premier Leone et des deux autres m'ont propulsé sur une nouvelle voie, confessera Clint. Soudain, j'ai eu plus de choix dans les rôles qui m'étaient offerts. » Doux euphémisme pour évoquer ses galères. Pourtant, et contrairement à ce qu'il laissera croire, dans son désir de bâtir sa légende de *self-made man*, Eastwood va bénéficier tout au long de sa vie de conditions matérielles favorables et de soutiens notables.

Né en 1930 à San Francisco, au sein d'une famille de la classe moyenne à peine marquée par la Grande Dépression, Clinton Jr ne manque de rien. S'il déménage beaucoup ses dix premières années, c'est pour suivre les emplois itinérants d'un père bienveillant qui finit par trouver, en 1940, un emploi fixe d'assureur. « C'était pas *Les Raisins de la colère*, mais c'était pas le luxe non plus », affirmera-t-il, une fois devenu célèbre. Tout est relatif. Les Eastwood vivent en effet dans une maison de deux étages avec jardin à Piedmont, près d'Oakland. Plus tard, voulant coller à son personnage, l'acteur se plaira à se décrire solitaire, alors que dès l'enfance et pendant son adolescence il fait partie intégrante de bandes de garçons dont il n'est simplement pas le meneur. Par timidité et manque de confiance ? « Au lieu de parler quand il vous voyait, se rappellera son copain Ross Hughes, il levait et baissait son menton dans votre direction ; ou il coinçait son pouce dans la ceinture de son pantalon et pointait son index vers vous. » Sa grande taille, son sourire et ses yeux verts font le reste. Et si cela ne suffit pas à attirer les filles qui deviennent très vite son principal centre d'intérêt, Clint a quelque chose de plus. Grâce à sa mère, qui lui a transmis sa passion du jazz, le jeune homme comprend le pouvoir d'attraction qu'un musicien exerce sur les femmes. Quelques riffs de piano, et le beau gosse se retrouve bien entouré. Reste pour lui à communiquer. Mais, en la matière, rien n'est gagné. Son premier contact avec la scène a lieu en classe de quatrième, au collège de Piedmont. Appelé à jouer dans une pièce en un acte, Clint bredouille et se décoince progressivement, au point de faire rire ses camarades. L'épreuve n'en est pas moins un cauchemar, et l'ado jure qu'on ne l'y reprendra plus. Du reste, Eastwood ne ressent aucune attirance pour le théâtre et ne va au cinéma que pour y voir les succès du moment. Il n'envisage pas un instant d'y faire carrière.

Cossard, athlétique sans être sportif, il ne semble avoir d'autre vocation que celle de séduire et de trousser les jeunes filles de son âge. Après plusieurs petits boulots, Clint, appelé du contingent, est recruté comme maître-nageur à Fort Ord, un centre préparant les militaires en transit pour la guerre en Corée. Sa spécialité et un peu de chance lui permettent d'y échapper. L'expérience de l'armée forme ce paresseux à une discipline et à un rapport au commandement jusqu'alors ignoré. Elle l'habitue également à échanger de manière méthodique avec ses pairs. Si certains récits prétendent qu'il fut repéré à Fort Ord par une équipe d'Universal et le réalisateur Arthur Lubin venu y tourner un film, l'anecdote paraît trop belle pour être vraie. En réalité, il est probable que Clint ait d'abord rencontré une étudiante, Margaret Johnson, puis se soit fiancé avec elle avant de rallier en couple Los Angeles où, entre deux jobs et jouant de son physique, il tente d'allumer des chercheurs de talents. Le mystère demeure sur l'identité de la personne qui l'introduit à Universal. Mais, qu'il s'agisse ou non d'une jolie blonde y ayant ses entrées, Eastwood devient rapidement le protégé de Lubin. Du cinéaste, séduit, qui dira de lui : « Il était tellement grand, mince et beau », Clint ne se souviendra guère, la gloire venue, mais, en attendant, il suit ses conseils, fait de la figuration dans ses films et intègre au printemps 1954 la *Talent School* du studio.

Hypnotique dans les couloirs de l'école, Clint devient transparent dès qu'il se produit devant ses camarades, mal à l'aise avec son texte, ne sachant comment se servir de son corps. Si les secrétaires d'Universal trouvent frappante sa ressemblance avec Gary Cooper, au point de le surnommer « Coop' », les autres apprentis acteurs se montrent moins flatteurs. « Il faisait un peu péquenaud, se souviendra ainsi John Saxon. Mince, brut de décoffrage, avec sa pomme d'Adam saillante, Clint était laconique et prudent lorsqu'il ouvrait la bouche. »

Eastwood va laisser filer cinq années, malgré une obstination certaine, sans faire de touches. Sinon celles que lui offrent sur le plan privé sa séduction et la liberté que lui laisse, malgré elle, Maggie. Mais niveau cinéma, hormis pour de petites prestations chez Jack Arnold ou William Wellman, c'est le calme plat. Eastwood ne se laisse toutefois jamais aller. Adepte de régimes bio avant l'heure, détestant fumer, fréquentant quotidiennement la salle de gym d'Universal, il fait de son physique un allié. Connaissant ses limites en tant qu'acteur, il cherche à faire de ses défauts des qualités. Éprouve-t-il des difficultés à délivrer son texte ? Il le marmonne, mais avec intensité, faisant passer dans des expressions faciales, émotionnelles, ce que sa voix refuse d'exprimer avec facilité. Adepte de la communication non verbale, sinon en petits cercles avec ses amis, Eastwood est sur le point d'abandonner ce qui était devenu à force de volonté une vocation, lorsque le destin se met soudainement à lui sourire.

Engagé en 1959 pour jouer l'un des rôles principaux d'une série télé produite par CBS, Clint contribue à propulser *Rawhide* en tête des programmes les plus vus dans le pays, puis à l'étranger. En quelques mois, Eastwood devient une vedette, son cow-boy fougueux lui apportant à 30 ans la reconnaissance tant attendue. Lui, si détaché en apparence, se montre des plus coopératifs avec les journalistes. « Je vais leur faire mon Gary Cooper », lance-t-il à ses copains, avant d'en rencontrer un. Photographié à la plage, faisant des pompes torse nu ou posant avec son épouse, l'acteur entre dans les foyers américains. Ses « clintismes » également, entre attitude *cool*, colère rentrée et sourire mordant. Déjà connu à Hollywood, Eastwood continue, bien que marié, à y mener une vie de patachon, multipliant les conquêtes. « On aurait dit qu'il vous buvait du regard, dira l'une de ses maîtresses, Kitty Jones. D'ailleurs, on l'appelait "le Regard". Je comprends qu'il soit devenu réalisateur : avec ses yeux, il vous dirigeait littéralement. On se sentait ensorcelée. Mais on finissait par se rendre compte que Clint regardait toutes les femmes de cette façon. »

S'il collectionne, selon son expression, les « petites poupées », Eastwood acteur de cinéma ne reçoit toujours aucun projet, là où son contemporain Steve McQueen a su rebondir dans la foulée de la série télévisée l'ayant révélé. Aussi, la proposition de Leone, qui avait envisagé avant lui James Coburn et Charles Bronson, tombe au bon moment. « L'homme sans nom » lui correspond. Pour autant, l'acteur n'entend pas s'abaisser et s'il ne parle pas plus l'italien que Leone ne s'exprime en anglais, il lui fait part de ses réserves, parvenant à accentuer un peu plus le minimalisme de son personnage. Pour la première fois, Eastwood compose l'un de ces types amoraux, détachés et ambigus qui feront sa gloire. Un être qui lui ressemble singulièrement, comme l'exprimera le scénariste Luciano Vincenzoni : « Clint, analysera-t-il, était quelqu'un de très réservé et de très intelligent. Mais c'était aussi quelqu'un de froid. Je sais bien que tout le monde raconte que c'est un type très chaleureux, mais il était toujours très froid. Sergio lui a appris à paraître ainsi, mais c'était facile pour lui. Il comprenait tout de suite. Clint est vraiment le type mystérieux au cigarillo. Dans la vraie vie. » Déjà riche grâce à la télévision, Eastwood amasse encore plus d'argent avec la trilogie des dollars. Après *Le Bon, la Brute et le Truand*, en 1966, il s'affranchit de Leone et réalise un premier film : *Pendez-les haut et court*.

L'homme, qui n'a cessé d'observer et d'écouter les autres, passe à l'action, tourne vite, à l'économie, et emporte l'adhésion. « Dès cette époque, affirmera Vincenzoni, j'avais compris qu'il deviendrait une star. Il était peu loquace mais, quand il disait spontanément quelque chose, il était précis. » Stratège, aussi. De 1968 à 1972, Clint joue et réalise intelligemment. Alternant films de guerre, thrillers et westerns, dont *Les Proies*, incompris car, selon lui, il y incarne un *loser*, « alors que mon public, déclare-t-il, aime s'identifier à un *winner*. Or mes personnages sont sensibles et ont leurs faiblesses, mais ce sont toujours des *winners* ». Il récidive avec *Un frisson dans la nuit*, qu'il met lui-même efficacement en scène. À la fois tendre et violent, machiste et masochiste, l'homme que personnifie Eastwood parvient à maturité avec *L'Inspecteur Harry*, réalisé par Don Siegel. Ce dernier, tout en le guidant dans son éducation de cinéaste, dessine en cinq films son personnage d'antihéros fordien. Au prix de bien des malentendus. Absurdement qualifié de « fasciste » par une partie de la critique, *Harry* vaut à Clint, entre Vietnam et Watergate, d'être assimilé à Charles Bronson, autre justicier sommaire de l'écran. Il faut dire qu'Eastwood, par ses déclarations je-m'en-foutistes, y prête le flanc : « On commence par me coller une étiquette de mec de droite. Ensuite, on me dit que je suis raciste. Et maintenant, on parle de chauvinisme viril. C'est devenu à la mode, aujourd'hui, de faire culpabiliser les gens pour dire tout et n'importe quoi. Mais ça ne m'affecte pas, parce que je sais qui je suis et, putain, j'en ai absolument rien à foutre. »

Dans les années qui suivent, devenu n° 1 au box-office, Clint peut bien promouvoir le métissage culturel dans *Josey Wales hors-la-loi*, puis tisser la balade country et marginale de *Honkytonk Man*, rien n'y fait. Est-ce parce que, dans le même temps, cet éternel ambivalent laisse s'exprimer sa fibre réactionnaire, fût-elle ironique, du médiocre *Firefox, l'arme absolue* au jouissif *Maître de guerre* ? « On vit dans une société violente, déclare-t-il au *Los Angeles Times*, en 1976. Si on voulait censurer la violence, il faudrait censurer la Bible et Shakespeare. Personne n'a envie d'aller au cinéma pour voir un policier faire son travail de tous les jours, un type qui fait ses démarches quotidiennes. Ce sont les moments clés que les gens ont envie de voir. » Il faut attendre 1985 et le sombre *Pale Rider* présenté au festival de Cannes pour que l'artiste, soutenu par le Français Pierre Rissient, assiste aux retrouvailles du public et de la presse, celle-ci prisant enfin ses qualités de metteur en scène. Vincent Canby, critique du *New York Times*, donne le *la* en reconnaissant que ce western lui a fait « réviser son jugement sur l'œuvre d'Eastwood ». Avant d'ajouter : « Je commence tout juste à réaliser que si M. Eastwood s'est peut-être amélioré au fil des années, la plupart d'entre nous ont également eu besoin de beaucoup de temps pour reconnaître la constance de la grâce et de l'ingéniosité dont il sait faire preuve en tant que cinéaste. » Dans un exercice d'hypocrisies partagées et de torts pardonnés, Clint, le « macho insensible », se rend aussi à Canossa pour déclarer : « La vérité, c'est que les hommes forts sont des hommes sensibles, et qu'ils n'ont pas peur de le montrer. Ce sont les gens qui n'ont pas confiance en leur virilité qui cherchent à dissimuler leurs sentiments, qui cherchent à faire les coqs et à fanfaronner. » Et l'homme, autrefois décrié, de dévoiler au plus grand nombre sa complexité. Celle d'un républicain élu maire de Carmel, en Californie, qui vote Nixon, Reagan et Bush, mais ne croit pas en Dieu et se dit favorable au mariage gay. Celle d'un homme à la fois hédoniste et cynique, préférant l'amour à la guerre, bien qu'il ait légitimé plus d'une fois l'utilisation des armes à feu. Un être capable de faire perler la plus grande des sensibilités dans ses films, réservant de merveilleux rôles féminins à Meryl Streep, Hillary Swank et Angelina Jolie, dans *Sur la route de Madison*, *Million Dollar Baby* et *L'Échange*, tout en rompant sans remords avec ses amitiés, ses amours et ses conquêtes, au point de virer sournoisement Philip Kaufman de la réalisation de *Josey Wales* et de congédier avec fracas sa compagne de dix ans, Sondra Locke. Quel est donc ce timide, passé maître dans l'art de la manipulation ; cet homme resté longtemps le mari d'une seule épouse, mais qui reconnaît huit enfants de six femmes ; ce partisan de messages simples mais dont les films, en apparence limpides, gagnent avec les années en complexité ? Par-delà les mystères d'un être et d'un créateur, reste la vérité d'un interprète dont l'absence d'expressivité est un leurre, son visage minéral, sillonné de rides, pouvant traduire la plus vive émotion.

Ainsi faut-il voir sa composition de *Sur la route de Madison* à l'aune de son admiration pour Jean Gabin, « un comédien qui, selon lui, ne semble pas jouer, alors que tout passe dans son attitude et son regard ». Ce jeu, appliqué à Eastwood, induit une relation directe et d'une rare intensité entre l'acteur et le spectateur. Avec une conséquence inattendue pour le personnage qu'il incarne à l'écran. Le plus souvent, celui-ci est un solitaire, veuf ou divorcé, dont les enfants, lorsqu'il en a, se sont éloignés et dont la paternité est généralement symbolique, prenant le visage du coach ou du mentor, individualiste avant d'œuvrer pour la collectivité. En ce sens, il est l'héritier de John Wayne pour qui John Ford fut un maître à filmer. La façon dont Clint entremêle ses activités d'interprète et de cinéaste, l'une n'accompagnant l'autre qu'en cas de nécessité, est en tout point remarquable, atteignant une forme d'équilibre rare. Depuis *Impitoyable*, western à la fois classique et crépusculaire, qui le voit rafler les principaux Oscars, jusqu'à *Gran Torino*, déchirant testament d'un acteur qui détourne les clichés réactionnaires s'attachant à son personnage, l'œuvre d'Eastwood suscite tous les égards. Et le respect des jeunes acteurs, fiers d'intégrer son univers. « J'aime sa manière de travailler, efficace mais décontractée », reconnaît l'interprète d'*American Sniper*, Bradley Cooper. « Clint, ajoute-t-il, est peu loquace, refuse de se prendre au sérieux et possède un sacré sens de l'humour. »

Une philosophie de vie renforcée par sa pratique de la méditation transcendantale, justifiant son refus de tourner la page ? « Mon enthousiasme pour le cinéma est intact », expliquait à près de 90 ans ce cinéaste qui a toujours eu un film en préparation. « Le secret, précisait-il, réside dans le fait de continuer à être curieux de tout. Et de ne jamais penser à son âge. » Celui-ci finit toutefois par s'imposer. Il y a quelque chose de profondément émouvant, mais sans pathos, à voir le corps d'Eastwood se voûter imperceptiblement, son visage se parcheminer, ses yeux devenir moins perçants et ses gestes s'économiser plus encore, de *La Mule* à *Cry Macho*. Comme un cow-boy se refusant aux adieux et s'éloignant au soleil couchant. Jusqu'à disparaître sur la ligne d'horizon, silhouette encore droite malgré le poids des ans.

Filmographie sélective

Pour une poignée de dollars (Sergio Leone, 1964)
Le Bon, la Brute et le Truand (Sergio Leone, 1966)
Les Proies (Don Siegel, 1971)
Un frisson dans la nuit (Clint Eastwood, 1971)
L'Inspecteur Harry (Don Siegel, 1971)
L'Homme des hautes plaines (Clint Eastwood, 1973)
Le Canardeur (Michael Cimino, 1974)
Josey Wales hors-la-loi (Clint Eastwood, 1976)
Honkytonk Man (Clint Eastwood, 1982)
Pale Rider, le cavalier solitaire (Clint Eastwood, 1985)
Chasseur blanc, cœur noir (Clint Eastwood, 1990)
Impitoyable (Clint Eastwood, 1992)
Sur la route de Madison (Clint Eastwood, 1995)
Million Dollar Baby (Clint Eastwood, 2004)
Gran Torino (Clint Eastwood, 2009)

Jane Fonda (1937)

Si l'art de se réinventer en restant constamment sous les feux de l'actualité est le propre d'une star, Jane Fonda n'a pas eu d'égale durant plus d'un demi-siècle. Fille d'une légende hollywoodienne, muse sexy, activiste politique, actrice oscarisée, grande prêtresse de l'aérobic, épouse dévouée devenue égérie féministe, apôtre du bien vieillir : « Lady Jane », comme on l'appelait enfant, a eu sept vies. Il existe cependant un fil conducteur, chez cette femme fascinante, entre résilience et résistance.

C'est l'un de ses derniers actes de bravoure : avoir révélé, à l'été 2022, qu'elle souffrait d'un cancer. Non pour susciter l'apitoiement ; cela ne lui ressemble guère. Mais afin de souligner le contraste existant entre son statut d'actrice privilégiée, ayant accès aux meilleurs traitements, et ceux qui, trop nombreux aux États-Unis, doivent se contenter d'un système de santé au rabais. Depuis que Jane Fonda a découvert le pouvoir de la parole, elle estime ne plus devoir se taire. De combien de silences, reniements recouverts de pudeur, l'existence est-elle parsemée ? Il fut un temps où seuls comptaient le regard et l'opinion de son père. « Il fut mon unique influence majeure, reconnaîtra-t-elle. Pour lui, je suis devenue un vrai garçon manqué, prétendant me moquer des coups et des bleus que je recevais. Il fallait que je sois courageuse et dure afin qu'il soit en mesure de m'aimer. » Elle n'eut pas assez d'une vie pour y parvenir. Et effacer les blessures du passé.

Lorsque Jane naît à New York, deux ans avant son frère Peter, le 21 décembre 1937, Henry Fonda vient d'accéder au vedettariat. Séducteur discret mais compulsif, brièvement marié à l'actrice Margaret Sullavan, il s'est rangé en épousant Frances Seymour.

Veuve d'un banquier qui l'a laissée riche et mère d'une première fille adoptée par Fonda, mondaine, cyclothymique et davantage préoccupée par ses relations sociales que par sa progéniture, Frances regarde grandir de loin ses enfants dans le cadre somptueux de leur propriété hollywoodienne de Tingertail. L'après-guerre voit sombrer cet éden de pacotille.

À l'image de son ami pilote Jimmy Stewart, Henry Fonda n'est pas revenu indemne de son engagement dans la Navy, puis de ses combats dans le Pacifique. Concevant différemment son métier, il semble ne plus éprouver que mépris pour le cinéma. Splendide héros idéaliste de John Ford, pour lequel il a incarné Abraham Lincoln dans *Vers sa destinée* et le Tom Joad des *Raisins de la colère*, « Hank » accepte de tourner *La Poursuite infernale* et *Le Massacre de Fort Apache* par estime pour le maître du western, avant de déménager avec les siens à New York afin de jouer *Mr Roberts* à Broadway. L'un des plus grands acteurs de sa génération, dont le regard azur oscille entre candeur et résolution, entend se consacrer uniquement au théâtre. Mais la rupture n'est pas seulement professionnelle. Fonda ne revient que rarement chez lui et délaisse son épouse. Bientôt, leur divorce est prononcé. Observant, impuissante, la dépression d'une mère dont elle ne s'est jamais sentie proche et qui passe désormais son temps à taxidermiser des papillons, Jane se heurte aussi au mutisme d'un père adoré, incarnation de la compassion à l'écran mais inapte, sur le plan privé, à communiquer ses émotions. Aux yeux de Henry Fonda, la sensibilité, l'écoute et les confidences sont des marques de faiblesse. « Pour nous protéger, confiera Jane, nous cachions tout, Peter et moi ; nos chagrins et nos peines comme nos joies. » Le 14 avril 1950, la jeune fille apprend la mort de Frances, internée dans un établissement spécialisé. Lorsque son père lui dit qu'elle a été victime d'une crise cardiaque, l'adolescente ne verse pas une larme.

Une semaine plus tôt, elle s'était refusée à la voir, restant enfermée dans sa chambre, alors que la malheureuse avait réclamé sa présence. Bien qu'elle joue les fortes têtes devant l'émotif Peter, Jane ne se pardonne pas cette porte fermée. Sa culpabilité redouble quand elle découvre un an plus tard, en feuilletant un magazine, ce que tout le monde sait : sa mère a mis fin à ses jours en s'ouvrant la gorge avec un rasoir. « Avant ce moment, racontera-t-elle, j'étais une enfant joyeuse et brave. Soudain, je suis devenue étrangère à moi-même, comme si je n'étais plus rien. » Si elle s'entend bien avec Susan Blanchard, qu'épouse bientôt Henry Fonda, Jane assiste par la suite, désabusée, au défilé des compagnes successives de son père. En réalité, la jeune femme a repris à son compte les névroses parentales. Obsédée par son look, entamant un cycle boulimie-anorexie qui va durer des décennies, elle se fait remarquer à l'université de Vassar pour son aptitude à faire le mur et à se rendre au dortoir des garçons de la faculté voisine de Yale. Affranchie sexuellement, s'évadant en 1957 pour un séjour de quelques mois à Paris, Jane ne sait toutefois pas comment occuper sa vie. Parce qu'elle désire, avant tout, nouer un vrai lien avec Henry, elle sent qu'elle n'y parviendra qu'en exerçant le même métier. Mais comment exister face à un tel géant ? En 1955, père et fille s'étaient retrouvés pour la première fois sur scène lors d'une représentation de la pièce de Clifford Odets, *The Country Girl*.

Dans son rôle de *teenager*, elle avait arraché à Fonda ce constat admiratif : « Elle est naturellement douée et a de la présence. Ça ne se discute pas. » Alors que Henry vient de faire une rentrée fracassante au cinéma en juré de *Douze hommes en colère*, sa fille choisit la voie royale pour les gens de sa génération. Par l'entremise de Susan Strasberg, Jane passe une audition à New York devant le père de son amie, gourou d'un Actors Studio que prise fort peu Henry Fonda. Lee Strasberg trouve à la novice « un vrai talent », et l'accepte dans son cours. « Personne ne m'avait jamais dit que j'étais bonne à quoi que ce soit, écrira Jane dans ses Mémoires. Et pour une fois, ça n'était pas mon père ou quelqu'un qui dépendait de lui. » Elle s'engage pleinement, comme à chaque moment important de son existence. D'autant que la Méthode ne lui offre pas seulement une perspective professionnelle. « Les cours de Strasberg, dira-t-elle, m'ont permis de retrouver une vérité, une authenticité perdue depuis l'enfance. Lee m'a encouragée à plonger dans les profondeurs de ma personnalité et à en remonter neuve, vulnérable, comme après une seconde naissance. » Superbement faite, mais aveugle à ce constat, d'une beauté fraîche, très américaine, avec un visage ne laissant pas de doute sur sa filiation, Jane pose comme mannequin pour payer l'enseignement de l'Actors Studio. Elle doit cependant composer avec les canons en vigueur, usant d'amphétamines et de diurétiques afin de maigrir et d'afficher, pour sa taille d'1,72 mètre, un poids de 50 kilos.

Prise en main par son parrain, le metteur en scène Joshua Logan, qui lui fait signer un contrat, et coachée en coulisses par son compagnon, l'acteur et homme de théâtre Andreas Voutsinas, la jeune femme débute à Broadway mais se montre déçue et incertaine de ses dons à la suite de son premier film avec Anthony Perkins, en 1959. Un flottement contrebalancé par sa volonté de fer. « Jane, notera son ami le comédien Marty Fried, a rapidement eu une approche très organisée et business de sa carrière. » Elle n'est toutefois pas dénuée d'ambition artistique et n'est pas prête à toutes les compromissions. Se sentant plus proche de la Jean Seberg frondeuse d'*À bout de souffle* que d'une Marilyn Monroe qui se rend régulièrement à l'Actors Studio dans une triste quête de reconnaissance, Jane Fonda se rebelle contre Logan, qui a revendu son contrat à la Warner. Elle n'apprécie pas, notamment, que son protecteur comme la major lui conseillent de porter de faux seins et de se refaire une mâchoire jugée trop « carrée » pour le public américain. « J'étais un produit du marché », admettra-t-elle, avant de confier, dans le documentaire *Sois belle et tais-toi*, de Delphine Seyrig : « Je n'ai refait ni la mâchoire ni le nez, mais j'ai porté des faux seins, des cheveux blonds et des faux cils pendant dix ans. » Des planches aux caméras, la comédienne se cherche, à l'image d'un cinéma nageant en eaux troubles, entre un classicisme en bout de course et le Nouvel Hollywood. Jane joue les rebelles raisonnables ou les bourgeoises bien mises sous la direction de vétérans tels qu'Edward Dmytryk et George Cukor, mais cela ne la satisfait guère. Au fond, elle ne se ressemble pas encore.

Pour contredire l'image qu'elle projette, celle qui demeure aux yeux du plus grand nombre la fille de Henry Fonda s'autorise à faire des photos de charme et à tenir des propos dénonçant les liens sacrés du mariage. À l'automne 1963, elle met en conformité sa pensée et ses actes en se rendant pour la deuxième fois en France, pays moins puritain que le sien. À la fois novateur et classique, René Clément l'attend sur la Côte d'Azur pour la faire tourner auprès d'Alain Delon dans *Les Félins*. Son rôle de fausse ingénue dans un thriller esthétisant et vénéneux lui va comme un gant. Hors écran, Jane séduit, de Pierre Kast à François Chalais, les journalistes français venus interviewer cette Américaine naturellement sexy et parlant leur langue de manière si piquante. Éclatante, mais aussi anguleuse et nimbée de perversité, elle attire le regard d'un expert en chrysalides. Roger Vadim la fait jouer nue dans sa version moderne de *La Ronde*, de Schnitzler. À l'issue du tournage, Jane ne peut résister au charme slave de ce pygmalion-né qui, après avoir révélé Brigitte Bardot et Catherine Deneuve, entend modeler celle qui a eu le bon goût de se présenter à lui déjà blonde mais pas entièrement émancipée. Pour Vadim, la jeune Américaine s'installe en France, entre Paris et la ferme qu'elle leur achète en Eure-et-Loir, mais c'est à Las Vegas qu'ils se marient en 1965, Jane désirant être en règle avec les principes de son père.

Elle l'est aussi avec ceux, moins classiques, de son époux. Adepte de pratiques peu conventionnelles, Vadim entraîne en effet sa femme dans une sexualité débridée, n'excluant ni le triolisme, ni les parties carrées. « Je n'ai jamais osé lui dire que j'aurais voulu qu'il soit monogame, confiera-t-elle dans son autobiographie ; j'avais peur de paraître bourgeoise. » Jane ne s'aime toujours pas physiquement et ne se fait pas suffisamment confiance professionnellement pour imposer ses choix. Elle préfère se reposer sur Vadim, qui la pousse à retourner aux États-Unis afin de jouer dans le western parodique *Cat Ballou*. « Ton personnage est une femme courageuse, dynamique mais tendre, moderne et drôle, lui lance-t-il. Tout à fait pour toi, à ce stade de ta carrière. » Son intuition se révèle juste : gros succès au box-office, le film permet enfin à la fille de « Hank » de se faire un prénom. Reconnue en Europe, Jane commence à être sollicitée pour d'ambitieux projets en Amérique. Échec commercial, *La Poursuite impitoyable* d'Arthur Penn lui offre cependant de tourner auprès de Marlon Brando et de Robert Redford. Puis elle forme avec ce dernier le couple séduisant de *Pieds nus dans le parc*, comédie conjugale douce-amère particulièrement populaire. « Jane, observe son partenaire Charles Boyer, a soif d'apprendre et de jouer son rôle aussi bien que possible. C'est une fille sympathique même si elle ne rit pas souvent et maintient une distance entre elle et les étrangers. Mais elle a de la compassion. » Et de l'abnégation.

Refusant les rôles féminins principaux de *Bonnie and Clyde* et de *Rosemary's Baby* pour incarner la *Barbarella* de Vadim, Jane Fonda devient, à travers cette science-fiction sexuelle, pop et kitsch, le fantasme de millions d'hommes. Assumant sa rupture avec la morale corsetée de son père, elle n'a pourtant pas le sentiment de progresser. Le déclic intervient en 1968, alors qu'elle est enceinte de sa fille, Vanessa. Ayant sympathisé en France avec Simone Signoret, qui l'éduque politiquement et lui transmet son sens de l'engagement, elle manifeste après l'offensive du Têt contre l'intervention militaire de son pays au Vietnam. Comme s'il était écrit que tout se dénouerait en même temps, Jane reçoit dans la foulée la proposition de jouer l'héroïne tragique d'*On achève bien les chevaux*. Elle y est une marathonienne de la danse, dans une Amérique en proie à la Grande Dépression des années 1930. « C'était la première fois que je jouais dans un film traitant d'une importante question sociale, dira-t-elle, et mon activité professionnelle, qui m'avait toujours semblé comme en périphérie de ma vie, prenait maintenant un sens. » D'autant que le réalisateur Sydney Pollack l'associe étroitement à la définition de son personnage. Enfin considérée comme sujet à part entière par un interlocuteur et créateur qui n'est ni son professeur, ni son mari, ni son père, l'actrice s'investit corps et âme.

Spectateur de cette mutation et de la versatilité d'une épouse dont il sent qu'elle se détache de lui, Vadim remarque : « Le mystère de Jane, qui peut être douce, sensuelle et rieuse, réside dans ses humeurs changeantes : elle est agressive et vulnérable, intolérante et désireuse de comprendre les autres, ouverte et réservée, charmante et cassante – parfois en même temps. » Ce don d'ubiquité, doublé d'hyperactivité, trouve son accomplissement dans les mois qui suivent.

Larguant seule, à l'automne 1969, les amarres à destination de l'Inde, elle y découvre, choquée, la fausse coexistence entre des hippies occidentaux en rupture de civilisation mais pouvant revenir chez eux du jour au lendemain, et la misère d'un milliard d'hommes et de femmes prisonniers de leur condition. Elle en tire une leçon : « Si je veux faire quelque chose, c'est en Amérique que je dois être. » À Los Angeles, en mars 1970, Jane laisse Vanessa à Vadim et part dans un break avec la militante antifasciste Elisa Vailland, à la rencontre des laissés-pour-compte du rêve américain. Avalant des milliers de kilomètres, elle fraternise avec des étudiants pacifistes, des Noirs, des Amérindiens. « Quand j'ai quitté la côte Ouest, j'étais libérale. Je suis arrivée à New York révolutionnaire », assurera-t-elle. Le 3 novembre de la même année, elle subit sa première arrestation, à Cleveland, pour avoir déclaré depuis le Canada son hostilité à la guerre au Vietnam. Sa photo d'identité judiciaire, poing levé, fait de Jane une icône contestataire, mais son militantisme récent et parfois brouillon suscite les sarcasmes des journalistes, ainsi que les crispations d'un père pourtant réputé progressiste.

« J'aurais aimé pouvoir lui parler de ce que j'étais en train de découvrir et des questions que je me posais, confiera-t-elle, mais les rares fois où je l'ai fait, il a explosé, se raccrochant à des généralités pour m'expliquer que tout cela ne me regardait pas. » Surveillée de près par le FBI, qui aimerait l'inculper pour sédition, séparée de Roger Vadim, Jane accepte, dans ce climat volcanique, d'incarner la call-girl aux rêves d'actrice de *Klute*. Donnant sa tension à ce thriller contemplatif, changeant son apparence ; cheveux courts et regard traqué, elle entame une liaison avec son partenaire, Donald Sutherland, et passe son peu de temps libre au téléphone ou dans des meetings afin de récolter des fonds pour les Black Panthers. « Je ne sais comment elle faisait tout cela, racontera son metteur en scène, Alan J. Pakula. Mais Jane avait une extraordinaire capacité de concentration. Lorsqu'elle tournait une scène, elle y était à 100 %... Avant de passer à autre chose. » La manière dont elle incarne son personnage, en alternant pauses et phrasé précipité, expressions lascives et dures, joyeuses et cyniques, sous une forme moderne et particulièrement travaillée, fascine la profession, qui lui décerne l'Oscar. Se sentant pleinement libre, Jane est sur tous les fronts ; embrassant la cause féministe aux États-Unis, elle revient à Paris pour jouer avec Yves Montand sous la direction de Jean-Luc Godard. Puis, elle prend le risque de passer du Capitole à la roche Tarpéienne en s'envolant pour le Nord-Vietnam.

Arrivée en plein été 1972 à Hanoï, l'actrice militante s'affiche au côté de combattants vietminh, adresse des messages radio conjurant les pilotes américains de ne plus bombarder de cibles civiles et voue aux gémonies l'administration Nixon. Alors qu'elle s'apprête à rentrer aux États-Unis, la délégation qui la guide conduit la *pasionaria* à un site de défense antiaérienne. Des photographies la montrent casque sur la tête, sourire aux lèvres, sur une batterie de canons visant l'ennemi *yankee*. Elle affirmera avoir été saisie par les objectifs alors qu'elle chantait avec de jeunes soldats ayant l'âge de son frère. « Je savais à peine où j'étais assise », plaidera-t-elle. Avant d'assumer partiellement : « C'était peut-être un piège, que les Vietnamiens avaient manigancé. Je ne le saurai jamais. Mais je ne peux pas les blâmer. Si j'ai été utilisée, c'est que je l'ai permis. C'est mon erreur, j'ai payé un prix élevé, et je continue à le payer. »

Avec le recul, elle ne renie pourtant rien de ce voyage qui a transformé sa vie. Mais dans les semaines qui suivent, la comédienne la plus célébrée d'Amérique devient la plus haïe. Des élus veulent la poursuivre pour trahison ; elle est convoquée par la commission sur la sécurité intérieure et consent à s'excuser pour les photos polémiques. Rebaptisée « Hanoï Jane », Fonda est soumise à un régime particulier : sans être blacklistée par le milieu du cinéma, elle entre pour quelque temps dans une zone grise. Avant de revenir en pleine lumière… Sans que jamais l'accusation d'antiaméricanisme, réactivée par d'anciens combattants dans les années 1980, ne cesse de la poursuivre.

Elle n'en demeure pas moins fidèle à sa ligne en épousant l'activiste politique et leader de la « nouvelle gauche » Tom Hayden. La naissance de leur fils, Troy Garity, en 1973, lui fournit l'occasion de se recentrer presque entièrement sur la sphère privée et sur des luttes plus consensuelles, de l'écologie au pacifisme, des droits des femmes à l'instauration d'un salaire minimum. Revenant très ponctuellement devant les caméras, elle apparaît dans *L'Oiseau bleu*, désastreuse coproduction américano-soviétique de son vieil ami Cukor, et mise, avec sa nouvelle société de production Indochina Peace Campaign, sur un cinéma à la fois populaire et conscientisé. *Julia*, de Fred Zinnemann, où elle incarne magnifiquement la romancière Lillian Hellman, face à Vanessa Redgrave, répond à ses attentes par son exaltation des valeurs d'humanisme et de sororité. Mais c'est *Le Retour* qui signe en 1978 sa réintégration pleine et entière dans la communauté hollywoodienne. À travers cette évocation post-traumatique du drame vietnamien, Jane, dont le personnage a épousé un officier parti au front et qui s'attache en son absence à un soldat revenu paralysé de cette guerre, interroge les notions de responsabilité, de masculinité et de réconciliation. Sa création généreuse lui vaut un deuxième Oscar, qu'elle vient chercher sous les ovations. L'actrice poursuit sur sa lancée en jouant une reporter auprès de Michael Douglas et de Jack Lemmon dans *Le Syndrome chinois*, qu'elle coproduit et qui dénonce les risques du tout-nucléaire. Avant de fustiger la misogynie à l'œuvre dans le cadre professionnel, sur un mode léger qui fait mouche, avec *Comment se débarrasser de son patron*. Mais qu'il s'agisse d'un drame ou d'une comédie, Jane Fonda s'immerge pareillement. « C'est une interprète vibrante, énergique, nuancée, témoignera Joseph Losey, qui la dirige dans *Maison de poupée*. Il n'en reste pas moins que travailler avec un tel caractère est une expérience éprouvante. »

Revenue au sommet du box-office, Jane entreprend sa démarche la plus personnelle. Sachant son père gravement malade, elle décide de lui prodiguer ce qu'elle n'a jamais pu obtenir de sa part : une déclaration d'amour. Intelligemment, elle achète les droits d'une pièce contant le rapprochement entre un vieil homme et sa fille, par le biais du fils adolescent de la jeune femme. En adaptant à l'écran en 1980 *La Maison du lac*, Jane, qui a naturellement réservé le rôle du père à Henry, tandis qu'elle s'attribue celui de sa progéniture, espère secrètement une double récompense. La première surgit après des semaines d'un tournage où Fonda s'est montré, comme à son habitude, distant. Au détour d'une prise, Jane pose sa main sur le bras de son père. « J'ai vu ses larmes, confiera-t-elle, et je ne peux exprimer ce que ça signifiait pour moi. J'avais réussi à l'émouvoir. » La seconde survient le 29 mars 1982, quand Jane reçoit au nom de Henry, trop affaibli pour se déplacer, l'Oscar du meilleur acteur. Le seul de sa carrière.

Davantage fille que mère, la digne héritière du clan Fonda s'est déjà réinventée. Un pied cassé, en 1979, l'a faite se tourner en guise de rééducation vers une nouvelle gymnastique tonique. Transformant ce qui est devenu une passion en business, afin de soutenir les ambitions politiques de son mari, Jane crée à Beverly Hills un studio dédié à la pratique de l'aérobic. Elle lance également, en plein boom du marché de la VHS, une collection de vidéos où, donnant l'exemple, elle invente la gym à domicile. Dix ans plus tard, en 1992, l'entreprise de Jane Fonda a vendu 17 millions de cassettes. La star clivante s'est métamorphosée en icône fédératrice et galvanisante ; la gauchiste, en symbole de l'esprit d'entreprise des années Reagan. À cette époque, Tom Hayden, décidé à mener sa carrière de politicien au bras d'une autre femme prenant moins la lumière, s'est séparé de Jane. C'est le milliardaire Ted Turner, fondateur de CNN, qui prend le relais dans sa vie sentimentale. Cette relation passionnelle de dix ans, illustrant le paradoxe d'une artiste tout à la fois dissidente et *successful*, entraîne Fonda dans les arcanes du pouvoir et lui permet d'avoir les moyens de sa philanthropie. Leur divorce, en 2001, conduit l'actrice à changer de paradigme.

Désormais, Jane ne vivra plus à travers le regard d'un compagnon. Rompant avec son abstinence cinématographique, elle opère un retour sur les écrans des plus stratèges, réapparaissant en 2005 sous le signe de la comédie dans *Sa mère ou moi*, auprès de Jennifer Lopez, idole de la nouvelle génération. Incarnant une belle-mère possessive et toujours sexy, elle affirme : « Je me sens confiante et capable de m'amuser, ce qui ne m'était jamais arrivé. » La star ne va plus dételer, entre publicités sur le bien vieillir et confessions chocs sur ses chirurgies, lutte contre le réchauffement climatique, le patriarcat et rencontre d'un dernier compagnon, le producteur de musique Richard Perry, avant de vivre un célibat apaisé. À 80 ans, elle assume avec la même crânerie de se faire mettre les menottes aux poignets sur les marches du Capitole pour une séance de désobéissance civile contre l'inaction climatique que d'interpréter la diva de *Youth* avec Michael Caine, ou la *businesswoman* en colocation avec une hippie dans la série de Netflix *Grace et Frankie*. Un appétit qui fait dire au réalisateur Mark Rydell : « Jane s'est servie de son comportement obsessionnel et compulsif d'une manière si merveilleusement créative. » Et tant pis si le prix de cette névrose mêlée d'égotisme fut pour ses intimes lourd à payer, l'actrice étant restée au final libre de ses choix. « Peu importe ce qu'elle fait, reconnaît ainsi sa belle-fille, Nathalie Vadim. Tant il est vrai que les gens, en général, pardonnent tout à Jane Fonda. »

Filmographie sélective

Les Félins (René Clément, 1964)
Cat Ballou (Elliot Silverstein, 1965)
La Poursuite impitoyable (Arthur Penn, 1965)
Pieds nus dans le parc (Gene Saks, 1967)
Barbarella (Roger Vadim, 1968)
On achève bien les chevaux (Sydney Pollack, 1969)
Klute (Alan J. Pakula, 1971)
Julia (Fred Zinnemann, 1977)
Le Retour (Hal Ashby, 1978)
Le Syndrome chinois (James Bridges, 1979)
La Maison du lac (Mark Rydell, 1981)
Youth (Paolo Sorrentino, 2015)

Dustin Hoffman (1937)

Star historique, ayant redessiné les contours d'un statut que l'on croyait immuable, Dustin Hoffman symbolise dès 1967, avant Pacino et De Niro, l'arrivée des antihéros en tête d'affiche. Avec lui, le phénomène d'identification succède à la projection et au fantasme, la composition au personnage. Incarnant les rôles les plus excitants des années 1970, l'acteur, perfectionniste en diable, insupportable et attachant, conserve son aura malgré une carrière déclinante, en dents de scie. Sa rareté fait désormais son prix.

Du haut de son mètre quarante-cinq, Rady Harris dévisage Dustin Hoffman, vingt-deux centimètres de plus, à l'avant-première du *Lauréat* : « Vous êtes le jeune homme du film ? » La chanson planante de Simon and Garfunkel vient de s'achever dans le bus au fond duquel Benjamin Braddock et son interprète interrogent leur avenir incertain. « J'ai alors eu une sensation bizarre, se souviendra le "jeune homme" ainsi interpellé. Cette critique si redoutée m'a dit en me pointant du doigt : "Rien ne sera plus pareil pour vous. Votre vie est changée pour toujours !" C'était comme une prophétie ! »

Décembre 1967. Dustin Hoffman a 30 ans et s'apprête à tutoyer la gloire. Bientôt, les filles coucheront sur son palier. Les studios se battront pour l'avoir. « Mais, jusqu'à cet âge, j'avais tellement été rejeté, avouera-t-il, que je vivais sous le seuil de pauvreté. » Arrivé dix ans plus tôt à New York, partageant un modeste appartement avec ses copains Robert Duvall et Gene Hackman, Dustin passe des nuits d'insomnie au pied de leur réfrigérateur, occupant ses journées entre petits boulots et panouilles d'acteur. « L'idée que nous puissions réussir ne nous traversait pas l'esprit, confessera Hackman. Nous voulions simplement travailler. » Si ambition il y a, elle est en effet pragmatique et dénuée de vanité. « On voulait y arriver, confirmera Hoffman, mais pas dans le sens actuel du terme, à savoir devenir riches et célèbres. Pour nous, il s'agissait de pouvoir gagner notre vie en jouant. » Afin que Dustin prouve aux siens qu'ils avaient eu tort de ne lui trouver aucun talent ?

Sa famille vient de loin. De Roumanie, d'Ukraine et de Pologne. Là où il ne fait pas bon être juif au début du XXe siècle, la fuite étant la seule alternative aux pogroms. C'est ce que fait le grand-père du comédien, venu s'établir comme barbier à Chicago. La crise de 1929 a raison de ses économies et de sa santé mentale ; l'aïeul finit sa vie interné. Pour conjurer la malédiction, son fils, Harry, s'exile à Hollywood avec son épouse Lilian. Elle rêve de devenir vedette. Il souhaite faire carrière dans le cinéma. Mais Harry est obligé de vendre des meubles pour arrondir ses fins de mois de décorateur de plateau à la Columbia. Second enfant du couple, après un premier garçon baptisé Ronald, Dustin voit le jour le 8 août 1937. Sa mère, bien qu'elle s'en défende, semble l'avoir prénommé ainsi en hommage à l'acteur du muet Dustin Farnum. Ses copains de classe, voyant l'aubaine, le rebaptisent *Dustbin* ; autrement dit, « poubelle ». *Outsider* dès l'enfance, Hoffman doit se battre pour être respecté. Mais sa façon de faire le clown devant ses camarades pour panser ses plaies cache mal les complexes d'un garçon de petite taille, affublé d'un nez proéminent et affecté d'une acné dont le temps n'effacera jamais les traces. « Jeune, dira Dustin, je n'avais pas d'identité propre. J'étais à l'extérieur de moi-même. » N'ayant ni les aptitudes scolaires, ni les capacités sportives de son frère aîné, le vilain petit canard se tourne spontanément vers ceux que le système compétitif américain rejette : « Quand j'étais au lycée, témoignera-t-il, je traînais toujours avec les marginaux, les 20 % de gamins noirs, parce que je n'ai jamais été accepté par la communauté blanche. Je n'étais pas une vedette du football, je n'étais pas beau, je n'étais pas bon élève. La politique ne m'intéressait pas. Je n'avais ma place nulle part, dans les années 1950, à part avec les Noirs. C'étaient des fous de jazz et personne d'autre ne s'y intéressait. » De fait, alors que son père, échaudé par le septième art, l'imagine médecin, Dustin se rêve jazzman. Jusqu'à ce qu'une évidence s'impose à lui : « J'étais toujours à rêvasser. Des amis m'ont alors conseillé le théâtre. » Lequel agit comme une thérapie : « J'ai joué une scène de *La Ménagerie de verre*, de Tennessee Williams, avec une étudiante, et avant que je comprenne quoi que ce soit, la journée avait défilé. » Adolescent transparent, obsédé par une sexualité qui le taraude mais se refuse à lui, Dustin pressent qu'il tient là un piège à filles. Il a plus de mal à convaincre sa famille. Se confiant à sa tante Pearl, il s'attire cette réflexion définitive : « Tu es trop petit, trop moche, tu n'y arriveras jamais. » Conscient que le cinéma des années 1950 est encore fermé à des physiques comme le sien et, de toute façon, plus admiratif de la nouvelle génération des Newman et des Brando, formés par l'Actors Studio, Hoffman pense trouver son salut sur les planches. Suivant une formation pour devenir pianiste professionnel ainsi qu'un cursus au conservatoire de Los Angeles, Dustin s'inscrit aux cours d'art dramatique de Pasadena, avant de rallier New York en 1958 afin, dira-t-il, d'« échouer loin des parents ».

Ces derniers continuent toutefois de lui verser une pension que le jeune homme s'empresse de dépenser chez un psy. Cas somme toute classique du garçon qui, n'ayant cessé d'être moqué et humilié, ne parvient pas à s'aimer tel qu'il est, Dustin trouve sur scène un exutoire lui permettant d'endosser d'autres identités. Cultivant sa méthode pour observer ses contemporains lors de jobs d'appoint, qu'il soit aide-soignant dans un asile d'aliénés ou plongeur dans des restaurants, il lui arrive également de sortir de lui-même pour jouer au séducteur, bien qu'il ait encore du mal à dissocier le sentiment amoureux d'une attirance obsessionnelle pour les seins de celles qu'il tente de séduire… Sa conquête d'Anne Byrne, danseuse à Greenwich Village, lui fait prendre quelque assurance auprès des femmes qu'il observait jusqu'alors de loin, tandis que ses premiers rôles *off*-Broadway gagnent progressivement en importance et en intensité. Jusqu'à son incarnation en 1965 d'un homosexuel allemand, boiteux et bossu, pour la pièce *Harry, Noon and Night*, au sujet de laquelle l'auteur, Ronald Ribman, dira : « Dustin a la capacité d'annihiler son propre ego et devient le personnage qu'il recherche. Il a étudié l'accent allemand, a travaillé le boitement et l'homosexualité. » La critique le distingue, avant de l'encenser pour son interprétation d'un ouvrier de Liverpool dans *Eh ?* qui lui vaut d'être comparé par un critique du *New York Times* à Buster Keaton. C'est dans ce contexte qu'il est remarqué par Buck Henry et Mike Nichols, scénariste et metteur en scène de ce *Lauréat* dont le protagoniste devait initialement revêtir l'apparence d'un fils de famille californien réservé, à la fois brillant dans ses études et sportif.

Premier sollicité, Robert Redford passe un bout d'essai. Mais son assurance et son physique avantageux ne peuvent être ceux d'un timide étudiant. Contacté, après que d'autres acteurs ont été auditionnés, Hoffman commence par se défausser : « Je ne pense pas que je convienne pour le personnage. C'est le type même de l'Anglo-Saxon, grand, mince, beau mec. Je suis petit et juif. » Ce à quoi Henry et Nichols répondent : « Crois-nous, Ben est juif au fond de lui-même. » Convoqué pour un essai face à sa partenaire Katharine Ross, dont le charme fou l'intimide, Dustin panique et savonne son texte. Il rentre sans espoir à New York, avant d'être rappelé. Si sa prestation n'a apparemment guère fait d'étincelles, le résultat à l'écran s'avère des plus convaincants. Mike Nichols l'engage pour 17 000 dollars. « Avoir choisi un petit juif inconnu comme premier rôle masculin, avec des scènes de sexe, est une anomalie, analysera cinquante ans plus tard le producteur et consultant de HBO, Frank Rich. En prenant Hoffman, Nichols a ouvert la porte à un nouveau type de têtes d'affiche, de Pacino à De Niro. » Au-delà, l'acteur exprime une sensibilité peu commune dans le cinéma américain, entre retenue de jeu, connivence avec le spectateur et ironie. « Sa grande sobriété, observera le réalisateur Michal Muszlak, permettait que l'on s'identifie à lui. »

Si, plus tard, Hoffman louera la part d'improvisation que lui aurait laissée un Nichols attentif à ses suggestions, l'acteur, lors du tournage, souffre que son metteur en scène lui tienne un peu trop la bride sur le cou. Au regard souvent vide d'expression, mâtiné d'angoisse et ponctué d'éclairs de révolte, qui accompagne son personnage de Ben Braddock, Dustin aurait vraisemblablement préféré une composition moins figée et plus éloignée de ce que le cinéaste imagine être son moi profond. Mis sous pression, Hoffman doute de lui : « J'ai détesté faire ce film, confiera-t-il. Je pensais que si, à Hollywood, le cinéma c'était cela, je ne voulais plus en faire. Je ne me suis jamais autant senti inadapté. Si *Le Lauréat* est une victoire, ce n'est pas la mienne. » Aussi met-il du temps à mesurer le succès qui fait de l'œuvre de Nichols la plus grosse recette de 1968 ainsi qu'un phénomène de société. Retrouvant son petit appartement new-yorkais avec Anne et sa belle-fille Karina, continuant à pointer au chômage jusqu'à ce qu'un journaliste de *Life* le mitraille à la sortie de l'agence pour l'emploi, Dustin, tiraillé entre les attraits de sa nouvelle célébrité et ses exigences les plus profondes, retourne sur les planches. Davantage par honnêteté intellectuelle et goût du défi que par coquetterie. « Je ne souhaitais pas devenir une star de cinéma mais un bon acteur, affirmera-t-il. Et les scénarios que je recevais me semblaient médiocres en comparaison des pièces que je lisais. Comme j'étais très demandé, je pouvais me permettre de choisir avec discernement. » Hoffman désire surtout montrer que *Le Lauréat* n'est pas un accident. Il y parvient, guidé par son intuition et l'attrait que son profil atypique suscite chez les cinéastes et les producteurs.

Désormais marié à Anne et père d'un premier enfant, Jenna, il vit cette décennie comme une forme d'accomplissement. L'acteur crée à chaque fois l'événement à travers ses rôles de composition, qu'il incarne le toxico infirme de *Macadam Cowboy*, l'Indien centenaire de *Little Big Man*, le citadin revenu à l'état sauvage des *Chiens de paille*, ou l'un des journalistes du *Washington Post* responsables de la chute de Richard Nixon dans *Les Hommes du président*. Si, pour ce dernier film, il doit partager la vedette avec Robert Redford, Hoffman le fait sans chercher à tirer la couverture à lui, de la même manière qu'il parvient à offrir un contrepoint faussement effacé et réellement stoïque au personnage plus immédiatement héroïque de Steve McQueen, dans *Papillon*. Fregoli au service d'antihéros ne pouvant être réduits à leur seule vulnérabilité, il combine mieux que personne justesse et intensité, comme en témoigne son interprétation hallucinée du roi du stand-up américain Lenny Bruce dans *Lenny*. Considérant qu'aucun obstacle ne saurait être de nature à l'empêcher de s'emparer d'un projet et d'un personnage qui lui tiennent à cœur, l'acteur s'investit dans des proportions non dénuées de masochisme, allant au-delà de ses aînés Monty Clift et Marlon Brando.

Alors même que John Schlesinger l'estime « déjà convaincant dès la première lecture du script » de *Macadam Cowboy*, Hoffman ne se contente pas de la confiance que place en lui son metteur en scène. Soucieux d'être au plus près de Ratso, ce clochard affecté d'une claudication, il se met à marcher, jour après jour, avec des cailloux dans ses chaussures, ne se rase quasiment plus, fait mettre des chicots factices sur ses dents, se mêle à de véritables SDF dont il capte expressions et comportements. *Little Big Man* d'Arthur Penn lui offre un autre défi. Conscient du ton neutre, légèrement nasal, de sa voix, Dustin part presque toujours d'elle pour construire ses personnages. Le souci est que Jack Crabb, ce visage pâle adopté par des Indiens, est censé l'amener à l'extrême vieillesse, puisqu'il a 121 ans lorsqu'il fait le récit de sa vie. Afin d'acquérir le timbre d'un homme de cet âge, Dustin rencontre le pensionnaire d'une maison de retraite, qu'il enregistre et dont il tente de reproduire la voix rauque, cassée. Avant de se rendre compte qu'il n'est pas assez vieux. Affecté peu après d'une laryngite, Hoffman pense pouvoir mémoriser l'état de ses cordes vocales pour s'en resservir le jour venu. Ce n'est qu'une illusion. Agacé mais porté par un but, il visite d'autres hospices avant de lier connaissance avec un homme de 104 ans qu'il écoute parler pendant des heures afin de s'imprégner de sa diction si particulière.

Insatisfait de ces différents essais, le comédien se met à hurler sur tous les tons la veille et le matin du tournage des scènes, pour mieux casser sa voix face à la caméra. « Je criais des voyelles sur différents registres, particulièrement délicats, se souviendra-t-il. Mon objectif était d'être encore plus enroué. » Dans sa loge, une épreuve plus rude l'attend. Son masque de vieillard en latex, composé de quatorze pièces, nécessite cinq heures de maquillage sous des lampes lui brûlant presque la peau. « Je défie qui que ce soit de porter cela sans se sentir vieux, déclarera Hoffman. Je ne pouvais presque plus voir avec les lentilles de contact simulant une cataracte et quelqu'un de l'équipe devait me conduire à une chaise roulante pour ensuite me pousser jusqu'au plateau. » Avant que l'expression se banalise de manière péjorative, Dustin est le meilleur client de ces « rôles à Oscar » nécessitant une composition dramatique aussi difficile que remarquée. Pourtant, durant des années, et bien que trois fois nommé pour *Le Lauréat*, *Macadam Cowboy* et *Lenny*, l'acteur voit la précieuse statuette lui échapper. Dans la seconde partie de la décennie, l'échec public du *Récidiviste*, où il incarne avec brio un ex-taulard rattrapé par son destin, et celui d'*Agatha*, qui évoque un épisode de la vie de la reine du roman criminel anglais, le fragilisent et blessent son orgueil. Aussi se montre-t-il circonspect lorsqu'il est approché par le producteur Sam Jaffe et l'auteur-réalisateur Robert Benton pour incarner le père en instance de divorce de *Kramer contre Kramer* : « Je leur ai dit que je ne pouvais plus travailler. J'arrêtais le cinéma et retournais au théâtre. Là, j'avais plus de puissance. »

Benton et Jaffe font mine de le mettre en concurrence avec Richard Dreyfuss, Roy Scheider et Al Pacino, mais n'abandonnent pas leur idée. Sous pression, Hoffman finit par voir les choses autrement. Alors qu'il vient d'être quitté par Anne, qui étouffait dans une union vouée à la seule réussite de son époux, l'acteur perd pied et craint justement que soit altéré le lien l'unissant à ses enfants. L'épreuve douloureuse qu'il traverse nourrira, à n'en pas douter, le rôle qu'on lui propose. Dustin finit par accepter, mais à ses conditions. D'abord en décrochant plus d'un million de dollars de salaire, auquel s'ajoute un pourcentage sur les bénéfices du film. Puis il obtient le droit de participer à l'élaboration du scénario, s'arroge le *final cut* et la possibilité d'improviser à sa guise en imposant, si cela lui semble nécessaire, des prises supplémentaires. Du jamais vu, d'un point de vue contractuel, pour un acteur. Et une hérésie aux yeux de tout réalisateur soucieux de ne pas voir lui échapper le contrôle de son œuvre. Tout en reconnaissant la justesse de la plupart des propositions de son interprète dont il loue la qualité de la relation avec le jeune Justin Henry, qui incarne son fils, Robert Benton vit douloureusement le poids d'un tel investissement. « Dustin, confiera-t-il, a le pouvoir de sentir dès que quelque chose ne va pas et il se jette dans l'engrenage de la machine jusqu'à ce qu'elle s'arrête afin qu'il puisse la réparer. Cela arrive souvent. Quelqu'un d'aussi obsédé que lui crée beaucoup de tension en faisant peser un énorme fardeau sur les épaules de ceux avec qui il travaille. »

C'est le revers de la médaille : Hoffman peut, par son professionnalisme extrême, représenter ce que l'Actors Studio a de plus caricatural. Lui qui court réellement à perdre haleine dans Central Park et s'oppose à la pure technique de Laurence Olivier censé être tout aussi essoufflé que lui dans *Marathon Man*, fait payer à Meryl Streep, qui joue sa femme, les conséquences de son divorce avec Anne sur le plateau de *Kramer contre Kramer*. S'identifiant au père qui s'entredéchire avec son ex, il va jusqu'à terrifier et gifler pour de bon sa partenaire. L'acteur en est quitte pour un premier Oscar, en 1980, et une réputation qui ne fait qu'empirer, deux ans plus tard, lors du tournage de *Tootsie*, où il doit se mettre dans la peau d'une femme. « Travailler avec Dustin est une lutte permanente », concède Sydney Pollack, pourtant rompu aux caprices de stars. Le cinéaste va jusqu'à traiter son acteur principal d'« emmerdeur névrosé ». Ce qui ne l'empêche pas d'ajouter, au sujet de leur collaboration : « C'est aussi stimulant qu'une bonne partie de tennis. » À quel prix ? La préproduction de *Tootsie* est si compliquée, les talents impliqués si nombreux, que la rumeur d'un désastre annoncé, baptisé « Hoffman Gate », court le milieu du cinéma et les médias. Dustin n'en a cure, qui profite de ces mois de préparation pour parfaire son maquillage et sa transformation en Dorothy, trompant régulièrement son monde déguisé en femme, flirtant avec les hommes de l'équipe technique, discutant « entre copines » avec l'institutrice de sa fille qui ne le reconnaît pas.

Si le tournage de *Tootsie* ne dure que quatre-vingt-dix-huit jours, l'investissement de l'acteur s'étend sur trois ans. Au sujet de ses affrontements avec Pollack, il use d'une analogie sportive comparable à celle du cinéaste : « Je suis un certain type de lutteur. Et je travaille mieux quand c'est avec un metteur en scène qui se bat d'une certaine manière avec moi. Pour faire de bons films, il faut se battre. C'est comme dans tous les bons mariages, je pense. Vous défendez votre territoire. Et vous voulez que ce soit moitié-moitié. » Au moment où *Tootsie* sort dans les salles, ravivant le statut d'Hoffman comme plus grand caméléon du métier, l'acteur a solidifié son couple avec sa seconde épouse, Lisa Gottsegen. Déjà parents de Jacob, ils vont avoir trois autres enfants dans les années 1980. Doté d'une puissante fibre paternelle, Dustin songe-t-il à lever le pied afin de partager plus équitablement son temps entre des engagements professionnels épuisants et les exigences de sa vie privée ? De fait, hormis pour l'expérience désastreuse d'*Ishtar*, brouet mêlant politique, suspense et comédie dans le désert marocain, il se concentre, au cœur de la décennie, sur un retour au théâtre et son interprétation du Willy Loman de *Mort d'un commis voyageur*. S'inspirant de son père, se vieillissant prématurément, Hoffman fait sien le cheminement autodestructeur du protagoniste de la pièce d'Arthur Miller au contact duquel, paradoxalement, il se régénère.

Balayant les indécisions allant de pair avec son perfectionnisme maladif, ainsi que ce « petit nœud vert », comme il nomme ses mauvais pressentiments anxiogènes qui justifient à ses yeux d'abandonner des projets auxquels il a initialement souscrit, l'acteur retrouve la motivation avec *Rain Man*. En premier lieu, pour l'histoire qui lui permet de jouer un déficient mental, à travers le personnage de Ray Babbit, atteint du syndrome du savant. « Je suis convaincu, dira-t-il, que nous sommes tous un peu autistes, tout comme nous sommes tous un peu fous. » Mais aussi pour le duo inattendu que l'agent Michael Ovitz lui offre de former avec Tom Cruise. « Il y avait quelque chose entre nous, confiera Dustin. Il était comme quelqu'un de la famille. Il me traita comme si j'étais son grand frère avant même qu'on lise le script. » La différence d'âge n'y fait rien. Il n'est qu'à voir Hoffman interpréter, à 50 ans, l'aîné de Cruise, qui n'a qu'un quart de siècle, pour s'en convaincre. Si son engagement est aussi absolu que dans ses films précédents, le metteur en scène Barry Levinson n'y trouve rien à redire. Au contraire. « Dustin n'est pas un personnage, explique-t-il. Il peut tout jouer et passer de la comédie au drame. Intelligent, sociable, il a, sur un tournage, l'enthousiasme de quelqu'un qui tournerait son premier long-métrage. » De fait, l'homme qui, au travail, ne laisse rien passer est, au quotidien, chaleureux avec son public, délicieux avec les journalistes, clown en compagnie de ses proches.

Seules des accusations de harcèlement sexuel ternissent quelque peu, en 2017, son image, l'acteur n'ayant par ailleurs jamais caché son obsession des femmes. Défendu par certains de ses collègues, s'excusant auprès de Meryl Streep pour avoir confondu leur film en commun avec sa vie, il franchit la tempête MeToo sans dégâts excessifs. Hoffman, par-delà ses excès, suscite trop de sympathie pour cela. Après l'ultime triomphe de *Rain Man*, qui le voit décrocher un second Oscar en 1989, il reconsidère sa carrière différemment. La fin d'un cinéma d'auteur grand public ainsi que la déferlante de *blockbusters*, à laquelle il est étranger, l'incitent à œuvrer autrement, dans des films mineurs de Lumet ou de Spielberg, mais aussi pour des seconds rôles et de pures comédies, où il lui arrive de retrouver son cadet en métamorphoses, Robert De Niro. Les satisfactions éprouvées auprès des siens le consolent-elles de ce lent déclin et d'emplois qui n'ont plus la même importance ? « Même si vous avez été une star, Hollywood vous oublie très vite », admet l'acteur qui est passé, en 2012, à la mise en scène avec *Quartet*, comédie dramatique anglaise sur fond d'opéra, avant de vaincre un cancer l'année suivante. « Je sens, disait-il il n'y a pas si longtemps, que mon corps est plus vulnérable qu'il n'était. Mais mon ressenti est plus aigu, et mon âme plus dense. » Comme si Dustin Hoffman n'avait jamais eu l'intention d'abandonner réellement la partie.

À plus de 80 ans, il demeure le troublant reflet de notre humanité. Exerçant son art à la manière des maîtres japonais. Inimitable mélange d'orgueil et de modestie.

Filmographie sélective

Le Lauréat (Mike Nichols, 1967)
Macadam Cowboy (John Schlesinger, 1969)
Little Big Man (Arthur Penn, 1970)
Les Chiens de paille (Sam Peckinpah, 1971)
Papillon (Franklin J. Schaffner, 1973)
Lenny (Bob Fosse, 1974)
Les Hommes du président (Alan J. Pakula, 1976)
Marathon Man (John Schlesinger, 1976)
Kramer contre Kramer (Robert Benton, 1979)
Tootsie (Sydney Pollack, 1982)
Rain Man (Barry Levinson, 1989)
Hook (Steven Spielberg, 1991)
Héros malgré lui (Stephen Frears, 1992)
Des hommes d'influence (Barry Levinson, 1997)

Robert Redford (1936)

Antithèse des outsiders *du Nouvel Hollywood, il est, par son physique et son jeu, l'héritier des icônes de l'âge d'or hollywoodien. Mais, parce que cette belle gueule avait aussi une conscience sociale ainsi qu'une haute idée de son métier, Robert Redford ne s'est pas contenté de prolonger le star-system. Producteur, réalisateur, créateur d'un festival de films indépendants ayant redistribué les cartes au sein de l'industrie, il reste, en tant qu'acteur, un classique qui a honoré son art, à défaut de l'avoir révolutionné.*

« À l'image du pays qu'il habitait, il obtenait tout sans effort… Tout lui avait toujours été trop facile. » Ainsi se définit Hubbell Gardiner, héros romantique incarné par Robert Redford en 1973 dans *Nos plus belles années*. L'un des rôles auxquels le public l'identifie. Par une adéquation supposée entre l'acteur et son personnage ? « Quand on me dit que je suis privilégié, cela me met en colère, confiera Redford en 1974. "Si vous ne ressembliez pas tant à un ancien de Harvard, vous seriez crédible en éboueur", me dit-on. Or il se trouve que je ne sais pas à quoi ressemble Harvard et que j'ai ramassé des poubelles. »

Robert Redford ou le délit de belle gueule. Un paradoxe pour cet enfant de classe moyenne guère attiré, dans sa jeunesse, par le cinéma. Il naît le 18 août 1936, à Santa Monica. Cumulant deux emplois pour nourrir sa famille, puis comptable à la Standard Oil, Charles Redford Sr mène une existence besogneuse. Son épouse, Martha, rêve pour leur fils d'une carrière d'ingénieur. « J'ai eu de bons parents, ils étaient parfaits, déclarera la star en 1981. Mais j'avais l'impression de n'être pas compris. Ce qui me faisait douter de ma propre santé mentale. » Robert n'a de toute façon pas l'intention de satisfaire les ambitions parentales. « Je détestais l'école, confessera-t-il. C'était une prison dont je cherchais à m'échapper. Il m'est même arrivé, ne supportant plus la tête d'une prof, de sauter par la fenêtre. » Artiste et sportif, le garçon a 14 ans lorsque son ami William Coomber le persuade de s'essayer à l'escalade. Ensemble, ils tentent l'ascension des massifs montagneux ceinturant Los Angeles avant de s'exercer sur les parois des bâtiments de la Bank of America et de la Fox. La major ne suscite alors aucun fantasme chez le jeune Redford. Devenir comédien ? « Je pensais, dira-t-il, qu'être acteur n'était pas une occupation sérieuse. » Aussi est-ce comme cascadeur que l'adolescent propose ses services à la Warner. En vain. La mort de sa mère, lorsqu'il a 18 ans, fait basculer son destin.

Robert fuit la Californie et s'inscrit à l'université du Colorado, section base-ball… Le temps de se rendre compte qu'il exècre la discipline et l'esprit de compétition. Se mettant à boire, il perd sa bourse universitaire et entame une errance d'auto-stoppeur à travers le pays. Après avoir travaillé sur des pipe-lines, Redford part pour l'Europe. Son objectif : peindre en France et en Italie. À Paris, il se rend, béret vissé au crâne, sur la butte Montmartre, loge dans une auberge de jeunesse, étudie aux Beaux-Arts. Mais il ne rencontre qu'indifférence ou hostilité de la part des Français. Florence ne lui réussit pas davantage ; méprisé par son professeur de peinture, le jeune homme se renferme, dépressif. Le retour à L.A. est piteux. À 20 ans, Redford passe ses journées à traîner et à boire. Une jeune femme habitant son immeuble, Lola Van Wagenen, le sauve de la déchéance. « La première fois que je l'ai vu, il était assis sur les marches, pieds nus et moulé dans un jean délavé, se souviendra-t-elle. Il portait une veste sans rien dessous. Je me suis dit que je n'avais jamais vu de type comme lui. » Cette fille de mormons, originaire de l'Utah, lui redonne goût à la vie. D'amis ils deviennent amants, puis se marient.

Entre-temps, Robert s'est installé à New York pour étudier la décoration théâtrale au Pratt Institute. Jusqu'au jour où un condisciple le persuade de postuler à un cours de comédie. Lors des auditions à l'American Academy of Dramatic Arts, il obtient la note maximale. Une révélation. Un an plus tard, en 1959, Redford décroche ses premiers petits rôles à Broadway. Le rebelle s'est rangé. Mais alors que l'enseignement le plus recherché est dispensé par l'Actors Studio et que l'acteur d'une génération a pour nom Marlon Brando, le Californien détonne parmi les apprentis comédiens. Bien qu'influencé par la Méthode et ayant recours à l'improvisation corporelle tout autant qu'à la mémoire émotionnelle, Redford pratique un « sous-jeu » moins expressif qui lui vaut d'admirer Spencer Tracy, dont il dira qu'« il était toujours honnête quoi qu'il fasse, ne surjouait pas, comprenait le drame et la comédie ». Sa réticence à exprimer ses névroses, couplée à une blondeur un peu trop photogénique pour être honnête, intrigue producteurs et réalisateurs de télévision prêts à lui offrir des emplois diversifiés. Rien qu'en 1960, Redford est engagé dans huit séries et dramatiques, dont l'adaptation d'une pièce d'Eugene O'Neill mise en scène par Sidney Lumet, en attendant d'apparaître, vaguement inquiétant, dans des épisodes d'*Alfred Hitchcock présente* et de *La Quatrième Dimension*. Sa carrière décolle en même temps que s'envole celle de son double en politique, John Kennedy. Il faudra du temps pour découvrir que leur apparence lisse et leur charisme rassurant auront dissimulé une certaine ambivalence et quelques tourments.

Ceux-ci ne pouvant s'exprimer, pour Redford, au sein de grands studios ne lui réservant que des rôles décalques des pâles Tab Hunter et Troy Donahue, l'acteur va choisir de débuter au cinéma dans une production indépendante. Sorti en 1962, *La guerre est aussi une chasse* le voit interpréter un soldat en quête de vérité pendant la guerre de Corée. Le film est déterminant. Parce que Robert Redford s'y lie d'amitié avec l'un de ses partenaires, Sydney Pollack, appelé à devenir son metteur en scène de prédilection. Et qu'il y joue, dans un drame interrogeant les consciences, l'un de ces rôles positifs qui l'accompagneront tout au long de sa carrière. L'art de l'acteur sera de maintenir, avec dynamisme et sans fadeur, dans la lignée d'un Henry Fonda, cet équilibre entre les idéaux de sa jeunesse rebelle et l'entretien d'une image immaculée, fidèle à ses valeurs. Sélectif, armé de principes, il n'est pas prêt à tout sacrifier sur l'autel de la célébrité. Aussi rejette-t-il, par peur de s'y enfermer, le rôle principal d'une série télévisée, *Le Virginien*, et diffère-t-il son accord pour créer sur scène *Pieds nus dans le parc*, de Neil Simon, afin de se consacrer à sa vie privée.

C'est son épouse, Lola, qui lui a fait découvrir les montagnes de l'Utah dont il tombe immédiatement amoureux. Au point, les déceptions professionnelles s'amoncelant, de songer très tôt à s'y retirer. La naissance de son fils David le pousse, du moins, à s'y enraciner. Il achète ses premiers hectares de terre, se bâtit une maison. Un ultime retour sur scène gagnant en 1963, pour la pièce de Simon, ne doit pas faire illusion ; Redford a besoin d'évoluer. Comme il ne désire plus s'illustrer à la télévision, reste le cinéma, vers lequel il consent à revenir sans enthousiasme. L'acteur y franchit en 1965 une étape cruciale lui permettant d'inscrire son nom dans trois productions ayant une dimension sociale, lui-même incarnant des *outsiders* en adéquation avec son état d'esprit. Avec *Daisy Clover*, de Robert Mulligan, il est une star des années 1930 à la sexualité ambiguë. *La Poursuite impitoyable*, d'Arthur Penn, le voit interpréter auprès de Brando un prisonnier en cavale dans un Texas pétri de bigoterie et de faux-semblants. Dans *Propriété interdite*, il est dirigé pour la première fois par Sydney Pollack et retrouve, après *Daisy Clover*, une Natalie Wood sous le charme. « Bob, dira-t-elle, est l'acteur le plus droit que je connaisse. Il reste fidèle à ses principes, quand tous autour de lui essaient de les bousculer. Et c'est une qualité qui attire les femmes. » Ces tournages achevés, Redford part avec épouse et enfants en Grèce, y restant plusieurs mois. Tout juste consent-il à revenir à Hollywood pour jouer, avec Jane Fonda, l'adaptation sur grand écran de *Pieds nus dans le parc*. Son personnage de cadre new-yorkais ne l'enchante guère. Le film est pourtant son premier succès populaire. Mais il continue à se montrer prudent, notamment envers le personnage du *Lauréat* qui échoit à Dustin Hoffman, puis en déclinant le rôle du mari de Mia Farrow dans *Rosemary's Baby*. Peu après, Redford rompt son contrat avec la Paramount. Il en a assez et nourrit l'idée de prendre définitivement ses distances avec le métier.

Retiré dans l'Utah, il reprend la peinture et l'activisme écologique, avant de se raviser : « Je réalisais que jouer était ce que je faisais le mieux et que c'était un leurre que de vouloir devenir un artiste. » Son retour devant les caméras se fait sous le signe du western. À l'attachant, bien qu'un peu sec, *Willie Boy* succède *Butch Cassidy et le Kid*, réalisé par George Roy Hill. Dernier acteur envisagé, après Steve McQueen et Warren Beatty, pour faire la paire avec Paul Newman, Redford est imposé à la production par le réalisateur ainsi que par l'épouse de Newman, Joanne Woodward. Sur le tournage, tout se passe un peu mieux que prévu. L'amateur de grands espaces qu'il est apprécie le choix des extérieurs. Le partenaire goûte au rôle de grand frère qu'endosse Paul Newman. Lequel lui lance un jour : « Tu vas être dans ton premier film à 20 millions de dollars de recettes ! » Mètre étalon du *buddy movie* nostalgique et entraînant, le film transforme Redford, séducteur moustachu et bourru, en star, après une tortueuse évolution de dix ans. Un statut qu'il dira regretter : « Certaines possibilités s'en sont trouvées réduites, et je n'ai donc pas eu toute la flexibilité dont j'aurais pu bénéficier en tant que simple acteur. »

Il en profite cependant pour étendre son domaine dans l'Utah, faisant l'acquisition d'une station de ski, « Timp Haven », qu'il rebaptise du nom de son personnage, Sundance. *Butch Cassidy* lui permet aussi, pour la première fois, d'imposer ses choix. Le début de la décennie est révélateur des orientations voulues par Redford et de sa forte implication. En 1972, il illustre, en pleine ère nixonienne, son intérêt pour la politique et son attachement aux valeurs démocrates avec *Votez McKay*. Rythmée, maligne, cette peinture au vitriol des campagnes électorales n'est toutefois pas dupe des compromissions du camp libéral. S'il a grandi avec l'espoir qu'ont fait germer parmi ceux de sa génération les frères Kennedy, Redford interprète un personnage dont les errements ne sont pas sans évoquer ceux de ses illustres modèles. Sceptique, lucide, l'acteur l'est aussi lorsque la même année il s'en remet à son complice Sydney Pollack pour réaliser ce qui restera peut-être leur projet le plus ambitieux. Western écologique rejoignant les combats d'un Redford préoccupé par le sort de la planète, errance où l'action est parcimonieuse et la violence suggérée, *Jeremiah Johnson* s'avère être un tournage difficile. Le film devra attendre sa présentation à Cannes, et la publicité faite par l'agent Pierre Rissient, pour trouver un distributeur, sans toutefois rencontrer son public. La faute à un récit antispectaculaire, à une mise en scène naturaliste mais également au jeu de la star, dépouillé de sa séduction et du contrechamp d'acteurs valorisant sa composition.

Comme le relèvera l'historien Christian Viviani : « L'interprétation de Robert Redford, si admirable fût-elle, passerait inaperçue : sa "belle gueule" cacherait l'essentiel. Marcher, bouger, respirer, manipuler le bois, faire du feu, chevaucher, ce n'est pas l'idée traditionnelle de "jouer". » Le minimalisme « redfordien » n'en est pas moins fortement expressif. S'il ne dégage pas de prime abord une présence corporelle, comme avait pu le faire en son temps John Wayne, l'acteur est un visage et, plus précisément, un regard souvent profond et pétillant, qui parvient à saupoudrer ses fréquentes inflexions interrogatives d'un reste de candeur. Doté en outre d'un humour un peu sec, il trouve le moyen de dépasser la mièvrerie que d'aucuns souhaiteraient associer à son physique de beau gosse *wasp*. Du reste, Redford a compris à quel point l'apparence peut être un atout précieux pour se donner les moyens d'orienter sa carrière comme il l'entend. Ainsi ne répond-il pas aux attentes de producteurs rêvant de le voir jouer dans *French Connection* et *Le Parrain*. Si les femmes des sept continents voient en lui le nouvel objet de fantasmes américain, version cinématographique du surfeur californien, autant leur en donner pour leur argent dans des compositions romantiques jamais gratuites puisqu'elles accompagnent le comédien, plus gravure de mode que jamais, d'un arrière-plan existentiel, historique et politique. *Nos plus belles années* où, entre guerre et maccarthysme, il s'éprend contre toute attente de Barbra Streisand ; *L'Arnaque*, pour lequel il refait la paire avec Paul Newman sur fond de ragtime et de jeux clandestins ; *Gatsby le Magnifique*, qui en fait le parfait héros fitzgeraldien, lui font atteindre, en 1974, le sommet du box-office.

Séducteur plus consentant qu'il ne veut l'admettre, Redford ne souhaite pas abîmer sa réputation. Écologiste, libéral, progressiste, il n'a définitivement pas vocation à incarner les mafieux. Son registre l'oriente vers les justiciers vertueux. Prenant plus de risques pour les films qu'il initie que dans le choix de ses personnages, il se sert de l'aura glanée dans ses trois dernières œuvres pour porter à bout de bras ces nouvelles réflexions sur la manipulation politique que sont *Les Trois Jours du Condor* et *Les Hommes du président*. Demandant, sur le premier, à Sydney Pollack de réduire la violence au minimum ; faisant du second, pour lequel il a acheté les droits du livre de Bob Woodward, une dissection de l'enquête ayant conduit au scandale du Watergate, la star privilégie la réflexion des spectateurs à l'action pure qui ne solliciterait que leurs émotions. « Ce n'est pas pour enlever à Alan Pakula qui l'a mis en scène quoi que ce soit, témoignera Dustin Hoffman, son partenaire des *Hommes du président*, mais c'était le projet de Redford d'un bout à l'autre. Bob est certainement l'artiste le plus travailleur que j'aie jamais rencontré. »

Le succès de ces films encourage le maître d'œuvre à aller plus loin, au détriment du comédien. Ralentissant ses activités devant la caméra dès la fin des années 1970, Robert Redford fait sa révolution. En passant à la mise en scène avec *Des gens comme les autres*, drame familial pudique et formellement classique qui lui vaut l'Oscar jamais obtenu en tant qu'acteur. « Comme metteur en scène, Redford est intelligent, doux, sensible. Il a une vision de peintre », reconnaîtra son interprète Donald Sutherland, avant de nuancer : « Au niveau du montage, il n'a écouté aucun avis ; il a conservé sa vision. » Une rectitude doublée d'audace qui l'amène à concrétiser un autre projet longuement mûri. Reprenant en main une programmation de rétrospectives, Robert Redford crée en 1981 le festival du cinéma indépendant de Sundance, qu'il lance en pleine saison de ski. Alors que le Nouvel Hollywood s'abîme dans le baroud d'honneur de *La Porte du paradis* de Cimino, pour laisser la place à une reprise en main musclée de l'industrie, la star refuse cet abandon d'une part essentielle de la création face aux majors et à leurs *blockbusters* calibrés pour un reaganisme triomphant. Sa démarche, d'abord discrète, gagne peu à peu en puissance. Pourtant, loin des quelques rôles perpétuant, du *Meilleur* à *Proposition indécente*, sa légende de play-boy et de battant, l'homme qui fonde le Sundance Institute en 1985 se montrerait selon Peter Biskind, auteur d'une passionnante enquête, velléitaire et décevant : « Bien que courtois, écrit-il, Redford a la réputation de ne pas tenir ses engagements. Habitué aux flatteurs, il se méfie de son entourage. Il refuse de déléguer, tout en faisant preuve d'indécision et de passivité. Prudent, paralysé par son perfectionnisme, il met en doute la parole de ses collaborateurs. »

Ambivalent, Robert l'est assurément. Lui-même se reconnaît difficile. Ce qui ne retire rien à la portée de son action. En deux décennies, Sundance va révéler des cinéastes de l'envergure des frères Coen et de Quentin Tarantino. Qu'importe qu'ils aient rejoint par la suite un circuit *mainstream* ; Redford et son festival auront été déterminants pour maintenir un équilibre. Quant à l'interprète, il trouve matière à raviver une fois encore la flamme d'un romanesque anachronique en jouant en 1985, auprès de Meryl Streep, l'aventureux chasseur d'*Out of Africa*. Pour le metteur en scène Sydney Pollack, la complexité de son ami est une richesse : « Bob, confiera-t-il, est une vedette plus intéressée par la vie que n'importe quelle autre star que je connaisse. Son existence est pleine d'autres centres d'intérêt. C'est un garçon inhabituel. » Du genre à poursuivre la réalisation d'un corpus d'œuvres qui, de *Quiz Show* à

Lions et agneaux en passant par *L'homme qui murmurait à l'oreille des chevaux*, témoignent toutes de son idéalisme jamais dévoyé. Ou à se séparer sur le tard de son épouse, Lola, pour retrouver, à 60 ans, une nouvelle vie de couple avec l'artiste-peintre Sybille Szaggars.

Père de trois enfants, il fait aussi de Brad Pitt, dont le physique rappelle le sien, son fils cinématographique, qu'il le dirige dans *Et au milieu coule une rivière* ou partage l'affiche avec lui sur *Spy Game*. La maîtrise de son jeu ne l'aura, au fond, jamais quitté, le poussant jusqu'au bout à relever des défis, peut-être plus rudes que par le passé. Comment expliquer autrement sa volonté d'interpréter à 76 ans le navigateur de *All Is Lost*, sur le tournage duquel il est victime d'une infection de l'oreille qui le rend quasi sourd, ou son désir d'incarner six ans plus tard, sous forme d'adieu au métier, le braqueur multirécidiviste de *The Old Man and the Gun* ? Incarnation du néoclassicisme hollywoodien, Robert Redford n'était-il pas lui-même entré dans la profession par effraction ? Californien, sinon d'esprit du moins de naissance. Blond, mais seulement en apparence.

Filmographie sélective

La Poursuite impitoyable (Arthur Penn, 1966)
Propriété interdite (Sydney Pollack, 1966)
Butch Cassidy et le Kid (George Roy Hill, 1969)
Votez McKay (Michael Ritchie, 1972)
Jeremiah Johnson (Sydney Pollack, 1972)
Nos plus belles années (Sydney Pollack, 1973)
L'Arnaque (George Roy Hill, 1973)
Gatsby le Magnifique (Jack Clayton, 1974)
Les Trois Jours du Condor (Sydney Pollack, 1975)
Les Hommes du président (Alan J. Pakula, 1976)
Brubaker (Stuart Rosenberg, 1980)
Des gens comme les autres (Robert Redford, 1981)
Out of Africa (Sydney Pollack, 1985)
L'homme qui murmurait à l'oreille des chevaux (Robert Redford, 1998)
All Is Lost (J.C. Chandor, 2013)

Jack Nicholson (1937)

Grand frère et compagnon de route du Nouvel Hollywood, cet interprète puissant dépasse ce mouvement pour s'inscrire dans une mythologie empruntant à l'âge d'or du cinéma. Tout à la fois polyvalent et acteur de genre, devenu iconique grâce à ses compositions de personnages sardoniques, Nicholson vaut probablement mieux que son image. Excessif mais réfléchi, cultivé mais se refusant à l'afficher, il tient moins d'un bloc que de la mosaïque. Sa filmographie comme sa vie témoignent de ruptures fécondes et d'une vraie liberté.

« Tu sais, Jack, ce que le public aime chez toi, c'est que tu interprètes toujours des types qui ont ce don incroyable de dire à un moment donné : "Pourquoi n'allez-vous donc pas vous faire foutre ?" Les gens adorent ça parce qu'ils n'osent pas le faire eux-mêmes. » En prononçant ces mots, dans les années 1980, Billy Wilder esquisse un sourire. Face à lui, Jack Nicholson savoure. La remarque n'émane-t-elle pas de l'un des esprits les plus subversifs de Hollywood ? Ainsi, à 50 ans, l'acteur n'aurait pas abandonné tout esprit rebelle. Et ce malgré les Oscars, les conquêtes féminines et l'engouement populaire. Comme si cette imprévisibilité mâtinée de folie était, chez lui, gage de bonne santé. Tout comme l'abus de compagnes d'un soir et de substances illicites. Mais où s'arrête la sincérité et où commence l'entretien d'une légende ? Dans le cas de Jack Nicholson, il semble que les deux soient liés. Un brouillage qui survient dès sa naissance, le 22 avril 1937, dans le New Jersey. Le petit John y est enregistré à l'état civil comme le fils d'Ethel May Nicholson. Laquelle est en réalité sa grand-mère. June, sa véritable mère, danseuse professionnelle ayant épousé à 17 ans un artiste bigame, Donald Furcillo, il est impensable que l'enfant porte le poids du péché. D'autant que, d'après le biographe Patrick McGilligan, June eut, à la même époque, une relation avec son manager, Edgar Kirschfeld, qui l'aurait plongée dans l'incertitude quant à l'identité du père de son nourrisson. De ce secret de famille, Jack nourrit quelques soupçons. Mais il doit attendre 1974 pour en avoir la révélation. À la faveur d'une enquête à son sujet, le rédacteur en chef de *Time* appelle Nicholson et lui fait part de sa découverte : sa mère biologique n'est autre que la jeune femme qu'il considérait comme sa sœur aînée.

Face aux journalistes qui se plaisent à l'interroger en remuant le couteau dans la plaie, Jack se montre bravache : « Je fais partie d'une minorité opprimée : les bâtards. Et je me dis que j'ai du sang royal dans les veines. » « En réalité, nuancera son ami Peter Fonda, c'est un coup terrible dont je ne suis pas certain qu'il puisse se remettre. » Nicholson, alors âgé de 37 ans, ne peut s'en entretenir ni avec Ethel May, ni avec June, l'une comme l'autre étant décédées. Faut-il pour autant parler d'un traumatisme ? Rien n'est moins sûr. « Quand c'est arrivé, j'étais déjà construit psychologiquement », reconnaîtra-t-il ironiquement. La chaleur affective tout irlandaise dans laquelle baignent ses premières années a sa part dans cet équilibre. Jack Nicholson est un garçon choyé et heureux. À 10 ans, il se montre gentiment insolent, naturellement doué pour les études au point de sauter une classe, excellant dans les rédactions faisant appel à son imagination. Élevé par des femmes, il acquiert un sens pratique et le goût de l'indépendance. La fibre artistique transmise par June et par Ethel, peintre du dimanche, le pousse à suivre au lycée des cours de théâtre. Mais aux yeux de ses proches, il n'a pas encore trouvé sa voie. « C'était un clown, se souviendra son copain d'école Gil Kenny. Il était incapable de se montrer sérieux quel que soit le sujet. »

Jack trompe d'emblée son monde. Si la persévérance est déjà sa qualité première, l'adolescent préfère tenir que promettre et se montre discret quant à ses ambitions. Il a pourtant fait son choix. Après avoir reçu son diplôme de fin d'études au lycée, il part, à 17 ans, pour la Californie en ayant emprunté de l'argent. Tapant aux portes des studios de cinéma, Jack obtient un job au département des dessins animés de la MGM. Le jeune homme y sympathise avec les animateurs Bill Hanna et Joe Barbera, qui lui auraient conseillé de s'initier à l'art dramatique au Players Ring

Theatre. Une autre version veut qu'il ait apostrophé le producteur Joe Pasternak d'un culotté : « Pourquoi ne me feriez-vous pas passer un test comme acteur ? » Amusé, ce découvreur de talents se serait plié à la demande. À l'issue d'un essai peu concluant, Pasternak aurait encouragé Nicholson à rejoindre une troupe afin qu'il puisse se former. Quelle qu'en soit l'origine, Jack se retrouve au Players Ring. Parmi ses professeurs, Martin Landau décrit ainsi le débutant : « Il avait de grandes dents et une épaisse tignasse ; il était charmant, il était drôle, il était intelligent – et sérieux. » Contrairement à nombre d'apprentis comédiens, Nicholson est moins attiré par les planches que par le cinéma. Mais il sent confusément que le système des studios, avec ses stars fabriquées par l'industrie, n'est pas fait pour lui. Il conserve cependant l'enthousiasme de ses 18 ans et n'est pas le dernier à organiser des fêtes entre amis lorsque l'un d'eux décroche un petit rôle.

Le premier le concernant se présente en 1958. Jack est alors recruté par le faiseur de séries B Roger Corman. L'homme qui donnera leur chance à Francis Ford Coppola et à Martin Scorsese réserve à Nicholson un personnage inspiré par celui de James Dean dans *La Fureur de vivre*. « Je me suis dit que j'étais arrivé », se rappellera l'acteur des années plus tard. Mais *Cry Baby Killer* est démoli par la critique. Jack s'en console en s'inscrivant à l'Actors Studio et en fumant des joints. S'il donne le change, il sait que la dépression n'est pas loin. Certains amis, à l'instar de Warren Beatty, commencent à faire parler d'eux, et Nicholson en vient à se demander s'il ne s'est pas fourvoyé. Prenant son mal en patience et domptant son instabilité sur le plan sentimental, il épouse l'actrice Sandra Knight, avec laquelle il a une fille, et réintègre l'« usine » de Roger Corman dont les tournages, rapides et fauchés, offrent une bonne façon de se faire la main. En tant qu'acteur, avec la cultissime *Petite Boutique des horreurs*, mais aussi comme producteur et scénariste dans des réalisations de Corman et de Monte Hellman. Ce dernier l'apprécie plus encore pour ses qualités d'auteur que de comédien, les deux hommes écrivant à quatre mains toutes sortes de scripts, depuis un scénario sur le sujet tabou de l'avortement, qui ne sera jamais tourné, jusqu'à leur récit sur un Ouest américain authentique, et non mythifié, dans *L'Ouragan de la vengeance*. Curieuses années 1960, qui voient Nicholson s'interroger sans cesse sur son parcours, mais tenter toutes les expériences.

Ainsi écrit-il pour Roger Corman *The Trip*, film sur les motards et l'usage du LSD. Une substance que l'acteur connaît bien pour en être consommateur.

Si le succès est au rendez-vous, Jack décide de réorienter sa vie et sa carrière. Divorcé en 1968 de Sandra, il emménage avec l'acteur Harry Dean Stanton et mène une existence débridée. Sur le plan professionnel, il quitte l'écurie Corman-Hellman et choisi d'apporter son talent à la jeune société de production Raybert, dirigée par Bob Rafelson et Bert Schneider. Après *The Monkees*, série télévisée qui la renfloue financièrement, l'équipe se lance dans la préparation d'un film singulier. C'est à leur ami Nicholson que Peter Fonda et Denis Hopper soumettent le synopsis de douze pages d'*Easy Rider*. « J'ai immédiatement compris que ce serait un succès, racontera l'acteur-producteur. Mon expérience avec Roger Corman m'avait montré qu'on pouvait engranger 6 à 8 millions de dollars de bénéfice avec un budget d'un demi-million de dollars, comme pour mon dernier film de motards. Je sentais que la période était idéale pour les films de *bikers*, surtout si on parvenait à hisser le genre vers un certain degré de qualité littéraire. » S'il réussit à convaincre la Columbia de distribuer ce manifeste de la contre-culture, Nicholson est confronté à un autre défi. Alors qu'il songe sérieusement à abandonner le métier d'acteur qui, jusqu'à présent, ne lui a guère réussi, Bert Schneider l'encourage à accepter le rôle, destiné à Rip Torn, de l'avocat sudiste rejoignant les motards dans leur périple.

Jack investit le personnage à la fois élégant, épris de justice, lucide, mais aussi alcoolique et *borderline* de George Hanson, au point que le *New York Times* écrit : « Nicholson est tellement bon qu'*Easy Rider* ne se remet jamais complètement de sa disparition. » Le triomphe du film au festival de Cannes 1969 est d'abord celui de Jack. « Personne, je crois, n'a eu ce genre d'expérience, dira-t-il plus tard. En sortant de l'avant-première, j'étais devenu une star. » Phénomène de société aux États-Unis, ce *road trip* identifie Nicholson aux yeux du public, qui voit désormais en lui la part acceptable et secrètement rêvée des dérapages de l'après-1968. En cette ère de renversement des valeurs, il reçoit sa première nomination aux Oscars. Les membres de la respectueuse Academy savent-ils que, pour la scène du feu de camp, Jack et ses comparses ont réellement grillé pétard sur pétard ? Projetant une image irrévérencieuse et sarcastique, l'acteur entend pourtant, dès ce coup d'éclat, mettre un terme au procès en exubérance qui lui sera fait durant sa carrière. « La sobriété, déclare-t-il, est la qualité que je préfère dans l'art. J'ai mis un moment à être reconnu et je me suis bien amusé en cours de route. Toutefois, je suis quelqu'un de réservé à la base. » L'autre cliché, consistant à le ranger dans la catégorie des antihéros, le laisse tout aussi sceptique : « S'il existe une constance dans mon travail, c'est le principe d'affirmation. Le système peut faire reculer, écraser mon personnage, mais celui-ci revient toujours à la charge. Ce n'est pas "anti" quoi que ce soit. C'est plutôt pro et positif. »

Nicholson n'en écarte pas moins des productions attrayantes, de *L'Arnaque* à *Rencontres du troisième type*, pour des projets plus personnels. Ainsi s'interroge-t-il sur la condition du mâle américain moyen en mettant en scène son premier film, *Vas-y, fonce*, puis en jouant dans *Ce plaisir qu'on dit charnel*. Mike Nichols, qui le dirige à cette occasion, note que « Jack est un acteur qui accepte des rôles refusés par d'autres et les fait imploser pour obtenir quelque chose que personne n'aurait pu imaginer. C'est un acteur fantastique parce qu'on ne voit jamais la technique dans son jeu. Il n'y a que la vie. » Sa composition, particulièrement subtile, d'un rebelle passant par divers états émotionnels et plusieurs positions sociales dans *Cinq pièces faciles* de Rafelson souligne une ambivalence permanente qui empêche de le réduire à un type de personnage. Cependant, s'il n'entend pas se laisser formater par le système, Nicholson l'ambigu n'a jamais caché sa volonté d'en faire partie. Aussi commence-t-il à sélectionner, en stratège, les propositions qui lui sont faites. *Chinatown* le propulse, en 1974, au firmament. Dandy candide jusqu'à l'aveuglement malgré un cynisme de façade, son détective privé du L.A. de la fin des années 1930 n'a pourtant rien de flamboyant. Mais son jeu sans effets, presque touchant, est admirable.

« Rares sont les acteurs avec qui j'ai eu autant de plaisir à travailler, écrira dans ses Mémoires sa partenaire, Faye Dunaway. C'est un vrai gentleman. Il est brillant, intelligent. En tant qu'acteur, il occupe pleinement l'instant et l'humour imprègne toujours son travail. » Ayant noué une forte amitié avec son metteur en scène, Roman Polanski, il séduit Anjelica Huston, l'actrice venant rendre visite à son père, John, qui joue au côté de Nicholson. Ce dernier a eu quatre ans plus tôt un fils non reconnu de sa relation avec la comédienne Susan Anspach. Puis il a vécu une brève liaison avec Michelle Phillips, ex-épouse de son ami Dennis Hopper. Anjelica est informée des travers de cet homme séduisant mais instable. Elle restera pourtant sa compagne pendant seize ans, supportant ses tromperies et son professionnalisme tatillon. Sa dépendance aux drogues, également. Le cinéaste français Gérard Oury se souviendra longtemps de son rendez-vous chez Jack avec Lino Ventura, les deux acteurs étant censés former un duo insolite à l'écran. Mais lorsque Ventura voit Nicholson se faire une ligne de coke sous son nez, avant de lui en proposer, le projet s'envole en fumée. L'Américain n'en a cure qui poursuit sur sa lancée, faisant de chaque nouveau film un événement. *Vol au-dessus d'un nid de coucou*, de Milos Forman, le pousse ainsi à s'immerger plusieurs semaines dans un hôpital psychiatrique, au risque de perdre la raison.

Son interprétation de McMurphy, un condamné pour viol qui se retrouve dans un asile pour échapper à la prison, est l'une des plus riches et des plus impressionnantes de l'histoire du cinéma. Victime et manipulateur, adoptant un jeu spectaculaire mêlé de bouillonnement intérieur, il est en symbiose absolue avec son personnage sans jamais chercher à mettre les spectateurs de son côté, pas plus qu'il ne les encourage à le condamner. À travers l'adaptation de l'œuvre de Ken Kesey, Forman et Nicholson dénoncent surtout la perversion d'institutions qui formatent des êtres jusqu'à les asservir. Si l'acteur, ayant conscience de tenir le rôle de sa vie, pourrait avoir la volonté de tirer la couverture à lui, il n'en est rien. « Lorsque je lui ai dit que je recherchais ce qu'il y a de mieux pour jouer à ses côtés, se souviendra Milos Forman, Nicholson ne s'est pas senti menacé. Il a déclaré que de bons comédiens ne pouvaient qu'améliorer sa performance au lieu d'en compromettre la qualité. » Face à Louise Fletcher, extraordinaire en infirmière tortionnaire, Jack se surpasse et décroche en 1976 son premier Oscar. Devenu un interprète sur lequel on monte un projet, obtenant un million de dollars par film, plus un bénéfice sur les recettes, Nicholson, qui s'est installé avec Anjelica Huston sur Mulholland Drive, a pour voisins ses amis Warren Beatty et Marlon Brando, dont les inconséquences ont failli le rendre fou lors du tournage de *Missouri Breaks*. Pince-sans-rire, parfois colérique, l'acteur n'a toutefois pas cet ego qui empoisonne certaines stars. Son grain de folie est ailleurs. « Quand quelque chose plaît à Jack, dira sa secrétaire Ann Marshall, il l'apporte à la maison, que ce soit un abat-jour ou une personne. Il héberge souvent deux ou trois copains à la fois. »

Cette fidélité le conduit à soutenir Polanski, qui habitait sa maison, en son absence, lorsqu'il fut accusé en 1977 du viol d'une mineure. Le scandale n'entache pas la réputation du comédien. D'une certaine manière, comme Robert Mitchum, autre *bad boy* bien-aimé, son image le protège. Jack n'est-il pas, par essence, « pervers » ? Et n'est-ce pas pour cette raison que les membres de l'Academy lui ont demandé en 1972 de remettre l'Oscar du meilleur film, la statuette risquant d'être décernée au très controversé *Orange mécanique* ? Un détail qui n'a pas dû échapper à Stanley Kubrick. Lequel voit en Nicholson le Napoléon qu'il projette de réaliser, avant de lui soumettre le script de *Shining*, adapté du roman horrifique de Stephen King. Le rôle de Jack Torrance permet une nouvelle fois à l'acteur de se réinventer. Cet écrivain raté engagé comme gardien d'un grand hôtel, qui glisse d'un comportement obsessionnel à la folie, lui offre de creuser plus encore la thématique abordée par *Vol au-dessus d'un nid de coucous*. « Dans le parcours professionnel de Nicholson, analyse sa biographe Beverly Walker, *Shining* marque un tournant artistique et peut-être personnel dont les effets se prolongèrent pendant quinze ans. Jusqu'alors, il avait été considéré comme un acteur naturaliste, quoique à fleur de peau. Après *Shining*, ses interprétations se mâtinèrent d'une touche surréaliste pour évoluer vers un style ouvertement grand-guignolesque : choquant, audacieux, sanglant, toujours prêt à exploser de colère. »

Pour l'historien Christian Viviani, le comédien passe ainsi de l'Actors Studio aux principes édictés au XIXe siècle par le pédagogue français François Delsarte visant à une expression signifiante des gestes et des mouvements : « À partir de *Shining*, développe-t-il, Nicholson semble s'émanciper du naturalisme strasbergo-adlerien en faveur d'une flamboyance expressive plus delsartienne. » En témoignent ses compositions, du séducteur maléfique des *Sorcières d'Eastwick* au président de *Mars Attacks !*, en passant par le loup-garou de *Wolf*. Si certaines sont jugées outrancières, au point de déséquilibrer le film, le public adhère. Jack invoque quant à lui le principe de plaisir : « Je n'aimerais pas être acteur si cela me cantonnait à des rôles réalistes. J'aime basculer dans la folie, j'aime les comportements dingues. » Ce qui ne le préserve pas du doute. Lors du tournage de certaines scènes de *Shining*, Nicholson, inquiet, demande à Kubrick : « Stanley, tu ne crois pas que j'en fais un peu trop ? » Émaillée d'éléments comiques, son interprétation *bigger than life* est critiquée, avant de faire l'unanimité. Mais à chaque fois qu'il est tenté de resservir ce que son orgueil refuse de considérer comme une formule – entre rictus sardonique et jeu excessif –, l'interrogation revient.

Le sourire de requin, prolongé par son regard perçant ; sa diction au débit ralenti ; le port régulier de lunettes noires, ne sont-ils pas devenus les éléments constitutifs d'une marque de fabrique ? Que l'excès aille à Nicholson est une évidence. Mais la répétition n'aurait pas de sens si elle ne se faisait au prix d'infinies variations. Quoi de commun entre le mafieux ridicule de *L'Honneur des Prizzi*, de John Huston, le chef syndicaliste puissant de *Hoffa*, de Danny DeVito, et le Joker sociopathe du *Batman* de Tim Burton ? Pour cette composition effrayante, Jack a appliqué son principe : « La plupart des acteurs hésitent à aller au fond de leur propre obscurité ; moi je dis toujours : "Allons vraiment au plus noir !" » Si le masque-prothèse de Nick Dudman a contribué à rendre sa figure du Joker iconique, Nicholson a travaillé à lui conférer une identité unique. « Son interprétation n'a rien de théâtral, explique Burton. C'est un acteur qui excelle à aller aussi loin que possible, toujours à la limite et, en même temps, toujours crédible. Jack sentait d'instinct quand il fallait baisser d'un registre. C'est un acteur à l'ancienne qui fonctionne beaucoup à l'intuition. Il apprend d'abord à connaître son personnage, puis il s'amuse. » Le film, triomphe au box-office, lui rapporte 65 millions de dollars. La seconde partie de carrière de Nicholson ne joue pourtant pas systématiquement cette partition tonitruante qui a fait sa gloire. Il sait encore souffler le chaud et le froid à l'intérieur d'un même rôle, comme pour celui du militaire impressionnant Tom Cruise dans *Des hommes d'honneur*.

Mais Jack Nicholson est aussi un interprète célébré pour son art de la demi-teinte. L'exercice, amorcé avec le personnage du soupirant de Shirley MacLaine dans *Tendres passions*, qui lui vaut un Oscar du meilleur second rôle, se poursuit avec plus de constance la soixantaine venue. Cette évolution correspond-elle à un assagissement ? Sur le plan privé, il n'en est rien. Séparé d'Anjelica Huston, Jack vit au début des années 1990 une relation avec le mannequin Rebecca Broussard, qui lui donne une fille et un fils. Puis il rencontre, à la fin de la décennie, l'actrice Lara Flynn Boyle avant de sortir un temps avec Kate Moss, pour finir par connaître une relation plus durable avec la comédienne Paz de la Huerta. Il a 70 ans et pourrait être son grand-père. Mais il a déjà fort à faire avec ses cinq enfants de quatre femmes différentes. Le désordre amoureux ne l'a jamais effrayé. Pas plus que la diversité de rôles s'offrant à lui à un âge où certains ont remisé toute ambition. Du père dévasté par la douleur d'avoir perdu sa fille dans *Crossing Guard*, de Sean Penn, au romancier misanthrope, souffrant de tocs et touché par la rédemption, dans *Pour le pire et pour le meilleur*, de James L. Brooks, qui lui vaut en 1998 son troisième Oscar, Jack Nicholson ne cesse de surprendre. Jusqu'à retrouver, au tournant du nouveau siècle, l'épure et la sobriété tant recherchées dans la grisaille de *Monsieur Schmidt*. En petit employé d'assurances sur le point de prendre sa retraite, l'acteur, dirigé par Alexander Payne, semble s'oublier derrière une composition de passe-muraille. « D'ordinaire, écrit le critique Roger Ebert, on regarde Nicholson parce qu'on aime son style et son énergie diabolique. Ici, c'est leur absence qui fascine. » Mais pour l'artiste, l'exercice est toujours le même : « La vraie difficulté de ce métier, une fois qu'on est connu, résumera-t-il, c'est – dans mon cas – de "dé-nicholsoniser" le personnage pour que le public puisse réinvestir un nouvel être fictionnel. »

Une discipline qui n'aura jamais empêché ce fan absolu de l'équipe de basket des Lakers de Los Angeles de prendre, selon sa devise, « toujours plus de bon temps ». Sauvage civilisé, le comédien n'affirmait-il pas, jusqu'à sa retraite en 2010, qu'« une star sur un plateau est comme une bombe à retardement » ? S'affranchissant très tôt des principes qui entravent les destins, Jack Nicholson n'aura jamais été dupe de rien. Ni de son art, ni de la vie. Sans doute est-ce la raison pour laquelle l'une comme l'autre l'ont si bien servi.

Filmographie sélective

Easy Rider (Denis Hopper, 1969)
Cinq pièces faciles (Bob Rafelson, 1970)
Ce plaisir qu'on dit charnel (Mike Nichols, 1971)

Chinatown (Roman Polanski, 1974)
Profession : reporter (Michelangelo Antonioni, 1975)
Vol au-dessus d'un nid de coucous (Milos Forman, 1975)
Shining (Stanley Kubrick, 1980)
Le facteur sonne toujours deux fois (Bob Rafelson, 1981)
Tendres passions (James L. Brooks, 1983)
L'Honneur des Prizzi (John Huston, 1985)
Batman (Tim Burton, 1989)
Pour le meilleur et pour le pire (James L. Brooks, 1997)
Monsieur Schmidt (Alexander Payne, 2002)

Robert De Niro (1943)

Son irruption sur grand écran au milieu des années 1970, dans la lignée de Dustin Hoffman et d'Al Pacino, fut un séisme. Faisant de chacune de ses métamorphoses une interprétation mémorable, usant de son corps et de son visage comme d'infatigables instruments de travail, De Niro est aussi le contraire d'un exhibitionniste. Obsessionnel et secret, plus irlandais qu'italien, il se montre encore capable de surprendre par-delà sa propre caricature. Qui peut au fond prétendre connaître ce monstre sacré dénué de vanité ?

Été 1975. Robert De Niro s'isole. Face au miroir qui lui renvoie son reflet, l'acteur songe au monologue que Martin Scorsese lui a demandé d'improviser. « Ton personnage doit s'adresser à un interlocuteur imaginaire », s'est-il contenté de lui indiquer. De Niro se souvient alors d'un exercice pratiqué par son ancienne professeure d'art dramatique qui fut, aussi, celle de Marlon Brando. Stella Adler aimait interpeller l'un de ses étudiants, au hasard, celui-ci devant répondre par différentes variations de la phrase « *Are you talking to me ?* ».

« C'est à moi que tu parles ? » Travis Bickle, *taxi driver* largué, interroge la glace, se heurte à sa propre solitude et achève de nous fracasser. Derrière la caméra, Scorsese filme son interprète en quête de justesse. « Peu à peu, il a trouvé un rythme. En trois heures, la séquence était bouclée », se rappellera le cinéaste. Robert De Niro a-t-il jamais envisagé son métier autrement que sous l'angle de la crédibilité ? Au point d'accepter, devenu star, des seconds rôles ou de simples participations à l'ombre d'autres comédiens, l'excellence important plus que la facilité et les apparences trompeuses. Comme celle qui, par un raccourci facile, réduit Bobby et son faux jumeau Al Pacino à l'image que les spectateurs se font du prolétaire italo-américain.

Né à New York le 17 août 1943, le fils de Robert De Niro Sr et de Virginia Admiral a pourtant trois grands-parents anglo-irlandais sur quatre. Ses parents, peintres issus d'une bourgeoisie aussi intellectuelle que bohème, l'initient très tôt aux fondamentaux artistiques et culturels qui leur font côtoyer le dramaturge Tennessee Williams, l'écrivaine Anaïs Nin et la future critique cinématographique Pauline Keal. Il y a toutefois dans ce tableau d'ensemble un léger élément dysfonctionnel. Élevé à Greenwich Village avec une grande liberté, Bobby n'a que 2 ans lorsque son père quitte sa mère après lui avoir révélé son homosexualité. L'enfant n'a pas à en pâtir : vivant à parts égales chez Virginia et Robert, il bénéficie des cours de cinéphilie de ce dernier, qui le fait complice de sa fascination pour Greta Garbo. Préférant à la fréquentation des stades celle des musées, le garçon, renfermé et laborieux, éprouve plus de difficultés à l'école. Il n'a pas 9 ans lorsque, imitant Humphrey Bogart et Spencer Tracy, il envisage de devenir comédien. « C'est un privilège pour un enfant, dira-t-il, de savoir, dès le départ, ce qu'il veut faire de sa vie. » L'adolescence le voit migrer avec sa mère dans le quartier de Little Italy. Gamin chétif, surnommé « Bobby Milk » en raison de sa pâleur, De Niro ressent pour la première fois l'atavisme le liant à son grand-père paternel en traînant avec des gangs de *teenagers* italo-américains. Mais s'il adopte leur look, il reste fondamentalement un fils dévoué ainsi qu'un lycéen appliqué. Son désir d'émancipation le pousse cependant à renouer avec ses rêves d'enfant. Mettant un terme à ses études, Bobby finit à 18 ans par trouver l'enseignement qui lui convient. Ayant connu Stella Adler par l'intermédiaire du metteur en scène de théâtre Erwin Piscator et son épouse, pour laquelle travaillait sa mère, il doit se plier à une discipline stricte et vaincre sa timidité en intégrant son cours.

Pour Adler comptent avant tout le respect du texte et la pertinence des choix ; plutôt devenir un personnage que de le tirer vers soi. Une philosophie qu'adopte avec enthousiasme De Niro. Ce que constatera Elia Kazan, lorsqu'il le dirigera dans *Le Dernier Nabab* : « Robert n'est pas une star, mais un interprète. C'est pourquoi il accorde une importance extrême aux détails extérieurs que négligent la plupart des acteurs : les vêtements qu'il porte, la façon dont il marche… Sur un film, il se préoccupe de tout. » Cette approche va longuement mûrir. Si Bobby a 20 ans lorsqu'il débute dans *The Wedding Party*, de Brian De Palma, le film ne sera distribué qu'en 1969. Entre-temps, De Niro effectue un voyage en France et en Italie, faisant une figuration dans *Trois chambres à Manhattan* de Marcel Carné, auprès d'Annie Girardot. De retour aux États-Unis, il retrouve De Palma, qui lui propose, dans *Greetings*, le rôle d'un jeune homme tentant avec ses copains d'échapper à la conscription au Vietnam. Mais Bobby, désormais élève de l'Actors Studio, n'impressionne pas encore la pellicule. Aussi doit-il se contenter d'apparitions sur scène où il révèle, de Tchekhov à Rostand en passant par O'Neill, l'étendue de son répertoire. Au point d'être repéré par l'une des actrices de composition les plus réputées du métier. Shelley Winters l'impose à Roger Corman pour interpréter en 1970 l'un de ses fils, psychopathe et toxicomane, dans le déjanté *Bloody Mama*. Distingué par la critique mais continuant de courir le cachet, entre pièces, publicités et cabarets, Bobby reste à l'affût des opportunités.

Vivant désormais en couple avec la chanteuse et comédienne Diahnne Abbott, qu'il a rencontrée lors d'une tournée théâtrale à Boston, il se rend à Hollywood afin de postuler au casting du *Parrain*. D'abord pressenti par Francis Ford Coppola pour jouer le rôle de Michael Corleone, il est finalement recalé au profit d'Al Pacino. Envisagé dans un second temps pour incarner Sonny, il se voit cette fois-ci préférer James Caan. Ces décisions se prenant sur le fil, son nom commence à circuler chez les directeurs de casting. Interprétant en 1973 un joueur de baseball victime de la maladie de Hodgkin dans *Le Dernier Match*, Bobby fait sensation parmi l'équipe de tournage et sent le vent tourner. D'autant que De Palma vient de lui présenter un ami, metteur en scène plein d'avenir. Après quelques échanges, De Niro est convaincu d'avoir croisé le volubile Martin Scorsese une quinzaine d'années plus tôt dans les rues de Little Italy. Une audition plus tard, « Marty » engage Bobby pour devenir son Johnny Boy, imprévisible et primitif, dans *Mean Streets*. Si De Niro aurait désiré jouer le rôle du truand sur le chemin de la rédemption qui sera confié à Harvey Keitel, il devient pleinement ce petit caïd ultra-violent, au sourire crispant, dont le nihilisme tragique annonce d'autres personnages pour l'acteur débutant. Le film n'est pas encore sorti que le nom de Robert De Niro bruisse sur les lèvres de journalistes qui n'hésitent pas à parler de « phénomène » et le comparent à Brando, mètre étalon du naturalisme sur grand écran.

L'occasion est trop belle pour Coppola de rattraper leur rendez-vous manqué, alors qu'il s'apprête à donner une suite au *Parrain*. Bobby y sera le jeune Vito Corleone. Travaillant l'accent sicilien jusqu'à la perfection, s'imprégnant de la raucité et d'expressions corporelles de Marlon Brando, qui incarnait le vieux Don Corleone, De Niro, malgré une dissemblance physique avec son modèle, parvient à rendre crédible leur continuité tout en s'appropriant le personnage devenu mythe. L'exploit n'est pas mince qui vaut à l'acteur, en 1975, l'Oscar du meilleur second rôle. De son interprète, qui ne se déplace pas pour recevoir le trophée et dont l'investissement l'a sidéré, Coppola dira : « J'aime beaucoup Bob. Mais je ne sais pas s'il s'aime beaucoup lui-même. » La réflexion trouve un écho dans le nouveau film qu'il s'apprête à tourner avec Scorsese. Au sujet de son travail préparatoire pour *Taxi Driver*, on a beaucoup insisté sur sa dimension apparente, spectaculaire. Sur la licence de chauffeur de taxi décrochée par De Niro et les semaines qu'il a passées à New York à charger, de nuit, des clients qui ne le reconnaissaient pas. Jusqu'à ce jour où, prenant lors d'une course un collègue comédien qui le croit fauché, il s'attire cette réflexion de sa part : « Ne t'inquiète pas ! Tu finiras par retrouver des propositions. » L'anecdote sert plus la légende de l'acteur que sa vérité.

Si Bobby répond à ceux qui louent son génie qu'« il faut sans cesse pratiquer, jusqu'à l'épuisement, afin d'être naturel », une autre recherche, contredisant l'enseignement de Stella Adler et donnant raison à celui de Lee Strasberg, profite tout autant à sa composition. Elle consiste à puiser dans les troubles qu'il éprouve et qui font écho à ceux de ses personnages, depuis son tempérament solitaire et obsessionnel jusqu'à ses accès de violence à peine contenus. Des névroses qu'il réprime tant bien que mal, tandis que ses incarnations les vivent sur un mode désinhibé. Mais à quoi cela sert-il de savoir que Robert De Niro porte en germe les déséquilibres de Travis Bickle ? Ne dépasse-t-il pas ce travail identificatoire pour d'autres mises en condition ? Jodie Foster, alors adolescente, se souviendra de la leçon donnée sur ce point par son partenaire : « Robert m'a appris que la meilleure façon d'improviser une scène est de la savoir à fond. Il me faisait répéter nos dialogues jusqu'à l'ennui, avant de me surprendre en lâchant quelque chose de totalement inattendu. Et là, on décollait ! » Primé au festival de Cannes, *Taxi Driver* est également pour De Niro un accélérateur de notoriété. Mais essentiellement aux yeux de la critique, ce drame de la folie d'un homme étant snobé par le public. Film après film, sans rencontrer de larges succès populaires, Bobby devient une référence par l'intransigeance de sa démarche, tant auprès des cinéastes que parmi ses pairs. S'il change régulièrement de registre et de masques, son surinvestissement reste le même.

Jeûnant, non sans risques, pour acquérir l'apparence maladive du producteur du *Dernier Nabab*, il joue avec une intériorité mélancolique mais pleine d'autorité ce personnage fitzgeraldien. Puis il se montre explosif, dans l'enthousiasme comme dans la rage, en jazzman de *New York, New York*. Avant d'apparaître à nouveau mesuré et maître de lui en pilier de la petite communauté d'hommes partant à la guerre dans le *Voyage au bout de l'enfer* de Michael Cimino. Mais s'il excelle dans la retenue et l'expression de nuances traduisant admirablement ses conflits intérieurs, ainsi qu'en témoigne son évêque irlandais de *Sanglantes confessions*, De Niro reste avant tout dans les mémoires pour des œuvres accompagnant, de façon éruptive ou stylisée, les convulsions de ses personnages ; lorsque la réalisation se hisse au niveau de cet acteur-metteur en scène de lui-même. Ainsi offre-t-il en 1980, avec son incarnation du pugiliste Jake La Motta dans l'opératique *Raging Bull*, l'essence de son art, qui lui vaut un Oscar. Une fois encore, il y a le travail extérieur, renversant, qui le voit s'initier le plus professionnellement du monde à la boxe et faire de vrais combats ; prendre 12 kilos de muscles, puis 30 kilos de graisse, pour « être » son personnage à plusieurs époques de sa vie, au point de mettre la sienne en danger en maltraitant son corps. Mais il y a aussi ce qui n'apparaît pas.

« Bob, racontera Scorsese, est un acteur très généreux, et il donne encore plus quand il est dos à la caméra. Avec lui, les autres acteurs offrent le meilleur d'eux-mêmes. » Notamment lors d'une scène où De Niro-La Motta soupçonne son frère, joué par Joe Pesci, d'avoir une liaison avec sa femme. « Si Joe a l'air aussi indigné, révélera le cinéaste, c'est parce que j'ai pris Bob à part pour lui dire que la réaction de Pesci n'était pas assez forte. Il m'a proposé de faire une autre prise, et a pris Joe par surprise en lançant : “Tu as déjà baisé avec ta mère ?” Quand vous reverrez la scène, regardez la réaction de Joe ! J'aime ce genre d'initiative. » De Niro récidive trois ans plus tard, toujours sous la direction de Scorsese, dans *La Valse des pantins*, en lâchant des insultes antisémites à Jerry Lewis afin d'antagoniser leurs rapports déjà tendus par le scénario. Sur la défensive, son partenaire encaisse mais apprécie modérément la méthode De Niro. « Pour travailler avec Bobby, il faut vendre son âme au diable, témoignera Lewis. Il savait parfaitement ce qu'il voulait, qu'il lui fallait du temps pour se mettre en route, et qu'il devait se donner à fond pour que les choses fonctionnent. Même si Marty lui répétait à en perdre haleine que la cinquième prise était parfaite, De Niro savait qu'il aurait une idée à la douzième, à la quatorzième ou à la quinzième prise, et que si on en faisait vingt, il partirait sur quelque chose de complètement différent. À la vingt-huitième prise, il se mettait par exemple à serrer les mâchoires, ce qu'il n'avait pas fait dans les vingt-sept prises précédentes. J'étais constamment désarçonné. »

En petit New-Yorkais étriqué et sociopathe kidnappant son idole télévisée, De Niro offre une remarquable interprétation d'un déséquilibre mental n'ayant rien à voir avec ceux qu'il a déjà joués. De la même manière, la *persona* de l'acteur évolue avec ses différents metteurs en scène. Sous la direction de Scorsese, à qui il force presque la main pour tourner *Raging Bull* et *La Valse des pantins*, Bobby compose des partitions sèches, signifiantes, à vif, ne cherchant pas à susciter l'empathie. « Je crois que Marty et lui sont comme des frères, dira d'eux Steven Spielberg. De Niro étant, par l'expression de sa violence à l'écran, une projection de ce que Scorsese aurait pu devenir s'il n'avait pas fini metteur en scène. » Et que serait devenu cet alter ego, faux tranquille et vrai asocial, si le métier d'acteur ne l'avait pas révélé à lui-même ? En épousant la vision d'autres cinéastes que Marty, Robert De Niro humanise ou rend plus opaques ses personnages. Celui qu'il cisèle en 1983 pour Sergio Leone, dans le très proustien *Il était une fois en Amérique*, relève du grand art. Du gangster juif Noodles, présenté *via* plusieurs flash-back, le spectateur croit tout connaître ; ses amitiés, ses amours comme ses rêves. Alors qu'au fond il ne sait rien. Sa magie est son mystère que De Niro, maître des silences, codifie à travers une gamme d'expressions physiques et faciales dont l'agencement fait la singularité. Comme le soulignent Michel Cieutat et Christian Viviani dans l'essai qu'ils consacrent à l'acteur, « Noodles n'est jamais lesté de ce poids physique propre aux créations de De Niro pour Scorsese : souple et agile, il court, il grimpe, il se recroqueville. [...] Ce flou empêche tout attardement sur le regard du personnage : rarement les yeux de De Niro auront été plus minces, plus inscrutables. C'est la bouche qui fascine, la mâchoire inférieure souvent crispée dans la violence, les commissures se détendant parfois pour esquisser un sourire fugitif, puis la bouche entière se raidissant en une horizontale sèche pour ensuite plonger dans une introspection insondable ». L'échec du chef-d'œuvre testamentaire de Leone aux États-Unis incite De Niro, dont l'implication fut une nouvelle fois totale, à s'interroger sur la suite de sa carrière. L'acteur veut, plus encore que d'habitude, décloisonner ses choix et laisser l'instinct imprégner son jeu. Les expérimentations qui en découlent, si elles ne sont pas toujours couronnées de succès, consacrent sa polyvalence et la maîtrise absolue d'une méthode parvenue à maturité. Dans cette version new-yorkaise de *Brève rencontre* qu'est *Falling in Love*, avec Meryl Streep, il est un père de famille agréable et séducteur, faisant oublier certains maniérismes par une façon de saisir et de rendre sans afféterie les affres du quotidien. Avec ce film, De Niro prend date pour d'autres rôles ancrés dans une réalité « ordinaire », mais le public ne le suit pas. À l'opposé, en mercenaire du XVIIIe siècle devenu prêtre, il retrouve dans *Mission* son goût pour les métamorphoses physiques et les combats métaphysiques débouchant sur l'une de ces catharsis qui en font un interprète d'exception.

Parallèlement, l'acteur accepte de plus en plus souvent des apparitions aussi brèves que marquantes, à l'image de son plombier clandestin du rétro-futuriste *Brazil*, de Terry Gilliam. Il ose également interpréter des personnages secondaires mais inoubliables, son incarnation d'Al Capone dans *Les Incorruptibles*, de Brian De Palma, lui valant de conjuguer la recréation minutieuse d'un personnage historique à une expressivité où le terrifiant rejoint le grotesque, sans jamais sombrer dans le ridicule. Enfin, ses retrouvailles avec Scorsese pour *Les Affranchis*, où il ne tient pas à proprement parler le rôle principal, sont moins l'occasion de creuser un sillon inexploré que d'asseoir une collaboration exemplaire à travers une interprétation archétypale. Ces emplois qui le mobilisent pour une durée limitée répondent, outre leur intérêt, à une nécessité économique. En 1989, l'acteur crée avec Tribeca, du nom du quartier de Manhattan où il réside, sa propre société de production. Afin de s'investir dans des projets qui lui tiennent à cœur et de maintenir sa compagnie à flot, De Niro se doit de tourner plus souvent, mais également d'apparaître comme un comédien *mainstream* et *bankable*. Ce qu'il accomplit en jouant dans *Midnight Run*. Ce polar efficace mêlant action et comédie permet à Bob de flirter, non sans talent, avec l'autoparodie. Passant, virtuose, par toute une gamme d'expressions traduisant la complexité de ses sentiments, l'icône du cinéma d'auteur offre une clé d'accès rapide à son jeu et conquiert une frange plus large de spectateurs.

Aux États-Unis où, contrairement à l'Europe, la qualité de star est corrélée au box-office, le film de Martin Brest fait enfin de Robert De Niro un acteur populaire. Se sent-il alors libéré ? Cet homme qui écoute plus qu'il ne parle et se livre difficilement, au point d'apparaître emprunté et maladroit en public ou avec les journalistes, se sert de ses rôles comme d'un exutoire. À près de 50 ans subsiste encore en lui cette colère enfouie depuis l'enfance où, rejetant les différents compagnons de sa mère, il combattait, déjà, son manque d'assurance. Vivant chaque intrusion dans sa vie privée comme un viol, il reste mutique sur le lien fraternel l'ayant uni au comédien John Belushi, mort d'une overdose, et ressent douloureusement le fait d'être entendu à la fin des années 1990 par un juge français dans une affaire de réseau de prostitution. S'étant séparé en 1988 de Diahnne pour vivre une dizaine d'années avec le mannequin Toukie Smith, il épouse en 1997 l'actrice Grace Hightower, fidèle à son goût pour les beautés noires et métissées. Quatre enfants naissent de ces différentes relations, mais De Niro se montre ambivalent sur ce qu'il décide, ou pas, de livrer aux médias. Sa boulimie d'activité n'est toutefois un mystère pour personne, qu'il s'investisse dans la restauration et l'immobilier, soutienne indéfectiblement les candidats démocrates aux élections présidentielles ou continue d'aligner, fût-ce dans des productions banales, d'impressionnantes créations au cinéma.

Il rate ainsi de peu un troisième Oscar, en 1991, pour son personnage muré dans le silence, prisonnier d'un fauteuil roulant, de *L'Éveil*, de Penny Marshall. Avant d'incendier l'écran par deux fois en 1995, en mafieux de luxe dans le chatoyant *Casino* de Martin Scorsese, puis en gangster de haut vol du *Heat* de Michael Mann, lors d'un mémorable face-à-face l'opposant à Al Pacino. Réputés pour leur jeu explosif, les deux héritiers de Brando se font adeptes d'un *underplaying* d'une grande intensité. Parallèlement, De Niro fait profil bas dans des compositions laissant libre cours à son humanité, qu'il incarne un analphabète touché par l'amour de Jane Fonda dans *Stanley et Iris*, un metteur en scène confronté au maccarthysme avec *La Liste noire*, le beau-père détestable du tout jeune Leonardo DiCaprio dans *Blessures secrètes*, ou un honnête travailleur dépassé par la rébellion de son fils dans *Il était une fois le Bronx*, pour lequel Bobby, rendant hommage à son enfance, se mue en réalisateur. L'équilibre entre le minimalisme et l'histrionisme de l'acteur atteint, en cette décennie, son paroxysme. Ce versant expressionniste, qu'endosse également son contemporain Jack Nicholson, s'épanouit pleinement dans le remake scorsesien des *Nerfs à vif*, où De Niro apparaît proprement surhumain et diabolique, mais aussi en créature de *Frankenstein*. Si de telles compositions « excessives » interrogent la critique, elles ne dévoient pas le talent de l'interprète en recherche permanente de dépassement et de vérité. Mais où s'arrête l'excellence et où commence le procédé ?

À l'approche de la soixantaine, suivant une trajectoire qui peut rappeler celle de son alter ego français, le monstre sacré Gérard Depardieu, Robert De Niro fait basculer dans le registre de la farce les éléments constitutifs de son mythe cinématographique. Si d'autres stars par le passé, tel Cary Grant, jouèrent avec leur image iconique en prenant le public, complice, à témoin, De Niro va comme toujours plus loin. Sa caricature de lui-même n'est pas une parenthèse, une simple *private joke* destinée à réjouir les spectateurs ; elle devient une énième métamorphose, une nouvelle création en forme de mise en abyme. Envisagée de manière stimulante dans *Mafia Blues*, en 1999, où l'acteur fait le pari troublant, et réussi, de mixer équitablement drame et parodie, elle envahit l'écran deux ans plus tard dans son plus gros succès commercial, *Mon beau-père et moi*, bientôt décliné en franchise. Déployant son arsenal de gestes et de grimaces comme autant de signatures ; front plissé, rictus et menton en avant, index accusateur ; dynamitant par sa misanthropie, et sous l'angle de la comédie, la cellule familiale américaine, De Niro fait feu de tout bois. Cette bonne santé exacerbée peut réjouir ou désespérer ceux qui attendent toujours mieux, ou différent, de ce Prométhée du grand écran. L'autodérision ne le conduit-elle pas jusqu'à s'abaisser à incarner en 2016 le pathétique grand-père de Zac Efron dans *Dirty Papy*, comédie d'une affligeante vulgarité ?

Là où Pacino, revenant régulièrement au théâtre et tournant moins, refuse de se compromettre, De Niro, dont l'hyperactivité filmique semble consubstantielle à sa survie, paraît aujourd'hui prêt à tous les compromis, se souciant peu du « film de trop ». Par facilité ? Comment dire cela d'un artiste dont chaque apparition recèle encore un moment surprenant de nature à cueillir le spectateur ? Jusqu'à son incarnation magistrale du mafieux de *The Irishman* qui le voit renouer en 2019 avec Martin Scorsese, les deux hommes ne s'étant jamais perdus de vue, aussi essentiels l'un à l'autre. À l'heure des bilans et à l'hiver de sa vie, quel acteur de sa génération peut déployer une telle filmographie ? Qu'importe, dès lors, que Robert De Niro se dérobe derrière ses personnages. « Il est très brillant, a reconnu un jour Brian De Palma. Mais son intelligence, contenue, se manifeste sous forme d'étincelles. Au fond, cela prend des années pour connaître Bobby ! »

Filmographie sélective

Mean Streets (Martin Scorsese, 1973)
Taxi Driver (Martin Scorsese, 1976)
Le Dernier Nabab (Elia Kazan, 1976)
New York, New York (Martin Scorsese, 1977)
Voyage au bout de l'enfer (Michael Cimino, 1978)
Raging Bull (Martin Scorsese, 1980)
Sanglantes confessions (Ulu Grosbard, 1981)
La Valse des pantins (Martin Scorsese, 1983)
Il était une fois en Amérique (Sergio Leone, 1984)
Les Incorruptibles (Brian De Palma, 1987)
Midnight Run (Martin Brest, 1988)
Les Affranchis (Martin Scorsese, 1989)
Casino (Martin Scorsese, 1995)
Heat (Michael Mann, 1995)
Mafia Blues (Harold Ramis, 1999)
Mon beau-père et moi (Jay Roach, 2000)

Sylvester Stallone (1946)

*Il y a un paradoxe Stallone : celui d'un fils d'immigrés voulant s'inscrire dans la mouvance du Nouvel Hollywood et qui finit par renoncer à ses ambitions initiales, effaçant l'*outsider *au profit du super-héros emblématique des années Reagan. L'acteur gagna, à travers les sagas* Rocky *et* Rambo, *une stature mythique mais y perdit son âme. La réalisation de ce gâchis et la volonté touchante de se racheter ont permis à « Sly » de retrouver, intacte, l'affection du public mais aussi de se réconcilier avec la critique.*

Enfermé dans leur petit appartement avec sa femme Sasha, Sylvester Stallone en a conscience : sa saga d'un boxeur sorti de nulle part pour affronter le champion du monde des poids lourds est une métaphore de sa vie. Sa dernière chance, aussi. « Sly » n'a pas 30 ans, mais sa lutte pour tenter de s'imposer au cinéma l'a éprouvé. Une figuration dans un porno soft et une apparition dans *Bananas*, de Woody Allen, n'augurent pas d'une carrière. En cet été 1975, alors que son compte en banque crie famine, la plupart des directeurs de casting lui reprochent toujours ses yeux de chien battu ainsi qu'une légère paralysie faciale occasionnant un défaut de prononciation le vouant aux rôles de demeuré. Aucun projet ne s'offre à lui ? Qu'à cela ne tienne.

Inspiré par le combat en quinze rounds qui vient d'opposer l'*outsider* Chuck Wepner au mythe Mohamed Ali, il couche en trois jours sur son cahier à spirale l'histoire de Rocky Balboa. « J'étais jeune, dira-t-il, débordant d'énergie, et je l'ai écrit dans un accès de rage. » Né à New York en 1946, Sylvester Stallone est pourtant l'incarnation du rêve américain. Un père coiffeur, immigré catholique italien, une mère issue du coup de foudre entre une

Bretonne et un juif ukrainien ; le *melting-pot* marche à plein. Mais pas l'ascenseur social. Dès sa naissance au forceps, qui lui abîme un nerf facial, le garçon part avec un handicap. Il est aussi, très tôt, tributaire des déménagements incessants de parents fantasques qui l'entraînent du quartier new-yorkais misérable de Hell's Kitchen à Miami, en passant par Philadelphie. Moqué pour son prénom peu commun et sa diction aussi lente que son esprit, Sylvester se fait renvoyer de plusieurs établissements mais rumine, dans son exil intérieur, les moyens de se forger un destin. Fan de l'acteur culturiste Steve Reeves, il commence par se mettre à la musculation, modelant un corps dont il a décidé de se faire un allié. À 19 ans, celui que tous prennent pour un cancre parvient à se faire inscrire à l'université américaine de Leysin, en Suisse romande, s'ouvrant davantage à l'étranger que ses camarades qui le toisaient avec mépris. Du reste, Stallone va tenter sa chance dans un domaine où bien peu l'imaginent. Revenu d'Europe, il suit les cours d'art dramatique de l'université de Miami et commence à courir les castings.

L'espoir qu'il nourrit d'un Nouvel Hollywood privilégiant les profils ethniques et les physiques difficiles est vite douché. S'il accepte un rôle dans ce navet érotique qui ressortira inopportunément, la gloire venue, sous le titre de *L'Étalon italien*, c'est uniquement, comme il l'expliquera, parce que, « en 1970, je crevais de faim et de froid. J'avais besoin d'argent. Ou je le volais à quelqu'un, ou je me pendais, ou je faisais ce film ». Lequel lui rapporte 200 dollars et lui évite, temporairement, la corde ou la prison. Mais pas les humiliations. Recalé pour une figuration dans *Le Parrain*, ayant emménagé avec sa compagne Sasha Czack, il compense ses frustrations en lisant des classiques, dont ceux d'Edgar Poe, et en apprenant à écrire les rôles que ses brèves apparitions dans *Klute* ou *Adieu ma jolie* ne peuvent lui apporter. Désespéré, Sly reste bloqué au sous-sol des aspirants tragédiens.

Jusqu'à ce qu'il soit approché par les producteurs Irwin Winkler et Robert Chartoff, qui l'ont remarqué en blouson noir mélancolique du méconnu *Les Mains dans les poches*. Lorsqu'ils le convoquent, début 1975, dans leurs bureaux, c'est pour découvrir que le comédien est également scénariste : « Sly était un jeune type très intelligent, très cultivé, avec un grand sens de l'humour, se souviendra Winkler. On pensait se retrouver face à une petite frappe, on rencontre un artiste qui a fait ses études en Suisse. Quand il nous a dit qu'il avait un script à nous faire lire, on a tout de suite montré notre intérêt. On se doutait que ça pouvait avoir de la gueule vu le charme et l'intelligence du mec. » Son histoire d'une fratrie afro-américaine dans l'après-guerre, baptisée *Paradise Alley*, a tout pour les emballer. Mais elle a déjà été vendue par Stallone à un margoulin, qui n'a pas l'intention de la leur céder. Winkler et Chartoff, qui font distribuer leurs films par United Artists, demandent alors à leur nouvel ami de trousser rapidement un nouveau scénario. De cette contrainte, qui est aussi celle d'un artiste aux abois, naît l'histoire de Rocky Balboa. Sly y met toute son âme, ainsi qu'un esprit qui est bien celui des années 1970. Inspiré par l'esthétique crasseuse de *Sur les quais*, *Marty* et *Mean Streets* ; marqué par le réalisme et la morale de *Nous avons gagné ce soir*, Stallone ne fait pas de son boxeur un *winner* au sens littéral. Rocky perd un match qu'il ne pouvait gagner, mais le chemin qui l'y conduit, le respect et l'amour qu'il y gagne font de son parcours une *success story*. Emballés, les producteurs offrent à l'auteur 350 000 dollars pour acheter les droits de *Rocky*. « Je vous les vends, rétorque Stallone, à la condition que vous m'offriez le rôle principal. » Lorsqu'ils contactent United Artists, la compagnie a une tout autre idée. Elle budgétise le film à 5 millions de dollars et envisage de confier le rôle de l'*underdog* à l'un des champions du box-office. Les noms de Robert Redford, Ryan O'Neal, James Caan et Burt Reynolds sont évoqués. Sans faire flancher Stallone. Le bras de fer qu'engage alors le supposé raté avec les pontes de la cité des anges fait écho à la lutte de son héros de papier et forge sa légende.

En échange de l'abandon gracieux des droits de son script, d'un budget raboté à 1,1 million de dollars, d'un tournage express de vingt-huit jours et de plusieurs révisions d'un scénario que Winkler et Chartoff souhaitent moins déprimant, Sly obtient d'incarner le poids lourd et de travailler de concert avec John Avildsen, embauché pour mettre en scène son conte de fées philadelphien. Galvanisé, Sly se démultiplie pendant la production du film. « Il débordait d'enthousiasme et d'attention, se rappellera Winkler. C'était dingue à voir : il nous rendait tous meilleurs. » Ce dépassement de soi évite à l'acteur de se laisser envahir par le doute. « À cette époque, dira-t-il, j'étais tellement inconnu que je ne me connaissais pas moi-même. Je ne savais pas ce que je valais, ni qui j'étais. Me retrouver du jour au lendemain avec une équipe de cinéma qui avait les yeux braqués sur moi, qui croyait en ce que j'avais écrit, ça m'a remis les idées en place. Ça a donné subitement un sens à ma vie. »

La sortie de *Rocky*, son triomphe international, ses trois Oscars, dont celui du meilleur film, bouleversent la donne. Pour le meilleur et pour le pire. Propulsé star du jour au lendemain, salué tel un jeune Brando ou un nouveau De Niro, Stallone vient d'être nommé à la fois à l'Academy Award du meilleur acteur et à celui du meilleur scénariste, comme, jadis, Chaplin et Welles. « Ces comparaisons le hantaient, relèvera son biographe Frank Sanello. Il voulait une carrière à la Chaplin, pas à la Welles. Il ne voulait pas être l'homme d'un seul succès et chercher, toute sa vie, un deuxième *Citizen Kane.* » Désireux de bien faire, lucide quant au chemin parcouru pour en arriver là, Sly entend effectuer de bons choix, répondant à sa volonté d'inscrire son personnage dans une série d'engagements moins physiques que sociaux. À cette époque, Stallone est un *working class hero.* Mais son leader syndical du *FIST* de Norman Jewison ainsi que sa première réalisation personnelle de *La Taverne de l'enfer*, récit de luttes d'une fratrie italo-américaine dans l'après-guerre, sont loin de rencontrer le succès escompté. Le public ne reconnaît pas, dans ces rôles sombres et non dénués d'ambiguïtés, le vaincu magnifique des rings de Philadelphie. Seules les suites économiquement profitables de *Rocky* maintiennent son statut récemment acquis.

Au début des années 1980, l'acteur finit par péter les plombs, ce qu'il reconnaîtra par la suite avec lucidité : « On me posait des questions sur des sujets dont je ne savais rien, et j'étais tellement charmé par le son de ma propre voix que je débitais, sans filtre, mes opinions. J'étais parti de si loin que je suis devenu présomptueux. » Il se ressaisit en 1982. La façon dont il s'empare de Rambo, vétéran revenu paumé du Vietnam pour créer un nouveau mythe, digne d'une tragédie grecque, en dit aussi long sur sa capacité à se relancer que sur les limites des défis qui lui sont offerts. Contre toute évidence, Stallone n'était pas le premier choix pour incarner l'antihéros de David Morrell. Paul Newman, Burt Reynolds et même Dustin Hoffman avaient été pressentis, avant que le réalisateur canadien Ted Kotcheff ne jette son dévolu sur lui. « La carrière de Sly, dira ce dernier, était dans une drôle de posture. On disait qu'il n'avait du succès que dans les *Rocky*, mais je pensais qu'il serait parfait pour le rôle. La seule chose qu'il m'a demandée était de retravailler le script avec moi. Et j'ai découvert qu'en tant que scénariste, il avait un très bon sens populaire, sachant d'instinct ce que le public veut voir et ne pas voir. » Les demandes ou révisions que formule Stallone soulignent, en outre, sa fine compréhension du personnage.

« Selon lui, Rambo ne devait tuer personne, racontera Kotcheff. Il devait simplement mettre les antagonistes hors d'état de nuire. Ça se justifiait : il revenait du Vietnam, traumatisé, abîmé par la violence qui y régnait, et n'allait effectivement pas se mettre à buter tout le monde. Par ailleurs, les mecs qui le poursuivaient étaient simplement des types de la Garde nationale. Un ancien béret vert ne va pas se mettre à les dessouder, ça serait absurde. Au-delà de tout ça, ça crée un sentiment d'empathie vis-à-vis du personnage. Le deuxième véritable apport de Stallone au script, c'est d'avoir fait de Rambo un taiseux. Après avoir essayé de couper tous ses dialogues, on y est allés à l'os, en ne conservant que l'essentiel. » La star, elle, ne s'économise pas. Au Canada, où se tourne *Rambo*, Sylvester se brise les côtes en sautant d'une falaise, se perfore la rate lors d'une autre chute et doit à des morsures de rat de finir aux urgences. Pour en avoir autant bavé, il est persuadé que, contrairement au sort qui lui est réservé dans le roman de Morrell, John Rambo ne doit pas mourir. Les critiques dithyrambiques accueillant le film, fin 1982, puis la déferlante de spectateurs à travers le monde lui donnent raison. C'est la seconde et dernière fois que l'acteur fait, sur ces deux plans souvent antinomiques, l'unanimité. Sa volonté de donner une suite, encore plus musclée mais nettement moins nuancée, au paria devenu justicier aboutit au retour de Rambo pour un deuxième volet qui voit Sly divorcer de l'existentialisme de ses débuts.

Récupéré par un président Reagan triomphant, Stallone et sa créature vengeresse finissent par incarner jusqu'à la caricature l'Amérique impérialiste et bodybuildée des années 1980. L'artiste en a-t-il seulement conscience qui ne limite pas le masochisme aux tortures infligées à ses personnages mais l'étend à sa propre carrière ? Alors qu'il culmine au box-office et qu'on lui propose la tête d'affiche de *Witness*, *Piège de cristal* et *Pulp Fiction*, Sylvester préfère enquiller *Rambo 3* et *Rocky 5*, sur le tournage duquel Winkler assure que l'acteur devenu diva « se comporte comme le prince du Liechtenstein ». Sans compter son rôle de « flic à maman » dans *Arrête ou ma mère va tirer !*. Histoire de prouver qu'il peut faire rire comme Schwarzenegger, son rival testostéroné ? Lui-même n'en démord pas et joue les victimes, au risque de tordre la réalité : « Arnold et Bruce Willis ont toujours eu de super histoires, des réalisateurs incroyables. J'aurais adoré jouer dans *True Lies* ou *Sixième sens*, mais ça ne s'est jamais produit. Du coup, j'ai dû tout faire tout seul. » À sa décharge, s'il manque de flair, sa vie privée n'est pas non plus un long fleuve tranquille. Lui dont la mère, organisatrice de combats de catch et astrologue, lit l'avenir dans le sillon interfessier de ses clients, va se perdre dans les bras sculpturaux de Brigitte Nielsen, avant de connaître auprès de sa troisième épouse, Jennifer Flavin, des hauts et des bas. Sage, le fils aîné issu de sa première union, meurt prématurément à 36 ans. Seargeoh, le cadet, se révèle autiste. Sophia, la première de ses filles, souffre d'une malformation cardiaque. « On le prend pour un dur à cause de ses films, mais il est l'opposé de ses personnages, plaide sa femme. Les gens seraient surpris de découvrir à quel point il est cultivé et sensible. »

Le tournant du millénaire et de la cinquantaine lui donne à penser qu'il pourrait renouer avec ses ambitions initiales. En flic boursouflé mais faussement à bout de souffle de *Copland*, Stallone donne le meilleur de lui-même : « Pour moi, reconnaît-il, le rôle de Freddy Heflin constitue un retour aux sources. Comme Rocky et Rambo à leurs débuts, Heflin a grandi en bas de l'échelle. Comme eux, il a aussi grandi dans la douleur, le chagrin, les regrets. » En dépit des éloges couvrant la prestation de Sly, l'œuvre de James Mangold, filmée à l'économie, est un échec commercial. Tout comme le plus modeste *Mafia Love*, qui le voit incarner un garde du corps sentimental et offre au réalisateur Martyn Burke d'apprécier l'investissement de la star : « Comme dans *Copland*, il fait le portrait d'un être sensible, très éloigné des hommes colériques qu'il interprétait d'habitude. Il m'a fait des propositions et il était très intéressé par la possibilité de pousser ses capacités d'acteur. J'ai rarement vu un comédien qui travaille autant que lui. » Aimant jouer loin des caméras au peintre du dimanche, son autre passion, Stallone, quelles que soient ses échappées, n'en demeure pas moins un héros de films d'action. N'est-ce pas là que son public l'attend et ne doit-il pas en 1993 au trépidant *Cliffhanger*, et à ses prouesses d'alpiniste gravissant les Rocheuses, une étonnante résurrection ?

Après avoir touché le fond au début des années 2000, il renoue avec le succès en clôturant les *Rocky* et les *Rambo* au miroir de son vieillissement. Puis en offrant avec la franchise *Expendables* un second souffle aux gros bras du cinéma d'antan. Malgré l'amour indéfectible de son public, l'hommage rendu, en 2019, par le festival de Cannes, et un nouveau *revival* savoureux, en 2022, en mafieux sur le retour dans la série télévisée *Tulsa King*, nourrit-il d'autres ambitions ? « Je ne me leurre pas, glisse l'artiste, fataliste. Les gens ne se souviendront pas de l'homme que j'ai été mais de *Rocky*, dont le destin parle aux pauvres comme aux riches. Quelqu'un parti de rien et de profondément humain. » Son autoportrait, en somme. Et si Sly, entre émotion et coups de poing, était le plus moral des comédiens ?

Filmographie sélective

Rocky (John G. Avildsen, 1976)
FIST (Norman Jewison, 1978)
La Taverne de l'enfer (Sylvester Stallone, 1978)
Rocky 2 : La Revanche (Sylvester Stallone, 1979)
Rambo (Ted Kotcheff, 1982)
Rambo 2 : La Mission (George Cosmatos, 1986)
Cliffhanger : Traque au sommet (Renny Harlin, 1993)
Copland (James Mangold, 1997)
Rocky Balboa (Sylvester Stallone, 2006)
John Rambo (Sylvester Stallone, 2008)
Expendables : Unité spéciale (Sylvester Stallone, 2010)
Creed : L'héritage de Rocky Balboa (Ryan Coogler, 2015)

Meryl Streep (1949)

En France, on l'appellerait « la patronne ». Aux États-Unis, elle est la plus grande. Du Choix de Sophie *à* Mamma Mia !, *d'*Out of Africa *à* Sur la route de Madison, *l'actrice a cumulé Oscars et rôles cultes sans jamais jouer à la star. Adepte des métamorphoses, victorieuse des obstacles liés à l'âge, Meryl Streep interroge autant sur son art que sur son image, l'un et l'autre démythifiés par ses soins. Ayant brillamment géré son rapport à la notoriété, à la féminité et, par extension, au féminisme, son parcours reste un exemple pour ses pairs.*

À chaque fois, c'est la même chose. Ses partenaires se promettent de l'approcher sans appréhension, histoire d'être un tant soit peu à la hauteur. Mais à chaque fois, l'émotion les submerge. Non que Meryl Streep cherche à les impressionner. « C'est dans sa nature, révélera l'un de ses anciens professeurs à la Yale School of Drama. Même lorsqu'elle n'est plus dans le jeu, il suffit qu'elle s'assoie face à vous, vous fixe de son regard tout en faisant négligemment autre chose, et vous avez le sentiment qu'elle lit en vous. Cette sensation peut vous paralyser au point de vous empêcher de parler. »

Est-ce l'effet d'une concentration extrême ? D'un professionnalisme s'étendant aux relations humaines ? « Ce qui est certain, précisera l'acteur et réalisateur Jeff Daniels, c'est qu'entre "action" et "coupez", Meryl est la personne la plus vivante avec laquelle il m'a été donné de travailler. Avec elle, vous ne pouvez jouer faux. Elle vous fait ressentir la moindre palpitation. C'est comme si elle vous disait : "Ne fais pas cela tant que tu n'y crois pas." » La force de conviction semble être, de fait, son credo. Et ce, depuis son plus jeune âge.

Mary Louise Streep naît le 22 juin 1949, à Summit, dans le New Jersey. Son père, William Harry Streep, aux origines germano-suisses, est cadre dans l'industrie pharmaceutique ; sa mère, Mary Wilkinson, dont les ancêtres sont irlandais, anglais et allemands, aurait rêvé d'une carrière artistique et s'avère être une source d'inspiration pour sa fille, à qui elle transmet confiance en elle et volonté. Sœur aînée de deux frères turbulents, Meryl doit en outre dès l'enfance faire preuve d'autorité. « Cela n'était pas difficile, reconnaîtra-t-elle. Avec mes grosses lunettes et mes cheveux permanentés, je ressemblais à une adulte en miniature ! En fait, j'étais affreuse. » Streep intègre la chorale de l'école à 12 ans et se découvre une passion pour le chant, sans avoir de prédisposition particulière pour une carrière de cantatrice. L'adolescente a, de toute façon, une autre priorité. À 15 ans, débarrassée de ses lunettes et les cheveux teints en blond, Meryl fait l'apprentissage de sa féminité et expérimente un curieux don : « J'étais connue pour imiter les cris d'animaux et terroriser les professeurs, racontera-t-elle. Plus sérieusement, je n'étais ni une ingénue, ni une bécasse jouant de ses charmes comme d'autres gamines. J'avais déjà des opinions bien arrêtées. Mais je me suis gardée de montrer cet aspect de ma personnalité, notamment au début de ma carrière, de peur de paraître trop arrogante ou masculine aux yeux d'une profession qui méprise souvent les femmes. » Cet aveu en recouvre d'autres qui, tous, disent la même chose. Sans renier ses principes et sa nature profonde, la jeune femme n'a de cesse de mettre ses convictions en sourdine pour, tel un cheval de Troie, conquérir un monde auquel elle impose peu à peu son *soft power*. Une stratégie consentie et non subie. Ainsi avouera-t-elle être devenue, en terminale, « ce personnage : jolie, douée, mais pas bêcheuse. Une fille qui riait beaucoup aux blagues des garçons, baissait le regard au bon moment et se taisait quand ils monopolisaient la conversation. Je voyais que ça fonctionnait. Je leur plaisais davantage, et ça m'allait très bien. C'était un vrai boulot d'acteur ».

De fait, dès l'université, le théâtre est sa vocation. Étudiante à Vassar, Meryl Streep capte tous les regards du cours d'art dramatique. À sa faculté de reproduire plusieurs types d'accents s'ajoute une facilité déconcertante pour retenir son texte. « Je crois que Meryl a appris le métier sans l'aide de personne », affirmera, bluffé, son professeur de comédie, Clinton J. Atkinson. Diplômée, puis inscrite en master de théâtre à Yale, Streep y gagne une réputation de perfectionniste et quelques ulcères. « C'était terriblement prenant, se souviendra-t-elle, et je puisais toutes mes réserves dans mon estomac. » Suivant trois enseignements différents, elle rejette celui prodigué par un cofondateur de l'Actors Studio, trouvant « insupportable » cette méthode consistant « à fouiller dans l'intimité de chacun ». Ayant validé son cycle, Meryl s'installe à New York en 1975. Elle débute à Broadway, en octobre de la même année, dans *Trelawny of the « Wells »*, histoire d'un monstre sacré abandonnant la scène par amour. Teint diaphane, traits anguleux, jeu intense, Streep fait sensation et enchaîne, au New York Shakespeare Festival, avec *Mesure pour mesure*, où elle croise le chemin de John Cazale. L'acteur, qui triomphe dans *Un après-midi de chien* de Sidney Lumet, devient son compagnon. Il l'aide à effectuer ses premiers pas au cinéma, lesquels ne sont guère concluants.

Postulant pour le personnage de la femme en détresse du remake de *King Kong*, qui reviendra finalement à Jessica Lange, Meryl entend le célèbre producteur Dino De Laurentiis, qui l'auditionne, dire abruptement en italien à son fils : « Pourquoi tu me fais perdre mon temps avec ça ? » Ce à quoi, la débutante, qui comprend la langue de Dante, répond aussi sec : « Désolée de ne pas être assez belle, mais je suis comme je suis ! » Streep décroche dans la foulée un petit rôle dans *Julia*, qui la laisse frustrée, le cinéaste Fred Zinnemann l'ayant sacrifiée au montage. Mais elle garde aussi de ce tournage le souvenir réconfortant, parce que solidaire, de la star du film, Jane Fonda : « Quand elle a vu à quel point j'étais perdue, elle m'a prise par la main. » Accessoirement, Meryl prend note des dégâts occasionnés par le militantisme de l'actrice sur sa carrière ; la façon dont on néglige d'analyser et d'apprécier son jeu pour questionner d'autres enjeux, du Vietnam au rapport qu'elle entretient avec son père. Elle se fait la promesse de ne pas prêter le flanc à de telles dérives, en rendant anecdotique et convenu ce qu'elle déclarera aux médias ; sa diversion pour s'effacer derrière des personnages qui parleront pour elle. Le premier à remplir magistralement cet office est celui de Linda, dans *Voyage au bout de l'enfer*. C'est après l'avoir vue sur scène dans *La Cerisaie* que Robert De Niro recommande Meryl au metteur en scène Michael Cimino afin qu'elle joue la petite amie de Christopher Walken.

D'un rôle passif de victime, à peine esquissé dans le scénario, Streep, profitant de la liberté qui lui est laissée, tire une composition d'une grande richesse qui voit la femme qu'elle incarne prendre son destin en main. Épuisée par le tournage, l'actrice l'est aussi par l'épreuve qu'elle affronte en coulisses. On vient en effet de diagnostiquer à John Cazale, qui joue à ses côtés, un cancer des os. « Meryl a soutenu John de toute son âme. Sa dévotion était à la mesure de son courage », se rappellera Michael Cimino. Cazale meurt lors de la sortie de *Voyage au bout de l'enfer*. Il n'a pas le temps de voir les critiques saluer la performance de sa compagne, dont la popularité s'étend avec la diffusion de la série télévisée *Holocauste*, dans laquelle elle interprète une jeune chrétienne mariée à un juif dans l'Allemagne des années 1930. Qu'il s'agisse de ses fictions ou de son quotidien, Meryl Streep semble alors vivre une tragédie. Elle est pourtant mue par un instinct de survie. Ayant quitté l'appartement qu'elle occupait avec Cazale, Streep trouve refuge à SoHo dans le loft qu'un ami de son frère, parti en Asie, a laissé vacant. Le sculpteur Don Gummer est alors en vacances au Pakistan. Mais un accident de moto écourte son séjour et le fait rentrer précipitamment à New York. En convalescence, il s'éprend de sa colocataire, laquelle succombe également à cet artiste authentique, si différent des gens de scène et de cinéma. Au bout de l'enfer, le paradis ? Meryl épouse Don en septembre 1978. À la même époque, la comédienne tourne une série de films confortant sa réputation.

La Vie privée d'un sénateur, qui la métamorphose en ravissante avocate sudiste, lui offre l'un de ses premiers rôles légers, tandis que *Manhattan* la voit se glisser naturellement dans l'univers de Woody Allen, dont elle interprète l'ex-épouse revancharde et lesbienne. Si la franchise et la sensibilité de ses incarnations la préservent de l'impopularité que pourraient lui réserver de tels emplois, *Kramer contre Kramer* signe sa création la plus délicate. En mère abandonnant leur fils à son père, joué par Dustin Hoffman, avant de lui en réclamer la garde, Streep pourrait n'être qu'antipathique. « Dans le livre dont s'inspire le film, j'ai détesté cette Joanne Kramer, je ne la comprenais pas, expliquera-t-elle. Elle ne ressemblait à aucune des femmes que j'avais croisées dans ma vie. » S'affranchissant du stéréotype de la trentenaire émancipée et passablement névrosée des années 1980, l'actrice parvient à créer un personnage contradictoire et profondément humain. Cette possibilité lui est donnée parce que le réalisateur Robert Benton « travaille, selon Meryl, comme un metteur en scène de théâtre et envisage le film comme une collaboration ». Il la laisse s'identifier à ces *working girls* qui n'ont *a priori* d'autre choix que de jongler entre vie de couple, maternité et réussite professionnelle, mais finissent par craquer. Un processus d'autant moins évident que Streep est en passe d'accomplir pour elle-même cette triple promesse en forme d'idéal de bonheur.

« N'être qu'une mère au foyer, ou une star célibataire et sans enfants, ne m'aurait pas satisfaite, déclarera-t-elle avec honnêteté. En gros, je veux le beurre et l'argent du beurre… Et quand je le décide. » Sa démarche artistique témoigne de sa curiosité et de son empathie pour celles qui n'ont pas les moyens ou le désir de suivre un tel chemin. Rendre crédibles ces voix de femmes devient, dès lors, un fil rouge qui revient de film en film. Encore incertaine de ses capacités face à la caméra, l'actrice argumente et expérimente, ce qui exaspère son partenaire, irrité sur le moment de la voir faire « mille suggestions de jeu ». « Je ne pouvais pas la sacquer, admettra Hoffman, mais je respectais son professionnalisme. Meryl ne se bat pas pour elle-même, mais pour la scène. Elle a des principes et elle ne laisse personne l'en détourner quand elle estime avoir raison. » Ce qui est le cas. Streep décroche, avec Joanna Kramer, son premier Oscar dans un second rôle, ainsi que l'admiration des gens du métier. Elle qui pensait revenir définitivement au théâtre, affirmant en 1979 : « Le cinéma c'est sympa, mais ce n'est pas mon univers », revoit l'ordre de ses priorités. D'autant que le grand écran l'accepte telle qu'elle est. Qu'importe son physique, assez peu traditionnel et guère conforme aux canons du glamour. « Elle a une belle peau, observera le chef opérateur Jack Green. Quant à son visage, il est magnifiquement dessiné. D'ailleurs, la lumière tombe parfaitement dessus. » Sans jamais arborer de lourds maquillages, Meryl apparaît différente dans chacun de ses films. Actrice de composition par excellence, elle impose sans fard sa polyvalence, ajoutant au besoin un accent local ou étranger pour donner l'illusion de l'altérité.

« Je n'ai pas vraiment de méthode, affirmera-t-elle, en 1987. Je n'ai jamais lu Stanislavski. Mes différents professeurs m'ont appris une poignée de petits trucs, mais je n'ai pas une mallette que j'ouvre en me demandant ce que je vais bien pouvoir utiliser aujourd'hui. Étant donné que je ne peux me reposer sur rien, ça rend les choses plus dangereuses. Et d'autant plus excitantes. » Point d'orgue de cette « non-méthode » et de sa fulgurante carrière, *Le Choix de Sophie* est en 1982 un tour de force qui forge sa légende naissante. Pour ce rôle de Polonaise à l'étrange soif de vivre dans l'Amérique d'après-guerre, dont on découvre que, victime des persécutions nazies, elle dut faire le plus abominable des sacrifices, Meryl Streep s'engage sans compter. Apprenant le polonais, et changeant d'apparence lorsqu'elle le parle, perdant 15 kilos pour les scènes se passant à Auschwitz, l'actrice, dans cet équilibre qui est sa marque, se réserve également une part d'inconnu ; son instinct. Quand son personnage se voit arracher sa fille des bras, il est prévu qu'elle hurle. « J'avais l'impression de crier aussi fort que je pouvais, racontera-t-elle. Mais je me suis rendu compte, après coup, que j'étais muette. » Bouche ouverte, sans qu'un son en sorte, Streep offre le visage de l'indicible.

Ce jeu à la fois élaboré et naturaliste impressionne le public mais lui aliène une partie de la critique. Plume crainte et révérée, connue pour ses avis tranchés, Pauline Keal exécute la comédienne de façon perverse : « Meryl Streep a, comme d'habitude, effectué un travail remarquable, écrit-elle. Mais quelque chose m'intrigue chez elle : après l'avoir vue dans un film, je n'arrive pas à visualiser son corps. Ses héroïnes ont un goût d'inachevé et je ne comprends pas pourquoi je n'ai que peu de plaisir à la regarder. Dans son zèle à être une actrice sérieuse, elle ne laisse rien au hasard. Au lieu de parvenir à une certaine liberté de jeu, elle est dans le contrôle permanent devant les caméras. » L'Oscar la consacrant pour ce rôle ne change rien aux reproches de ceux qui déplorent son manque de lâcher-prise. Pour être faste, cette décennie qui est la sienne la voit en effet se glisser dans la peau de personnages à secrets, torturés ou froids, laissant peu de place à une quelconque désinvolture. D'*Un cri dans la nuit*, où elle est une mère accusée du meurtre de son bébé, au double rôle victorien et contemporain de *La Maîtresse du lieutenant français* ; de l'ouvrière dénonçant, au péril de sa vie, un scandale écologique dans *Le Mystère Silkwood*, à l'amoureuse à la fois sensuelle et impénétrable d'*Out of Africa*, Meryl Streep semble ne devoir jamais renoncer aux compositions « spectaculaires » ni à leur maîtrise parfaite, telle une souveraine de l'écran. Qu'importe que ces femmes soient au fond dissemblables. Les nuances, touches subtiles et retouches infinies apportées par l'actrice suscitent, à parts égales, fascination et irritation.

Comme si s'imposaient, par-delà le frégolisme de l'interprète, sa volonté de bonne élève de devoir montrer ce dont elle est capable et, plus largement, un choix calculé de carrière. Désireuse de désamorcer ce procès paradoxal d'une excellence confinant à la routine, formule qu'elle serait tentée de resservir à satiété, et soucieuse, quoi qu'elle en dise, d'humaniser sa démarche, Meryl consent à faire une confidence sur une approche, annexe, de son travail : « Je peux vous dire que chacun de mes rôles est associé à une musique : un air, une chanson que j'écoute en boucle dans ma loge, et qui m'aide à quitter la réalité et rentrer dans le personnage. C'est comme un mantra, qui efface le monde. » Et le passé ? Si le parcours de Streep apparaît rétrospectivement comme linéaire, il n'en est rien, la comédienne ayant dû lutter pour se réinventer et durer. Cela, au fond, a toujours été le cas, Meryl ayant dû batailler, et presque forcer la main des cinéastes, pour certains films qu'on imagine faussement avoir été écrits pour elle. Alan Pakula avait initialement souhaité une actrice tchécoslovaque pour *Le Choix de Sophie* ; Sydney Pollack, une comédienne avec plus de sex-appeal dans *Out of Africa*. Mais à l'approche de la quarantaine, Streep sent un autre péril avancer à grands pas. Dans une industrie où, passé leur première jeunesse, les femmes reçoivent infiniment moins de propositions, l'actrice doit prendre l'initiative, sous peine de disparaître des radars. D'autant qu'elle se voit reprocher de réclamer 4 millions de dollars par film, une somme injustifiée pour ceux qui pointent du doigt ses échecs après le succès d'*Out of Africa*.

Qu'importent les cachets bien supérieurs exigés par ses homologues masculins ; Meryl n'a ni le temps ni l'envie de pleurer sur son sort. Déménageant au cœur de l'industrie, à Los Angeles, avec Don et leurs quatre enfants, la comédienne choisit le registre de la comédie et de l'autoparodie pour renouer avec le public. Satire réjouissante, bien qu'excessive, du jeunisme ayant cours à Hollywood, *La mort vous va si bien*, de Robert Zemeckis, renouvelle en 1992 la *persona* de Streep. La critique ne suit pas, aveugle à la stratégie de l'actrice, qui prend date en se libérant peu à peu de son image rigide de tragédienne, de pure « technicienne ». Tout aussi louable, son incursion dans le genre plus physique, et presque athlétique, de *La Rivière sauvage*, qui mêle aventures et thriller et où elle s'initie au rafting, marque peu les esprits mais témoigne de recherches constantes durant une décennie qui ne la voit s'imposer véritablement qu'avec sa composition, bouleversante, de femme au foyer dans *Sur la route de Madison*. Pourquoi le personnage de Francesca Johnson, cette brune immigrée italienne, auquel elle prête un nouvel accent, est-il celui qui restera dans la mémoire des gens ? Probablement parce qu'il a « cueilli » Meryl, laquelle n'a pas eu le temps de préparer aussi longuement que d'ordinaire un rôle qui l'a pénétrée, laissant davantage d'intuition et de naturel irriguer son jeu. Mais également en raison de l'être qu'elle incarne.

Intelligente et plébéienne, bridant une passion amoureuse qui pourrait mettre en péril le faux équilibre familial qu'elle a construit avec abnégation, Francesca parle à toutes les femmes et questionne leurs frustrations. La manière dont l'actrice s'en empare, avec une sensibilité sans égale ainsi que l'alchimie de son couple avec Clint Eastwood, partenaire et metteur en scène altruiste, achèvent de faire de ce film la somme de toutes ses expériences. Rassérénée par ce qui devient, en 1995, son plus grand succès commercial depuis *Out of Africa*, et revenue sur la côte Est dans sa maison du Connecticut, Streep retrouve un équilibre rompu depuis quelques années. « Grâce à mon métier, reconnaît-elle, je n'ai pas besoin de faire une analyse. Par moments, j'ai besoin de vivre la vie de quelqu'un d'autre et de canaliser ma créativité. Sinon, je serais invivable. Pour moi, jouer, c'est tout à la fois une thérapie, une libération, un chant. » Ayant emménagé avec son mari à New York au début des années 2000, Meryl traverse cependant un nouveau passage à vide. La mort de sa mère et la maladie de son père, qu'elle accompagne jusqu'à son décès, ainsi que le départ de ses enfants du foyer, l'interrogent sur ses envies, la cinquantaine passée. Renouant avec la scène, elle ne peut toutefois échapper à son destin. À l'affût de nouveaux auteurs et de thématiques en prise avec l'air du temps, elle refait surface au cinéma, en 2002, en éditrice lesbienne de *The Hours*, réalisé par Stephen Daldry, avant d'illuminer au côté d'Al Pacino la série *Angels in America* de Mike Nichols, qui met l'Amérique en accusation face aux victimes du sida.

Celle qui partage, de manière transgénérationnelle, l'affiche avec Nicole Kidman et Julianne Moore dans *The Hours*, se fait aussi moins discrète sur ses convictions. Avouant que la politique de George W. Bush la met hors d'elle, elle n'hésite pas à fustiger Tom Cruise, qu'elle juge prisonnier du box-office. Pour quelqu'un qui a toujours pris soin de garder pour elle ses avis sur des sujets clivants, l'expression de tels sentiments n'est pas sans risques. Mais Meryl Streep a parfaitement saisi l'esprit d'une époque propice à la libération des émotions. Cette évolution de son image annonce un troisième souffle pour la star, un peu vite rangée au rayon des aînées respectées. Loin du cinéma d'auteur grand public l'ayant révélée dans les années 1980, deux films purement populaires la font connaître, et aimer, d'une nouvelle génération. Modelée initialement sur la figure d'Anna Wintour, mythique rédactrice en chef du magazine *Vogue*, sa Miranda Priestly du *Diable s'habille en Prada* s'en détache substantiellement. Streep va fabriquer intégralement son *look*, empruntant à l'actrice britannique Helen Mirren ainsi qu'à la femme politique française Christine Lagarde. Elle va aussi s'inspirer de la manière qu'a Clint Eastwood de se faire respecter en ne haussant jamais le ton. Elle va enfin retourner les clichés de la femme de pouvoir, purement glaciale et sadique, pour livrer une composition ambiguë et non dénuée d'humour, offrant une réflexion salutaire sur les rapports hiérarchiques en entreprise.

Une fois encore, la comédienne recherche l'humain dans les personnages qu'elle façonne, expliquant leurs comportements répréhensibles par la pression à laquelle la société les soumet. Elle-même admet à ce propos n'en mener pas large sur un plateau : « Vous savez, quand des gens écrivent que vous êtes l'actrice la plus perfectionniste de tous les temps, vous êtes foutue. Totalement foutue. Comment pouvez-vous oser interpréter un nouveau personnage ? C'est franchement rédhibitoire. » Elle y parvient pourtant si bien que les jeunes spectateurs venus essentiellement pour admirer l'étoile montante Anne Hathaway ressortent des salles en n'ayant vu qu'elle. Son rôle, relativement secondaire, est celui autour duquel gravitent tous les autres. Impressionnée, la critique dépose les armes. « Cette icône institutionnelle est, osons l'écrire, sous-estimée, affirme ainsi Dennis Lim dans le *Los Angeles Times*. Son jeu est un mélange d'instinct, d'intellect et de spontanéité. Aucun autre acteur américain n'est capable de nous faire ressentir, si habilement, et avec une telle sobriété, nos contradictions intimes. » Streep double la mise, deux ans plus tard, en 2008, dans la comédie musicale *Mamma Mia !*, qui la voit chanter et danser, plus tonique que jamais, à 60 ans. Ce couronnement, sur un mode mineur, qui fait ironiquement dire au *Boston Globe* que « la plus grande actrice des États-Unis est finalement devenue une star de cinéma », est suivi d'une nouvelle performance, en cheffe cuisinière, dans le brillant *Julie et Julia*, puis par son incarnation de Margaret Thatcher dans *La Dame de fer* qui, bien qu'académique, lui vaut un huitième Golden Globe ainsi qu'un troisième Oscar.

Plus à la mode que jamais, admirée pour la longévité d'une carrière aussi exemplaire que son couple, Meryl Streep peut, moins vaniteuse qu'orgueilleuse, se retourner avec fierté sur un parcours évalué à sa façon, sans excès : « Je suis contente de ce que j'ai fait, j'ai bien gagné ma vie. J'ai même été surpayée, mais, sur le marché, je n'ai jamais été… Comment dire ? Une vedette. » Comme si vingt et une nominations aux Academy Awards ne signifiaient rien d'autre que la reconnaissance d'un métier envers la plus endurante de ses artisanes. « Si j'étais une jeune actrice aujourd'hui, je n'entrerais pas dans cette industrie. La seule carrière qui m'intéresserait, c'est celle de Meryl Streep. Mais qui mène encore ce genre de carrière ? » proclamait la quasi-centenaire Olivia de Havilland, experte en la matière. Quelle autre comédienne, du reste, est capable de susciter, à près de 70 ans, le désir de Steven Spielberg qui en fait, dans *The Pantagon Papers*, l'unique femme de pouvoir au sein d'un univers d'hommes affrontant le scandale du Watergate ? N'est-elle pas en effet la seule actrice, à la fois souple et opiniâtre, à avoir effectué durant quatre décennies la course en tête ? « Ne m'obligez pas à parler de Meryl, résumait, pince-sans-rire, Sydney Pollack. Cela risquerait d'être vite ennuyeux. Elle est, au fond, tellement parfaite. »

Filmographie sélective

Voyage au bout de l'enfer (Michael Cimino, 1978)
Kramer contre Kramer (Robert Benton, 1979)
La Maîtresse du lieutenant français (Karel Reisz, 1981)
Le Choix de Sophie (Alan J. Pakula, 1982)
Le Mystère Silkwood (Mike Nichols, 1983)
Out of Africa (Sydney Pollack, 1985)
Bons baisers d'Hollywood (Mike Nichols, 1990)
La mort vous va si bien (Robert Zemeckis, 1992)
Sur la route de Madison (Clint Eastwood, 1995)
The Hours (Stephen Daldry, 2002)
Le diable s'habille en Prada (David Frankel, 2006)
Mamma Mia ! (Phyllida Llyod, 2008)
Julie et Julia (Nora Ephron, 2009)
The Pantagon Papers (Steven Spielberg, 2017)

Tom Cruise (1962)

Le triomphe de la volonté. S'il n'avait été utilisé pour un film de propagande aux visées effrayantes, ce titre irait comme un gant à la plus foudroyante révélation masculine des années 1980. Bâtissant sa carrière comme il cuirasse sa vie privée, Tom Cruise ne cesse de repousser les limites que la nature seule lui a données. Moins aimée qu'admirée, la star, membre éminent de la scientologie, suscite aussi des interrogations sans fin. L'acteur-producteur paraît n'en avoir cure, qui poursuit inlassablement son chemin.

Du lutteur qu'il fut au lycée, Tom Cruise a conservé la garde basse, la compacité et la tonicité. Aux aguets et accrocheur. « C'était un battant et un bon gars, se souviendra le capitaine de son équipe, Tom Jarrett. La lutte lui a appris à se concentrer et à canaliser son agressivité. » À surmonter ses complexes, aussi. Adolescent au milieu de grands gaillards, Thomas Mapother n'atteint pas 1,70 mètre. Plus tard, parmi les traits saillants le concernant qu'il se plaira à distiller en boucle aux journalistes comme s'il s'agissait de confidences, l'acteur dira avoir souffert de dyslexie. Ceci expliquant cela, Tom évoquera la figure de son père, qui buvait et le frappait. « C'était un lâche, dénoncera-t-il. Le genre d'homme qui vous donne un coup de pied quand vous êtes à terre. » Souffre-douleur de ses camarades, Tom n'aurait trouvé de consolation qu'auprès de sa mère et de ses sœurs, leur situation précaire lui donnant un coup de fouet. « J'ai vite compris, avouera-t-il, qu'il fallait que je prenne mon destin en main. » Dans ces petits arrangements avec la vérité, les stars sont souvent les meilleurs metteurs en scène de leur histoire. Parce qu'il est l'une des plus grandes, Cruise aura compris que la légende cent fois répétée finit par devenir réalité.

Lorsqu'il voit le jour, le 3 juillet 1962, Thomas Cruise Mapother IV ne part pas, contrairement à ce qu'il laisse entendre, avec de mauvaises cartes en main. Casse-cou, doté d'une grande imagination, séducteur, il est effectivement le chéri de sa mère et de ses sœurs. Et s'il se heurte à son père, ingénieur à General Electric, c'est parce que celui-ci ne lui laisse rien passer et encourage son fils, dont la taille modeste est moquée, à rendre coup pour coup aux élèves qui ne cessent de le bousculer. Il retient si bien la leçon que, selon son camarade Scott Lawrie, « Tom était le petit dur de l'école. Ce n'était pas un pigeon et il savait se défendre ». La dyslexie, quant à elle, apparaît suffisamment tôt pour être partiellement corrigée. Shirley Gaudreau, l'une de ses enseignantes en primaire, notera que « c'était un enfant “hémisphère droit” : très créatif mais pas vraiment scolaire. Le genre à devoir fournir beaucoup plus d'efforts ». Le sacrifice consiste aussi pour lui à subir les déménagements incessants de ses parents et à tenter de trouver à chaque fois, de Syracuse, dans l'État de New York, à Ottawa, au Canada, une forme d'équilibre et de nouveaux camarades.

La tâche n'est pas insurmontable. Sa sociabilité et son charme trouvent en effet très vite à s'exercer dans ses deux domaines de prédilection, sportif et artistique. Comédien-né dont les parents ont créé une troupe de théâtre amateur, il s'initie à 10 ans au jeu et à la scène. L'un de ses professeurs, George Steinburg, s'en souviendra : « Il avait une bonne énergie brute qui ne demandait qu'à être canalisée. On voyait qu'il avait du talent. »

Gueule carrée, cheveux châtain mi-longs, yeux bleus perçants, aimant à provoquer les rires en faisant le clown ou des imitations, Tom n'est guère plus âgé lorsqu'il sort avec ses premières petites amies. Et il n'éprouve pas plus de difficultés à faire naître des amitiés. « Jeune, il était populaire avant même de devenir vraiment célèbre, se rappellera Scott Lawrie. C'était le genre de môme avec qui on veut être copain. Je trouvais super que Tom Mapother soit mon voisin. »

Le choc de l'abandon de son père, lorsqu'il a 12 ans, est cependant réel. Tom ne lui pardonnera jamais, acceptant seulement de le revoir sur son lit de mort. Retournant avec sa famille désormais amputée aux États-Unis, l'adolescent trouve un exutoire dans le sport, du hockey sur glace au foot américain. L'arrivée d'un beau-père dans la vie de sa mère les contraint à déménager dans le

New Jersey, et c'est au lycée de Glen Ridge que Tom s'initie à la lutte, avant qu'une blessure aux tendons du genou brise ses rêves de compétition. Cherchant un dérivatif, le jeune homme auditionne pour le spectacle de l'école, *Guys and Dolls*. Il en décroche le premier rôle. « Ce fut une expérience incroyable, racontera sa mère en évoquant le soir de la première. Nous avons assisté à la révélation d'un talent qui était resté insoupçonné pendant des années. » Dans l'esprit de Tom, les acclamations du public sont un passeport pour la gloire. Sortant de scène, il persuade les siens de le laisser tenter sa chance et s'octroie dix ans pour réussir en tant qu'acteur. Ralliant New York au volant d'une vieille Ford Pinto, avec 850 dollars en poche, le gamin d'à peine 18 ans rencontre, *via* une camarade de lycée, l'agent Tobe Gibson. « J'ai un côté médium, racontera cette dernière, et quand il m'a serré la main, je lui ai annoncé : "Écoutez-moi. Vous allez devenir une grande star !" » L'espérance que Gibson aura placée en son poulain n'empêchera pas Tom de l'abandonner rapidement, lui reprochant de ne pas lui dégoter suffisamment d'auditions. En attendant, il fait ses armes dans la comédie musicale *Godspell*, se voit recaler au casting de la série télé *Fame* et finit par décrocher une apparition au côté de Brooke Shields dans *Un amour infini*, de Franco Zeffirelli. Mais c'est son premier vrai rôle qui retient l'attention.

Dans *Taps*, de Harold Becker, Mapother, qui a abandonné ce nom d'un père rejeté pour celui, maternel, de Cruise, incarne un élève officier aux pulsions meurtrières. « Il était présent à 200 %, notera son partenaire Sean Penn. Tom jouait bien, mais il en faisait tant que c'en était drôle. » Le sérieux de Cruise ne le met pourtant pas à l'abri d'un faux pas. Après avoir enchaîné avec un navet pour ados, *American Teenagers*, le débutant mortifié se fait le serment de « ne plus travailler qu'avec des gens de talent, de bons réalisateurs, pour apprendre ». Liant pour trois décennies son destin à l'agent de CAA Paula Wagner, Tom commence par faire des pieds et des mains afin d'être engagé par Francis Ford Coppola dans *Outsiders*. Auprès d'autres jeunes loups, il tient à se distinguer, se faisant enlever la couronne de son incisive cassée au hockey, ne se douchant pas pendant des semaines afin d'être au plus près de son personnage de rebelle vaguement crasseux. « Il était ouvert, amical, drôle, se souviendra Rob Lowe. Mais il faisait preuve d'une concentration quasi robotique et d'une intensité que je n'avais jamais vue auparavant. » Le rôle est cependant trop anecdotique pour qu'il se fasse remarquer.

Aucune carrière digne de ce nom ne se construisant sans risques, Cruise en prend lorsqu'il refuse la proposition de Coppola de l'engager sur son opus suivant, *Rusty James*. Se fiant à son instinct, il lui préfère un film pour adolescents dans lequel un lycéen puceau se dévergonde au point de transformer en lupanar la maison de ses parents. Satire joyeuse mais lucide du matérialisme reaganien, *Risky Business* marque la révélation de Cruise. Lequel a dû s'imposer auprès du réalisateur Paul Brickman, qui ne l'imaginait qu'en voyou psychopathe mais va le voir se métamorphoser en fils à maman BCBG et bosser son rôle comme un forcené. À l'arrivée, Pauline Keal, cruelle, compare Cruise à « un Christopher Reeve en plus petit », mais la plupart des critiques louent sa prestation. Sa danse, en caleçon, sur une chanson de Bob Seger, lui vaut même un culte instantané. Idole des adolescentes, l'acteur est désormais désiré par les cinéastes et les producteurs. Si *Legend*, de Ridley Scott, est un faux départ, le projet qui suit, après avoir été rejeté par Matthew Modine et Mickey Rourke, va le propulser au rang de star.

Cruise n'est pourtant pas emballé par le message ultra-patriotique et simpliste de *Top Gun*. Mais il perçoit le bénéfice qu'il peut tirer d'un tel engagement s'il sait y imposer sa marque. Ce qu'il fait, à tout juste 23 ans, en obtenant des producteurs Don Simpson et Jerry Bruckheimer qu'ils lui laissent améliorer le scénario. En échange, Tom accepte d'être Maverick, voltigeur des airs et voleur de cœurs. « J'ai participé à l'écriture, dira Cruise, pour voir comment le film se développait et si on allait tous dans la même direction. Je regardais les rushes tous les soirs. J'ai vu les ébauches, le premier montage. Je voulais comprendre l'état d'esprit de mon personnage, sa sensibilité. Que le public s'y attache. » Véritable *control freak*, Tom ne se contente pas de mettre son nez dans l'histoire. Son investissement physique épate les pilotes. La sortie de *Top Gun* provoque un clivage qui va poursuivre l'acteur tout au long de sa carrière. Plus gros succès de l'année, le film suscite les sarcasmes de critiques qui ne retiennent de Cruise que son sourire *ultra-bright* et ses poses avantageuses, en uniforme, à bord du cockpit, à moto ou torse nu et pectoraux saillants. Pour Tom, cependant, plus rien ne sera comme avant. Quel que soit son opportunisme, sa sincérité et son désir d'excellence éclatent dans ses choix suivants.

Refusant, jusqu'en 2022, un *Top Gun 2*, il préfère s'associer à des partenaires prestigieux, quitte à se mettre légèrement en retrait pour profiter de leur expérience et progresser dans son jeu. Ainsi, lorsque Martin Scorsese le réclame, Cruise ne se fait pas désirer. L'adoptant comme un fils lors du tournage de *La Couleur de l'argent*, Paul Newman dit de lui : « En six semaines, Tom a appris à jouer au billard mieux que je ne l'ai fait en cinq mois pour *L'Arnaqueur* il y a vingt-cinq ans. »

Sur *Rain Man*, en faire-valoir de Dustin Hoffman, il aide son aîné à remporter l'Oscar. « Je n'étais pas sûr de pouvoir jouer dans la cour des grands, déclarera-t-il. Le fait de travailler avec Dustin suffisait à me combler. » Plus profondément, il ne fait aucun doute que Newman et Hoffman font office de mentors et de figures paternelles choisies, l'acteur s'étant construit en opposition avec un père honni. Cette légitimité acquise, sans qu'il ait abandonné son image de beau gosse perpétuée dans le futile *Cocktail*, Cruise pense pouvoir opérer une rupture, sous la direction d'Oliver Stone. Retournant le mythe factice de *Top Gun*, *Né un 4 juillet* détruit le rêve guerrier d'un fan de John Wayne revenu paralysé du Vietnam. En vétéran se démenant sur un fauteuil roulant, moustachu et attaqué par la calvitie, Tom donne à son énergie et à son art de la composition le caractère rageur habituellement gommé par les artifices de sa séduction. « Ce n'est pas seulement Ron Kovic, cet authentique vétéran du Vietnam qu'il incarne, qui traverse cette histoire bouleversante. C'est Tom Cruise. Notre perception de Tom Cruise », observe Tom Pollock, le patron d'Universal. Ce rôle à Oscar ne lui vaut pourtant pas la statuette, accordée en 1990 à un Daniel Day-Lewis considéré comme plus doué et habité que lui. Mais est-ce la seule raison de son échec à la cérémonie ? Jugé trop arrogant par le métier, méprisé secrètement pour son absence de formation théâtrale, Cruise commence également à payer les errements de sa vie privée.

L'acteur, qui a beaucoup papillonné, de Melissa Gilbert à Rebecca De Mornay, vit alors une crise avec Mimi Rogers, épousée deux ans plus tôt et qui l'a attiré, en 1989, dans les filets de la scientologie. Après qu'il l'a quittée pour sa partenaire de *Jours de tonnerre*, Nicole Kidman, son « ex » distille des rumeurs sur ses « préférences sexuelles peu définies ». Vengeance de femme trompée ? Entre son affiliation de moins en moins cachée à la secte créée par Ron Hubbard et les rumeurs consécutives à l'impossibilité de sa nouvelle compagne d'avoir des enfants, Cruise voit son image se brouiller. La descente en flammes de *Jours de tonnerre* achève de le démoraliser. Ainsi, pour le critique Roger Ebert, « la structure est la même que pour *Top Gun*, *La Couleur de l'argent* et *Cocktail*. Cruise campe toujours un jeune très doué et indiscipliné. Il a un mentor plus âgé. Il manie toujours un objet, comme le shaker, la queue de billard, l'avion de chasse ou la voiture. On a toujours la femme plus sage ou plus mûre qui lui apprend la compassion ». Conscient de l'impasse dans laquelle le conduisent ses derniers projets, l'acteur se force au début des années 1990 à se réinventer. Pas tant dans l'apparent contre-emploi d'*Entretien avec un vampire*, qui demeure l'une de ses créations les plus osées, qu'au travers de deux autres choix calculés. Tandis que son agent de *Jerry Maguire* définit le personnage faussement dur et authentiquement charismatique qui dorénavant va lui coller à la peau, son rachat de la franchise *Mission : Impossible* l'impose en producteur et interprète de super-héros, sous la houlette de réalisateurs qui, de Brian De Palma à John Woo, savent le mettre en valeur. De *Collatéral* à *Jack Reacher*, Tom tue sans effort, fait l'amour sans passion, court sans relâche.

Profitant de ce rebond spectaculaire, il joue pour les plus grands cinéastes et savoure le fait qu'entre 1993 et 2005, dix de ses films dépassent les 100 millions de dollars de recettes aux États-Unis. Mais l'artiste vit une forme de schizophrénie. Dirigé par Kubrick, qui le met à nu au propre comme au figuré dans le perturbant et fascinant *Eyes Wide Shut*, ou par Spielberg, dans le plus classique *La Guerre des mondes*, il semble déshumanisé tout en étant mû par une pulsion vitale sans égale. Si, pour l'historien Christian Viviani, « Cruise est un acteur limité, inégal, mais parfois passionnant et presque toujours intrigant », il faut voir ses prestations dans le vénéneux *Magnolia* ou le parodique *Tonnerre sous les tropiques* pour s'en convaincre. Parce que la star y exprime une vérité intime ? Lors du tournage de *Magnolia*, le réalisateur Paul Thomas Anderson laisse l'acteur modeler à sa façon son personnage de gourou singeant la gestuelle d'Elvis Presley, d'obsédé sexuel sans appétit des femmes, de fils hurlant tout à la fois son amour et sa haine à la face d'un géniteur agonisant sur son lit de mort. Cette scène extraordinaire demeure probablement la plus sincère que

Cruise ait eu à jouer, pour l'avoir possiblement vécue avec son propre père ou, tout du moins, fantasmée.

« J'aime, dit-il à Larry King en 1999, quand, lorsque je travaille avec un acteur ou un réalisateur, mon personnage prend vie, quand l'indescriptible, l'impensable ou l'inimaginable se produit. Dans ces moments-là, on s'étonne soi-même, on découvre des choses sur soi qu'on aime ou pas. » Débordé par sa vie privée depuis sa séparation d'avec Nicole Kidman en 2001, inapte, depuis, et malgré l'obtention de la garde de leurs deux enfants adoptifs, à mener une vie de famille, Tom n'évite plus les dérapages incontrôlés. Comme lors de sa participation hystérique en 2006 au show d'Oprah Winfrey, où, sautant sur un canapé, il proclame son amour pour son dernier béguin en date : l'actrice Katie Holmes. Leur relation, dont naîtra une fille, Suri, ne s'avère finalement qu'une nouvelle parenthèse dans la vie de Cruise. Faut-il chercher dans la scientologie qui organise, contrôle l'existence de ses membres et prône le dépassement de soi, ces choix étranges et ce perpétuel malaise ?

« Avant d'être un acteur, un artiste, un père, dit son biographe, Andrew Morton, Cruise est un scientologue. » Lequel, accomplissant les performances physiques les plus insensées, refuse de vieillir et garde pour lui ses sentiments, à l'opposé du gamin sensible et complexe qu'il fut. Que sait-on, au fond, de ses déceptions quant à l'orientation prise dans sa carrière il y a un quart de siècle et plus particulièrement depuis dix ans ? Lui qui, pendant longtemps, a rejeté toute idée de suite et méprisait les purs films d'action ne s'est pas contenté de donner des gages à ceux qui voulaient l'y entraîner. Il s'y complaît avec la ferveur des convertis, privilégiant les seuls *blockbusters*, affichant dans son planning des années 2020 une *sequel*, certes exaltante, de *Top Gun* qui offre une mise en abyme de son mythe, ainsi que deux nouveaux opus de *Mission : Impossible*. Tom Cruise, qui ne cessa de rêver à la reconnaissance de ses pairs, à travers les films d'auteur populaires que pouvaient lui offrir Scorsese, Levinson, Stone, Spielberg ou Kubrick, a désormais recours aux services de faiseurs aguerris dont on doute qu'ils puissent l'entraîner dans la course à l'Oscar. Les seules foulées sur lesquelles les médias s'extasient sont celles dont nous gratifie un acteur devenu, à 60 ans, purement physique. Au point de s'identifier comme aucun de ses pairs à un monde et à un art plus virtuels que jamais. Comme si l'artiste avait tué l'enfant qui est en lui. Paradoxe vivant, Tom Cruise demeure à la fois la plus décourageante et la plus fascinante des stars masculines de ces quatre dernières décennies.

Filmographie sélective

Risky Business (Paul Brickman, 1983)
Top Gun (Tony Scott, 1986)
La Couleur de l'argent (Martin Scorsese, 1986)
Rain Man (Barry Levinson, 1988)
Né un 4 juillet (Oliver Stone, 1989)
La Firme (Sydney Pollack, 1993)
Entretien avec un vampire (Neil Jordan, 1994)
Mission : Impossible (Brian De Palma, 1996)
Jerry Maguire (Cameron Crowe, 1996)
Eyes Wide Shut (Stanley Kubrick, 1999)
Magnolia (Paul Thomas Anderson, 1999)
Minority Report (Steven Spielberg, 2002)
Le Dernier Samouraï (Edward Zwick, 2003)
Collatéral (Michael Mann, 2004)
Top Gun : Maverick (Joseph Kosinski, 2022)

Jodie Foster (1962)

Elle est une exception. Hollywoodienne d'éducation mais européenne de culture. Enfant star ayant bâti, adulte, une carrière sur la durée et des thématiques portant un regard critique sur la société américaine, à la fois en tant qu'actrice, productrice et réalisatrice. Imposant ses différences avec une classe et une intelligence rares, Jodie Foster ne doit pas sa popularité au hasard. Star antidiva, pragmatique et passionnée, l'artiste francophone poursuit sa destinée singulière. Sans cesser d'épater le grand public et ses pairs.

« Maman, je dois faire ce film ! » Du haut de ses 12 ans, Jodie toise sa mère, Brandy. Elle qui a toujours choisi pour sa fille, sent qu'elle va devoir céder. Tout de même. Laisser son enfant jouer le rôle d'une prostituée ! Mais le scénario de *Taxi Driver* est si fascinant. Et le metteur en scène, Martin Scorsese, n'a-t-il pas dirigé Jodie, deux ans plus tôt, dans *Alice n'est plus ici* ? La gamine y interprétait une délinquante en herbe, plutôt dessalée. Très loin de ses premiers films Disney. Ce qui n'est pas pour lui déplaire, Jodie détestant les histoires « de son âge ».

On lui fait toutefois rencontrer un psy du *California Labor Board* avant le tournage. L'entretien est écourté : la pré-ado est plus mûre que bien des adultes. Son partenaire, Harvey Keitel, le constate, épaté : « Jodie, en plus d'être adorable, éclate d'intelligence, d'intuition, de vivacité. » Présenté à Cannes en mai 1976, *Taxi Driver* révèle le « phénomène » Jodie Foster. Qui enchaîne sur *Bugsy Malone*, où elle campe une mini-vamp, puis avec *La Petite Fille au bout du chemin*, où elle se fond dans la peau d'une jeune tueuse. La comédienne pourrait se sentir comblée, l'adolescente, heureuse. Pourtant, elle étouffe et imagine que tout peut s'arrêter.

En vérité, dès sa naissance, en 1962, Alicia Foster n'est pas une enfant comme les autres. Conçue par ses parents alors qu'ils ne vivent plus en couple, elle est élevée par sa mère, Brandy, agent artistique, et la compagne de celle-ci, Josephine Dominguez, qui lui transmet, en guise de prénom, son surnom : « Jo. D. » À 3 ans, la dernière-née des Foster sait lire et n'a que faire de ses poupées Barbie. L'année suivante, elle grille son frère au casting d'une pub où elle doit montrer son derrière. À 8 ans, elle affronte un lion qui manque de la déchiqueter lors du tournage de *Napoléon et Samantha*. « Enfant, expliquera-t-elle, je pensais ne pas pouvoir dire "non". Mon but était de faire tout ce qu'on exigeait de moi. » Y compris épouser les causes de Brandy qui, trimballant sa progéniture en Peugeot, emmène Jodie manifester contre la guerre au Vietnam et dans des cinémas programmant Fassbinder et Truffaut. En contrepartie de ces nourritures spirituelles, la gamine fait bouillir la marmite. « Jodie et sa mère sont une équipe, observe alors leur proche Andy Warhol. C'est comme un couple marié où Jodie serait le père ! »

Taxi Driver va marquer une nouvelle étape. En marge du tournage, Jodie fait preuve d'une maturité hors du commun, interagissant quasiment d'égal à égal avec De Niro et Scorsese, plaidant pour que le metteur en scène et son scénariste confèrent davantage d'humanité à son personnage de fille des rues, au point de toucher profondément le cœur du chauffeur névropathe. Son investissement lui vaut-il de voir son nom figurer sur les affiches en mêmes caractères que ceux d'Harvey Keitel et de Cybill Shepherd ? Le fait est que la profession reconnaît, enthousiaste, la performance de l'adolescente au point de la nommer aux Oscars. N'ayant jamais été guidée par la vanité, Foster n'en mesure pas moins ce qu'elle doit à cette expérience. Mais sur un autre plan. « Ce film a complètement changé ma vie, déclarera-t-elle en 1991 au *New York Times*. C'était la première fois que quelqu'un me demandait de créer une personnalité qui n'était pas mienne. C'était la première fois que je réalisais que jouer la comédie n'était pas un passe-temps comme les autres mais que c'était vraiment un travail, un art. » Au point de s'interroger sur le sens de son existence.

Trop lucide et sensible pour s'imaginer « arrivée », l'ado star, élève au lycée français de Los Angeles, part un an à Paris. Seule. « L'unique moment heureux de mon enfance », lâchera-t-elle. On l'y voit chanter en duo chez les Carpentier avec Claude François et faire du patin à roulettes au Trocadéro pour un film, *Moi, fleur bleue*, où elle vit un amour interdit avec Bernard Giraudeau. Avant de repartir aux États-Unis et de s'inscrire, en septembre 1980, à l'université de Yale pour décrocher une maîtrise de français. Entre son métier et les études, Jodie décide de ne pas choisir. « Quand vous vivez à L.A., que vous avez été élevée dans le cinéma, votre horizon risque d'être un peu limité, reconnaît-elle. Il faut faire des efforts pour savoir quelque chose sur la peinture, sur la photo, sur la littérature, sur la musique. D'autant qu'ici, en dehors du cinéma, il n'y a presque pas de tradition culturelle. » Combien de comédiens autocentrés, et qui n'ont jamais lu que des scénarios, pensent comme elle ? Jodie sort en 1984 de la prestigieuse faculté. Diplômée mais paumée. En mars 1981, John Hinckley, l'un de ses fans déséquilibré, adepte du meurtrier de John Lennon, a tenté d'assassiner le président Reagan pour « lui donner une preuve d'amour ». Le fait divers, qui pousse la presse à la harceler sur son campus, se retourne contre l'actrice et la traumatise.

Alors qu'elle en a à peine fini avec l'université, Jodie fuit à nouveau en France, pour tourner un drame historique sous la direction de Claude Chabrol. En réalité, Foster se cherche, boit, se drogue un peu et, enchaînant de médiocres productions, pense arrêter de jouer. Elle a toutefois conscience d'être attirée par le même type de personnages : « Des gens ignorés, rejetés. Je me sens proche des petits, des faibles, des opprimés. » Pour autant, l'actrice se ressaisit. La malédiction des enfants vedettes ne l'atteindra pas. Considérée comme *has been* à 25 ans, Jodie doit faire, en 1987, un bout d'essai pour convaincre qu'elle peut jouer le rôle d'une femme victime d'un viol collectif luttant contre ses bourreaux. Réalisateur des *Accusés*, Jonathan Kaplan n'y voit aucune évidence. Désireuse de lui faire prendre conscience de son potentiel, mais doutant d'elle, Jodie Foster se bat : « Si je n'avais pas obtenu le rôle de Sarah Tobias, avouera-t-elle, j'aurais peut-être abandonné le cinéma. Je me trouvais si mauvaise dans les films précédents que j'avais décidé de reprendre mes études et de devenir prof de lettres. »

Choisie pour incarner l'avocate de Sarah, Kelly McGillis, devenue la première supportrice de Jodie, menace de rendre son rôle si son amie ne décroche pas celui de la victime. Finalement convaincu, le réalisateur commence son tournage par la scène du viol : « Je souhaitais que Jodie garde un souvenir très vif de la séquence tout au long du tournage, expliquera-t-il. Il y a dans son jeu une rage intérieure terrible que nous n'aurions sans doute pas pu obtenir sans cette épreuve. » Même forcing deux ans plus tard, auprès de Jonathan Demme, qui lui préférait initialement Michelle Pfeiffer pour *Le Silence des agneaux*. En inspectrice du FBI interrogeant sans répit l'âme malade et supérieurement retorse du serial killer interprété par Anthony Hopkins, Foster démontre son aptitude unique à combiner sa sensibilité extrême à une rectitude morale suprême. Cette intensité retourne une fois encore ses pairs, qui décernent pour ces deux films l'Oscar à l'ex-enfant star. L'actrice devient, dans ces années 1990, une force qui compte à Hollywood, créant *Egg Pictures*, sa société de production, puis passant derrière la caméra avec *Le Petit Homme*, aux relents autobiographiques. Dans le même temps, elle protège sa vie privée et sa rencontre, en 1993, avec la productrice Cydney Bernard. Ensemble, elles vont vivre quinze ans d'amour, élevant Charlie et Kit, les fils portés par Jodie. Laquelle attend 2013, et sa relation avec Alexandra Hedison, pour officialiser son homosexualité.

Sa vérité, après des années de rumeurs courant sur son compte. Et le bon timing, y compris pour exercer son métier : « Je tourne peu. Si ce n'est pas pour un travail créatif qui mérite le sacrifice, je préfère m'occuper de mes enfants. » Sélective, Jodie Foster s'autorise désormais à se faire plaisir en offrant un autre visage que celui de personnages marqués par la dureté du monde moderne. Ainsi joue-t-elle l'épouse de Richard Gere, au temps de la guerre de Sécession, dans ce remake du *Retour de Martin Guerre* qu'est *Sommersby* avant d'accepter pour la première fois un emploi de comédie avec *Maverick*. « Je ressentais le besoin de m'amuser à ce stade de ma vie, déclarera-t-elle. Je sortais d'une période sombre et il m'était nécessaire de rire. Ce personnage était important d'un point de vue personnel. » Ce film lui offre une autre gratification sur le plan privé. Elle y fait la connaissance de Mel Gibson, dont elle devient plus que l'amie : « une sœur ». Plus tard, elle continuera de le soutenir quand les accusations de racisme, d'antisémitisme, de violences conjugales pleuvront, non sans raison, sur lui. D'une fidélité qui en dit long sur sa résistance au qu'en-dira-t-on et aux pressions, Jodie lui offre même, en 2010 et en pleine tourmente, le rôle du cadre dépressif de son drame familial, *Le Complexe du castor.* « Mel, dira-t-elle, est un être incroyablement aimant et sensible. Ce n'est pas un saint et il a une grande gueule. Mais c'est une véritable personne, pas une silhouette en carton. Je sais qu'il a des problèmes et, quand on aime quelqu'un, on ne s'en va pas lorsqu'il doit lutter. »

Jodie Foster doit s'armer, également, au tournant des années 2000, lorsque certains de ses projets ne voient pas le jour comme ceux, longuement nourris, de faire un *biopic* sur la très controversée cinéaste Leni Riefenstahl ou de réaliser un film sur l'histoire d'un cirque lors de la Grande Dépression, une blessure de son interprète, Russell Crowe, l'en ayant empêchée. Résiliente, elle transforme parfois ces contrariétés en justes choix. Ainsi abandonne-t-elle, en mai 2001, la présidence du festival de Cannes à Liv Ullmann pour remplacer au pied levé Nicole Kidman sur le tournage de *Panic Room.* Mettant à l'épreuve son sens de l'adaptation, David Fincher ne laisse à Jodie que quelques jours pour se préparer à ce thriller en huis clos que l'annonce de sa grossesse, au bout de cinq semaines, rend « particulièrement fatigant » à investir. Le résultat en vaut la peine : brassant, de manière serrée, les thèmes de la paranoïa, du tout-sécuritaire et de la mort, ce suspense réserve à Foster une partition riche et intense dans laquelle, une fois encore, la femme qu'elle incarne ne dépend pas d'un homme pour la sauver. Le public a tôt fait d'identifier l'actrice, modèle de *self-made woman,* à ces protagonistes à la fois émotives et résistantes redéfinissant, bien avant l'étude éclatée des genres, une féminité non stéréotypée. De fait, l'un des critères poussant Jodie à interpréter un rôle repose sur le fait qu'il puisse avoir été écrit pour un personnage masculin fort. Ce respect dénué d'arrogance qu'elle attend à l'égard des comédiennes lui vaut celui de ses pairs. Jouant à ses côtés dans *Contact,* en 1997, James Woods assure, séduit : « Elle déteste être traitée comme une princesse. Elle a un comportement très égalitaire et aime, sincèrement, que les gens lui parlent comme à n'importe qui. Mais vu son parcours brillant, ça n'est pas toujours évident. » Est-ce parce qu'ils ressentent son intelligence sans cuistrerie et sa sincérité ? Les spectateurs ne se contentent pas d'admirer l'actrice ; ils ont pour elle l'affection singulière que l'on peut avoir pour une enfant vedette que l'on a vue grandir et tenir les promesses de ses vertes années. Les Français, en particulier, n'en reviennent pas de la voir régulièrement se postsynchroniser, sans accent, dans notre langue.

Seules ses apparitions de plus en plus espacées, après la fermeture en 2001 de sa société de production et un dernier gros succès commercial dans un premier rôle avec *Flight Plan*, de Spike Lee, suscitent quelques frustrations. Attachée à voir grandir ses fils, réaffirmant sa volonté de passer plus souvent derrière que devant la caméra, Jodie Foster se fait rare mais continue de créer l'événement, comme lorsque son film *Money Monster*, avec George Clooney et Julia Roberts, rencontre en 2016 la faveur du festival de Cannes ou quand elle réalise des épisodes des séries télé *Orange Is the New Black* et *House of Cards*. Mais elle s'illustre toujours, comme interprète, dans des drames qui, du huis clos de *Carnage*, de Roman Polanski, à la science-fiction d'*Elysium*, de Neill Blomkamp, interrogent la société américaine et sa violence. Un thème cher à l'actrice, qui en maîtrise tant. « Jodie comprend tout, notamment la folie de ce métier, admire Richard Gere. Au fond, cette fille a une prescience. » Et un sens de l'équité que bien des collègues pourraient lui envier.

Alors que la juste cause féministe dégénère depuis quelques années en une chasse à l'homme plus soucieuse de vengeance que d'égalité, que la *cancel culture* allume les autodafés et les bûchers d'artistes condamnés sans avoir été jugés, ralliant, sous l'effet d'une peur panique, la majorité des membres d'une communauté hollywoodienne soucieuse de n'en froisser aucune, Jodie garde son cap. Soutenant les victimes de violences et les catégories de la population discriminées mais se refusant à bannir de son horizon et de l'histoire du cinéma les chefs-d'œuvre d'artistes controversés. « J'aimerais entendre de la complexité à ce sujet, déclare-t-elle, en 2017, dans le *Late Show* de Stephen Colbert. Que chacun raconte la façon dont il a été élevé, en tant qu'homme et en tant que femme, puis que l'on avance ensemble. J'aime et admire énormément la manière dont un homme comme le révérend Desmond Tutu s'est occupé, à la tête d'une commission, de la réconciliation en Afrique du Sud après la fin de l'apartheid. » Adepte d'un *soft power* moral et apaisant, gérant admirablement sa carrière, Foster la cérébrale n'a pas fini de nous surprendre. Portée par sa belle âme. Guidée par sa conscience.

Filmographie sélective

Taxi Driver (Martin Scorsese, 1976)
La Petite Fille au bout du chemin (Nicolas Gessner, 1976)
Bugsy Malone (Alan Parker, 1976)
Les Accusés (Jonathan Kaplan, 1984)
Le Silence des agneaux (Jonathan Demme, 1991)
Le Petit Homme (Jodie Foster, 1991)
Sommersby (Jon Amiel, 1993)
Maverick (Richard Donner, 1994)
Nell (Michael Apted, 1994)
Contact (Robert Zemeckis, 1997)
Panic Room (David Fincher, 2002)
Flight Plan (Robert Schwentke, 2005)
Inside Man (Spike Lee, 2006)
Carnage (Roman Polanski, 2011)
Désigné coupable (Kevin McDonald, 2021)

Denzel Washington (1954)

Star de la « normalisation » pour la communauté afro-américaine, il a bénéficié de l'air du temps mais, avant tout, de sa propre volonté d'abolir les barrières. Acteur consciencieux, rétif à toute médiatisation dépassant le cadre professionnel, Denzel Washington mêle puissance et intériorité, dilection pour les sujets sociaux et appétence pour les projets plus commerciaux. Sa présence tutélaire ne doit toutefois pas occulter la réalité ; sans être une caution, Washington demeure une exception parmi les stars.

Il est l'accomplissement d'un rêve fait par Sidney Poitier, à l'ombre de celui de Martin Luther King. L'idéal incarné, prenant forme de la plus belle façon qui soit, d'un jeu d'acteur et de propositions de rôles n'ayant que faire de la couleur de peau.

Là où son valeureux aîné, ne pouvant échapper aux choix d'une époque, resta sur la ligne de crête de personnages souvent cantonnés au politiquement correct, Denzel Washington, portant le flambeau d'une quatrième génération de comédiens afro-américains, a pu tout se permettre. Incarner le leader charismatique mais radicalement clivant de *Malcolm X* comme l'avocat que sa négritude ne préserve pas de préjugés homophobes dans *Philadelphia*. Peut-on dès lors partager le sentiment exprimé à la fin des années 1990 par Spike Lee selon lequel « Denzel aurait dû se trouver depuis longtemps là où il est, si seulement il avait été blanc » ? Héritier de Poitier, Washington doit à d'autres acteurs de lui avoir indirectement préparé le terrain. Son absolue normalité fait en effet suite à une poignée de stars ayant peu à peu déplacé le curseur des possibles. À la droiture et au flegme de Sidney Poitier ne pouvait d'abord succéder que le contrepoint comique et culotté d'un

Richard Pryor puis d'un Eddie Murphy, lequel relégua ses partenaires blancs au second rang au début des années 1980. Avant que Will Smith fasse évoluer le stéréotype du Noir rigolard vers une « coolitude » davantage déterminée par l'esprit du temps que par l'ethnie. Artiste banalisant et exaltant tout à la fois les caractéristiques visibles de son être, Washington n'était pourtant pas, *a priori*, voué à épouser ce destin singulier.

Fils d'un pasteur du week-end exerçant en semaine deux métiers et d'une esthéticienne gérante d'un salon de beauté, le garçon, né en 1954 à Mount Vernon, va passer des années à chercher sa voie. Le divorce de ses parents, lorsqu'il a 14 ans, le détourne temporairement d'une foi qui restera vivace pour ajouter aux déséquilibres de l'adolescence de mauvaises tentations : « Je me suis mis à tout rejeter », expliquera-t-il, reconnaissant avoir traîné avec des gangs. Sans aller bien loin : « L'amour de ma mère m'a tiré de là. » Il n'est pourtant pas sorti d'affaire, passant de l'académie militaire d'Oakland à l'université Fordham, médiocre étudiant en médecine puis en journalisme, prenant conscience de son désintérêt pour quelque matière que ce soit. Une expérience sur les planches, lors d'un camp d'été, le retourne littéralement : il est fait pour jouer. Désormais inscrit aux cours d'art dramatique de Fordham, il ose affirmer au professeur lui demandant quel est son souhait : « Devenir le plus grand acteur au monde. » Ne s'arrêtant pas à cette provocation, l'enseignant, Robinson Stone, observe attentivement l'impudent et ne tarde pas à déceler en lui un comédien-né. Au point de lui offrir, en dernière année, le rôle d'Othello dans une adaptation du drame shakespearien. « Il est le meilleur que j'ai vu interpréter ce personnage, lâchera, bluffé, Stone. Je me souviens que José Ferrer, l'interprète au cinéma de *Cyrano de Bergerac* et de *Moulin Rouge*, est venu voir la pièce. Lui comme moi étions persuadés que Denzel était promis à une brillante carrière. » Son premier mentor apprécie notamment l'intériorité de son jeu, la manière qu'il a de murmurer avec intensité certaines tirades plutôt que de les porter haut.

Comment faire pour ne pas tromper de si belles espérances ? En s'investissant sans retenue dans un domaine où l'on a hâte de s'ébrouer. Mis en relation par son professeur avec un agent, Washington fait ses débuts à la télévision en 1977 dans un téléfilm, *Wilma*, qui lui permet de rencontrer sa future épouse, l'actrice et chanteuse Pauletta Pearson. Mais les mois qui suivent le font douter. Toujours aussi rétif à suivre des cours de comédie, ne trouvant aucun débouché à Los Angeles, il rentre, désabusé, sur la côte Est et déniche un job de fonctionnaire d'État. « C'est Pauletta, racontera-t-il, qui m'a poussé à continuer. Qui m'a dit de m'accrocher. » Contre toute attente, il obtient alors le rôle de Malcolm X dans une production *off*-Broadway. La pièce remporte un vrai succès critique et offre à Denzel ses premières coupures de presse. Elle le conduit également à intégrer une troupe de comédiens noirs à une époque où la scène s'ouvre davantage à eux. Avec ces nouveaux compagnons de jeu, Washington est retenu pour jouer en 1981 dans *A Soldier's Play*, un drame militaire qui ne se limite pas à évoquer les tensions entre Blancs et hommes de couleur mais dépeint aussi des conflits intraraciaux. Dans la foulée, Denzel est pris dans une série télé médicale, *Hôpital St Elsewhere*, destinée à un bel avenir. Sans jamais tenir le premier rôle, le fils de pasteur devient une figure récurrente que s'arrachent les casteurs de profils afro-américains. Jusqu'à bousculer les certitudes de réalisateurs tentés de l'engager.

Ainsi, préparant *Cry Freedom*, sur la ségrégation raciale en Afrique du Sud et les émeutes de Soweto, Richard Attenborough envisage tout d'abord de mettre à l'honneur le personnage du militant anti-apartheid Steve Biko. Bien vite, pourtant, on lui fait comprendre qu'il ne peut attirer les foules avec un héros noir. Le cinéaste développe alors le rôle du journaliste blanc Donald Woods, interprété par Kevin Kline. Biko, toutefois, s'impose envers et contre tous. « Nous devions avoir, pour l'incarner, un homme ayant du charme, de l'érudition, de l'intelligence, une intuition, un être qui ait de l'humour, soit relax mais en même temps sûr de lui », confiera Attenborough, avant de confesser : « Fort heureusement, nous l'avons trouvé avec Denzel. » Ce dernier n'a que six semaines pour se préparer au tournage au Zimbabwe, apprenant tout ce qui est disponible sur Biko pour faire corps avec lui, devenant mimétique et prenant 13 kilos. La critique ne s'y trompe pas. Elle en fait la figure majeure de ce drame et lui permet de décrocher une nomination à l'Oscar pour un second rôle. Le phénomène se reproduit en 1989 avec *Glory*. Dans cette œuvre épique sur le sacrifice d'un bataillon noir durant la guerre de Sécession, Washington n'est que l'une des voix d'un film choral, aux côtés de Matthew

Broderick et de Morgan Freeman. Pourtant, en militaire révolté et buté, il parvient une fois encore à se singulariser.

C'est lui qui, se souvenant de vieilles photographies d'esclaves, a l'idée, choquante mais juste, que son corps soit déjà zébré de plaies, avant de recevoir de nouveaux coups de fouet. Lorsqu'on lui demandera s'il n'est pas éprouvant de subir un tel traitement, fût-ce dans le cadre d'une fiction, Washington répondra que l'épreuve est dans le regard des autres et que, pendant le tournage de cette scène, il était avant tout préoccupé par le fait de soutenir celui de son antagoniste, incarné par Broderick. « Il impose une tension à la Bogart-Brando, à la fois renfrognée, cynique et intelligente. Il a une charge de férocité moderne qui vous bouscule », dit le *New Yorker* de l'*outsider*, lors de la sortie de *Glory*. Cette fois, l'Oscar ne lui échappe pas. C'est en conquérant que Denzel fait son entrée dans les années 1990. Une rencontre infléchit alors son parcours. Cinéaste emblématique de sa communauté, Spike Lee l'a vu sur scène et a perçu très vite l'étendue de son charisme. Projetant de raconter la vie d'un jazzman nettement inspiré par la figure de Miles Davis, il n'hésite pas longtemps : « Je savais que Denzel était le personnage. Je souhaitais me servir de l'attraction qu'il exerce sur le public féminin. Les femmes l'adorent. » *Mo' Better Blues* est cependant une déception et l'acteur ne s'y montre pas des plus sympathiques mais, pour la première fois, il porte un film sur ses épaules. Sa collaboration suivante avec Spike Lee rectifie le tir.

Washington a toujours su intuitivement, depuis son incarnation de l'activiste sur scène, qu'il jouerait le rôle de Malcolm X sur grand écran. Prenant part au projet avant que Lee le confirme dans le rôle, il s'imprègne durant plus d'un an des gestes, des mots et de l'esprit du leader de la *Nation of Islam*, ne mangeant plus de porc, ne buvant pas d'alcool. Fort d'un budget digne d'une superproduction, le cinéaste livre une synthèse entre le grand spectacle et un tract militant. Mais si *Malcolm X* rencontre un écho considérable dans la communauté afro-américaine qui fait de son interprète principal une superstar, nommée à l'Oscar du meilleur acteur, le film divise profondément en réhabilitant un homme controversé, et n'entraîne pas l'adhésion d'une majorité de spectateurs. Cet échec relatif n'entame en rien l'engouement dont l'acteur est l'objet. Sélectif, ayant refusé des rôles secondaires dans *Platoon*, *Terminator 2*, ainsi que la covedette avec Michelle Pfeiffer pour *Love Field* en raison d'un scénario qu'il ne jugeait pas prometteur, Denzel Washington voit son exigence payer. Alors qu'à la sortie de *Malcolm X* un journaliste lui avait demandé s'il pensait que l'interprétation du leader noir serait le rôle de sa vie, l'acteur avait cinglé : « J'espère bien que non ! » S'il faut lire dans cette réponse la volonté légitime d'un comédien de ne pas rester associé à un rôle unique dans l'esprit du public, une autre lecture, plus souterraine, peut en être faite. Ayant largement et de tout cœur payé son tribut à l'histoire de ses frères de couleur, Washington espère désormais transcender cette dimension en apparaissant comme un artiste *sans* couleur.

Sa détermination, mais aussi un alignement des étoiles, le sert magnifiquement dans les mois qui suivent quand il incarne coup sur coup le journaliste d'investigation de *L'Affaire Pélican*, l'avocat converti à la défense des victimes de l'homophobie et du sida dans *Philadelphia*, ainsi que Don Pedro d'Aragon pour l'adaptation du shakespearien *Beaucoup de bruit pour rien*. Cette année 1993 ne marque pas seulement une révolution personnelle. L'air de rien, un comédien afro-américain brise naturellement le plafond de verre qui empêchait les siens d'incarner des rôles traditionnellement écrits pour des acteurs blancs. La force de Denzel Washington est d'endosser comme une évidence ce qui, peu de temps auparavant, aurait semblé être une incongruité. Seul soupçon d'autocensure encore à l'œuvre : adaptant *L'Affaire Pélican*, le réalisateur Alan Pakula retire du film l'histoire d'amour existant dans le roman entre le personnage de Julia Roberts et le sien. L'acteur, du reste, ne fera jamais de la question des relations sexuelles interraciales un enjeu particulier, ni une victoire sur l'adversité. Lui qui refuse catégoriquement d'ouvrir une quelconque fenêtre sur sa vie privée paye, à la même époque, le prix d'une rare confidence lors d'un show télé de Barbara Walters où il reconnaît avoir pu céder à la tentation à laquelle est soumis un homme marié ayant du succès. Les médias, qui n'ont jamais rien eu à se mettre sous la dent le concernant, se jettent sur l'hypothèse d'un Washington infidèle. L'acteur jure qu'on ne l'y reprendra plus.

Focalisé sur son métier, il est, sur ce plan aussi, l'héritier d'un Sidney Poitier jaloux de son intimité. Comme le reconnaît son ami d'enfance Lowes Moore : « Denzel veut être le meilleur acteur possible, le meilleur père de famille imaginable. Il ne veut pas que les gens disent quoi que ce soit de mal à son propos. »

Cette surhumanité prive-t-elle le comédien de failles et de fêlures le rendant attachant ? L'analyse le concernant est délicate. Précisément parce que son profil bas le préserve des critiques attachées habituellement au star-system. Admiré pour sa versatilité et sa manière de se dédier entièrement à son art, révéré pour avoir fait tomber les dernières barrières liées à sa couleur de peau, le premier acteur post-racial pourrait simplement manquer d'aspérités là où, ironiquement, il ne cesse d'en chercher dans les rôles qu'on lui propose et qu'il excelle à ciseler, de drames sportifs en thrillers psychologiques, même si la subtilité déserte parfois le cinéma de genre. Ayant conscience qu'il lui faut donner des gages aux films d'action pour s'engager sur des terrains commercialement plus incertains, Washington se livre ainsi sans compter, des thrillers *USS Alabama*, *À l'épreuve du feu* et *Bone Collector*, au militant *Hurricane Carter*. Préservant de la sorte son statut de star grand public, il tente à plusieurs reprises le passage à la mise en scène inauguré en 2002 avec le psychodrame familial d'*Antwone Fisher*, qui se penche sur les troubles psychologiques d'un jeune engagé noir de la Navy.

À quelques mois de là, un autre film sous tension lui vaut de franchir un palier lorsqu'il décroche, enfin, l'Oscar du meilleur acteur pour son incarnation du mentor diabolique d'une jeune recrue de la police de Los Angeles dans *Training Day*. Une fois encore, Denzel s'est investi en amont du tournage, imposant au réalisateur Antoine Fuqua l'écriture d'un juste et violent châtiment pour son personnage. Désormais quinquagénaire, traversant une nouvelle ère peuplée de franchises et de remakes au détriment de productions marquées du sceau d'auteurs à l'ancienne, Washington n'a d'autre choix que d'être sélectif dans le registre plus ou moins lourd et schématique des films à suspense ou à gros budget. La moisson, inégale, n'est en rien déshonorante. Le comédien ne recherche pas l'emploi le plus héroïque, ni le plus valorisant, mais prend un malin plaisir à éprouver le passage du blanc au noir dans de nouvelles versions de classiques qui le voient, de *La Femme du pasteur* aux *Sept Mercenaires*, se glisser dans l'habit sacerdotal et le pantalon de cow-boy de personnages incarnés autrefois par Cary Grant et Yul Brynner. La plus belle des boucles est pourtant celle qu'il a bouclée en jouant *La Tragédie de Macbeth*, pour Joel Coen, au côté de Frances McDormand. Lui qui débuta, étudiant, en Othello renoue ainsi, comme le fit son aîné Al Pacino, avec sa dilection pour Shakespeare mais aussi avec la source théâtrale de sa vocation. À travers ce rôle de roi d'Écosse guetté par la folie, Washington se livre également, le plus naturellement et élégamment du monde, à une appropriation culturelle, défiant les censeurs actuels. Un brouillage des identités qu'il n'a cessé d'endosser, en vertu d'un talent qui se moque de la couleur mais ne saurait faire l'économie du travail et de la passion.

Filmographie sélective

Cry Freedom (Richard Attenborough, 1987)
Glory (Edward Zwick, 1989)
Mo' Better Blues (Spike Lee, 1990)
Malcolm X (Spike Lee, 1992)
L'Affaire Pélican (Alan J. Pakula, 1993)
Philadelphia (Jonathan Demme, 1993)
Beaucoup de bruit pour rien (Kenneth Branagh, 1993)
USS Alabama (Tony Scott, 1995)
À l'épreuve du feu (Edward Zwick, 1996)
Bone Collector (Phillip Noyce, 1999)
Hurricane Carter (Norman Jewison, 1999)
Training Day (Antoine Fuqua, 2001)
Antwone Fisher (Denzel Washington, 2002)
Flight (Robert Zemeckis, 2012)
La Tragédie de Macbeth (Joel Coen, 2021)

Nicole Kidman (1967)

À sa façon, moins tonitruante que bien des contemporains, cette Australo-Américaine est parvenue, en plus de trois décennies, à bâtir une carrière impressionnante. Actrice et productrice, aussi à l'aise à la marge que dans les blockbusters, *Nicole Kidman est une star discrète et influente. Réussissant à livrer des compositions spectaculaires dans lesquelles elle aime se fondre, « Nic » a également effacé de la mémoire collective son couple avec Tom Cruise. Ce qui n'est pas le moindre de ses exploits.*

C'est une phrase, prononcée par l'actrice dans *The Hours*, où elle incarne la romancière Virginia Woolf : « Je mène une existence que je n'ai plus le moindre désir de poursuivre. » Un constat que Nicole Kidman a souvent fait sien, ressentant la volonté d'abandonner un destin tout tracé pour une nouvelle vie au sujet de laquelle rien n'est écrit. Des ruptures, il y en eut pour la fillette née le 20 juin 1967 à Honolulu, puis élevée en Australie avant de venir habiter aux États-Unis.

À travers son union, à 23 ans, avec Tom Cruise, dont la gloire et les errements entachaient de faux-semblants sa carrière. Jusqu'à son départ de Los Angeles : « Si on reste trop longtemps à Hollywood, ironise-t-elle, on risque de devenir une Mercedes. » De tous ces pièges, « Nic » a su s'extraire. À sa naissance, son père, biochimiste et psychologue, et sa mère, infirmière, militent contre la guerre au Vietnam et pour une Amérique progressiste. L'arrivée de Nixon au pouvoir les fait s'exiler à Sydney, où Nicole, élève brillante, rêve d'humanitaire mais se pose en artiste : « C'est en voyant Katharine Hepburn, drôle et distinguée, dans *Indiscrétions* que j'ai voulu devenir actrice. Je voulais être elle. » La gamine éprouve toutefois, dès cette époque, des sentiments contradictoires qui expliquent *a posteriori* ses choix de carrière et de vie : « J'écrivais beaucoup. Je n'arrivais pas à comprendre pourquoi j'avais autant d'idées noires. J'avais un rapport très étrange à la mort. Elle me fascinait. Je tenais un journal intime, dont la couverture était recouverte de sortilèges pour faire fuir les curieux. Je pense que cette noirceur s'explique par la sensation que j'avais d'avoir trop d'amour à donner. J'étais possédée par le désir de vivre et la peur de tout perdre. »

Jouant la méchante fée du *Magicien d'Oz* à 10 ans, faisant des entrechats à 12, cette grande rousse se trouve « trop moche et timide » pour accepter la proposition de Jane Campion qui lui demande, à 15 ans, d'embrasser une adolescente sur la bouche dans son film de fin d'études. Trop d'inhibitions la paralysent encore. « J'espère que nous travaillerons un jour ensemble, lui écrit alors la cinéaste, ajoutant : Fais les bons choix, tu as un réel potentiel. » « Nic » l'écoute et va étudier l'art dramatique au Victorian College of the Arts of Melbourne, puis au Phillip Street Theatre et à l'Australian Theatre for Young People de Sydney. Ce qui ne l'empêche pas de suivre les élans de son cœur. La jeune femme n'est pas encore majeure lorsqu'elle plaque famille et lycée afin de vivre avec son premier amour à Amsterdam. Pour peu de temps ; Kidman ne perd pas son objectif de vue. À une époque où le cinéma australien est en plein renouveau et atteint une renommée internationale, à travers les parcours de la star Mel Gibson et du réalisateur Peter Weir, Nicole commence par se faire un nom dans son propre pays. Ses rôles sur le petit écran dans *Vietnam*, en 1987, puis au cinéma avec *Emerald City*, en 1988, lui permettent d'accéder d'emblée au vedettariat et d'incarner un type de personnage que l'on retrouvera au fil d'un parcours d'une étonnante plasticité. « Dans sa période australienne, de construction de son image publique, Nicole Kidman interprétait de manière réaliste des héroïnes indépendantes, écrira l'universitaire Pam Cook. Ces rôles correspondaient à l'image d'une actrice symbolisant les principes de persévérance, de détermination et de modernité. » Un film vient alors couronner ce qui n'est déjà plus tout à fait un apprentissage. Entamé et jamais achevé par Orson Welles, *Calme blanc* est un huis clos en haute mer, triangle meurtrier et sexuel liant deux hommes à une femme. Laquelle se doit d'apporter puissance et ambiguïté dans l'un de ces rôles d'amazones qui commencent à exciter les spectateurs. Tout juste sortie du deuxième volet d'*Alien*, Sigourney Weaver semble un choix naturel. Que pourrait lui opposer une Australienne de 19 ans ? C'est pourtant vers « Nic » que se tournent ses compatriotes, le réalisateur Phillip Noyce et le producteur George Miller. Est-ce son côté à la fois inquiet et frondeur ? Sa grande taille, qui en impose et la fait apparaître plus mûre qu'elle n'est en réalité ? Sa chevelure flamboyante, que Noyce rend encore plus rousse et bouclée ? Kidman, de son côté, flaire l'opportunité. Professionnelle jusqu'au bout des ongles, elle demande à apprendre à manœuvrer sans doublure l'impressionnant voilier lancé en plein Pacifique. Jusqu'à hisser elle-même les voiles. « J'essaie de ne jamais être gouvernée par la peur, déclarera-t-elle plus tard. C'est ce qui oriente mes choix. Le danger m'attire. » Elle place de fait le curseur très loin, qu'il s'agisse de séquences physiques ou émotionnelles, dont celle où elle fait l'amour à son agresseur avant de prendre le navire comme le sort du film en main, passant de la vulnérabilité à la force sans que ce cheminement soit le moins du monde artificiel.

Pour l'une de ses biographes, Marie Lherault, *Calme blanc* met en scène « une femme au regard énigmatique – entre plaisir, manipulation et effroi – que l'on retrouvera plus d'une fois dans sa carrière ». Laquelle est définitivement lancée par ce thriller qui retient l'attention de studios hollywoodiens, décidés à l'attirer dans leurs filets. Après une dernière série maison, *Bangkok Hilton*, qui lui vaut un nouveau succès, Nicole part aux États-Unis où Tony Scott l'engage pour *Jours de tonnerre*, auprès de Tom Cruise. Si la crédibilité de son infirmière, moins professionnelle que sensuelle, laisse à désirer, ce vrombissant *blockbuster* dédié aux courses automobiles est un accélérateur de notoriété pour de mauvaises raisons que l'actrice va payer pendant des années. Se liant à son partenaire durant le tournage du film, Nicole épouse la star de *Top Gun* et de *Né un 4 juillet* en décembre 1990 et devient, instantanément, Mme Tom Cruise. Un contresens pour cette ambitieuse qui passe ses œuvres suivantes à se limiter aux emplois de compagne vertueuse, depuis le trop classique *Horizons lointains* jusqu'au lacrymal *My Life*. Lorsqu'elle s'impose à Gus Van Sant pour jouer, en 1995, la femme au foyer en rupture de ban de *Prête à tout*, Kidman met les choses au clair : « J'en avais assez de jouer les faire-valoir de ces messieurs les stars de Hollywood. Maintenant, c'est moi qui leur marche dessus. » Une déclaration de guerre à l'encontre de son propre époux ?

Convertie tièdement à la scientologie, adoptant avec lui deux enfants, Isabella et Connor, se démenant pour exister en tant que comédienne, Nicole ne parvient pas à chasser les contradictions d'un couple qui la voit émerger difficilement de l'ombre envahissante de Cruise. Un mari au sujet duquel elle confessera : « J'aurais été au bout du monde pour lui. » *Prête à tout* est cependant le premier signe de son affranchissement, tant il est vrai que Kidman prend à bras-le-corps ce rôle inspiré d'une héroïne de fait divers. « On lui a mis une perruque blonde sur ses cheveux roux et ça a été une révélation, se souviendra la productrice Laura Ziskin. Elle me faisait penser à Carole Lombard ! Dès les premières scènes, elle nous a cloués sur place. Elle était géniale et faisait rire toute l'équipe. »

Sans jamais jouer à la diva, ni se prévaloir de son art de façon ostentatoire, Nicole entame une longue série de métamorphoses physiques et mentales, privilégiant les films d'auteur aux recettes éprouvées, osant la marge comme le grand spectacle. Son projet suivant la ramène aux origines et à une promesse tacite. En acceptant de jouer dans *Portrait de femme* l'une de ces héroïnes en costumes de Henry James qu'elle adore, l'actrice tourne enfin pour Jane Campion, qui dit d'elle : « Nicole a un potentiel extraordinaire : beaucoup d'assurance et beaucoup de doutes à la fois. » La transformation qu'elle opère est de taille. Incarnant, face à John Malkovich, une idéaliste un peu gauche, Kidman prouve sa capacité à se fondre dans toutes les enveloppes charnelles, à épouser toutes les âmes.

Mais ce défi est mineur au regard de ce qui l'attend. Le tournage interminable d'*Eyes Wide Shut*, qui se déroule sous la direction intrusive de Stanley Kubrick entre 1996 et 1998, lui sert de catharsis et, en exhibant son désir, lui ouvre les yeux. Elle en retire une double leçon qui n'a pas les mêmes conséquences. Sur le plan professionnel, Kubrick exauce les vœux de l'actrice en lui permettant de faire plusieurs propositions au gré de nombreuses prises. Kidman ne peut que s'en féliciter : « *Eyes Wide Shut* a changé la façon dont je conçois les films. Il m'a donné foi dans la pureté du cinéma, l'art de faire du cinéma. Même si cela prend du temps, quoi qu'il faille endurer, vous êtes dans un processus de création. Tout l'intérêt est de se perdre dans cet univers. » Exhibée physiquement,

Nic subit aussi une mise à nu de ses fantasmes et de ses sentiments qui l'oblige à adopter un jeu particulièrement ondoyant. Comme le constate la cinéaste Pascale Ferran, chargée de la postsynchronisation en français : « Le rôle le plus difficile à doubler était celui de Nicole Kidman, qui a de grands monologues avec des évolutions psychologiques considérables au cours d'une même scène, des fous rires, des crises de larmes, une scansion qui change constamment. » Comment sortir indemne d'une telle expérience, au cours de laquelle Kubrick se nourrit en vampire des propres remises en cause du couple formé par Cruise et Kidman pour prolonger les interrogations conjugales et littéraires de la nouvelle de Schnitzler ? La veuve du cinéaste, Christiane Kubrick, confiera : « Stanley croyait en eux deux, et eux, confiants, lui ont donné tout ce qu'ils pouvaient. Stanley m'a dit être ému parce qu'il sentait qu'ils ne se contentaient pas d'enlever leurs habits mais, comme on dit en anglais, ils s'arrachaient la peau, mettant leur être complètement à nu. »

Sans cesse renvoyée à ses frustrations, l'union des deux stars ne survit pas au tournage en Angleterre du dernier opus du maître. Nicole tente de détourner Tom de la scientologie, lequel, en retour, lui livre une guerre sans merci. Dès lors, le divorce est programmé. Leurs enfants, chéris par Cruise et captés par la secte, ne verront plus guère Kidman. Laquelle, traumatisée, n'en laisse rien paraître et rencontre, pendant cette période sombre, ses rôles les plus emblématiques. Satine, sa meneuse de revue de *Moulin Rouge*, qui la voit retourner en Australie et l'oblige à des prouesses physiques, de la danse au chant, révèle en 2001 un tempérament en phase avec le sien. « Ce film en a fait une icône, témoignera, ravi, son metteur en scène Baz Luhrmann. Pourtant, Nicole est très australienne, drôle, désinvolte et pleine de vie. » Les deux œuvres suivantes, pour prendre des directions opposées, vont tout aussi loin. Carnation blanche, traits émaciés, l'actrice interprète la terreur d'une mère névrosée dans *Les Autres*, d'Alejandro Amenabar. Ce dernier isole admirablement l'un des points forts de son visage, hors du commun : « Son regard, constate-t-il, est bien plus efficace que n'importe lequel des effets spéciaux les plus sophistiqués. »

Un disgracieux postiche sur le nez, Kidman incarne juste après la romancière Virginia Woolf dans *The Hours*, de Stephen Daldry. Apparaissant enlaidie pour traduire le feu créateur d'une écrivaine rongée de l'intérieur, l'actrice n'endosse, alors qu'on aurait pu le craindre, aucun cliché. La critique se montre réceptive, au point que ce rôle vaut en 2003 à Nicole son premier Oscar. Reconnue par ses pairs, la comédienne a désormais dépassé son ex dont elle vient de divorcer. Mais le triomphe de *The Hours* a un goût amer. Les années qui viennent de s'écouler, si elles sont l'expression d'une maturité artistique rare, apparaissent chèrement payées. « J'étais alors en pleine dépression, avouera-t-elle, et j'avais des idées de suicide. » Continuant à prouver, de l'épuré et cauchemardesque *Dogville* à l'aventureux et romanesque *Retour à Cold Mountain*, qu'elle balise les terrains les plus extrêmes de sa marque racée, Kidman tente en parallèle de résoudre son problème existentiel. « Je voudrais juste, affirme-t-elle alors, rencontrer un type normal. » Elle y parvient en succombant, en 2005, au chanteur country Keith Urban, avec lequel elle a deux filles, Sunday et Faith, le clan s'installant dans un ranch de 20 hectares près de Nashville. « Depuis, clame l'artiste, je suis rentrée dans les ordres. » Faut-il la croire, alors qu'elle est devenue productrice, ambassadrice de l'Unicef, militante pour les droits des femmes, et tourne douze films en quatre ans ?

Elle qui l'a longtemps cherché, semble avoir enfin trouvé un sens à sa vie. Sans doute y a-t-il encore, chez cette éternelle petite fille, la volonté de rendre fière ses parents. Mais plus encore celle de considérer son métier comme un fascinant espace d'exploration, une terre à défricher. Si ses dernières productions font moins parler, sinon pour évoquer le lissage contestable de son visage, c'est davantage le fait d'une époque rejetant l'originalité que de son manque d'ambition. Kidman ose toujours. Ainsi accepte-t-elle, en 2012, de jouer une nymphomane mimant une fellation, se masturbant et urinant sur son amant dans *Paperboy*. Le journaliste du *Monde* Samuel Blumenfeld relève à ce propos qu'« aucune star hollywoodienne de cette aura, avec une carrière aussi longue, aussi riche, n'a été amenée à se dévoiler aussi souvent à l'écran, à vivre tranquillement sa sexualité devant la caméra, à exposer avec autant de naturel sa libido au grand public ». Le film de Lee Daniels repousse les limites d'une actrice qui semble n'en avoir aucune, bien qu'elle alterne intelligemment les registres et les projets. « La plupart de mes films ont divisé la critique, admet Kidman. Je ne choisis pas des cinéastes consensuels. Certains plaisent à la majorité, d'autres à une minorité, mais cela me convient. »

Si l'on retrouve, comme le fait remarquer Alexandre Tylski dans l'étude qu'il lui consacre, des thématiques, comme celle de la femme-sorcière sans qu'elle soit connotée péjorativement, la comédienne s'en échappe, « plus caméléon que la plupart des grandes actrices mythiques qui l'ont précédée ». « Elle est très joueuse, Nicole, prête à tout, s'amuse à ce sujet le dramaturge David Hare. Mais elle se fiche de l'opinion publique et ne fait que ce qu'elle a envie de faire. » Féminine et féministe par sa liberté prise sur les hommes et sur son art, Nicole Kidman ne cesse, la cinquantaine passée, de se réinventer. Si star et tellement terre à terre.

Filmographie sélective

Calme blanc (Phillip Noyce, 1989)
Prête à tout (Gus Van Sant, 1995)
Portrait de femme (Jane Campion, 1996)
Eyes Wide Shut (Stanley Kubrick, 1999)
Moulin Rouge (Baz Luhrmann, 2001)
Les Autres (Alejandro Amenabar, 2001)
The Hours (Stephen Daldry, 2002)
Dogville (Lars von Trier, 2003)
Retour à Cold Mountain (Anthony Minghella, 2003)
Australia (Baz Luhrmann, 2008)
Paperboy (Lee Daniels, 2012)
Stocker (Park Chan-wook, 2013)
Les Voies du destin (Jonathan Teplitzky, 2013)
Les Proies (Sofia Coppola, 2017)

George Clooney (1961)

Surgi telle une anomalie au milieu des années 1990, ce « beau gosse » à qui l'on ne promettait pas à ses débuts un grand avenir est parvenu à bâtir une carrière diversifiée sur la durée. Si l'image qu'il renvoie, sa persona, *est comparable à celle des stars d'avant la fin de l'ère des studios, l'artiste a repris à son compte les acquis du Nouvel Hollywood. Classique mais singulier, sincère et stratège, acteur, producteur et réalisateur, George Clooney est l'un des artistes les plus intéressants de son temps.*

L'héritier des stars de l'âge d'or de Hollywood n'a pas toujours été raccord avec l'image, glamour et lissée, qu'on lui prête. Ainsi en 2006 s'est-il retrouvé roulant dans un Soudan en guerre pour les besoins d'un documentaire sur le génocide au Darfour. « Nous avons été stoppés, racontera-t-il, et un gamin de 10 ans s'est avancé, pointant sa kalachnikov en direction de ma tête, nous ordonnant de descendre. » Ce jour-là, l'acteur a senti l'odeur de la poudre. Il a aussi gardé au fond de la gorge un goût de cendre. Le cinéma était bien loin. George Clooney s'est-il alors souvenu d'une autre rencontre, presque aussi paradoxale ? Comédien débutant, il avait croisé Cary Grant au début des années 1980. Opposant ses cheveux mi-longs bouclés et sa chemise hawaïenne à la raie impeccable et au smoking du héros hitchcockien, pouvait-il imaginer lui succéder dans un registre mêlant séduction et autodérision, *cool attitude* et protection de sa vie privée ? Au point, pour les deux hommes, de susciter les mêmes rumeurs concernant leur sexualité. Sans doute le prix à payer pour un artiste désireux de maîtriser son destin.

Lorsqu'il naît le 6 mai 1961 à Lexington, dans le Kentucky, fils d'une ex-reine de beauté et d'un présentateur vedette d'une télé régionale, George se contente d'être un enfant de la balle. Sa tante n'est-elle pas la chanteuse et comédienne Rosemary Clooney et son oncle par alliance l'acteur de composition José Ferrer ? Petit, George fait des apparitions en famille dans les émissions de son père et découvre, à 6 ans, le pouvoir de faire rire. Mais il prend conscience aussi de la magie du septième art : « Il n'y avait pas de salles de cinéma à Augusta, là où j'ai grandi. En revanche il y avait un *drive-in* à 30 kilomètres. Je me rappelle avoir vu *Butch Cassidy et le Kid* là-bas. Sinon, on regardait des vieux films en noir et blanc à la télé, ceux de Spencer Tracy et de Montgomery Clift. À 12 ans, le film le plus marquant que j'avais vu était *Une place au soleil.* » George découvre enfin très tôt le sens d'un autre mot, lié à l'éducation catholique et progressiste qu'il reçoit : la solidarité. Parce que son père, Nick, lui apprend que rien n'est jamais acquis et qu'il faut secourir les pauvres et les opprimés, le garçon se retrouve, qu'il le veuille ou non, mobilisé : « Le matin de Noël, racontera-t-il, avant d'ouvrir nos paquets, on allait rendre visite à une famille qu'on ne connaissait pas et on leur offrait des cadeaux. Je me souviens d'avoir aidé à faire le ménage et installer le sapin. Mon père estimait que l'entraide était indispensable dans une société, que chacun était responsable des autres. »

Adolescent plutôt sage, quoique déjà porté sur la bagarre et « les jambes des femmes », Clooney lâche la bride à l'université. Courant les filles, mais aussi les terrains de sport et les soirées arrosées entre amis, il est moins présent à ses cours de journalisme, au point de rater son examen. « Drogue et drague. Voilà, avouera-t-il, à quoi s'est résumée mon existence à la faculté ! » Fatigué des petits boulots, George saute sur la proposition que lui fait son cousin comédien Miguel Ferrer de le suivre à Hollywood. Une offre aussitôt douchée par la réaction de son père, qui lui fait remarquer, imparable : « Soyons réalistes. Combien de gens dans le monde gagnent à notre époque leur vie en jouant la comédie ? Peut-être 5 000 aux États-Unis. En comparaison, 50 000 vivent de la télévision. » Si Nick Clooney prêche pour sa paroisse, George a d'autres ambitions. Il va en payer le prix, mais commence par s'installer confortablement en 1982 chez sa tante Rosemary. Suivant des cours à la Beverly Hills Playhouse, puis engagé rapidement dans des séries, le jeune homme s'illusionne.

Les rôles qu'il décroche le cantonnent à des personnages sans envergure. Quant aux séries, elles constituent le bas du panier des fictions télé. Lorsqu'il est enfin retenu pour rejoindre le casting de la prestigieuse sitcom *Roseanne*, son personnage passe à la trappe. Ce qui n'empêche pas son excellent collègue John Goodman d'affirmer : « Même moi, je sentais qu'il était promis à de plus grandes choses. » Jugement *a posteriori* ? Qui peut deviner alors, sous la tignasse de l'acteur à la coupe mulet, le futur sex-symbol ? Qui peut imaginer que son air ahuri mâtiné d'ironie fera des ravages chez des cinéastes aptes à tirer de cette prédisposition de jeu une gamme subtile et plus profonde qu'en apparence ? Clooney, pour y arriver, va devoir faire montre de patience. Douze années, parsemées de quelques nanars horrifiques dont *Le Retour des tomates tueuses*, sont nécessaires à sa révélation. Laquelle surgit en 1994.

Ayant échoué aux essais de *Thelma et Louise*, George fait des pieds et des mains pour s'imposer au casting de la série *Urgences*. Il suffit d'une crinière enfin domestiquée raffermissant le carré de son visage et d'un rôle sur mesure de pédiatre amoureux des femmes et de justice sociale pour que l'Amérique puis le monde s'éprennent du Dr Doug Ross et de son séduisant interprète. Mais dès qu'il apparaît sous les feux de l'actualité, Clooney relativise mérite et succès. « Quand vous vous êtes planté assez souvent, déclare-t-il, vous apprenez à mieux tirer votre épingle du jeu dans ce business. Je suis sans doute meilleur businessman qu'acteur. » Bien plus tard, il analysera ce tournant décisif avec son mélange imparable d'humour et d'humilité : « Je ne suis pas devenu célèbre avant l'âge de 33 ans. Toutes les choses stupides qu'on peut faire jeune – et j'en ai fait un paquet – n'ont pas été enregistrées et ne m'ont pas causé de tort. À 33 ans, j'avais tourné dans une douzaine de pilotes et sept séries télé, je savais à ce moment-là que c'était l'heure de la consécration et qu'il fallait que je me concentre sur le travail. Au final, ça a été facile et j'ai eu de la chance. » Voire ! L'acteur compte moins sur le hasard que sur les opportunités et la sympathie qu'il peut susciter.

Un faux départ, celui du risible *Batman et Robin*, lui fait prendre conscience que le cinéma doit être affaire de passion autant que d'engagement. Désormais, Clooney ne s'enrôlera plus que dans des projets auxquels il croit. L'idée de s'associer, en 1997, avec Steven Soderbergh pour jouer le rôle d'un gentleman braqueur de banques dans *Hors d'atteinte* répond à ses attentes. Le réalisateur de *Sexe, mensonges et vidéo* n'a pas donné suite à la promesse de son premier succès. Lui-même est en peine de transformer sur grand écran l'essai de sa gloire télé. Soderbergh sent que ce polar tendu et sensuel va lui permettre de rebondir tout en offrant à Clooney l'envol d'une carrière au cinéma. « Avant *Butch Cassidy*, analysera-t-il, Robert Redford était un comédien apprécié que tout le monde voyait comme une future star et qui, pourtant, ne l'était pas. Il lui fallait un rôle où il pourrait montrer ce qu'il savait faire. Si George n'était pas encore une vedette, c'était uniquement à cause de ses rôles. Pour n'importe quel acteur, le Jack Foley de *Hors d'atteinte* est un rôle formidable, mais ça a été le *Butch Cassidy* de George. » Si le couple explosif qu'il forme avec Jennifer Lopez ne déplace que modérément les foules, il enthousiasme la critique, qui estime que Clooney a définitivement enterré le personnage du Dr Ross. L'acteur, enchanté, décide de prolonger le partenariat avec son metteur en scène et lui glisse : « Faisons uniquement les films dont on a envie. » Mais il joue entre-temps dans le déjanté et guerrier *Les Rois du désert* puis dans son premier triomphe commercial, *En pleine tempête*, où il incarne un pêcheur d'espadon pris dans l'œil d'un cyclone, avant de créer avec Soderbergh la société de production Section Eight. Laquelle met en chantier leur deuxième film commun. Sorti en 2001, *Ocean's Eleven*, résurrection du divertissement *cool* et d'un Rat Pack plus innocent que celui de Sinatra, creuse la veine de *Hors d'atteinte* et offre la première mouture d'un Clooney sans prétention mais solaire. Identifiant d'autant mieux l'interprète à son personnage qu'il s'est véritablement lié d'amitié avec ses partenaires Brad Pitt et Matt Damon, le public réserve un accueil triomphal au film. L'acteur récolte enfin le fruit de ses efforts.

Quelques mois plus tôt a été scellé un autre accord, tout aussi fructueux. George rencontre les frères Coen qui viennent d'écrire une transposition de l'*Odyssée* d'Homère dans le vieux sud des États-Unis, au cœur des années 1930. Ils lui proposent, sans fausse pudeur, d'intégrer leur univers : « On a écrit le personnage d'Everett McGill pour vous. C'est un imbécile. Sans doute le type le plus stupide que vous connaîtrez jamais. On pense que vous êtes parfait pour le rôle ! » Loin d'être vexé, Clooney y voit une occasion unique de faire parler l'idiot qui sommeille en lui comme en chaque humain et plonge dans l'aventure d'*O'Brother* avec délectation : « Si je devais tourner une comédie loufoque, il fallait que ce soit avec les frères Coen. De cette façon, j'évitais les rôles à la Jim Carrey. » En Clark Gable ahuri, George séduit le public et, en offrant une autre image, réussit son pari.

L'acteur est désormais riche et adulé. Conscient des rapprochements qui sont faits avec d'illustres devanciers, lucide quant à son nouveau statut, Clooney théorise sur le sujet, esquissant la place où il aimerait qu'on le situe : « Sincèrement, les stars de cinéma n'existent plus vraiment. Elles ont pour ainsi dire disparu à cause de la télévision. Des étoiles comme Clark Gable, Spencer Tracy et Humphrey Bogart jouaient leurs propres rôles dans tous leurs films. C'est sous cette forme qu'on les connaissait. Laurence Olivier a incarné beaucoup de personnages, mais on ne l'a jamais aimé autant que Spencer Tracy ou Clark Gable, Cary Grant ou Gregory Peck. Aujourd'hui, le mythe est en quelque sorte brisé et c'est dommage. L'acteur est démystifié parce que le public en sait davantage sur sa vie privée. D'un autre côté, c'est aussi ce qui crée un nouvel espace de liberté car il y a toujours une quantité incroyable de célébrités… qui n'ont rien fait du tout et sont toutefois célèbres. Cela crée une sorte d'appel d'air. » Pourtant, à l'approche de la quarantaine, l'acteur, scruté par les tabloïds acharnés à passer au peigne fin son intimité, n'est pas un parangon de sérénité. Pratiquant, de Kelly Preston à Céline Balitran, le défilé des compagnes, vivant à l'année avec son cochon Max et ses potes motards, il se montre jaloux, parfois colérique. Au point d'avouer plus tard : « J'aimerais comprendre ce qui provoquait ce malaise. »

Qu'est-ce qui réconcilie un homme avec lui-même ? Dans le cas de Clooney, son passage à la mise en scène, en 2002, avec *Confessions d'un homme dangereux*, où il se délecte à raconter la double vie d'un producteur télé agent de la CIA, ainsi que l'investissement dans des causes politiques et humanitaires le rapprochant de son père semblent avoir été déterminants. Partageant son temps entre sa villa des bords du lac de Côme, en Italie, et son manoir de Los Angeles, l'artiste sacré en 2006 « homme le plus sexy de la planète » est devenu l'un des plus influents. À la tête de Section Eight, puis de Smoke House montée avec son partenaire Grant Heslov, Clooney entend mettre cette aura au service de nobles causes : « Ma motivation n'est pas de faire de l'argent – ce serait une ambition bien triste. C'est difficile de trouver des trucs commerciaux qui ne vous donnent pas la gueule de bois le lendemain matin. » De *Loin du paradis* à *Argo*, qu'il produit, en passant par *Good Night and Good Luck*, qu'il réalise, le citoyen engagé qu'il est ne cesse d'offrir, à travers des films éminemment politiques, une vision critique de la société américaine. Au risque de déplaire. « George est totalement allergique à la fausseté, explique Soderbergh. Il voit rouge dès qu'il est confronté à une autorité absurde ou illégitime à ses yeux. Il est l'un des rares hommes que je connaisse à s'en prendre à plus fort que lui et ne bat jamais en retraite. » Et ce, quel qu'en soit le prix. Sur le tournage de *Syriana*, évocation d'une CIA embourbée dans la politique énergétique du Moyen-Orient, Clooney est victime d'une mauvaise chute qui lui occasionne une perte de liquide céphalorachidien. Encaissant sans broncher, il mettra des années avant d'évoquer la gravité de l'accident, cause d'épouvantables maux de tête le conduisant au bord de la dépression.

Faut-il à ce point payer de sa personne pour obtenir la reconnaissance de ses pairs ? Si le film lui vaut en 2006 l'Oscar du meilleur acteur dans un second rôle, là n'est pas l'essentiel. L'homme d'images chérit par-dessus tout son indépendance. Et la possibilité d'alterner films dramatiques et engagés, auprès de Soderbergh, Stephen Gaghan ou Tony Gilroy ; farces de haute volée, auprès des frères Coen qui continuent de lui offrir des rôles d'imbéciles confinant au sublime, d'*Intolérable Cruauté* à *Burn after Reading*, et projets plus ouvertement commerciaux, qu'il prolonge la série des *Ocean* ou vende, pour la pub à l'étranger, son glamour au service d'une marque de café. Son « *What else ?* » n'a-t-il pas, précisément, menacé un temps d'occulter le reste ? Pourtant, quel que soit le contrat, Clooney affiche le même professionnalisme et la volonté de ne pas « la ramener ». « Il a une approche du jeu d'acteur que je qualifierais presque d'anglaise, analyse Soderbergh. Il n'a aucune intention d'encombrer le réalisateur avec sa petite cuisine interne. » Plus attaché qu'il ne le laisse entendre au chic et à la sympathie qu'il dégage, mais fasciné par la déglingue de personnages répondant à une noirceur revendiquée, ce Cary Grant qui serait revisité par Mastroianni « a pour but essentiel dans la vie de mettre les gens à l'aise », selon le réalisateur Alfonso Cuarón, qui le dirige dans *Gravity*. Ses partenaires en redemandent. À l'instar de

Cate Blanchett, qui partage avec lui l'affiche de *The Good German* et de *Monuments Men*. « Oui, en rit-elle, il est très beau. Oui, il est sympa, intelligent, élégant. Il est aussi profondément loyal. Il n'est ni prétentieux, ni arrogant – ce serait une perte de temps. Il est touché par la grâce. »

On en oublierait presque, au-delà du charisme, qu'il est un excellent comédien. De ceux qui n'occupent pas le cadre par leur seule présence. La subtilité et l'intensité de sa composition dans *The Descendants*, d'Alexander Payne, où il se montre à la fois plein d'humour, poétique et bouleversant, en témoignent. La crise de la cinquantaine, qu'il traverse alors, n'y est pas étrangère. Lui qui admet rechercher l'ultime dérapage, derrière son sourire éclatant et son brushing grisonnant, prend conscience qu'il ne pourra poursuivre éternellement sa vie de *biker* blagueur avec sa bande de vieux ados. Qu'il lui faut tourner la page. « Malheureusement, avouait-il récemment, pince-sans-rire, je suis un homme vieillissant avec une barbe blanche, pas besoin d'effets spéciaux ni de prothèses pour ça ! » Après un premier mariage, au début des années 1990, avec l'actrice Talia Balsam, il avait juré qu'on ne l'y reprendrait plus et qu'il ne s'imaginait pas un instant en patriarche éduquant des enfants. Son union, en 2014, avec l'avocate anglo-libanaise Amal Alamuddin puis la naissance, trois ans plus tard, de leurs jumeaux, Ella et Alexander, n'en a que plus surpris. Dissimulaient-elles un plan ? Certains prêtent alors à ce farouche opposant à George W. Bush et à Donald Trump des ambitions présidentielles. « J'aime l'idée de rayonner et d'exprimer des convictions, s'en défend-il. Mais administrer et légiférer, quel cauchemar ! »

Sans doute l'irrésistible George, dont la normalité chaleureuse rassure et séduit, est-il sincère. Il n'est qu'à le voir, méconnaissable et guère à son avantage, dans *Minuit dans l'univers*, pour en être convaincu. Et l'entendre égrener d'autres envies artistiques ou vanter les mérites des amitiés de longue durée pour se persuader qu'il n'est pas près de renoncer à ce qui le motive depuis ses débuts à Hollywood. Si l'académisme guette certains de ses projets les plus personnels et s'il va lui falloir davantage surprendre en tant qu'interprète pour rester un sujet de curiosité, l'acteur-réalisateur-producteur a déjà fait mieux que la plupart de ses illustres prédécesseurs qui se contentaient de gérer leur statut de star. Qu'irait-il rajouter une corde, plus incertaine, à son arc ? Reste que pour George Clooney, qui a renoncé à son sacro-saint célibat, il ne faut jurer de rien. En politique comme en amour, il n'est jamais trop tard.

Filmographie sélective

Une nuit en enfer (Robert Rodriguez, 1996)
Hors d'atteinte (Steven Soderbergh, 1998)
La Ligne rouge (Terrence Malick, 1998)
Les Rois du désert (David O. Russell, 1999)
O'Brother (Joel Coen, 2000)
Ocean's Eleven (Steven Soderbergh, 2001)
Confessions d'un homme dangereux (George Clooney, 2002)
Intolérable Cruauté (Joel Coen, 2003)
Good Night, and Good Luck (George Clooney, 2005)
Syriana (Stephen Gaghan, 2005)
Michael Clayton (Tony Gilroy, 2007)
Burn after Reading (Joel et Ethan Coen, 2008)
The Descendants (Alexander Payne, 2011)
Gravity (Alfonso Cuarón, 2013)

Leonardo DiCaprio (1974)

Pour être né dans un milieu artiste et bohème, cet acteur révélé au monde par une superproduction phénomène n'en est pas moins structuré, attaché à initier ou à s'impliquer dans chaque projet. Leo DiCaprio est peut-être la dernière star, dans le sens le plus accompli du terme, à la fois soucieuse de son image et de ses engagements, gardant une certaine distance avec le public, choisissant ses films et ses cinéastes méticuleusement, jusqu'à bâtir la plus exigeante des carrières.

Certaines fois, il a conscience de ne pas être la star la plus *cool* de la planète, en dépit des apparences. À peine souriant aux avant-premières de ses films. Plus pro que généreux envers les journalistes soucieux d'aller au-delà du plan promo concocté par les studios. Ses costumes sur mesure et les cigares cubains qu'il porte en bouche avec volupté renforcent, en même temps qu'un visage alourdi, cette image d'ex-petit prince affichant les attributs du pouvoir et de la maturité. Leo DiCaprio le sait, et le veut. Son équilibre est à ce prix. Ce qu'il attend de sa carrière aussi. « Quand je repense, confie-t-il, à mes deux concurrents du début, ces blondinets que je croisais aux auditions, l'un s'est pendu et l'autre est mort d'une overdose d'héroïne. Je n'ai jamais consommé de drogues. Prendre un verre, ou fumer un peu, suffit. À quoi bon jouer avec le feu ? » Il y a bien eu, autour de ses 25 ans, quelques excès post-*Titanic*. Post-traumatiques. « Je voulais, plaide-t-il, me consacrer à des projets indépendants, devenir un acteur sérieux. Et cette gigantesque machine m'a mis sous les feux des projecteurs. Je n'étais pas préparé. » À l'époque, lorsqu'il débarque au Japon, 25 000 adolescentes l'accueillent en hurlant son nom. Et quand il revient à Los

Angeles, ce sont six 4 × 4 remplis de paparazzis qui le traquent jour et nuit. Pour survivre, DiCaprio devient schizo. Et lâche la bride. Avec sa bande de potes, il écume les casinos et collectionne les petites amies. De préférence mannequins et blondes. « Je me suis bien éclaté », résume-t-il, comme pour clore une parenthèse ne remettant pas en cause son rapport au monde.

Celui qui l'a vu naître, en 1974 à Los Angeles, n'a pas grand-chose à voir avec l'univers de ses conquêtes. Fils de hippies tôt divorcés, Leonardo, ainsi prénommé en hommage à Vinci, est élevé par sa mère dans un quartier chaud, au croisement de Hollywood Boulevard et Western Avenue, où se retrouvent camés et prostituées. Le milieu artistique n'est jamais loin, du côté d'un paternel auteur de bandes dessinées *arty*, qui fréquente Robert Crumb, Charles Bukowski et Timothy Leary, chantre du LSD. « Mon plus vieux souvenir, se rappellera DiCaprio, c'est sans doute moi imitant les amis de mon père ou bien assistant à un festival où j'ai inventé une sorte de monologue. J'étais toujours en train de faire ce genre de choses. Et j'ai amené ça à l'école, ce qui m'a causé plein de problèmes. » Gringalet bousculé par ses camarades, Leo commence par se renfermer avant de s'ouvrir. Sa fréquentation des milieux sociaux les plus divers l'y aide. Sa curiosité des autres aussi. Celle-ci n'est pas toujours comprise dans l'établissement scolaire qui l'accueille et voit de plus forts que lui imposer leur loi. « Le jour où je me suis fait tabasser a été le déclic dans ma vie. J'avais 15 ans et j'ai dit à ma mère : “Je veux être acteur. S'il te plaît, emmène-moi passer des auditions.” Parce que je voulais sortir de l'école publique. »

En réalité il a commencé plus tôt, forgeant son goût du cinéma en découvrant *La Chose*, film culte horrifique de John Carpenter, puis en étant initié par Adam Farrar, son beau-frère acteur. Chaperonné par sa mère, Leo court ses premiers castings. Réclamé pour des pubs, il figure au générique de *Santa Barbara* et apparaît dans *Quoi de neuf, docteur ?*. Mais c'est bien sur grand écran qu'a lieu l'éclosion. Ses 18 ans n'en font guère plus de 14 lorsqu'il joue coup sur coup le beau-fils sensible de Robert De Niro pour *Blessures secrètes* et le frère handicapé mental de Johnny Depp dans *Gilbert Grape*. Sur le premier, Leo fait deux rencontres essentielles. Observateur sagace, De Niro se montre épaté au point de confier à son copain Scorsese : « Garde un œil sur le gamin ! », sans se douter qu'il y aura entre eux passage de témoin. DiCaprio a également pour partenaire un garçon de son âge, Tobey Maguire, qui devient son meilleur ami et confident. Ensemble, ils sont prêts à tous les débordements. Sans jamais perdre de vue le devoir d'excellence qui doit leur permettre d'atteindre les sommets. Mais que vaut l'application sans le don ? Nombreux sont les spectateurs qui, découvrant DiCaprio dans le rôle d'Arnie Grape, l'imaginent réellement attardé. Mary Kate Schellhardt, qui interprète sa sœur dans le film de Lasse Hallström, se souvient d'un moment entre deux prises, avec Leo : « Nous jouions, dans sa loge, à un jeu vidéo. On est venu le chercher pour tourner et, sans même le regarder, j'ai senti sa métamorphose. Quand il est sorti de la loge, il était le personnage. Ça m'a paru sidérant. C'est la première fois que je voyais ça. »

Jugement *a posteriori* ? Pas vraiment. L'adolescent dégage, à son corps défendant, une indéniable aura. Laquelle est renforcée par la première nomination à l'Oscar que lui vaut *Gilbert Grape*. Avec *Roméo + Juliette*, tourné en 1996 au Mexique, le phénomène s'accélère. « Toutes les Mexicaines étaient folles de lui, racontera son partenaire John Leguizamo. Et nous, on essayait de se mettre sur son chemin, en espérant des retombées de son succès. » DiCaprio, de son côté, ne semble douter de rien. Guère bluffé de jouer sous la direction de Baz Luhrmann alors à ses débuts, déjà fatigué par les rôles de jeunes premiers romantiques, il n'a aucun scrupule à faire du tournage une perpétuelle fiesta pour lui et ses copains. « Je me contentais de le détester, avouera Leguizamo, parce que tout venait tellement facilement à ce petit salopard de *golden boy* blond et réjoui. Il fumait une cigarette, faisait des longueurs de piscine, imitait Michael Jackson, arrivait sur le plateau, et c'était bon. » De fait, Leonardo est un surdoué qui, bien qu'étranger à Shakespeare, ressent viscéralement et traduit intensément les sentiments passionnels décrits par le barde élisabéthain. Si cette moderne version d'une pièce immortelle en fait une icône pour *teenagers* et s'il captive son metteur en scène qui le compare à James Dean, DiCaprio, tout arrogant qu'il est, ne peut imaginer dans quelle dimension va l'entraîner sa production suivante. « Le plus étonnant, confiera le réalisateur de *Titanic*, c'est qu'au départ, je ne voulais pas de Leo. Il m'a été recommandé par le studio, comme d'autres jeunes acteurs à la mode. Je n'avais pas l'impression qu'il avait les qualités que je prêtais à mon Jack. » James Cameron commence par rencontrer les acteurs les plus prometteurs de leur génération, de Christian Bale à Matthew McConaughey, avant d'auditionner le blondinet dégingandé. « Je l'ai adoré, avouera-t-il. Il peut charmer tout un groupe très vite, sans effort apparent. Dès la seconde où je l'ai croisé, j'ai été convaincu. » DiCaprio l'est moins.

Élevé par ses parents dans le culte du cinéma indépendant, redoutant la mièvrerie qui guette l'emploi de jeune premier, il craint, avec ce projet fou de la Fox, de tomber dans les deux pièges à la fois. Cameron le harponne en le mettant au défi d'abandonner ses maniérismes pour devenir un personnage complètement limpide : « Il faut, lui dit-il, que le jeu rende compte de cette pureté. » L'acteur de 22 ans écoute le conseil, mais il entend contourner les conventions pour imposer un Dawson moins candide que le scénario le laisse supposer. Ainsi ajoute-t-il, intuitif, des expressions physiques et verbales qui donnent chair et sensualité à son personnage. Il a, pour le seconder, une alliée. « Leo avait fait des recherches en profondeur sur le Titanic, racontera Kate Winslet. Il avait découvert, par exemple, que des gens de troisième classe tiraient sur des dauphins. Leo a eu envie d'introduire des choses de ce genre dans le film et de le rendre moins sucré et prévisible, il voulait secouer un peu tout ça, rendre le film plus dur, et j'étais d'accord. » Malgré l'amitié indéfectible qui va le lier à Kate et survivre au tournage, et en dépit de l'écoute d'un Cameron épaté par ses suggestions, DiCaprio vit douloureusement le chaos d'une production plus monstrueuse qu'humaine, qui se déplace du Canada au Mexique, et au sujet de laquelle il affirmera : « Ce n'est vraiment pas mon truc ! »

Dans l'hystérie qui accompagne la sortie triomphale du *blockbuster*, Leo vit une forme de dédoublement. Son caractère profondément jouisseur, dont témoignent les excès de sa vie privée, n'affecte aucunement sa ligne de conduite professionnelle. Ainsi refuse-t-il d'incarner Luke Skywalker dans le nouveau cycle de *La Guerre des étoiles* ou le Robin de *Batman*. « Je ne choisis pas mes films au hasard, déclare-t-il alors sans fausse modestie. Je veux faire des œuvres qui traversent les générations. » Marlon Brando a beau lâcher, un jour, en le voyant : « On dirait une gonzesse », la finesse de ses traits ne dément pas sa force de caractère. Aussi accepte-t-il avec enthousiasme un second rôle-mise en abyme dans le *Celebrity* de Woody Allen avant de miser, à tort, sur une expérience qui pourrait réconcilier à ses yeux grand spectacle et film d'auteur. Sorti en 2000, *La Plage*, de Danny Boyle, est sa dernière erreur. Quelques mois plus tard, DiCaprio croise le chemin du cinéaste auquel il avait été recommandé par De Niro. C'est lui qui va chercher Scorsese afin qu'il le dirige dans *Gangs of New York*. Marty a conscience de réserver le rôle le plus intéressant à Daniel Day-Lewis, mais Leo n'en a cure, tout à son apprentissage et à son opération de séduction auprès d'un maître qu'admire profondément son père.

Pour ce film, l'acteur prend du poids, au propre comme au figuré. La même année, il interroge sa condition d'acteur et le jeu des masques dans une œuvre faussement légère sous des atours chatoyants : *Arrête-moi si tu peux*. L'occasion d'épingler à son tableau de chasse Steven Spielberg. « Leo, dira ce dernier, avait une intelligence roublarde. Frank Abagnale, son personnage, a comme Leo un quotient intellectuel éblouissant. On comprend très bien en rencontrant Frank qu'il pourrait complètement vous embobiner, et Leo a quelque chose de ça. » Le retour à la case Scorsese, pour le film suivant, n'est pas évident. Mais c'est DiCaprio qui prend, une fois encore, l'initiative. Ayant repéré une biographie du milliardaire excentrique Howard Hughes, qui le fascine, et cherchant à l'adapter, il contacte Michael Mann. Chargé de l'écriture, John Logan ne peut que constater, après tant d'autres, le professionnalisme du comédien : « La seule personne qui ait lu toutes les versions du scénario, c'est Leo DiCaprio. Il a été là à chaque instant, du début du projet jusqu'après le tournage. Il s'est impliqué, auprès de moi et par rapport à l'histoire, de manière incroyable. Je n'avais jamais vu ça chez un acteur. » Lorsque Mann confie le bébé à Scorsese, sa vedette lui fait savoir quels sont ses souhaits précis pour *The Aviator*. Leonardo désir pousser Hughes vers les rives de la paranoïa qui devait l'emporter. Défi d'interprète auquel Marty entend résister. Le film, au final, souffre d'un tiraillement entre le portrait d'un jeune surdoué et la chronique d'une déchéance physique et mentale. Pas assez mûr physiquement pour incarner de façon crédible ce personnage prématurément vieilli et rongé par ses névroses, DiCaprio n'en relève pas moins un autre challenge : celui d'avoir donné à Scorsese une seconde jeunesse, tandis qu'à son contact Leo gagne en profondeur et progresse.

Son investissement épate des aînés qui lui reconnaissent une vraie liberté contrastant avec son sérieux. « L'imprévisibilité de Leonardo est génétique, estime ainsi Meryl Streep. Il donne l'impression de marcher en bordure d'une falaise. On ne peut l'enfermer dans un genre. » Les années qui suivent le voient mettre son charisme au service des incarnations les plus fortes et les plus diverses, sans qu'un seul faux pas vienne entacher ce qui s'apparente autant à la construction d'une œuvre qu'à l'édification d'une carrière. Le flic trouble des *Infiltrés*, le trafiquant de *Blood Diamond*, le mari frustré des *Noces rebelles*, le trappeur de *The Revenant*, qui lui vaut enfin l'Oscar en 2016, jusqu'à la star de séries télé *has been* rattrapée par la tragédie dans *Once Upon a Time… in Hollywood* dessinent tous, à leur manière, le kaléidoscope d'une Amérique prête à basculer dans le chaos et qui aurait le visage de DiCaprio. Ce dernier continue de projeter, malgré les failles de ses personnages, un sentiment de sûreté. Est-ce dû à son physique d'ange taquinant le diablotin qui lui vaut longtemps, comme un non-dit flagrant, la circonspection autant que la jalousie de ses pairs ? De ses rôles *borderline* à son engagement écologiste, les choix de l'acteur impressionnent par leur maîtrise apparente. Où trouver la faille ? Dans ce qu'il refuse de montrer ? « Pour durer, concède-t-il, il ne faut pas que les gens sachent qui vous êtes. »

Aussi n'aime-t-il rien tant que brouiller les cartes à travers des incarnations qui, pense-t-il, ne disent rien d'essentiel de lui. Une fois encore, c'est auprès de Scorsese, et au fil de leur collaboration, qu'il s'épanouit le plus. « Après avoir travaillé avec Leo sur *Gangs of New York* et *Aviator*, dira le cinéaste, je perçois quelque chose à son sujet. Il se passe beaucoup de choses en lui, sur un plan émotionnel. Je suis à l'aise avec ce cheminement affectif, ça me rappelle beaucoup De Niro. » Si la folie et la schizophrénie sont récurrentes dans l'univers de Marty, DiCaprio les porte, de *Shutter Island* au *Loup de Wall Street*, à un niveau d'incandescence rarement atteint. Mais il ne limite pas l'exploration de ces troubles à son metteur en scène de prédilection. Avide de redonner chair à des personnages historiques ou romanesques, il confère à ses portraits de *Gatsby le Magnifique* ou de *J. Edgar Hoover* une charge psychanalytique qui ne peut qu'interroger, un interprète ne revisitant pas régulièrement les mêmes thématiques sans qu'elles fassent écho à ses propres démons. Et si ce quadragénaire incapable de se fixer, dont les brèves liaisons avec les mannequins Gisele Bündchen et Bar Refaeli seraient, selon certains, un paravent pour d'autres penchants, ce fils à maman fan de rafting et de parachutisme, toujours adepte de virées entre amis, était resté un adolescent qui ne veut pas mourir ? « Il a toujours en lui un côté petit garçon, confirme Steven Spielberg. Leo demeure ce que l'on a oublié d'être. » Un Dorian Gray moderne en somme, dont, à l'inverse de son modèle, seul le masque accepterait de vieillir.

Filmographie sélective

Gilbert Grape (Lasse Hallström, 1993)
Titanic (James Cameron, 1997)
Gangs of New York (Martin Scorsese, 2002)
Arrête-moi si tu peux (Steven Spielberg, 2002)
Aviator (Martin Scorsese, 2004)
Les Infiltrés (Martin Scorsese, 2006)
Blood Diamond (Edward Zwick, 2006)
Les Noces rebelles (Sam Mendes, 2008)
Shutter Island (Martin Scorsese, 2010)
Inception (Christopher Nolan, 2010)
J. Edgar (Clint Eastwood, 2011)
Django Unchained (Quentin Tarantino, 2012)
Le Loup de Wall Street (Martin Scorsese, 2013)
The Revenant (Alejandro Gonzalez Iñárritu, 2015)
Once Upon a Time… in Hollywood (Quentin Tarantino, 2019)

BIBLIOGRAPHIE ET AUTRES SOURCES

Ouvrages généraux

Les Stars, Edgar Morin, Seuil, 1957.

Mythologies, Roland Barthes, Seuil, 1957.

The Great Movie Stars. The Golden Years, David Shipman, Bonanza Books, 1970.

The Great Movie Stars. The International Years, David Shipman, St Martin's Press, 1973.

Dictionnaire du cinéma, tome 3 : *Les films*, Jacques Lourcelles, Robert Laffont, coll. « Bouquins », 1992.

The Studio, John Gregory Dunne, Vintage Books, 1998.

Le Nouvel Hollywood, Peter Biskind, Le Cherche Midi, 2006.

Sexe, mensonges et Hollywood, Peter Biskind, Le Cherche Midi, 2006.

Pictures at a Revolution. Five Movies and the Birth of the New Hollywood, Mark Harris, Penguin Books, 2009.

Gods Like Us. On Movie Stardom and Modern Fame, Ty Burr, Anchor Books, 2012.

Acteurs. Le jeu de l'acteur au cinéma, James Naremore, Presses universitaires de Rennes, 2014.

Le Magique et le Vrai. L'acteur de cinéma, sujet et objet, Christian Viviani, Rouge profond, 2015.

Sleeping with Strangers. How The Movies Shaped Desire, David Thomson, Vintage Books, 2019.

Biographies, monographies, presse, documentaires

Charlie Chaplin

Histoire de ma vie, Charles Chaplin, Robert Laffont, 2002.
Chaplin, sa vie, son art, David Robinson, Ramsay, 2002.
The Search for Charlie Chaplin, Kevin Brownlow, UKA Press, 2010.

Greta Garbo

Greta Garbo. La somnambule, Françoise Ducout, Stock, 1979.
Greta Garbo, Barry Paris, Seuil, 1996.
Greta Garbo. La dame aux caméras, Jean Lacouture, Liana Levi/Seuil, 1999.

Fred Astaire

Fred Astaire. L'homme qui danse, Bob Thomas, Ramsay, 1987.
En revenant sur mes pas, Fred Astaire, Julliard, 1994.
Le Style Fred Astaire, G-Bruce Boyer, Assouline, 2005.

Bette Davis

Mother Goddam, Whitney Stine, Berkley Publishing, 1980.
Bette Davis. More Than a Woman, James Spada, Time Warner Paperbacks, 2005.
Bette Davis. Magnifique et exaspérante, Ed Sikov, Hors Collection, 2008.

Clark Gable

Clark Gable, Gabe Essoe, H. Veyrier, 1991.
Clark Gable. A Biography, Warren G. Harris, Harmony Books, 2002.
Carole et Clark, Vincent Duluc, Stock, 2021.

Katharine Hepburn

Katharine Hepburn, Anne Edwards, Perrin, 1987.
Moi. Histoires de ma vie, Katharine Hepburn, Presses Pocket, 1993.

Kate. The Woman Who Was Katharine Hepburn, William J. Mann, Faber & Faber, 2007.

James Stewart

James Stewart. Une biographie de l'Amérique, Jonathan Coe, Cahiers du cinéma, 2004.
Jimmy Stewart. The Truth behind the Legend, Michael Munn, Robson Books, 2005.
Hank & Jim. The Fifty-Year Friendship of Henry Fonda and James Stewart, Scott Eyman, Simon & Schuster, 2017.

Cary Grant

Cary Grant. Le charme et l'ironie d'un parfait gentilhomme, Geoffrey Wansell, Gremese, 1998.
Cary Grant. A Class Apart, Graham McCann, Columbia University Press, 1998.
Cary Grant. A Brilliant Disguise, Scott Eyman, Simon & Schuster, 2020.

Ingrid Bergman

Ingrid Bergman. Le mythe et la vie, Laurence Leamer, Perrin, 1991.
Ingrid Bergman, Donald Spoto, Presses de la Cité, 1997.
L'Année des volcans, François-Guillaume Lorrain, Flammarion, 2014.

Humphrey Bogart

Humphrey Bogart, Jonathan Coe, Calmann-Lévy/Plume, 1992.
Par moi-même, Lauren Bacall, Stock, 1995.
Bogart, A. M. Sperber et Eric Lax, Belfond, 1997.

Rita Hayworth

Rita Hayworth, Christian Dureau, PAC, 1985.
Being Rita Hayworth. Labor, Identity, and Hollywood Stardom, Adrienne L. McLean, Rutgers University Press, 2004.
Rita Hayworth, Barbara Leaming, Ramsay Poche, 2008.

Gene Tierney

Gene Tierney, Marceau Devilliers, Pygmalion, 1997.
Mademoiselle, vous devriez faire du cinéma, Gene Tierney, Ramsay Poche, 2006.
Gene Tierney. Star of Hollywood's Home Front, Will Scheibel, Wayne State University Press, 2022.

John Wayne

John Wayne, ou l'Épopée du courage, Maurice Zolotow, France-Empire, 1979.
John Wayne. The Man behind the Myth, Michael Munn, Robson, 2004.
John Wayne. The Life and Legend, Scott Eyman, Simon & Schuster, 2014.

Ava Gardner

Mémoires, Ava Gardner, Presses de la Renaissance, 1996.
Ava Gardner, belle, sauvage, innocente, Gilles Dagneau, Gremese, 2002.
Ava. La femme qui aimait les hommes, Élisabeth Gouslan, Robert Laffont, 2012.

Burt Lancaster

Burt Lancaster, Robert Windeler, France-Empire, 1985.
Burt Lancaster. Le masculin singulier, Robyn Karney, Gremese, 1997.
Burt Lancaster. An American Life, Kate Buford, Alfred A. Knopf, 2000.

Marlon Brando

Brando. Les chansons que m'apprenait ma mère, Marlon Brando et Robert Lindsey, Belfond, 2004.
Marlon Brando, Florence Colombani, Les Cahiers du cinéma, « Anatomie d'un acteur », 2013.
The Contender. The Story of Marlon Brando, William J. Mann, Farber, 2019.

Elizabeth Taylor

Liz. La passion, Alexander Walker, JC Lattès, 1991.
Liz. La biographie non autorisée d'Elizabeth Taylor, C. David Heymann, Presses de la Cité, 1995.
How to Be a Movie Star. Elizabeth Taylor in Hollywood, William J. Mann, Houghton Mifflin Harcourt, 2009.

Kirk Douglas

Le Fils du chiffonnier. Mémoires, Kirk Douglas, Presses de la Renaissance, 1988.
I Am Spartacus !, Kirk Douglas, Capricci, 2013.
Kirk Douglas, Georges Di Lallo, Riveneuve, 2019.

Audrey Hepburn

Audrey Hepburn, Barry Paris, Belfond, 1997.
Audrey Hepburn. La grâce et la compassion, Michel Cieutat et Christian Viviani, Scope, 2009.
Audrey Hepburn. Une star pour tous, Pierre Charpilloz, Capricci, 2022.

James Dean

James Dean. Le boulevard des rêves brisés, Paul Alexander, Grasset, 1995.
James Dean. Sa vie, sa légende, Donald Spoto, Presses de la Cité, 1996.
James Dean, Jean-Philippe Guerand, Gallimard, « Folio biographies », 2005.

Marilyn Monroe

Marilyn Monroe, Maurice Zolotow, Gallimard, 1992.
Marilyn Monroe, Anne Plantagenet, Gallimard, « Folio biographies », 2007.
Marilyn Monroe. Fragments, Marilyn Monroe, Seuil, « Points », 2012.

Paul Newman

Paul et Joanne. Une biographie de Paul Newman et Joanne Woodward, Joe Morella et Edward Z. Epstein, Denoël, 1990.

Paul Newman, Juliette Michaud, La Martinière, 2021.
The Extraordinary Life of an Ordinary Man. A Memoir, Paul Newman, Knopf, 2022.

Natalie Wood

Natasha. The Biography of Natalie Wood, Suzanne Finstad, Century, 2001.
Natalie Wood. A Life, Gavin Lambert, Random House, 2004.
Natalie Wood. La vraie histoire, documentaire de Laurent Bouzereau, HBO, 2020.

Sidney Poitier

The Measure of a Man. A Spiritual Autobiography, Sidney Poitier, Harper, 2007.
Sidney Poitier. Un outsider à Hollywood, documentaire de Catherine Arnaud, Les films d'ici/Arte, 2008.
Black & White. Sidney Poitier Emergence in the 1960s as a Black Icon, Philip Powers, Independently Published, 2020.

Steve McQueen

Steve McQueen, François Guérif, Denoël, 2001.
Steve McQueen. A Tribute to the King of Cool, Marshall Terrill, Dalton Watson Fine Books, 2010.
Steve McQueen, Michael Munn, Nouveau Monde, 2011.

Faye Dunaway

Faye Dunaway, Pascal Mérigeau, PAC, 1996.
À la recherche de Gatsby, Faye Dunaway, Michel Lafon, 2001.
C'est quoi Faye Dunaway ? Blow up, programme télévisé de Luc Lagier, Arte, 2014.

Clint Eastwood

Clint Eastwood. Un passeur à Hollywood, Noël Simsolo, Cahiers du cinéma, 2003.
Entretiens avec Clint Eastwood, Michael Henry Wilson, Cahiers du cinéma, 2007.

Clint Eastwood. Une légende, Patrick McGilligan, Nouveau Monde, 2009.

Jane Fonda

Ma vie, Jane Fonda, Plon, 2005.
Jane Fonda, Michel Senna, Bisse, 2019.
Les Six Vies de Jane Fonda, série de six articles de Corine Lesnes, dans *Le Monde*, août 2022.

Dustin Hoffman

Dustin Hoffman, Ronald Bergan, Zelie, 1993.
Dustin Hoffman. The Classic Performances, Chris Wade, Lulu, 2019.
Dustin Hoffman. Daydreaming Is the Beginning of Invention, interview de Mayim Bialik, YouTube, 2022.

Robert Redford

Robert Redford, Philippe Durant, Favre, 1988.

L'Amérique de Robert Redford, Jacques Demange, LettMotif, 2020.
Robert Redford, Michael Feeney Callan, La Trace, 2022.

Jack Nicholson

Jack Nicholson, John Parker, Presses de la Cité, 1992.
Jack Nicholson, Patrick McGilligan, Nouveau Monde, 2010.
Jack Nicholson, Beverly Walker, Les Cahiers du cinéma, « Anatomie d'un acteur », 2014.

Robert De Niro

Untouchable Robert De Niro. An Unauthorized Biography, Andy Dougan, Virgin Books, 1996.
Al Pacino – Robert De Niro. Regards croisés, Michel Cieutat et Christian Viviani, Nouveau Monde, 2005.
Robert De Niro, Kenny Glenn, Les Cahiers du cinéma, « Anatomie d'un acteur », 2014.

Sylvester Stallone

Sylvester Stallone. Héros de la classe ouvrière, David Da Silva, LettMotif, 2016.

Stallone. Profession héros, documentaire de Clélia Cohen et Antoine Coursat, Agat Films et Cie/Arte France/Ciné+, 2018.

Rambo. First Action Hero, Romain Thoral, et *Rocky, la terre est round*, François Grelet, dans *Première Classics* nº 9 (octobre-décembre 2019) et nº 14 (janvier-mars 2021).

Meryl Streep

« Finding Herself. The Prime of Meryl Streep », article de Molly Haskell dans *Film Comment* (mai-juin 2008).

Meryl Streep, Karina Longworth, Les Cahiers du cinéma, « Anatomie d'un acteur », 2014.

Her Again. Becoming Meryl Streep, Michael Schulman, Harper, 2016.

Tom Cruise

Tom Cruise. Sa vraie histoire, Andrew Morton, Michel Lafon, 2008.

Tom Cruise, Amy Nichsolson, Les Cahiers du cinéma, « Anatomie d'un acteur », 2014.

Les Vies de Tom Cruise, Louis Blanchot, Capricci, 2016.

Jodie Foster

Jodie Foster. The Most Powerful Woman in Hollywood, Philippa Kennedy, Macmillan, 1995.

Jodie Foster, Frédéric Valmont, Carpentier, 2006.

Jodie Foster. Hollywood dans la peau, documentaire de Camille Juza et Yal Sadat, Arte France, 2021.

Denzel Washington

Denzel Washington, Chris Nickson, St Martin's Paperbacks, 1996.

« Denzel Washington : "Moi je suis un type de Mount Vernon, je vais vous montrer" », article de la rédaction de *Vanity Fair*, 1995 (réédité le 14 janvier 2022).

Denzel Washington. Un modèle américain, documentaire de Sonia Dauger, Arte, 2022.

Nicole Kidman

Nicole Kidman, David Thomson, Bloomsbury Publishing PLC, 2007.
Nicole Kidman, Alexandre Tylski, Les Cahiers du cinéma, « Anatomie d'un acteur », 2016.
C'est quoi Nicole Kidman ? Blow up, programme télévisé de Luc Lagier, Arte, 2017.

George Clooney

George Clooney, Jeremy Smith, Les Cahiers du cinéma, « Anatomie d'un acteur », 2016.
George Clooney. Une ambition secrète, Maelle Brun et Amelle Zaïd, Éditions du Moment, 2016.
George Clooney, entretien pour *Minuit dans l'univers* dans le n° 82 de *Sofilm*, novembre-décembre 2020.

Leonardo DiCaprio

Leonardo le Magnifique, Douglas Wight, Prisma, 2013.
Leonardo DiCaprio, Florence Colombani, Les Cahiers du cinéma, « Anatomie d'un acteur », 2015.
Leonardo DiCaprio. Un acteur américain, Jacques Demange, Accra, 2016.

INDEX

A

Abbott, Diahnne : 325, 330
Abbott, George : 134
Adams, Neile : 260, 262-264
Adler, Friedel : 105
Adler, Larry : 109
Adler, Stella : 168-169, 323-324, 326
Admiral, Virginia : 324
Adolphson, Edwin : 107
Adrian (Adrian Adolph Greenberg, dit) : 81
Alamuddin, Amal : 389
Aldrich, Robert : 61-63, 161, 163, 165, 196
Ali Khan : 129-130, 137
Ali, Mohamed (Cassius Clay Jr, dit) : 333
Allen, Rupert : 226
Allen, Woody (Allan Stewart Konigsberg, dit) : 19-20, 333, 344, 394
Allyson, June (Ella Geisman, dite) : 171
Altman, Al : 150
Altman, Robert : 216
Alvienne, Claude : 48
Amenabar, Alejandro : 379, 381
Anderson, John Murray : 56
Anderson, Norma : 158-159, 161, 165
Anderson, Paul Thomas : 356, 358
Andress, Ursula : 214
Andrews, Julie : 206
Angeli, Pier (Anna Maria Pierangeli, dite) : 194-195, 214, 244
Anspach, Susan : 318
Arliss, George (George Andrews, dit) : 57
Arnold, Eve : 218
Arnold, Jack : 279
Arthur, Jean (Gladys Georgianna Greene, dite) : 10, 99
Ashley, Sylvia : 72
Astaire, Fred (Frederick Austerlitz, dit) : 9, 47-53, 124, 127, 205, 246
Astor, Mary (Lucile Langhanke, dite) : 118, 181
Atkinson, Clinton J. : 342
Attenborough, Richard : 261, 369, 373
Auber, Brigitte : 102
Austerlitz, Adele (dite Delly) : 47-51, 124
Austerlitz, Frederick : 47-48
Avildsen, John : 335, 339
Ayres, Lemuel : 213

B

Bacall, Lauren (Betty Joan Perske, dite) : 15, 119, 121, 133, 191, 221
Baker, Diane : 244
Baker, John Newton : 218
Balanchine, Georges : 53
Bale, Christian : 394
Balitran, Céline : 387
Ball, John : 253
Balsam, Talia : 389
Bankhead, Tallulah : 44, 169
Barbera, Joe : 314
Bardot, Brigitte : 13, 194, 289
Barry, Joan : 35
Barry, Philip : 80
Barrymore, John : 78, 102
Barrymore, Lionel : 68
Barthes, Roland : 34
Basinger, Kim : 21
Bast, Bill : 212
Bauer, Esperanza : 144
Beaton, Cecil : 43
Beatty, Warren : 243-244, 270, 308, 315, 318
Becker, Harold : 353
Belafonte, Harry : 15, 250, 252
Belmondo, Jean-Paul : 113
Belushi, John : 330
Benedek, László : 172, 177
Bennett, Constance : 58
Benton, Robert : 300-301, 304, 344, 350
Bergen, Candice : 263
Berger, Michel (Michel Jean Hamburger, dit) : 216
Bergman, Ingmar : 105, 111-112
Bergman, Ingrid : 105-112, 118
Bergman, Justus : 105-106
Berkeley, Busby (William Berkeley Enos, dit) : 51
Berlin, Irving : 51-52
Bernard, Cydney : 362
Bernhardt, Sarah : 7
Bernstein, Leonard : 244
Bertolucci, Bernardo : 165, 175, 177
Besson, Luc : 267
Biko, Steve : 369
Biskind, Peter : 311
Bisset, Jacqueline : 235
Blackwell, Richard : 100
Blain, Gérard : 146
Blake, Bobby (Edgar Gaines, dit) : 118
Blanchard, Susan : 287
Blanchett, Cate : 21, 389
Blatnik, Ladislav : 245
Blomkamp, Neill : 364
Blumenfeld, Samuel : 25, 380
Bogart, Belmont : 114
Bogart, Frances : 115
Bogart, Humphrey : 11, 15, 24, 83, 108, 113-121, 154, 171, 205, 258-259, 324, 370, 387
Bogart, Kay : 115
Bogdanovich, Peter : 168
Bogle, Donald : 251
Bohr, Niels : 45
Boisset, Yves : 53
Bolt, Robert : 269
Booth, Shirley (Marjorie Ford, dite) : 161
Bosworth, Patricia : 229
Boyer, Charles : 289
Boyle, Danny : 395
Boyle, Lara Flynn : 321
Brackett, Rogers : 212-213
Brady, Bill : 114
Brando, Cheyenne : 176
Brando, Christian : 174, 176
Brando, Frances : 167-168
Brando, Jocelyn : 167-168
Brando, Marlon : 13, 15, 19, 36, 45, 69, 88, 120, 167-177, 197,

209, 211-212, 214, 224, 229, 232-234, 243, 251-252, 259, 289, 297, 299, 307-308, 318, 323, 326, 330, 336, 370, 394
Brazzi, Rossano : 83
Breen, Joe : 110
Brest, Martin : 330, 332
Brickman, Paul : 354, 358
Broderick, Matthew : 370
Bronson, Charles (Charles Dennis Buchinsky, dit) : 18, 280-281
Brooks, James L. : 321-322
Brooks, Louise : 9, 115
Brooks, Phyllis : 100
Brooks, Richard : 121, 163, 165-166, 184, 188, 234, 238, 251, 255
Brookshire, Adeline : 211
Broussard, Rebecca : 321
Brown, Clarence : 46, 138
Brown, Molly : 140
Brown, Roscoe Lee : 147
Bruce, Lenny : 299
Bruckheimer, Jerry : 354
Brynner, Yul (Juli Borissovitch Bryner, dit) : 196, 261, 265, 372
Bukowski, Charles : 392
Bündchen, Gisele : 396
Burke, Martyn : 338
Burr, Raymond : 242
Burr, Ty : 51, 145, 167, 222, 243
Burton, Richard : 179, 186-188
Burton, Tim : 320, 322
Bush, George W. : 348, 389
Buydens, Anne : 195, 198
Byrne, Anne : 297-299, 301

C

Caan, James : 325, 335
Cage, Nicolas : 216
Cagney, James : 11, 116, 126, 160, 258
Caine, Michael : 245, 294
Callas, Maria (Sophia Cecelia Kaloyeropoulos, dite) : 275
Cameron, James : 393-394, 397
Campbell, Eric : 31
Campion, Jane : 376, 378, 381
Canby, Vincent : 255, 282
Cannon, Dyan : 100
Cansino, Eduardo : 124-126
Cansino, Elisa : 124
Capa, Robert (Endre Ernő Friedmann, dit) : 109
Capone, Al (Alfonso Capone, dit) : 329
Capra, Frank (Francesco Rosario Capra, dit) : 24, 58, 61, 70, 73, 82, 85, 87, 89-90, 93-94
Cardinale, Claudia : 164
Carné, Marcel : 325
Carnes, Kim : 55
Caron, Leslie : 95
Carpenter, John : 392
Carrey, Jim : 387
Carroll, Diahann (Carol Diahann Johnson, dite) : 252
Carter, Jimmy (James Earl Carter Jr, dit) : 148
Cassini, Oleg (Oleg Loïevsky, dit) : 135-137
Casssavetes, John : 20, 251
Cavendish, Charles : 50
Cazale, John : 343-344
Cazalet, Victor : 180
Chabrol, Claude : 361
Chalais, François : 288
Chalamet, Timothée : 21
Chandler, Raymond : 118
Chaplin, Charlie (Charles Spencer Chaplin, dit) : 7-9, 12, 14, 19, 27-36, 95, 175, 224, 336

Chaplin, Sydney : 28-30
Charisse, Cyd (Tula Ellice Finklea, dite) : 53
Chartoff, Robert : 334-335
Cherrill, Virginia : 34, 100
Christie, Audrey : 243
Churchill, Winston : 34
Cieutat, Michel : 205, 328
Ciment, Michel : 18
Cimino, Michael : 20, 284, 311, 327, 332, 343-344, 350
Clair, René (René Chomette, dit) : 34
Clément, René : 288, 294
Clift, Montgomery : 13, 72-73, 120, 145, 171, 182, 185, 211-212, 226, 232, 259, 299, 384
Clooney, George : 197, 364, 383-390
Clooney, Nick : 384
Clooney, Rosemary : 384
Coburn, James : 261, 264-265, 280
Coccia, Aurelia : 49
Cocteau, Jean : 7, 33, 169, 215
Coen, Ethan : 311, 386-388, 390
Coen, Joel : 311, 372-373, 386-388, 390
Coffee, Lenore : 98
Cohn, Harry : 126-128, 130, 153
Colbert, Claudette (Émilie Chauchoin, dite) : 10, 60, 70
Colbert, Stephen : 364
Colette (Sidonie-Gabrielle Colette, dite) : 202
Colman, Ronald : 70
Comencini, Luigi : 62-63
Connery, Sean : 207
Conover, David : 219
Coogan, Jackie (John Leslie Coogan, dit) : 28
Cook, Pam : 376
Cooke, Alistair : 120
Coomber, William : 306
Cooper, Bradley : 283
Cooper, Gary (Frank Cooper, dit) : 9, 12, 15, 18, 21, 23-24, 70-71, 90, 92, 97-98, 103, 108, 142, 146, 161, 205, 277, 279-280
Coppola, Francis Ford : 175, 177, 315, 325-326, 353-354
Corman, Roger : 315-316, 325
Cornell, Katharine : 169
Cosby, Bill (William Henry Cosby Jr, dit) : 254
Costner, Kevin : 21
Cotten, Joseph : 127
Cox, Wally (Wallace Maynard Cox, dit) : 170
Cravat, Nick (Nicholas Cuccia, dit) : 158
Crawford, Joan (Lucille Fay LeSueur, dite) : 10-11, 19, 24, 61, 69, 81, 194, 273-274
Cromwell, John : 62, 115, 135
Crowe, Cameron : 21, 222, 358
Crowe, Russell : 21, 363
Crowley, Mart : 243
Cruise, Tom (Thomas Cruise Mapother, dit) : 20-21, 26, 237, 303, 320, 348, 351-358, 375, 377-379
Crumb, Robert : 392
Cuarón, Alfonso : 388, 390
Cukor, George : 46, 57, 71, 78, 80, 84, 88, 94, 98, 102, 104, 111-112, 154, 156, 206, 208, 225-226, 288, 292
Curtis, Tony (Bernard Schwartz, dit) : 163, 190, 225, 251
Curtiz, Michael : 58, 63, 108, 112, 118, 121
Czack, Sasha : 333-334

D

Daldry, Stephen : 348, 350, 379, 381
Damon, Matt : 386
Damone, Vic (Vito Rocco Farinola, dit) : 214
Danielovitch, Herschel : 190
Daniels, Jeff : 341
Daniels, Lee : 380-381
Daniels, William H. : 43
Dassin, Jules (Julius Dassin, dit) : 138, 160, 165
Davis, Angela : 254
Davis, Bette (Ruth Elizabeth Davis, dite) : 10, 24, 55-62, 81, 116, 173, 187
Davis, Harlow : 55-56
Davis, Miles : 370
Day, Doris (Mary Ann von Kappelhoff, dite) : 13, 72
Day-Lewis, Daniel : 355, 395
De Laurentiis, Dino : 343
De Mornay, Rebecca : 355
De Niro, Robert : 17-19, 176, 295, 298, 303, 323-332, 336, 343, 360, 392, 395-396
De Niro, Robert Sr : 324
De Palma, Brian : 198, 325, 329, 332, 356, 358
De Sica, Vittorio : 271
De Weerd, James A. : 211
Dean, James : 13, 22-23, 183, 209-216, 233, 241-243, 257, 315, 393
Dean, Winton : 209-210
Delon, Alain : 45, 155, 164, 288
Delsarte, François : 319
DeMille, Cecil B. : 90, 144
Demme, Jonathan : 362, 365, 373
Deneuve, Catherine (Catherine Dorléac, dite) : 289
Depardieu, Gérard : 331
Depp, Johnny : 216, 392
DeVito, Danny : 320
DiCaprio, Leonardo : 21, 26, 331, 391-397
Dickens, Charles : 28, 211
Dieterle, William : 130-131
Dietrich, Marlene (Marie Magdalene Dietrich, dite) : 41, 44, 87, 98, 194, 204
Dill, Diana : 191-192
Dillinger, John : 209
Dillon, Josephine : 67-68
DiMaggio, Joe : 221-223, 226
Dior, Christian : 203
Dmytryk, Edward : 121, 288
Dominguez, Josephine : 360
Dominguín, Luis Miguel : 154
Donahue, Troy : 307
Donaldson, Maureen : 103
Donen, Joshua : 246
Donen, Stanley : 53-54, 102, 104, 111, 182, 204, 206, 208
Dorfler, Franz : 67
Dostoïevski, Fiodor : 223
Dotti, Andrea : 206-207
Dotti, Luca : 206-207
Dougherty, Jim : 219-220
Douglas, Kirk (Issur Danielovitch Demsky, dit) : 12, 14, 23, 137, 146, 159, 163, 189-198, 234, 271
Douglas, Michael : 191, 198, 292
Drake, Betsy : 101
Dressler, Marie : 44
Dreyer, Carl Theodor : 267
Dreyfuss, Richard : 301
Drouet, Minou (Marie-Noëlle Drouet, dite) : 181
Dudman Nick : 320
Dunaway, Faye : 19, 244, 263, 267-275, 317

Dunham, Barney : 150
Dunne, Irene : 51, 99
Duvall, Robert : 295

E

Eastwood, Clint : 18, 229, 265, 277-284, 348-350, 397
Ebert, Roger : 193, 321, 356
Edwards, Blake : 205, 208
Efron, Zac : 332
Einstein, Albert : 34
Eisenhower, Dwight D. : 13, 65, 227, 243
Engelberg, Hyman : 226
Enwall, Signe : 40
Erickson, Doc : 182
Ernst, June : 158
Evans, Bob : 264, 273
Eyman, Scott : 100

F

Fairbanks, Douglas : 9, 14, 28, 72, 97, 141, 158, 160
Farmer, Frances : 137
Farnsworth, Arthur : 60
Farnum, Dustin : 296
Farrar, Adam : 392
Farrow, Mia : 244, 273, 308
Fassbinder, Rainer Werner : 360
Fast, Howard : 196
Fath, Jacques : 203
Favor, Ruthie : 55-57
Fellini, Federico : 46, 110
Fennelly, Vincent : 260
Ferran, Pascale : 379
Ferrer, José : 368, 384
Ferrer, Mel : 203-206
Ferrer, Miguel : 384
Fincher, David : 363, 365
Fisher, Eddie (Edwin Fisher, dit) : 184-186
Fix, Paul : 66
Flavin, Jennifer : 338
Fleischer, Richard : 194, 196, 198
Fleming, Victor : 69, 71, 73, 108, 112
Fletcher, Louise : 70, 318
Flynn, Errol : 15, 160
Fonda, Henry : 12, 84, 86-87, 91, 93, 135, 192, 285-289, 293, 307
Fonda, Jane : 15, 20, 243-244, 269, 273, 285-294, 308, 331, 343
Fonda, Peter : 285-286, 314, 316
Fontaine, Joan (Joan de Beauvoir de Havilland, dite) : 83
Fonteyn, Margot (Margaret Peggy Hookham, dite) : 54
Ford, Glenn : 129
Ford, Harrison : 20
Ford, John : 72-73, 79, 93-94, 135, 139-145, 148, 156, 242, 247, 277, 283, 286
Foreman, Carl : 170
Forman, Milos : 318, 322
Fortensky, Larry : 188
Fosse, Bob (Robert Louis Fosse, dit) : 53, 304
Foster, Brandy : 359-360
Foster, Jodie (Alicia Christian Foster, dite) : 26, 326, 359-365
Franco, Francesco (dit le Caudillo) : 153
François, Claude : 361
Frank, Anne : 199, 207
Frankenheimer, John : 163, 165-166
Freed, Arthur : 53
Freeman, Morgan : 17, 370
Freud, Sigmund : 95

Fried, Marty : 288
Froelich, Carl : 107
Fuller, Samuel : 212
Fuqua, Antoine : 372-373
Furcillo, Donald : 313

G

Gabin, Jean (Jean Gabin Alexis Moncorgé, dit) : 283
Gable, Clark : 9-10, 15, 18, 21, 65-73, 80, 97, 103, 150, 161, 218, 226, 387
Gable, Kay Williams, épouse : 65, 72-73
Gable, Maria Langham, épouse : 68, 71
Gable, William H. : 66-67
Gaghan, Stephen : 388, 390
Gainsbourg, Serge : 62
Gandhi, Mohandas Karamchand : 34
Garbo, Greta (Greta Lovisa Gustafsson, dite) : 9, 39-45, 69, 103, 108, 324
Gardner, Ava : 11, 72, 120, 130, 149-156, 160, 174, 192, 194, 274
Gardner, Beatrice (dite Bappie) : 150-151
Gardner, Jonas : 150
Gardner, Mollie : 150
Garfein, Jack : 232-233
Garfield, John (Jacob Julius Garfinkle, dit) : 12, 171
Garfunkel, Art (Arthur Ira Garfunkel, dit) : 17, 295
Garity, Troy : 292
Garland, Judy (Frances Ethel Gumm, dite) : 18, 180
Gaskell, Sonia : 201
Gaudreau, Shirley : 352
Gélin, Daniel : 170
Gelius, Ann : 47-48
Genthe, Arnold : 42
Gere, Richard : 362, 364
Gering, Marion : 97
Gershwin, George : 49, 51
Ghys, Clément : 25
Gibson, Mel : 362-363, 376
Gibson, Tobe : 353
Gide, André : 213
Gielgud, John : 171
Gifford, Charles Stanley : 218
Gilbert, John : 42, 69
Gilbert, Melissa : 355
Gilliam, Terry : 329
Gilmore, John : 213
Gilroy, Tony : 388, 390
Girardot, Annie : 325
Giraudeau, Bernard : 361
Givenchy, Hubert de : 203
Glover, Danny : 251
Godard, Jean-Luc : 291
Goddard, Paulette (Marion Levy, dite) : 35
Goebbels, Joseph : 107
Goldberg, Whoopie (Caryn Elaine Johnson, dite) : 17
Goldwyn, Sam : 57
Goodman, John : 385
Gottsegen, Lisa : 302
Goulding, Edmund : 46, 60, 63, 138
Grable, Betty (Elizabeth Ruth Grable, dite) : 11, 221
Graham, Martha : 57, 60
Graham, Sheilah : 162
Grant, Cary (Archibald Alexander Leach, dit) : 10, 15, 24, 71-72, 80-81, 88, 90, 92, 95-103, 109, 111, 113, 119, 126, 205, 221, 331, 372, 383, 387-388
Grant, Ulysses S. : 97

Gray, James : 275
Greene, Graham : 52
Greene, Milton : 223
Greenson, Ralph : 226
Gregson, Richard : 245
Grey, Lita (Lillita Louise MacMurray, dite) : 33
Griffith, D. W. (David Wark Griffith, dit) : 14, 28, 142
Guilaroff, Sidney : 151
Gummer, Don : 344, 347
Gurdin, Nicholas (Nicholaï Zakharenko, dit) : 239

H

Hackady, Hal : 213
Hackman, Gene (Eugene Allen Hackman, dit) : 17, 295
Haines, William : 68, 70
Hallström, Lasse : 393, 397
Halsman, Philippe : 181
Hamilton, George : 188
Hammerstein, Reginald R. : 97
Hanks, Tom (Thomas Jeffrey Hanks, dit) : 21, 85
Hanna, Bill : 314
Hanson, James : 202-203
Harding, Laura : 78-79
Hardy, Juanita : 251-252
Hare, David : 381
Harlow, Jean (Harlean Harlow Carpenter, dite) : 69, 98, 219, 226
Harris, Barbara : 103
Harris, Mark : 252-253
Harris, Mildred : 27, 33
Harris, Rady : 295
Harrison, Rex : 186, 205
Hart, William S. : 141
Hathaway, Anne : 349
Hathaway, Henry : 141, 148, 221, 227, 262-263
Hauser, Gayelord : 45
Havilland, Olivia de : 58-59, 350
Hawks, Howard : 80, 84, 101, 104, 119, 121, 126, 131, 145, 148, 193, 198, 221, 227
Hayden, Tom : 292-293
Haymes, Dick (Richard Haymes, dit) : 130
Hayward, Leland : 78-79
Hayworth, Rita (Margarita Carmen Cansino, dite) : 11, 53, 123-131, 133, 137, 152, 194
Hayworth, Volga : 124
Head, Edith : 204
Hearst, William Randolph : 33
Hecht, Harold : 159, 162
Hedison, Alexandra : 362
Heemstra, Ella van : 199-201
Heflin, Van (Emmet Evan Heflin Jr, dit) : 79
Hellinger, Mark : 159
Hellman, Lillian : 292
Hellman, Monte : 315-316
Hemingway, Ernest : 108, 114, 119, 152, 159
Henry, Buck : 297-298
Henry, Justin : 301
Hepburn, Audrey (Audrey Ruston, dite) : 14, 23, 96, 102, 120, 199-207, 224
Hepburn Ferrer, Sean : 205-207
Hepburn, James : 200
Hepburn, Katharine : 10-11, 58, 62, 75-84, 88, 99, 120, 185, 203, 254, 375
Hepburn, Katharine (dite Kit) Martha Houghton, épouse : 75-76
Hepburn, Thomas : 75-77
Herrmann, Bernard : 133

Hershelman, Adeline : 66
Heslov, Grant : 387
Heston, Charlton (John Charlton Carter, dit) : 15, 196
Hightower, Grace : 330
Hill, George Roy : 238, 308, 312
Hill, Hannah : 28-29
Hill, James : 162
Hill, Jim : 130
Hill, Roger : 128
Hilton, Nicky : 182
Hinckley, John : 361
Hirsch, Foster : 160
Hitchcock, Alfred : 11, 24, 85, 90-94, 100, 102, 104-105, 108-109, 112, 216, 307
Hitler, Adolf : 35, 66, 71, 200
Hoffman, Dustin : 16-18, 147, 237, 271, 295-304, 308, 310, 323, 336, 344-345, 355
Holden, William : 203
Holmes, Katie : 357
Homère : 146, 386
Hoover, J. Edgar : 12, 89-90
Hopkins, Anthony : 362
Hopper, Dennis : 211, 241-242, 316, 318, 321
Hopper, Hedda : 87, 171, 180, 183
Hover, Herman : 152
Howard, Leslie : 115-116
Hubbard, L. Ron (Lafayette Ronald Hubbard, dit) : 356
Hudson, Rock (Roy Harold Scherer, dit) : 13, 162, 183, 188, 215
Hughes, Howard : 80, 129, 135-136, 152, 395
Hughes, Ross : 278
Humphrey, Maud : 114
Hunter, Tab (Arthur Andrew Kelm, dit) : 242, 307
Huston, Anjelica : 317-318, 320
Huston, John : 18, 72-73, 83-84, 117-118, 120-121, 155-156, 164, 175, 177, 187-188, 204, 208, 220, 225, 227, 238, 275, 317, 320, 322
Hyde, Johnny : 220

I

Ibsen, Henrik : 40, 56
Inge, William : 232, 243

J

Jackson, Michael : 54, 179, 188, 393
Jaffe, Sam : 117, 300-301
James, Henry : 378
Jarrett, Tom : 351
Jeanne d'Arc : 204
Jeffrey, Daniel : 162
Jehlinger, Charles : 191
Jewison, Norman : 253, 255, 263, 266, 275, 336, 339, 373
Johnson, Margaret : 279
Jolie, Angelina : 188, 282
Jones, Howard : 141
Jones, Kitty : 280
Josselin, Jean-François : 137
Jourdan, Louis : 213
Judson, Ed : 125-127

K

Kaplan, Jonathan : 361, 365
Karno, Fred (John Frederick Westcott, dit) : 30-31
Kashfi, Anna (Joanna O'Callaghan, dite) : 174
Kassovitz, Mathieu : 275
Kast, Pierre : 288

Kaufman, Philip : 282
Kay, frères : 158
Kaye, Danny (David Daniel Kaminski, dit) : 15
Kazan, Elia : 101, 167, 169-172, 177, 197-198, 213-214, 216, 242-243, 247, 269, 271, 275, 324, 332
Keal, Pauline : 98, 324, 346, 354
Keaton, Buster (Joseph Frank Keaton, dit) : 36, 297
Keats, John : 147
Keitel, Harvey : 325, 359-360
Kelly, Gene (Eugene Curran Kelly, dit) : 15, 47, 53, 127
Kelly, Grace : 14, 72, 102-103, 183
Kennedy, John Fitzgerald : 14, 17, 66, 95, 136, 138, 145, 226-227, 307, 309
Kennedy, Robert Francis (dit Bobby) : 226-227
Kenny, Gil : 314
Kern, Jerome : 51
Kerr, Deborah : 102, 161, 246
Kesey, Ken : 318
Kidman, Nicole : 21, 23, 348, 355, 357, 363, 375-381
King, Larry : 357
King, Martin Luther : 15, 17, 163, 175, 236, 249, 252, 367
King, Stephen : 319
Kirschfeld, Edgar : 314
Kline, Kevin : 369
Knight, Sandra : 315-316
Knopf, Edwin : 77
Kobal, John : 81
Koestler, Arthur : 196
Kohner, Susan : 244
Korda, Alexander : 45
Kotcheff, Ted : 336-337, 339
Kramer, Stanley : 54, 83, 156, 251, 253, 255
Kubrick, Christiane : 379
Kubrick, Stanley : 189, 194-198, 319-320, 322, 356-358, 378-379, 381
Kurosawa, Akira : 261

L

La Cava, Gregory : 79
Lagarde, Christine : 349
Lagerlöf, Selma : 40
Lamarr, Hedy (Hedwig Kiesler, dite) : 138
Lampedusa, Giovanni Tomasi di : 164
Lancaster, Burt : 14, 23, 72, 152, 157-165, 190, 192, 195-196, 234, 251, 253
Landau, Martin : 315
Landru, Henri Désiré : 36
Lang, Fritz : 135, 138, 221
Lange, Jessica : 343
Lardner, Ring Jr : 81-82
Laughton, Charles : 197
Lauhren, Disa : 106
Laurel, Stan (Arthur Stanley Jefferson, dit) : 30
Lauren, Ralph : 101
Laurents, Arthur : 100
Laurie, Piper (Rosetta Jacobs, dite) : 235
Lawrence, Carol : 244
Lawrence, Florence : 8
Lawrence, Jennifer : 21
Lawrie, Scott : 352
Le Gallienne, Eva : 56
Leaming, Barbara : 128
Lean, David : 83-84
Leary, Timothy : 392
Lee, Bruce (Lee Jun-fan, dit) : 264
Lee, Howard : 138

Lee, Spike (Shelton Jackson Lee, dit) : 364-365, 367, 370, 373
Leguizamo, John : 393
Lehman, Ernest : 103
Leigh, Janet (Jeanette Helen Morrison, dite) : 235
Leigh, Vivien : 71, 170
Lemmon, Jack : 225, 292
Lennon, John : 361
Leone, Sergio : 161, 236, 277, 280-281, 284, 328-329, 332
Lerner, Max : 179
Lester, Richard : 207-208
Levinson, Barry : 303-304, 357-358
Lewin, Albert : 153, 156
Lewis, Jerry : 328
Lewis, Judy : 70
Lewis, Sinclair : 163
Lewis, Terry : 231
Lherault, Marie : 377
Liebling, Bill : 231-232
Lim, Dennis : 349
Lincoln, Abraham : 286
Linder, Max (Gabriel-Maximilien Leuvielle, dit) : 31-32
Lindström, Petter : 106-108, 110
Lindström, Pia : 107-108
Litvak, Anatole : 112, 134, 160
Lloyd, Harold : 99
Locke, Sondra (Sandra Louise Smith, dite) : 282
Loew, Arthur Jr : 245
Logan, John : 395
Logan, Joshua : 86-87, 224, 227, 232, 288
Lombard, Carole (Jane Alice Peters, dite) : 10, 65, 71, 80, 378
Lombardo, Goffredo : 164
Long, Beverly : 212
Loos, Mary : 240
Lopez, Jennifer : 294, 386
Loren, Sophia (Sofia Villani Scicolone, dite) : 36, 72, 102
Losey, Joseph : 187-188, 292
Louis, Jean : 128
Lourcelles, Jacques : 91
Lowe, Rob : 353
Lubin, Arthur : 279
Lubitsch, Ernst : 46, 88, 94, 133, 135
Lucas, George : 274
Luciano, Lucky (Charles Luciano, dit) : 90, 95
Luguet, André : 44
Luhrmann, Baz : 379, 381, 393
Lumet, Sidney : 46, 83-84, 237-238, 273, 275, 303, 307, 343
Lumière, Auguste et Louis : 7
Lundgren, Dolph (Hans Lundgren, dit) : 20
Luraschi, Luigi : 182
Lynley, Carol : 270
Lyon, Ben : 219

M

MacDonald, Dwight : 204
MacGraw, Ali (Elizabeth Alice MacGraw, dite) : 264-265
Mackendrick, Alexander : 163, 165
MacLaine, Shirley (Shirley MacLean Beaty, dite) : 320
Madonna (Madonna Louise Ciccone, dite) : 188
Magnani, Anna : 110
Maguire, Tobey (Tobias Maguire, dit) : 393
Mahin, John Lee : 69
Malcolm X (Malcolm Little, dit) : 249, 369-370
Malhor, Jack : 159
Malkovich, John : 378
Malle, Louis : 165-166

Mamoulian, Rouben : 43, 46, 53-54, 78, 127, 131, 185
Mandelbaum, Howard : 59
Mangold, James : 338-339
Mankiewicz, Joseph L. : 16, 60-63, 81, 83-84, 101, 104, 120-121, 130, 133, 136, 138, 154, 156, 171-172, 174, 177, 185-186, 188, 192, 197-198, 220, 227, 247, 250, 253, 255
Mankiewicz, Tom : 245-246
Mann, Anthony : 85, 91-94, 197
Mann, Delbert : 130-131
Mann, Michael : 330, 332, 358, 395
Mann, William J. : 183
Manson, Charles : 16
Marova, Winja : 201
Marquand, Christian : 170
Marshall, Ann : 319
Marshall, George : 141
Marshall, Penny : 330
Martin, Susan : 165
Marx, Samuel : 180
Mary Stuart (reine d'Écosse) : 58, 79, 200
Masina, Giulietta : 110
Mason, James : 153, 171
Mastroianni, Marcello : 271-272, 388
Mature, Victor (Victor Maturi, dit) : 127
Mayer, Louis B. : 41-43, 69, 72, 151-152, 179-181
McCarey, Leo : 98, 104
McCarthy, Joseph : 12
McConaughey, Matthew : 394
McCullers, Carson : 259
McDaniel, Hattie : 66, 251
McDonald, Mary : 181
McDormand, Frances : 372
McDowall, Roddy : 154, 181
McGilligan, Patrick : 92, 314
McGillis, Kelly : 361
McKnight, Bob : 77
McLaglen, Andrew V. : 141
McQueen, Steve (Terrence Stephen McQueen, dit) : 16, 148, 229, 237, 245, 254, 257-266, 271, 280, 299, 308
Meir, Golda : 112
Meisner, Sanford : 259
Méliès, Georges : 7
Menken, Helen : 115
Mérigeau, Pascal : 270
Merrill, Gary : 61
Methot, Mayo : 117, 119
Milestone, Lewis : 192
Mille, Hervé : 170
Miller, Arthur : 73, 223-226, 269, 302
Miller, David : 194, 198
Miller, George : 377
Mineo, Sal (Salvatore Mineo Jr, dit) : 215
Minnelli, Vincente : 53-54, 187-188, 193, 195, 198
Minty, Barbara : 265
Miró, Joan : 215
Mirren, Helen : 349
Mitchum, Robert : 23, 130, 152, 192, 319
Mitford, sœurs : 200
Mix, Thomas Edwin Mix, dit Tom : 78, 141-142
Modine, Matthew : 354
Molander, Gustav : 40, 106, 112
Monroe, Gladys : 218
Monroe, Marilyn (Norma Jeane Mortenson, dite) : 14, 16, 23, 72-73, 130, 174, 179, 203, 217-227, 259, 269, 271, 288
Montand, Yves (Ivo Livi, dit) : 225, 291

Moore, Julianne : 348
Moore, Lowes : 371
Moreau, Jeanne : 13, 269
Moreno, Rita (Rosa Marcano, dite) : 174
Morin, Edgar : 22, 46
Morrell, David : 336-337
Morrison, Clyde : 140
Mortensen, Edward : 218
Morton, Andrew : 357
Mosley, Oswald : 200
Moss, Kate : 321
Movita (Movita Castaneda, dite) : 174
Mulligan, Robert : 244, 247, 262, 266, 308
Muni, Paul (Meshilem Weisenfreund, dit) : 117
Munn, Michael : 93, 143
Murphy, Eddie (Edward Murphy, dit) : 17, 368
Muszlak, Michal : 298

N

Nagel, Conrad : 44
Napoléon Ier : 35, 174, 319
Naremore, James : 25, 32, 172-173
Neal, Patricia (Patsy Louise Neal, dite) : 194
Nebenzal, Seymour : 152
Negulesco, Jean (Ioan Negulesco, dit) : 221
Nelson, Baby Face (Lester Joseph Gillis, dit) : 209
Nelson, Harm : 57
Newman, Arthur Sigmund : 230
Newman, Paul : 15-16, 26, 155, 172, 184, 229-238, 253-254, 257, 260, 265, 297, 308-310, 336, 355
Newman, Scott : 229, 231, 237
Niblo, Fred (Frederick Liedtke, dit) : 42, 46
Nichols, Mike (Michael Nichols, dit) : 17, 187-188, 297-298, 304, 317, 321, 348, 350
Nicholson, Ethel May : 313-314
Nicholson, Jack : 17, 273, 313-321, 331
Nicholson, June : 313-314
Nielsen, Brigitte : 338
Nin, Anaïs : 324
Niven, David : 103, 129
Nixon, Richard : 282, 291, 299, 375
Nolan, Lloyd : 140
Norris, Chuck (Carlos Ray Norris, dit) : 20
Noyce, Phillip : 373, 377, 381
Nuyen, France : 174

O

Obama, Barack : 254
Oberon, Merle : 207
Odets, Clifford : 104, 287
Olivier, Laurence : 164, 169-170, 187, 197, 223-224, 246, 301, 387
Onassis, Aristote : 45, 186
O'Neal, Ryan : 335
O'Neill, Eugene : 35, 307, 325
O'Neill, Oona : 35
O'Neill, Terry : 272, 274
Ophüls, Max (Maximilian Oppenheimer, dit) : 45
Orry-Kelly, John : 97
Oury, Gérard (Max-Gérard Houry-Tannenbaum, dit) : 318
Ovitz, Michael : 303

P

Pabst, Georg : 41, 45-46
Pacino, Al (Alfredo James Pacino, dit) : 17, 19, 295, 298, 301, 323-325, 330, 332, 348, 372
Page, Geraldine : 213
Pakula, Alan J. : 291, 294, 304, 310, 312, 347, 350, 371, 373
Palcy, Euzhan : 176
Pallete, Pilar : 146
Pan, Hermes (Hermes Panagiotopoulos, dit) : 51
Parker, Dorothy : 79
Parkin, Loretta : 124
Parsons, Louella : 171
Pasternak, Joe : 315
Payne, Alexander : 321-322, 389-390
Paz de la Huerta (María de la Paz de la Huerta, dite) : 321
Pearson, Pauletta : 368-369
Peck, Gregory : 23, 109, 154, 192, 203, 387
Peckinpah, Sam : 236, 264, 266, 304
Pender, Bob : 96-97
Penn, Arthur : 17, 175, 177, 233, 238, 269-271, 275, 289, 294, 299, 304, 308, 312
Penn, Sean : 321, 353
Perkins, Anthony : 236, 288
Perón, Juan : 154
Perry, Richard : 294
Pesci, Joe : 327
Petschler, Erik : 40
Pfeiffer, Michelle : 362, 370
Philips, Mary : 115-116
Phillips, Michelle : 318
Phoenix, Joaquin : 21
Piaf, Édith (Édith Giovanna Gassion, dite) : 136
Pichel, Irving : 240
Pickford, Mary (Gladys Louise Smith, dite) : 9, 14, 28
Piscator, Erwin : 168-169, 324
Pisier, Marie-France : 138
Pitt, Brad : 21, 312, 386
Pivot, Bernard : 189
Plamandon, Luc : 216
Pleasence, Donald : 261
Pleshette, Suzanne : 244
Poe, Edgar Allan : 334
Poitier, Sidney : 15-18, 237, 249-255, 367, 371
Polanski, Roman : 273, 275, 317, 319, 322, 364-365
Pollack, Sydney : 163, 166, 247, 255, 275, 290, 294, 302, 304, 307-312, 347, 350, 358
Pollock, Tom : 355
Porter, Cole : 51
Potter, Phyllis : 50, 53
Powell, Eleanor : 53
Power, Tyrone : 15, 127
Preminger, Otto : 12, 92, 94, 133, 135, 137-138, 204, 221, 227, 238, 255, 269
Presley, Elvis : 16, 137, 172, 356
Preston, Kelly : 387
Pryor, Richard : 17, 254, 368
Purviance, Edna : 31
Puzo, Mario : 175

Q-R

Quinn, Anthony : 111
Rafelson, Bob : 316-317, 321-322
Raft, George (George Ranft, dit) : 11, 116-118
Raksin, David : 136
Rampling, Charlotte : 235
Ray, Nicholas : 22, 120-121, 215-216, 241-242, 247

Reagan, Ronald : 20, 90, 214, 282, 293, 333, 337, 361
Redford, Charles : 305
Redford, Robert : 17-19, 229, 236-237, 245, 289, 298-299, 305-312, 335, 386
Redgrave, Vanessa : 292
Reed, Carol : 101
Reeve, Christopher : 354
Reeves, Steve : 334
Refaeli, Bar : 396
Renoir, Jean : 111-112
Reynolds, Burt : 18, 335-336
Reynolds, Debbie (Mary Frances Reynolds, dite) : 184
Ribman, Ronald : 297
Rich, Frank : 298
Richards, Lloyd : 269
Riefenstahl, Leni : 363
Rilke, Rainer Maria : 220
Rissient, Pierre : 282, 309
Ritt, Martin : 233, 238, 251, 255
Rivkin, Allen : 117
Robbins, Jerome : 244
Roberts, Julia : 286, 364, 371
Robeson, Paul : 251
Robinson, Edward G. (Emanuel Goldenberg, dit) : 11-12, 90, 115-117
Robson, Mark : 121, 192, 198
Rogers, Ginger : 47, 51, 87, 99, 127
Rogers, Mimi (Miriam Rogers, dite) : 355
Rooney, Mickey (Joseph Yule Jr, dit) : 151, 180
Roosevelt, Franklin Delano : 145
Rose, Stuart : 115
Rosenman, Leonard : 214
Ross, Katharine : 298
Rossellini, Fiorella : 111
Rossellini, Isabella : 110
Rossellini, Isotta : 110
Rossellini, Roberto : 105, 109-112
Rossen, Robert : 130-131, 238
Rostand, Edmond : 7, 106, 325
Roth, Sanford : 215
Rothschild, Cécile de : 45
Rourke, Mickey : 21, 274, 354
Russell, Jane : 221
Russell, Rosalind : 69, 99
Ruston, Joseph : 200
Ruttenberg, Joseph : 81
Rydell, Mark : 84, 147, 259, 294

S

Saenz, Josephine : 142-144
Sagan, Françoise (Françoise Quoirez, dite) : 156
Saint, Eva Marie : 172
Sandrich, Mark : 51, 54
Sanello, Frank : 336
Sanglel, Bryna : 190
Sarandon, Susan : 165, 236
Sardou, Victorien : 40
Sargent, John Singer : 128
Saville, Victor : 233
Saxon, John : 279
Schatzberg, Jerry : 271-272, 275
Scheider, Roy : 301
Schellhardt, Mary-Kate : 393
Schenck, Joseph M. : 220
Schenck, Marvin : 150
Schickel, Richard : 120
Schifano, Laurence : 164
Schlesinger, John : 299, 304
Schmidt, Lars : 111
Schneider, Bert : 316
Schnitzler, Arthur : 289, 379
Schroeder, Barbet : 274-275
Schwarzenegger, Arnold : 20, 338
Scorsese, Martin : 315, 323, 325-330, 332, 355, 357-360, 365, 392, 395-397

Scott, George C. : 92
Scott, Randolph : 100
Scott, Ridley : 354
Scott, Tony : 358, 373, 377
Seberg, Jean : 288
Sebring, Jay : 264
Seger, Bob : 354
Séguéla, Jacques : 189
Selznick, David O. : 50, 70, 78-80, 107-109
Sennett, Mack : 30-31, 40
Seymour, Frances : 285-286
Seyrig, Delphine : 288
Shakespeare, William : 67, 171, 187, 281, 373, 393
Shamroy, Leon : 219
Shaw, Artie (Arthur Jacob Arshawsky, dit) : 152
Shaw, George Bernard : 34, 169
Sheehan, Winfield : 125
Shelley, Percy Bysshe : 147
Shepherd, Cybill : 360
Sheridan, Liz (dite Dizzy) : 213
Sherman, Vincent : 130-131
Sherry, William Grant : 60
Sherwood, Robert : 115
Shields, Brooke : 353
Shimkus, Joanna : 254
Shubert, frères : 49, 97
Sidney, George : 130-131, 151, 153, 156
Siegel, Bugsy : 90
Siegel, Don : 281, 284
Signoret, Simone (Simone Kaminker, dite) : 225, 245, 289
Sikking, James : 242
Silliphant, Stirling : 253
Simmons, Jean : 174
Simon, Neil : 307-308
Simon, Paul : 17, 295
Simpson, Don : 354
Sinatra, Frank : 90, 149, 153-155, 226, 245, 386
Siodmak, Robert : 152, 156, 160, 165
Sirk, Douglas : 212
Sjöström, Victor : 41
Smith, Ludlow Ogden : 77-79
Smith, Robyn : 54
Smith, Toukie : 330
Smith, Will (Willard Smith, dit) : 17, 368
Soderbergh, Steven : 385-386, 388, 390
Souchon, Alain : 149
Spiegel, Sam : 172, 184, 269
Spielberg, Steven : 146, 207, 303-304, 328, 350, 356-358, 395, 397
Stallone, Sylvester : 20, 198, 233, 333-339
Stanislavski, Constantin : 345
Stanton, Harry Dean : 316
Stanwyck, Barbara (Ruby Catherine Stevens, dite) : 11, 68, 192, 221
Steiger, Rod : 253
Steinbeck, John : 213
Steinburg, George : 352
Stepanovna, Maria : 239-243
Sternberg, Josef von : 97, 138
Stevens, George : 54, 80, 82, 84, 181-183, 188, 215-216
Stewart, Gloria Hatrick McLean, épouse : 89-90, 93
Stewart, James : 10, 12, 21, 23-24, 72, 81, 85-93, 192, 246, 286
Stiller, Mauritz : 41-43, 46
Stone, Oliver : 355, 357-358
Stone, Robinson : 368
Stone, Sharon : 21
Storer, Doug : 114

Strasberg, Lee : 168, 213, 223, 287, 326
Strasberg, Paula : 224
Strasberg, Susan : 287
Streep, Meryl : 19, 22-23, 282, 301, 303, 311, 329, 341-350, 396
Streep, William Harry : 341
Streisand, Barbra (Barbara Joan Streisand, dite) : 18-19, 237, 310
Strickling, Howard : 68
Strindberg, August : 106
Stroheim, Erich von : 42
Stromberg, Hunt : 69
Sturges, John : 196, 198, 259-261, 266
Sullavan, Margaret : 86, 88, 93, 285
Sutherland, Donald : 291, 311
Swank, Hillary : 282
Swanson, Gloria : 25, 61
Szaggars, Sybille : 312

T

Tandy, Jessica : 169-170
Tarantino, Quentin : 311, 397
Tarita (Tarita Tériipaia, dite) : 174
Tarr, Larry : 150
Tate, Sharon : 16, 264
Tavernier, Bertrand : 275
Taylor, Elizabeth : 14, 16, 130, 179-188, 207, 215, 226, 234
Taylor, Francis : 179-180
Taylor, Howard : 179
Taylor, Robert (Spangler Arlington Brugh, dit) : 12
Tchekhov, Anton : 7, 192, 325
Temple, Shirley : 116
Tengroth, Birgit : 107
Tetrick, Betty : 35
Thalberg, Irving : 42, 68
Thatcher, Margaret : 349
Thau, Benny : 180
Thomson, David : 82, 176
Tierney, Gene : 11, 83, 133-138, 194
Tierney, Howard Sherwood : 134-137
Todd, Mike : 183-184
Tolstoï, Léon : 205
Torn, Rip (Elmore Rual Torn, dit) : 316
Tourneur, Jacques (Jacques Thomas, dit) : 160
Tracy, Spencer : 9, 21, 70, 81-83, 102, 137, 182, 254, 307, 324, 384, 387
Truffaut, François : 360
Trumbo, Dalton : 12, 196
Trumbull, Douglas : 246
Trump, Donald : 389
Turner, Lana (Julia Turner, dite) : 11, 108, 152
Turner, Ted : 293
Tutu, Desmond : 364
Tylski, Alexandre : 381

U

Ullmann, Liv : 363
Urban, Keith : 380
Ustinov, Peter : 197, 235

V

Vadim, Nathalie : 294
Vadim, Roger (Roger Vadim Plémiannikov, dit) : 289-291, 294
Vadim, Vanessa : 289-290
Vailland, Elisa : 290
Valentino, Rudolph : 9, 68
Van Gogh, Vincent : 146, 195

Van Sant, Gus : 377, 381
Van Wagenen, Lola : 306-307, 312
Varsi, Diane : 243
Vaughn, Robert : 263
Ventura, Lino (Angiolino Ventura, dit) : 318
Ventura, Ray (Raymond Ventura, dit) : 202
Vidal, Gore (Eugene Louis Vidal, dit) : 236
Vidor, King : 60, 63, 128, 131, 194, 198, 204, 208
Vincenzoni, Luciano : 280-281
Visconti, Luchino : 45, 157, 164-166
Viviani, Christian : 25, 51-52, 59, 144, 205, 309, 319, 328, 356
Voight, Jon : 147
Voutsinas, Andreas : 288

W

Wagner, Paula : 353
Wagner, Robert : 239, 242-244, 246-247
Wald, Jerry : 221, 233
Walken, Christopher : 239, 246, 343
Walker, Beverly : 319
Wallis, Hal B. (Harold Brent Wallis, dit) : 57, 118, 159, 191-192
Wallis, Mina : 68
Walsh, Raoul (Albert Edward Walsh, dit) : 72-73, 117, 121, 126, 131, 142-143, 193, 255
Walters, Barbara : 54, 371
Warhol, Andy (Andrew Warhola, dit) : 360
Warmbrodt, Sara : 179
Warner, Jack : 58-59, 62, 115, 118
Warner, John : 187
Washington, Denzel : 18, 21, 255, 367-373
Waxman, Franz : 182
Wayburn, Ned : 49
Wayne, John (Marion Robert Morrison, dit) : 14-16, 26, 89, 93, 139-148, 277, 283, 309, 355
Weaver, Sigourney : 377
Weber, Max : 22
Weir, Peter : 376
Weld, Tuesday : 270
Welles, Orson : 35, 127-129, 131, 336, 376
Wellman, William : 68, 72-73, 279
Wepner, Chuck : 333
West, Mae (Mary Jane West, dite) : 98
Whitmore, James : 212
Widmark, Richard : 250
Wilbourn, Phyllis : 83
Wilder, Billy (Samuel Wilder, dit) : 21, 46, 120-121, 193, 198, 203, 208, 222, 225, 227, 313
Wilding, Michael : 183
Wilhelmine (reine des Pays-Bas) : 199
Wilkinson, Mary : 342
Williams, Bert : 30
Williams, Esther : 71
Williams, Tennessee : 14, 155, 167, 170, 184, 231, 234, 297, 324
Willis, Bruce : 338
Wilson, Elizabeth : 203
Wilson, Mildred : 210
Winfrey, Oprah : 357
Winkler, Irwin : 334-335, 338
Winslet, Kate : 23, 394
Winters, Shelley (Shirley Schrift, dite) : 162, 174, 325

Wintour, Anna : 349
Wise, Robert : 215, 233, 238, 247, 257, 263, 266
Witte, Jackie : 231-232
Wolders, Robert : 207
Wolf, Peter : 272
Woo, John : 356
Wood, Audrey : 231
Wood, Lana : 241
Wood, Natalie (Natalia Zakharenko, dite) : 16, 137, 215, 239-247, 262, 308
Wood, Sam : 112, 240
Woods, James : 363
Woodward, Bob : 310
Woodward, Joanne : 232, 234-236, 238, 308
Woolf, Virginia : 375, 379
Wyler, William : 59, 63, 193, 202, 205, 208

Y

Yasmin Aga Khan : 123, 130
Yates, Peter : 263, 266
Yeats, William Butler : 186
Young, Loretta : 70, 125
Young, Terence : 205, 208

Z

Zanuck, Darryl F. : 68, 125, 135, 137, 219-220, 222-223, 226, 250
Zeffirelli, Franco : 188, 353
Zemeckis, Robert : 347, 350, 365, 373
Zepaloff, George : 240
Zimmermann, Leland : 268
Zinnemann, Fred : 153, 165, 170, 177, 204, 208, 292, 294, 343
Ziskin, Laura : 378

TABLE

Des dieux, des femmes et des hommes 7

1. Charlie Chaplin (1889-1977) 27
2. Greta Garbo (1905-1990) 39
3. Fred Astaire (1899-1987) 47
4. Bette Davis (1908-1989) 55
5. Clark Gable (1901-1960) 65
6. Katharine Hepburn (1907-2003) 75
7. James Stewart (1908-1997) 85
8. Cary Grant (1904-1986) 95
9. Ingrid Bergman (1915-1982) 105
10. Humphrey Bogart (1899-1957) 113
11. Rita Hayworth (1918-1987) 123
12. Gene Tierney (1921-1991) 133
13. John Wayne (1907-1979) 139
14. Ava Gardner (1922-1990) 149
15. Burt Lancaster (1913-1994) 157
16. Marlon Brando (1924-2004) 167
17. Elizabeth Taylor (1932-2011) 179
18. Kirk Douglas (1916-2020) 189
19. Audrey Hepburn (1929-1993) 199
20. James Dean (1931-1955) 209
21. Marilyn Monroe (1926-1962) 217
22. Paul Newman (1925-2008) 229
23. Natalie Wood (1938-1981) 239
24. Sidney Poitier (1927-2022) 249
25. Steve McQueen (1930-1980) 257
26. Faye Dunaway (1941) 267
27. Clint Eastwood (1930) 277

28. Jane Fonda (1937) 285
29. Dustin Hoffman (1937) 295
30. Robert Redford (1936) 305
31. Jack Nicholson (1937) 313
32. Robert De Niro (1943) 323
33. Sylvester Stallone (1946) 333
34. Meryl Streep (1949) 341
35. Tom Cruise (1962) 351
36. Jodie Foster (1962) 359
37. Denzel Washington (1954) 367
38. Nicole Kidman (1967) 375
39. George Clooney (1961) 383
40. Leonardo DiCaprio (1974) 391

Bibliographie et autres sources 399
Index 409

Achevé d'imprimer par
Normandie Roto Impression s.a.s.
N° d'impression : 2300911

Imprimé en France